皇室事典　制度と歴史

皇室事典編集委員会＝編著

文庫版の刊行に寄せて

この『皇室事典』は、一〇年前の平成21年（二〇〇九）4月、初版が刊行されました。編集委員会では、「皇室の伝統（歴史）と文化を、その始まりから現代にいたるまで、総合的に俯瞰できる便利で充実した事典」を目指して「従来にない新たな特色」を盛り込むことに努めました。

もちろん、決して十分なものではありませんが、幸い多くの方々に歓迎され活用されているようです。そのうえ、このたび約二〇〇年ぶりの「譲位」による御代替わりを目前に、本書が二分冊の形（『皇室事典 制度と歴史』『皇室事典 文化と生活』）で、一〇年ぶりに文庫本化されることになりました。

ただ、代表編者の一人髙橋紘氏が平成23年（二〇一一）9月に他界しました。そこで、関西在住の米田雄介氏と関東転居の所功とで協議を重ね、髙橋氏執筆分は小田部雄次氏などに検討を頼み、それ以外は原執筆者が最小限の修訂を施しました。

また「読む事典」としての利用しやすさを考え、構成を変更した部分があります。なお、原則として新天皇即位の5月1日時点の状況を前提とし、可能な限り記述を見直しました。

この文庫本化にあたり、前回同様、ＫＡＤＯＫＡＷＡ辞書事典編纂室の関係各位などに多大なご尽力をいただきましたことに、心から感謝しています。

平成31年（二〇一九）4月10日

皇室事典編集委員会　所　功

目次

2 皇室の政事と財政（前近代）　95

4 現代の皇室 311

資料編

コラム

別巻

『皇室事典　文化と生活』目次

ご利用いただくにあたって

本事典は、皇室にかかわるさまざまな事項や用語を、大中小68のテーマごとに節を分けて解説した。各テーマは、ゆるやかに以下の五のグループにふり分けて配列した（詳細は目次参照）。

1 天皇の称号と制度
2 皇室の政事と財政
3 近代の皇室
4 現代の皇室
5 皇位継承

また、テーマごとにできるかぎり体系的な理解ができるよう、解説文のなかの要語については太字で示した。節ごとに独立して読んで理解できるよう、難語については重複をいとわず注記や解説を盛り込んだ。

【本文解説の形式と方針】

○難読語

難しい読み方の用語には極力読み仮名をふった。

〔例〕杖刀人《じょうとうにん》、首《おびと》

○年号、年月日の示し方

原則的に年号＝元号で示し、必要な場合に西暦を小字で括弧内に付した。

〔例〕天応元年（七八一）４月３日

括弧内の西暦は、明治５年の改暦前に関しては、およその目安としての簡易換算年を示した。年号の年度内の大部分と重なる西暦年を示している。

○書紀紀年

推古朝（五九三〜六二八）以前については、書紀紀年（『日本書紀』の紀年法）のままで示した。また、歴史の推移は大まかに西暦の世紀で示した。

〔例〕辛酉年の春正月一日

○南北朝期の年号

両朝の年号を併記した。南朝に関することには南朝年号を先に、北朝に関することには北朝を先に示し、両朝に関わることは南朝・北朝の順で記した。

〔例〕建武３＝延元元年（一三三六）…南朝事項の場合および両朝関係事項

延元元＝建武３年（一三三六）…北朝事項の場合

○改元のあった年の年号

月や月日を明示している場合には、改元以前か以後かを区別して示した。

〔例〕　慶応4年(一八六八)の8月

　　　明治元年(一八六八)の10月13日

月、月日を示していない場合には、原則として改元後の年号を示した。ただし、注意を喚起するため両方を併記した場合もある。

〔例〕　明治元年(一八六八)

　　　慶応4＝明治元年(一八六八)

○人名の示し方

歴代天皇名

前近代の天皇名については、冒頭に「皇統譜令」に基づく皇統譜の代数を四角囲み数字で示した。同じ天皇名が続けて出てくる場合には省略した。

〔例〕　[50]桓武天皇の皇太子安殿《あて》親王が……

○敬語・敬称

解説文中では、原則として敬語・敬称や敬体表現を使用しないこととした。現存者にも敬称は省略した。各執筆者が平常使用している表現とは必ずしも一致していない。ただし、「御」のつく用語で定着していると認められるもの、特別な意味をもつもの、規式上での表現を示しているものなどについては、いわゆる敬語・敬称とは別扱いをした。

〔例〕　御常御殿《おつねごてん》
『年中行事御障子《ねんじゅうぎょうじのみしょうじ》』
黄櫨染御袍《こうろぜんのごほう》
「御五衣《おんいつつぎぬ》・御唐衣《おんからぎぬ》・御裳《おんも》」

※索引では「御」がつくことのある用語とその場合の読み方（ご・ぎょ・み・おん）の使い分けについても極力示すこととした。

○史料・文献の引用

短い史料引用については「　」で括り、長い場合には2字下げにして出典史料名を示した。漢文は読み下し文とし、片仮名は平仮名に改め、濁点・句読点を加えた。難語に引用者の注記を括弧で加えたり、難読語には標準的な読みを施したりした場合もある。

〔例〕　およそ禁中（宮中）の作法、神事を先にし、他事を後にす。旦暮《たんぼ》（朝夕）敬神の叡慮、懈怠《けたい》なかるべし。……

○人物の年齢の数え方

明治5年（一八七二）12月3日の改暦後は満年齢で示した。明治改暦前であっても、改暦後に没した人物については、すべて満年齢で通した。明治改暦前に没した人物については数え年で示した。

〔例〕 9世紀の半ばごろに、56清和天皇がわずか九歳で皇位に即き、……

○表記および読み

律令制の官司名、内裏の殿舎名、儀式名などには複数の表記のしかたや読み方もあるが、あえて統一を図らなかった。

〔例〕 賢所（かしこどころ・けんしょ）

内侍司（ないしのつかさ・ないしし）

○略号

↓［30］ 30の節を参照

↓［資4］ 資料編4を参照

↓別巻［12］ 『皇室事典 文化と生活』12の節を参照

○略語・略称

文脈上、なにを指しているかが明らかな場合には略語・略称を使用した。

〔例〕 典範、旧典範、ＧＨＱ

○その他

平成の天皇・皇后については刊行後、「天皇の退位等に関する皇室典範特例法」

により「上皇」「上皇后」となることを考慮した表記にしたところがある。

1 天皇の称号と制度

[1] 大王から天皇へ

邪馬台国の成立

『後《ご》漢書《かんじょ》』東夷《とうい》伝倭《わ》国《こく》条によると、1世紀の初めに倭は百余の小国が互いに攻防を繰り返しているが、その中の一つの国が漢に使者を遣して貢物を奉り、代わって印綬《いんじゅ》を贈られたという。それから一六〇〇年後に福岡市の東区の陸繋島《りくけいとう》、志賀島《しかのしま》から「**漢委《かんのわの》奴国王《なのこくおう》**」と記す**金印**が出土し、『後漢書』の記述が裏付けられた。その後も、倭の国内では、百余国が三〇か国に統合されつつあったが、依然として争いが絶えず、『魏《ぎ》志《し》』倭人伝によると、3世紀の中ごろ**邪馬台国**の女王**卑弥呼《ひみこ》**によって国内は一応の安定が得られた。しかし卑弥呼の死後にまた国内が乱れ、女王**台与《とよ》**を立てて小康を得たという。

邪馬台国の所在地については、いまもなお議論があり、大きくはヤマト説と北九州説に分かれて決着がついていない。3世紀代に北九州にもヤマトにもそれぞれ独自の文化を持った勢力が存在していたことは、考古学の調査研究によって確認できるが、いずれの勢力が倭であり、邪馬台国が何処にあったかの判断はできないのが実態である。

倭の五王と大王

『宋書《そうじょ》』倭国伝によると、４世紀から5世紀にかけて**倭の五王**（讃・珍・済・興・武の五名）が相次いで宋の王に対して、倭国の近隣の地域の統治者として承認されるように申請し、爵号《しゃくごう》を与えられている。この五王が『古事記』や『日本書紀』に記す⑯仁徳《にんとく》天皇・⑰履中《りちゅう》天皇・⑱反正《はんぜい》天皇・⑲允恭《いんぎょう》天皇・⑳安康《あんこう》天皇・㉑雄略《ゆうりゃく》天皇の六天皇のうちの五天皇に相当し（当時は大王と称していた）、倭の五王は大和の歴代の大王で、その王権は世襲されていたと考えられる。

とくに五番目の大王の武は**獲加多支鹵大王**《わかたける》＝雄略天皇と見てよく、この大王が直接統治する**大和地方**が**倭**と呼ばれていたことは間違いない。また大王の武は、大和から河内地方の支配者として富と権力を持ち、典曹人《てんそうにん》・杖刀人《じょうとうにん》など、文武専門の人たちを地方から上番させており、広く関東から九州中部地域に及ぶ範囲で、それぞれの地方で勢力を持っていた豪族達の協力を得ながら大和朝廷による支配が行われていたと見ることができる。

大王から天皇へ

５世紀代において、まだ倭の大王による統治機構や国家としての理念などは確立されてはおらず、氏姓《しせい》制や国県《こっけん》制、部民《べみん》制や伴造《とものみやつこ》制、あるいはミヤケ制などを通じて、徐々にではあるが、国家としての体裁が整えられていった。こののち、大王を中心に、大伴氏・物部氏や蘇我氏ら畿内地方の豪族達が地方豪族達を支配下に組み込み、7世紀代に従来の大王が、「天皇」と称され、中央集権的国家体制が成立、天皇の地位は法的にも確立された。

［米田］

［2］称号としての天皇・上皇

天皇の語の使用開始

法隆寺金堂《こんどう》の薬師《やくし》如来《にょらい》像光背銘《こうはいめい》に天皇の語が見えることから、その像の造られた7世紀初頭にはすでに天皇号は用いられていたとする説がある。一方、その像は7世紀末に造られたもので、天皇号は7世紀末まで引き下げるべきとする説もあった。しかし奈良県の飛鳥《あすか》地方で平成10年（一九九八）に出土した7世紀半ばの木簡《もっかん》（飛鳥池《いけ》出土《しゅつど》木簡）に「天皇」の文字が見えることから、7世紀半ばには、天皇号は用いられていたと確認されており、それ以前に天皇号は成立していたと考えられる。

天皇の語の意味

中国では古く『史記』の秦始皇帝《しんのしこうてい》本紀「古《いにし》え天皇《てんのう》あり、地皇《ちおう》あり、秦皇《しんおう》あり」とあることから、天上世界の支配者として地上の王に対比されるものに由来するとの説、あるいは道教《どうきょう》が宇宙の最高神を天帝《てんてい》とする思想に基づくとの説があるが、日本でどの説を受け入れたのか断定できない。ただ日本で用いられていた天皇という語は君主の称と認識されていた。『日本書紀』によると、7世紀の初めに33推古《すいこ》天皇が遣隋使《けんずいし》を派遣したとき、「東の天皇、西の皇帝に敬《つつしんで》白す《もう》」との国書《こくしょ》を持参したといわれているが、天皇と皇帝はともに支配者、つまり君主を意味していたことは、『旧唐書《くとうじょ》』高宗《こうそう》本紀に「皇帝、天皇と称す」とあることから明らかであろう。おそらくこのような君主の意味を持つ天皇号は対外交渉の中で、小中華思想を背景に用いられたのであろう。つまり中国の冊封《さくほう》体制からの脱却や律令体制の成立などが天皇号使用の契機であったとの説もある。しかし7世紀半ば過ぎには天皇号が成立しているから、問題はいつまで遡及《そきゅう》できるかであるが、当初、7世紀前半の外交文書などで用いられたと考えられる。

そのような統治者の意味で、天皇に類した言葉に、国語としては、スメラギ、スメロギ、スメラミコトなどの用例がある。8世紀の半ばに、中国・唐の玄宗《げんそう》皇帝の国書に「日本国王主明楽美御徳《すめらみこと》」とあり、スメラミコトとすると、これは統《す》べる君の意味で、類したものにヤスミシル、ヤマトネコがある。ヤスミシルとは八隅を知る、ヤマトネコは大倭を知らすの義である。統治者としての最高の称号として、中国の古典に見える万乗《ばんじょう》、万乗の君、万乗の主などの用例があり、仏教の経典による金輪《こんりん》、金輪の聖主、金輪の聖王などと用いられることがある。

天皇に先立つ名称

天皇の古語には、キミ、オオキミがあり、王、大王の文字が宛てられていた。埼玉県行田市《ぎょうだ》の稲荷山古墳《いなりやまこふん》出土の鉄剣銘にみえる「獲加多支鹵大王《わかたける》」と、熊本県玉名《たまな》郡和《ぐんなご》水《み》町江田《えた》船山《ふなやま》古墳出土の鉄剣銘の「治天下獲□□□鹵大王」は同一人物を指し、『宋《そう》書《じょ》』に見える倭《わ》の五王《ごおう》の武《ぶ》に当たる。『日本書紀』に見える幼武《わかたける》、つまり[21]雄略《ゆうりゃく》天皇のことと考えて問題ない。とすると、キミ（王、君）とかワケ（別）と呼ばれる地方の首長を統合した地位にあったものを大王（オオキミ）と呼んでいたことが分かる。

公式令に見える「天皇」の用法

『大宝令《たいほうりょう》』の「公式令《くしきりょう》」によると、詔書《しょうしょ》の冒頭の表記に①「明神御宇日本天皇詔旨」②「明神御宇天皇詔旨」③「明神御大八州天皇詔旨」④「天皇詔旨」とある。このほか天皇の文字はなくいきなり⑤「詔旨《しょうし》」とするものもあるが、この令文は、それらを含めて詔書の重要度に対応して①から⑤が用いられるように規定しているものである。

ところで①②③に見える明神はアラミカミとよみ、現世の神の意味であるが、同様の用法としては、アラヒトガミ、漢字で現人神と記す。①②の「御宇《ぎょう》」は治天下のことで、③の「御大八州」は八州を治《しら》しめす、多くの島々を統治すること、①②③はまさにこの世の統治者の意味である。現世において神となり、この世を統治する人、その人が天皇である。中国では皇帝に聖と記し、聖明、列聖などの熟語がある。仏典によると、十善戒《じゅうぜんかい》を守る功徳《くどく》によって王となるものを十善といい、十善の位と書いて、王の位を指す。

天皇の別称

天皇の語を避けて、尊貴の意を表すものに、上《うえ》、至尊《しそん》、九五《きゅうご》、南面《なんめん》などの例がある。上はまさに人臣の上、雲の上などの尊貴の意味で、上様、主上、聖上、今上《きんじょう》などの類語がある。至尊はこれ以上の尊に至るものなしとの意味で、九五は『周易《しゅうえき》』にみえる表現で、九を陽とし五を人君の位に当たるとする説による。南面は天子南面すのごとく、常に臣下に対し南面して政治を聴いたのによる。

このように南面は、天子の座する所にちなんでの用法であるが、さらに皇居はすべらぎ（皇）のおわします（居）ところで、類してミカド、ウチ、オオウチ、オオヤケなどがある。ミカドは皇居の門、ウチは皇居の内、大内《おおうち》などという。現在も皇居のことを大内山と呼んだりしている。禁裏《きんり》、内裏《だいり》、御所《ごしょ》は皇居の意味、オオヤケは公家と記し、公方《くぼう》、天朝《てんちょう》も同様の用例である。天皇の乗り物を指して乗輿《じょうよ》、車駕《ぎょが》というが、転じて天皇の別称として用いられることがある。

太上天皇の尊号

譲位践祚《じょういせんそ》によって皇位についた新帝は、まず先帝《せんてい》に太上天皇《だじょうてんのう》の尊号《そんごう》を贈る。もともと太上天皇とは中国の制に倣ったもので、譲位《じょうい》した天皇の称号である。譲位した天皇の初例である35皇極《こうぎょく》天皇は譲位後には皇祖母尊《すめみおやのみこと》と称され、まだ太上天皇という呼称はない。7世紀末の41持統《じとう》天皇の譲位以後に称号となった。『養老令』の「儀制令《ぎせいりょう》」

に、太上天皇は「譲位帝称する所」と記されていることから明らかである。

平安時代の初め、52嵯峨《さが》天皇が弟の53淳和《じゅんな》天皇に譲位したとき、太上天皇の尊号を辞退したため、淳和天皇が改めて尊号を上る詔《みことのり》を発し、こののち新帝は先帝に詔して太上天皇の尊号を贈るのが例となった。しかし59宇多《うだ》天皇が譲位したときには出家したことから、**太上法皇**《ほうおう》と称し、この後、太上天皇と太上法皇を区別するようである。

太上天皇は一時期に複数人いることも珍しくない。その際、天皇の父が太上天皇の場合、**治天《ちてん》の君《きみ》**として、天皇の政務を太上天皇が行うことがあり、そのような太上天皇の政治を院政《いんせい》と呼んで、特に平安時代後期から南北朝時代まで、断続的であるが、治天の君による政治が行われている。

院《いん》と「～院」天皇

院とは特定の範囲を指す普通名詞で、太上天皇の居所を院と呼び、院に住まう人をも院と呼ぶ。ところが天皇の追号《ついごう》に「～院天皇」という例がある。

初例は59宇多《うだ》天皇で、崩御《ほうぎょ》後に宇多院天皇と称されている。しかし宇多天皇よりもさきに在位していた57陽成《ようぜい》天皇も陽成院天皇と呼ばれているが、宇多天皇よりも長生きしていたことから、崩御に際して**院号**を付して呼ばれたのである。一方、父の宇多天皇の譲りを受けて皇位に即《つ》いた60醍醐《だいご》天皇は、譲位後、数日で崩御したこと、しかも父上皇に先立っての崩御であったことから、醍醐院天皇とは呼ばれていない。また在位中に崩じた62村上《むらかみ》天皇も太上天皇にはなっていないことから、院号を付して呼ばれていない。しかし63冷泉《れいぜい》天皇より以降は譲位の有無に関係なく冷泉院天皇と院号を付して呼ばれるようになり、しかも、居所にも関係のない追号や、さらには生前の事績を称えるという諡号《おくりな》を贈られた天皇にも院号が贈られており、一、二の例外を除いてほとんどの天皇が「～院天皇」と呼ばれている。しかし大正14年(一九二五)に院の字を省き、「～天皇」と称すると勅定、過去に院号を付されていた天皇に院号を付さないこととなった。

太上天皇の別称

太上天皇に対してもさまざまな別称・異称がある。略して太上皇、上皇、太皇というが、天皇の別称の九五に対し、上皇はその上位にあるとの意味から上九という。また「おりいのみかど」「もとのうえ」「むなしきふね」と呼ぶことがある。「おりいのみかど」は皇位を降りたみかどの意味で、「もとのうえ」とは昔の上、「むなしきふね」とは**虚舟**と書く。譲位後に出家すると、太上法皇、**法皇**、禅定《ぜんじよう》法皇、法皇帝《ほう》などという。

上皇の居所の院にちなんで、院の上、院の御方、院御門《いんのみかど》といい、嵯峨上皇を嵯峨院《さがいん》、淳和上皇を淳和院《じゆんないん》などのように、譲位後の上皇の御在所名にちなんだものもある。花山院《かざんいん》、常磐井殿《ときわいどの》、富小路殿《とみのこうじどの》、持明院殿《じみよういん》も同様である。しかし上皇の諱と特定しないで、上皇一般に用いるものに、俗界を離れた仙人の居所になぞらえ、仙洞《せんとう》、洞裏《とうり》、洞中《とうちゅう》、紫府《しふ》、藐姑射山《はこやのやま》、汾水之陽《ふんすいのよう》などがあり、姑射山《こやさん》、汾陽《ふんよう》などと略して用いることもある。

なお、同時期に太上天皇が複数いる場合、譲位の前後で**一院**《いちのいん》または**本院**、**新院**などと称して互いに区別することがあるが、一院には第一の院、最高の院を意味する場合がある。

不即位太上天皇

皇位に即いていなかったが太上天皇の尊号を贈られた例が二例ある。鎌倉時代の初め、[80]高倉《たかくら》天皇の皇子守貞《もりさだ》親王の子茂仁《ゆたひと》親王が一〇歳で皇位に即き[86]後堀河《ごほりかわ》天皇となると、すでに出家していた守貞親王は太上天皇の尊号を受けて院政を行っている。また室町時代に、伏見宮《ふしみのみや》三代の貞成《さだふさ》親王はその子彦仁《ひこひと》王が皇位について[102]後花園《ごはなぞの》天皇となると、太上天皇の尊号を贈られた。この二親王は、それぞれ崩御ののち後高倉《ごたかくら》院・後崇光《ごすこう》院と追号されている。

追尊太上天皇

親王の身位のままで薨去《こうきょ》したが、後にその親王の王子が皇位に即いたことから太上天皇の尊号を贈られた場合があり、これを追尊太上天皇という。江戸時代の初め、[107]後陽成《ごようぜい》天皇の父故誠仁《さねひと》親王に陽光《ようこう》院太上天皇の尊号が贈られている。また閑院宮《かんいんのみや》から皇位を継承した[119]光格《こうかく》天皇が父典仁《すけひと》親王に太上天皇の尊号を贈ろうとしたのもその例である。ただし江戸幕府は難色を示し、この尊号が贈られたのは明治時代になってからである。このとき同時に慶光《きようこう》天皇の諡号《おくりな》を贈られている。　［米田］

［3］天皇と皇子女の名前

皇子女の名前の由来

皇子女が誕生したとき、その七日目、世にいうお七夜《しちや》に**命名《めいめい》の儀《ぎ》**が行われている。これは明治8年（一八七五）「皇子《おうし》女降誕諸式《じょこうたんしょしき》」において制度化され、その後も明治33年（一九〇〇）に制定された「皇室婚嫁令」附《ふ》式《しき》などで規定されていた。それらによると、誕生に当たって、天皇は**佳《よ》き文字**を選んで皇子女に授けるという。

この名を**諱《いみな》**ともいい、皇太子の子が誕生の場合もその諱を天皇が選んで皇太子に授けて命名するとし、その他の皇親の子の誕生の場合は、直系の尊属《そんぞく》が命名すると定めている。命名に関する法規は存在しないが、このような命名方法は長い皇室の歴史の中で慣例化していたものを制度化したものである。

奈良時代以前の命名法

古くは命名の次第などは定かでない。たとえば[21]雄略《ゆうりゃく》天皇は『日本書紀』に「大《おお》泊瀬幼武天皇《はつせわかたけるすめらみこと》」とあり、埼玉県や熊本県出土の鉄剣に「獲加多支鹵大王」と刻まれていた。「大泊瀬（オホハツセ）」の「オホ」は美称、「ハツセ」は雄略天皇の都が置かれた地名か、宮都の泊瀬《はつせ》朝倉《あさくら》にちなんだ名称のいずれかで、「幼武（ワカタケル）」は尊称である。しかし古くは皇子の生誕地や、養育に与《あずか》った地域・集団などの名称、兄弟関係にちなんだ例が少なくない。

地名による例に[20]安康《あんこう》天皇の穴穂《あなほ》、[31]用明《ようめい》天皇の池辺《いけべ》などがあり、大小などの長幼の序次による例としては[12]景行《けいこう》天皇の大足彦《おおたらしひこ》と[13]成務《せいむ》天皇の稚足彦《わかたらしひこ》、雄略天皇の大泊瀬幼武と[25]武烈《ぶれつ》天皇の小泊瀬稚鷦鷯《おはつせわかさざき》がある。また生母の名による例としては[34]舒明《じょめい》天皇の田村《たむら》、[39]弘文《こうぶん》天皇の伊賀《いが》はよく知られており、乳母《うば》の名にちなむものに、[32]崇峻《すしゅん》天皇の泊瀬部《はつせべ》、[38]天智《てんじ》天皇の葛城《かつらぎ》、[40]天武《てんむ》天皇の大海人《おおあま》、[44]元正《げんしょう》天皇の新家《にいのみ》、[45]聖武《しょうむ》天皇の首《おびと》、[46]孝謙《こうけん》天皇の阿倍《あべ》などがある。特に奈良時代以降その例は多い。

平安時代以降の命名法

平安時代の初め、[52]嵯峨《さが》天皇の名前の神野《かみの》にちなんで、「先朝の制、皇子の生まれる毎に乳母の姓を以て之が名とする」（『日本文徳天皇実録』嘉祥三年五月壬午条）といわれている。しかし乳母の姓にちなむ例はその後は見られず、嵯峨天皇の皇子正良《まさら》（[54]仁明《にんみょう》天皇）以降は二文字の漢字を組み合わせて名乗るのを例としている。その中でも、[55]文徳《もんとく》天皇はその皇子で、後の[56]清和《せいわ》天皇に「惟仁《これひと》」と命名して以降、歴代天皇の中には漢字二文字中、下の文字に「仁」の一文字を用いる例が多くなり、特に[70]後冷泉《ごれいぜい》天皇の諱の親仁《ちかひと》以降、女性を除く皇親の諱はおおむね「〜仁」と命名されており、歴代天皇の諱も82後鳥羽《ごとば》・84順徳《じゅんとく》・85仲恭《ちゅうきょう》の三天皇と94後二条《ごにじょう》・96後醍醐《ごだいご》・97後村上《ごむらかみ》・98長慶《ちょうけい》・99後亀山《ごかめやま》の大覚寺統《だいかくじとう》および南朝方の天皇の五天皇の合わせて八天皇を除くすべての天皇に「仁」の一字を用いている。明治8年（一八七五）制定の「**皇子**《おうし》**女降**《じょこう》**誕諸式**《たんしょしき》」に、新誕の男子は「～仁」と命名すると定められた。

　女子については、奈良時代に藤原氏出身の女性に～子とする例が見られるが、平安時代初期の嵯峨天皇の皇女に「子」の文字を付して以来、これが定例となって明治初年に及び、皇親男子と同様に、皇親女子の名前も「皇子女降誕諸式」に成文の法規をもって「～子」とすると定められた（近現代における命名の儀→別巻［27］）。

称号としての宮号

　命名の儀とともに、称号としての**宮号**が授けられる。近代以前の**命名の儀**は親王宣《しんのうせん》下《げ》と同時に行われることが多く、誕生後も命名までかなりの期間を要することもあった。このため平安時代中頃以降、皇子女に対し、**一宮**、**二宮**、**若宮**、**今宮**などの呼称が用いられ、親王宣下による命名後も一般的呼称として用いられたが、江戸時代になると、皇子女が誕生するや、儒者《じゅしゃ》に命じて**佳字**《よきじ》を選ばせ、お七夜に天皇は宸筆《しんぴつ》の**名字**《みょうじ》**書**《がき》を下賜するのを例とし、四親王家《ししんのうけ》においても誕生の王子に父親王から名字書を渡されている。明治時代になると、皇室の諸制度が改革され「皇子女降誕諸式」の制定により、従前の別称としての宮号は廃止することとしたが、特に皇子・皇女には別殿《べつでん》・

御住所の殿名をもって宮号とすると認め、同式制定の三日後に降誕の明治天皇の第二皇女には、お七夜に当たり薫子《しげこ》と命名、同時に殿名にちなんで梅宮《うめみや》と称した。しかし実例によると、その後は殿名に限ることなく佳字を選び、諱と同時に天皇から宮号を与えられており、また皇子・皇女に限らず、皇孫子・皇孫女もその例に与《あずか》っているが、称号たる宮号を与えられるのは天皇の直系親に限られている。

諱を避ける

天皇・上皇の名を直接呼んだり書いたりするのを憚《はばか》ることを**忌諱**《きき》という。そもそも諱《いみな》は忌《い》む名に由来するといい、死者の生前の名を忌むことから生前の名を諱といったが、生前すでに**本名**を諱という。平安時代に作られた『養老令』の注釈書に「**避諱**」とあり、皇祖以下の名号、諱を避けることをいうとある。おそらく避諱の制度は、『大宝令』にも規定されていたと考えられる。

さらに『日本書紀』によると、大化2年(六四六)8月の詔《みことのり》に「王の名を以て、軽々しく川野に掛けて名を呼ぶ百姓等は誠に畏るべし」とあるが、これらは唐制に倣《なら》い、このころすでに御名を敬避することが行われていたのであろう。その後の実例によると、和銅7年(七一四)6月に若帯日子《わかたらしひこ》という氏は⑬成務《せいむ》天皇の諱に触れるとしてその氏の名を改めて国造人《こくぞうひと》と与えられ、奈良時代末に人名や郡郷山川の名で天皇の諱に係わるものは皆、変更させているが、これらの諱の忌避は天皇以外にも適用、さらに地名、年号、宮殿名にまで及んでいる。

たとえば地名について、51平城《へいぜい》天皇の諱の安殿《あて》と同じ発音のために、紀伊国安諦《あて》郡を有田《ありだ》郡に改めたとか、52嵯峨天皇の神野《かみの》と同じ文字の伊予国神野《かんの》郡の地名を新居《にい》郡に改称している。宮殿名の例もある。74鳥羽《とば》天皇は大炊《おおい》殿への遷幸に際し、大炊は廃帝になった47淳仁《じゅんにん》天皇の御名にちなむことから、大炊御門《おおいみかど》を改めて洞院《とういん》と呼んでいる。

このように名を忌避することは、天皇・皇親に限らず貴族はもとより一般庶民の中でも広く行われていたようであるから、皇室関係の特殊性とはいえないが、右の諸例のように、天皇・皇親の名に酷似した名前については強制的に改名させている。これが、奈良時代から平安時代も前期ごろまでであることは、国家権力のありようにも係わる。

また江戸時代以降、天皇の諱を避けるということから、諱を記す場合、その末尾の一画を書かないことを**闕画**《けつかく》といい、江戸時代末に120仁孝《にんこう》天皇は闕画の制の励行《れいこう》を令し、121孝明《こうめい》天皇は皇祖《こうそ》以下三代の御名は闕画すべきと命じている。しかし明治維新後に、闕画の制度は廃止された。

［米田］

［4］崩御後の呼び方

崩御後の天皇の呼称

天皇は崩御後に追号《ついごう》を贈られるが、それまでの間は**大行天皇**《たいこう》と称している。大行は遠くに行かれた天皇の意味。崩御後、しばらくして追号を贈られるが、特に天皇の生前の事績を称える意味で贈られるものを**諡号**《しごう》という。諡号は追号の一種である。『古事記』『日本書紀』などによると、[1]神武《じんむ》天皇の追号は「カンヤマトイワレヒコ（神日本磐余彦）」、[2]綏靖《すいぜい》天皇は「カンヌナカワミミ（神渟名川耳）」と神の文字を含むもので、その後の[7]孝霊天皇、[8]孝元天皇および[9]開化《かいか》天皇の追号には「ヤマトネコ（日本根子）」の文字を含んでいる。神と人との結びつきを示す名には神秘性があり、「ヤマト」「ヤマトネコ」を含む追号は8世紀代の天皇にも見られることから、開化天皇以前の天皇の追号は後代に贈られたものらしい。

ついで[10]崇神《すじん》天皇・[11]垂仁《すいにん》天皇の追号は「ミマキイリヒコイニエ（御間城入彦五十瓊殖）」「イクメイリヒコイサチ（活目入彦五十狭茅）」と「**イリヒコ**」の語が含まれており、それぞれの子女の名にも「**イリヒコ**」「**イリヒメ**」の語を含むことから、いわゆる「イリ」系の王統に属しており、大和の三輪《みわ》地方に縁があると見なされている。12景行《けいこう》天皇から14仲哀《ちゅうあい》天皇の追号に共通するのは「**タラシヒコ**」の文字で、34舒明《じょめい》天皇や35皇極《こうぎょく》天皇（37斉明《さいめい》天皇）の追号にも「タラシ」の文字を含むことから、景行天皇などの追号は7世紀以降につけられた可能性がある。ところが15応神《おうじん》天皇から26継体《けいたい》天皇ごろの天皇の追号の中には、地名・動物名など具体的な名称を含んでいる。

この後の27安閑《あんかん》天皇から29欽明《きんめい》天皇の追号には「ヒロクニオシタケカナヒ（広国押武金日）」「タケオヒロクニオシタテ（武小広国押盾）」「アメクニオシハルキヒロニハ（天国排開広庭）」とあり、国家の形成に関わった天皇の意味で付けられているらしい。これらはいずれも**和風諡号**《わふうしごう》である。

41持統《じとう》天皇の諡号は「オオヤマトネコアメノヒロノヒメ（大倭根子天之広野日女）」で、以下、44元正《げんしょう》天皇までの天皇には、いずれも「倭（日本）根子」を含む和風の諡号が贈られている。「根子」には大地に伸びる樹木を支えるという意味があると言われているが、ちょうど律令国家の形成期にふさわしい名前ということになろう。なお『日本書紀』等の天皇の中には、16仁徳《にんとく》天皇の難波高津《なにはたかつ》宮天皇、欽明《きんめい》天皇の志貴《しき》島《しま》宮御宇天皇、あるいは33推古《すいこ》天皇の小治田《おはりだ》大宮治天下大王天皇、38天智《てんじ》天皇の近江《おうみ》大津《おおつ》宮御宇大倭根子天皇のように都の所在地にちなんで名称とされたものもある。ただこれらは追号というよりも、通称に近いものであろう。

諡号《しごう》

生前の事績を称えるものとして贈られた名を言う。養老「公式令」によると、平《へい》出《しゅつ》といって、文書などに諡号が用いられた場合は、諡号の文字から改行し次行の頭から書き出すものと定められている。恐らく『大宝令』にも諡号の規定は存していたのであろう。大宝3年（七〇三）の持統天皇の大葬に際して贈られた「大倭根子天之広野日女尊」は**和風諡号**で、この後、42文武《もんむ》・43元明《げんめい》・44元正《げんしょう》・45聖武《しょうむ》・49光仁《こうにん》・50桓武《かんむ》・51平城《へいぜい》・53淳和《じゅんな》の各天皇も和風諡号を贈られている。

奈良時代の後期に当代の碩学《せきがく》である淡海三船《おうみのみふね》（七二二〜七八五）が、勅を承けてそれ以前の天皇の事績を調査し、その事績にふさわしい名を漢字二文字を以て表し、一括して撰上したと伝えられている。**漢風諡号**《かんぷうしごう》という。神武天皇以降、48称徳《しょうとく》天皇に及ぶ歴代天皇の諡号がそれであるが、聖武天皇と46孝謙《こうけん》・称徳の両天皇号は後述の**尊号**に基づいている。その後も平安時代の前期まで、光仁・桓武・54仁明《にんみょう》・55文徳《もんとく》・58光孝《こうこう》の天皇には漢風諡号が贈られているが、漢風諡号は平安時代末から鎌倉時代の初め内乱などで京都を離れ、あるいは配流先で崩御された75崇徳《すとく》・81安徳《あんとく》・82顕徳《けんとく》（後鳥羽《ごとば》）・84順徳《じゅんとく》の天皇に贈られたほかは、江戸時代後期の119光格《こうかく》天皇に漢風諡号を贈るまで中絶していた。

その後、120仁孝《にんこう》・121孝明《こうめい》の両天皇は諡号を贈られ、**諡号の制**が復活し、明治3年（一八七〇）に天智天皇の子大友皇子に[39]弘文《こうぶん》天皇の諡号を贈ったのをはじめ、奈良時代と鎌倉時代にそれぞれ政変のために退位させられた天皇にも[47]淳仁天皇と[85]仲恭天皇の諡号が贈られている。

追号

天皇の崩御後に贈られる名を追号という。追号は、明治元年に一世一元の制が制定されて以降、明治・大正・昭和の各天皇は**在位中の年号**を追号としている。

追号は年号に限らず、古くから御在所・山陵・先帝を追慕して後の字を冠したもの、同じく先の二天皇の諡号から一文字ずつを選んで組み合わせたものがある。御在所の例は地名による平城天皇、在位中の宮名による[66]一条《いちじょう》天皇・[73]堀河天皇など、譲位後の後院名による[52]嵯峨《さが》天皇や淳仁天皇、御在所の面する町名による[106]正親町《おおぎまち》天皇、また同じく御在所に近い内裏の宮門にちなむ[114]中御門《なかみかど》天皇、さらには縁《ゆかり》の寺院（↓別巻［49］）名にちなむ[64]円融《えんゆう》天皇や[65]花山《かざん》天皇などの例もある。また山陵の例は[60]醍《だい》醐《ご》天皇や[62]村上《むらかみ》天皇、[113]東山《ひがしやま》天皇の各例があり、このほかに先の天皇の追号に後の字を冠したものに、[68]後一条《ごいちじょう》天皇・[69]後朱雀《ごすざく》天皇・[77]後白河《ごしらかわ》天皇・[96]後醍醐《ごだいご》天皇などがあり、先の二天皇の諡号から一文字ずつを選んで組み合わせた例に[101]称光《しょうこう》天皇（称徳と光仁天皇の組み合わせ）・[109]明正《めいしょう》天皇（元明と元正天皇の組み合わせ）・[112]霊《れい》元《げん》天皇（[7]孝霊《こうれい》と[8]孝元《こうげん》天皇の組み合わせ）などが知られている。

このほか、諡号でも追号でもないが、在位中の代表的な年号によって50桓武天皇を延暦天皇といい、また59宇多天皇を寛平天皇、醍醐天皇を延喜天皇と称する例、皇居の地名により天智天皇を近江天皇や淡海帝と呼ぶ例、飛鳥浄御原宮に即位した40天武《てんむ》天皇を浄御原天皇といい、内裏の西院に住したことから53淳和天皇を西院天皇と称し、御陵の所在地にちなんで54仁明天皇を深草天皇と呼び、小松山陵に葬られた58光孝天皇を小松帝と称している例、淡路国に配流され淡路廃帝と呼ばれている47淳仁《じゅんにん》天皇などの例がある。なお西院天皇と称する淳和天皇を追慕して111後西《ごさい》天皇の追号を贈られているのは特殊な例である。

尊号《そんごう》

追号でも諡号でもなく天皇の在世中にその事績を称《たた》えて尊号を贈られたものに、前記した勝宝感神聖武皇帝《しょうほうかんじんしょうむ》と宝字称徳孝謙皇帝《ほうじしょうとくこうけん》があり、前者が聖武天皇、後者が46孝謙天皇（48称徳天皇）である。

追尊天皇《ついそんてんのう》

天皇ではなかったが、亡くなった後に天皇号を贈られた場合は追尊天皇といい、奈良時代の半ば過ぎから平安時代の初期にかけて四例ある。まず淳仁天皇が文武・元正両天皇の父草壁《くさかべ》皇子に**岡宮《おかみや》天皇**と追尊したのが初例である。また、淳仁天皇は父舎人《とねり》親王に**崇道尽敬皇帝**《すどうじんけい》の号を贈っており、これが先例となって光仁天皇は父施基《しき》親王に

春日宮天皇《かすがのみや》の号を贈った。この二例の尊号追贈はともに傍系から皇位に即いた天皇が父親王に天皇号を贈ることで、祖父・父ともに天皇であることを内外に示し、みずからの正統性を主張したのであろう。なおもう一例の**崇道天皇**《すどう》については、藤原種継《たねつぐ》暗殺事件に連座して廃太子となった早良《さわら》親王の冥福を祈るために贈られたものであるが、これより以降、追尊天皇の例はない。

［米田］

［5］天皇の資格と歴代の確定

【皇位継承の二形態】

皇位の継承は、先帝のもとにあった皇位のシンボルである三種神器《さんしゅのじんき》が新帝のもとに伝えられ、その授受によって新帝の**皇位継承**が実現する。古くは先帝の崩御によって新帝が皇位に即《つ》くのを例とし、これを**崩御践祚**《ほうぎょせんそ》という。ところが[35]皇極《こうぎょく》天皇が譲位し、[36]孝徳《こうとく》天皇が皇位に即く例が開かれる。この形を**譲位**《じょうい》**践祚**という。

そもそも践祚とは天子の位に即くことをいい、即位と同義で、7世紀以前には践祚と即位は区別されなかった。しかし[42]文武《もんむ》天皇が[41]持統《じとう》天皇の譲りを受けて践祚し、一〇日ばかり後に即位の詔《みことのり》を宣しており、践祚と即位の別が生じたようであるが、この後もしばらくは践祚と即位の別はない。ところが[50]桓武《かんむ》天皇が皇位に即いたとき、まず父[49]光仁《こうにん》天皇から皇位を譲られ、その一二日後に即位の詔を宮廷の内外に宣しており、これより以降、践祚の儀と即位の儀が日月を隔てて行われるようになった。なお践祚にともなって先帝から新帝に伝えられる三種神器については、別項で取り上げるから、ここでは省略するが、原則としては、平安時代末に81安徳《あんとく》天皇が神器を持って西海に遷幸《せんこう》した後に皇位に即《つ》いた82後鳥羽《ごとば》天皇や、南北朝時代に96後醍醐《ごだいご》天皇が神器を持って吉野に遷幸したため、在京の北朝の天皇はいずれも神器がなく即位している。ともに特殊な政治的状況下で、皇位継承を行った例である。

【古くは成人天皇が原則】

『日本書紀』によると、神日本磐余彦尊《かんやまといわれひこのみこと》（1神武《じんむ》天皇）が橿原宮《かしはらのみや》において皇位に即いたのが初例で、それ以来、一二六代の間には、さまざまな形で皇位継承が行われている。皇位継承は、最終的には三種神器を授受するとはいえ、そこに至る過程には、それぞれの時代の政治・社会のあり方が反映していたから、一律ではあり得なかった。

具体的には別項の歴史過程の中で述べるが、歴代天皇の即位のあり方を見ると、35皇極《こうぎょく》天皇が譲位の初例で、それまではすべて先帝の崩御により新帝が皇位に即くのを例としていた。しかし譲位の例が始まると、健康以外の理由によっても譲位するようになり、皇位継承が頻繁に行われるようになる。たとえば古く天皇は成人であることが自明の前提になっていたらしく、41持統《じとう》天皇が軽皇子《かるのみこ》（42文武《もんむ》天皇）に皇位を譲ったのは、皇子が一五歳で元服したからで、首《おびと》親王（45聖武《しょうむ》天皇）が皇位に即く資格を得たのは一四歳で元服したことによる。

当時、皇親の元服年齢は一二から一五歳であったから軽皇子や首親王の元服は異例ではない。しかし首親王の祖母の43元明《げんめい》天皇は皇位を自身の娘で親王の伯母に当たる氷高《ひだか》内親王（44元正《げんしょう》天皇）に譲っている。元服とともに皇太子に立てられていた首親王については、「年歯幼稚にして、未だ深宮を離れず、庶務多端にして、一日万機あり」といわれ、皇太子が幼少というよりも、政治に未熟であるというのが理由であった。

【幼帝の出現】

9世紀半ばごろに、56清和《せいわ》天皇がわずか九歳で皇位に即き、引き続き57陽成《ようぜい》天皇も九歳で皇位に即く例が生じて以降、幼少の天皇は必ずしも異例ではなくなった。

9世紀末に60醍醐《だいご》天皇が一三歳で即位して以降、11世紀半ば過ぎの71後三条《ごさんじょう》天皇に至る一二代の天皇のうち61朱雀《すざく》（八歳）・64円融《えんゆう》（一一歳）・66一条《いちじょう》（七歳）・68後一《ごいち》条《じょう》（九歳）の四天皇はともに元服以前に即位しているが、11世紀の後半の72白河《しらかわ》天皇の譲位後に皇位に即いた73堀河《ほりかわ》（八歳）・74鳥羽《とば》（五歳）・75崇徳《すとく》（五歳）・76近衛《このえ》（三歳）の天皇はそれぞれ幼少で即位しており、また12世紀半ばから13世紀の前半にかけての天皇の即位年齢を見ると、79六条《ろくじょう》天皇が二歳で践祚して以降、80高倉《たかくら》（八歳）・81安徳《あんとく》（三歳）・82後鳥羽《ごとば》（四歳）・83土御門《つちみかど》（四歳）・84順徳《じゅんとく》（四歳）・85仲《ちゅう》恭《きょう》（四歳）・86後堀河《ごほりかわ》（一〇歳）・87四条《しじょう》（二歳）に至る歴代天皇も幼少で皇位に即いている。このように平安時代から鎌倉時代の天皇に幼少で即位した例が多く、それぞれの時代の天皇の統治能力に疑問が生じる。これが太上天皇の院政の根拠の一つとなる。

女性天皇

天皇は必ずしも皇親《こうしん》男子とは限らない。大宝・養老の「継嗣令《けいしりょう》」でも「女帝」を公認しており、実例に照らして女性の天皇が古代に八代六名、近世に二代二名を数える。6世紀末に皇位に即いた33推古天皇を初例とし、7世紀半ばの35皇極《こうぎょく》・37斉明《さいめい》、同世紀末の41持統《じとう》、さらに8世紀前半の43元明《げんめい》と44元正《げんしょう》、同半ばの46孝謙《こうけん》・48称徳《しょうとく》の八代六名の各天皇が古代の女性天皇である。なお皇極・斉明と孝謙・称徳天皇は二度にわたって皇位に即いており、**重祚**《ちょうそ》した天皇という。

ところで推古・皇極（斉明）・持統の各天皇は、それぞれ30敏達《びだつ》・34舒明《じょめい》・40天武《てんむ》の各天皇の皇后で、元明天皇は天武天皇の子である皇太子草壁《くさかべ》皇子の妃であったが、元正・孝謙（称徳）天皇は未婚の内親王であった。また17世紀前半に108後水尾《ごみずのお》天皇の譲りを受けて皇位に即いた109明正《めいしょう》天皇、18世紀中頃に弟であった116桃園《ももぞの》天皇の急逝《きゅうせい》を承けて皇位に即いた117後桜町《ごさくらまち》天皇の二名は近世の女性天皇で、ともに未婚であった。

【歴代天皇の認定】

歴代天皇の代数を一二六代と定めているが、古来、天皇の代数については諸書によってまちまちで、たとえば、7世紀末に大海人《おおあま》皇子（40天武《てんむ》天皇）と皇位継承を争った大友《おおとも》皇子を天皇と認めるかどうかの議論があり、『日本書紀』では大友皇子が即位したとは認めていない。しかし『扶《ふ》桑《そう》略記』や『水鏡《みずかがみ》』などが早くから大友皇子の即位説を唱え、歴代に数えていた。そのことから後世、議論を呼び、水戸《みと》光圀《みつくに》の『大日《だいに》本史《ほんし》』は大友皇子の即位説を採用するとともに、神功《じんぐう》皇后を歴代の代数に数えようとするなど、歴代天皇の認定に統一的なものがなかった。

さらに14世紀の第二四半期に朝廷は吉野に遷幸した96後醍醐天皇側の南朝と足利尊《あしかがたか》氏《うじ》の推挙で京都で皇位に即いた北1光厳《こうごん》天皇側の北朝とが対立したが、『大日本史』は、南朝側に神器《じんき》が所在しているとの名分論により南朝正統論を主張した。

明治3年（一八七〇）に政府は、まず大友皇子に「弘文《こうぶん》天皇」の諡号《おくりな》を贈り、歴代天皇に列するとともに、8世紀半ばの恵《え》美押勝《みのおしかつ》の乱《らん》によって廃帝とされた47淳仁《じゅんにん》天皇と13世紀前半の承久の乱で同じく廃帝とされた85仲恭《ちゅうきょう》天皇の廃帝を取り消して歴代の代数に加えることとなった。一方、政府は神功皇后の即位は認められないとし、南北両朝については現実的な措置として両朝併存を認めた。

南北朝《なんぼくちょう》 正閏論《せいじゅんろん》

明治3年(一八七〇)に三天皇が改めて歴代天皇に列せられたが、南北両朝のいずれを正統とするかの議論は未確定のままであった。このため国定教科書も南北両朝を同列に取り扱っていたが、明治時代の末に南北両朝のいずれを正《せい》とし、閏《じゅん》とするかの正閏論争が再燃した。

もともと南北両朝の対立は、鎌倉時代に、[88]後嵯峨《ごさが》天皇の子の[89]後深草《ごふかくさ》天皇と[90]亀《かめ》山《やま》天皇の皇統をそれぞれ**持明院統**《じみょういんとう》と**大覚寺統**《だいかくじとう》と呼び、皇位の継承は両統が交互に行うという**両統迭立**《てつりつ》に由来している。ところが大覚寺統の[96]後醍醐天皇が足利尊氏《あしかがたかうじ》らと対立して吉野に遷幸したことから**南朝**と呼ばれ、京都では尊氏らに擁立されている[北1]光《こう》厳《ごん》天皇側を**北朝**と呼んでいる。両朝は互いにみずからが正統な皇位継承者であると主張していた。特に南朝側は、北朝の天皇が三種神器なしに皇位に即いているのは偽朝そのものであると主張した。一方、北朝側も持明院統こそが正統であると主張、しばらく両派の対立は解けず、ほぼ半世紀を経て南北合一がなり、神器は南朝から北朝側に引き継がれた。

しかしその後も南北両朝をそれぞれ支持する考え方は永く続き、後に南北朝正閏論が起こっている。そこに至るまでにも、室町時代から江戸時代にかけて、南朝方の天皇を諱《いみな》で呼ぶことはあっても天皇と呼ばない例があるように、北朝の正統を主張する文献『本朝皇胤紹運録《ほんちょうこういんじょううんろく》』が作成される一方、神器の所在と名分論による『大日本史』のような考えも強く、この対立は明治時代の末に至っている。明治時代の学者たちの中には、ごく一部の人を除き、おおむね両朝が併存していたのが現実との立場から、公教育の場において両朝併存を主張した。しかし南朝正統論者は両論併記的処置に満足できず、明治44年(一九一一)に国会にまでこの議論を持ち込んで黒白を決めようとし、ついに明治天皇の判断を求めることになった。

明治天皇は、みずからの皇統を遡《さかのぼ》ると、北朝の天皇の系統に属すことから、非常に厳しい判断を求められることとなった。しかし天皇は、南朝の天皇を正統として歴代の代数に列すると定め、96後醍醐天皇以下、97後村上《ごむらかみ》・99後亀山《ごかめやま》天皇を歴代に数えることとなった。

歴代外天皇

南朝の天皇が歴代天皇として代数に列せられたが、同時に歴代の代数から除外された北朝の北1光厳《こうごん》・北2光明《こうみょう》・北3崇《す》光《こう》・北4後光厳《ごこうごん》・北5後円融《ごえんゆう》の各天皇については、歴代天皇と同様に遇するとし、北朝の各天皇は歴代外天皇と定め、北朝天皇のお墓は**山陵**《さんりょう》と呼び、祭典、たとえば式年祭《しきねんさい》なども従前通りに行うように定められた。こうして南北朝正閏問題は決着を見たが、現在、97後村上天皇のつぎに歴代天皇に列せられている長慶天皇の名は、明治時代の末にはまだ南北いずれの側にもない。

長慶天皇

97後村上天皇の皇子で、江戸時代から在位説と非在位説があり、とくに水戸の『大日本史』は在位説を、塙保己一《はなわほきいち》は非在位説を唱えていた。ただ南北朝期の後半に、長慶天皇の活躍の痕跡らしきものが見えるが、その活躍が皇位にあったときのものか、そもそも皇位に即いていたかどうかも南朝側の史料が少なく確定するに至らなかった。しかし大正年間になって、古写本『耕雲《こううん》千首』の奥書の記載等により、天皇の在位を証明できるとして、天皇の在位は動かしがたくなったと判断され、大正15年（一九二六）10月に98長慶天皇を皇統に加えるとの詔書が下された。こうして歴代天皇の代数が確定された。

［米田］

[6] 皇后・皇太后・太皇太后

『養老令』の「後宮職員令《こうきゅうしきいんりょう》」によると、**后妃**は中国の制度を参考に、天皇の嫡妻《ちゃくさい》を**皇后**、后位《こうい》にある天皇の母を**皇太后**《こうたいごう》、同じく后位にある天皇の祖母を**太皇太后**《たいこうたいごう》と定め、これを**三后**《さんこう》という。『日本書紀』は、天皇の后妃を皇后・**妃**《ひ》・**夫人**《ぶにん》・**嬪**《ひん》などといい、とくに嫡妻を皇后、母后を皇太后と呼んでいる。しかし『古事記』では、后妃を「**きさき**」、そのうちの嫡妻を「**おおきさき**」とよび、前者には**后**、後者には**大后**の文字を宛てていた。『日本書紀』は、律令制の導入に伴って前記のように統一的に修正したと考えられる。

【皇后の冊立《さくりつ》】

皇后に立てられることを**立后**、または**冊立**《さくりつ》という。大宝令制定前に立后の手続きを記したものはない。奈良時代に藤原安宿媛《あすかべひめ》（光明子）が皇后に冊立された時に初めて詔書が下されている。この後、江戸時代末に至るまで、すべての立后に当たって詔書が下されている。しかし明治22年（一八八九）制定の『皇室典範』や同43年（一九一〇）公布の

「皇室親族令」によると、立后に当たっては、皇太子妃から皇后になるときには詔書はなく、官報に立后したと記されるのみであるが、天皇即位後に結婚した場合は、大婚といい、詔書をもって皇后に冊立される。

【皇后の出自】

奈良時代の[45]聖武《しょうむ》天皇の皇后に藤原光明子《こうみょうし》が冊立されたときの詔《みことのり》に、藤原氏出身の皇后を立てたのは、[16]仁徳《にんとく》天皇の皇后葛城襲津彦《かつらぎのそつひこ》の娘磐之媛《いわのひめ》の先例によると見える。つまり磐之媛以降の歴代天皇の皇后は皇女を例とし、若干の例外も三世以内の皇親《こうしん》の出身で、その制は『大宝令』にも引き継がれているが、令制では皇后となる人は内親王であることが前提になっている。しかし聖武天皇が藤原氏出身者を皇后に立てたのは、古い時代に遡って調べると、皇親以外の者でも皇后になっているから異例ではないと主張している。その後、江戸時代末までの皇后の出自を見ると、藤原氏出身者(鎌倉時代以降は五摂家出身者)が大半を占め、ついで多いのが内親王・女王で、橘《たちばな》氏《し》・平《へい》氏・源《げん》氏出身者が各一例ずつ見える。

明治時代に入ると、『皇室典範《こうしつてんぱん》』において、皇親または特別に定められた華族《かぞく》に限るとし、明治33年(一九〇〇)に制定の「皇室婚嫁令《こんか》」にも同様に規定されている。しかし昭和22年(一九四七)制定の『皇室典範』ではその規定を廃止し、現在、皇后の出自について特に定めたものはない。

【三后の班位《はんい》】

『養老令』によると、三后の序列は、太皇太后、皇太后、皇后の順と記し、太皇太后が最高の身位《しんい》（身分）にあった。明治22年（一八八九）制定の『皇室典範』も養老令制を踏襲していた。しかし明治43年（一九一〇）に「皇族身位令」が制定されると、皇后を皇族中の第一とし、ついで太皇太后、皇太后の順と定められた。このことから大正天皇が崩御し、昭和天皇が即位すると、先帝の皇后であり、新帝の母である節子《さだこ》は皇太后となったが、皇太后節子は亡くなるまで、その班位（序列）は皇后に次ぐものであった。ところが節子が皇太后の身位で崩御すると、当時、皇后が最高の班位であったことから、昭和天皇は母后に貞明《ていめい》皇后と諡《おくりな》した。ただ「皇族身位令」の制定後に崩御した明治天皇の皇后美子《はるこ》については、大正天皇は、当時、皇后が班位第一と定められていたが、長年の慣例に従って昭憲《しょうけん》皇太后と諡した。

皇后と中宮

『養老令』によると、皇后には皇后を世話するための付属職司として**中宮職**《ちゅうぐうしき》が与えられることになっていたが、奈良時代の中ごろ、45聖武天皇の母である**皇太夫人**藤原宮《みや》子《こ》に中宮職を付与し、ついで同天皇の皇后に冊立された藤原光明子《こうみょうし》には**皇后宮職**《こうごうぐうしき》が与えられた。しばらくこれが例となって、60醍醐《だいご》天皇の養母である皇太夫人藤原温子《おんし》に至るまで、皇太夫人に中宮職を付与していたが、その後は令制の通りに皇后に中宮職を付与する例が復活し、皇后で中宮職を付与された人を**中宮**と呼んでいる。

平安時代の中頃に配偶関係のある皇后が二人併立されるようになった。66一条《いちじょう》天皇の皇后に藤原道隆《みちたか》の娘定子《ていし》が冊立されたが、道隆の没後に藤原道長《みちなが》が娘の彰子《しょうし》を一条天皇の後宮に入れ、ついで皇后に冊立、先立の皇后定子の中宮職を皇后宮職と改めて**皇后宮**と呼び、新立の皇后彰子に中宮職を授けて中宮と呼ぶこととした。ここに**一帝二后**の新例が開かれ、後に新立の皇后に中宮職を、先立の皇后に皇后宮職を付置するのを例としたが、中宮・皇后宮の正式の身位は皇后である。

ところが室町時代に皇后の冊立が中断し、江戸時代の初め徳川和子《まさこ》が108後水尾《ごみずのお》天皇の皇后に冊立されて復活した。しかし江戸時代に皇后と中宮は同時に置くことはなく、皇后に冊立されると、付属職司として中宮職を付置しており、明治天皇の皇后に一条美子が冊立されたときも、従前の例に倣って中宮職を付置したが、制度改革によって、中宮職を皇后宮職と改めている。昭和20年(一九四五)末に皇后宮職を廃止して**侍従職**に統合し、皇后関係の事務は侍従職《じじゅうしょく》の所管となった。

配偶関係のない皇后

皇后は天皇の配偶者に与えられた身位の一つであるが、平安時代末から鎌倉時代にかけて、配偶関係のない皇后が一一例あった。

もともと皇后などの三后は天皇との配偶関係や血縁関係をもとに定められているが、平安時代の初め、[52]嵯峨《さが》天皇の皇后 橘 嘉智子《たちばなのかちこ》が、天皇の弟大伴《おおとも》親王が即位して[53]淳《じゅん》和《な》天皇になると、新帝の母后でもないのに皇太后となった。これが先例となって、新帝の即位に当たり、新帝の母后ではない**先帝の皇后**が皇太后に転上し、また祖母ではない皇太后から太皇太后となるなど、「後宮職員令」の三后の規定に反する例が出現した。代替わりにより、天皇と后位にあった人との間には血縁関係がなくとも擬制的血縁関係をもって引き続き従来と同様の処遇を与えたこととなり、**后位**が後宮内の一つの地位と見なされることになった。

平安時代末に、天皇の配偶者でもない内親王を皇后とする例が生じた。[72]白河《しらかわ》天皇が皇位を八歳の[73]堀河《ほりかわ》天皇に譲ったが、すでに母后が崩じていたため、幼少の天皇の**准母**《じゅんぼ》として天皇の姉媞子《ていし》内親王を皇后に冊立、中宮職を付与したのがその初例。ついで白河天皇の崩御により皇位に即いた[74]鳥羽《とば》天皇も五歳と幼少であったことから、新帝の叔母に当たる令子《れいし》内親王を同じく准母として皇后に冊立した。この後も天皇の姉などが准母の名目で経済的特典を付与され皇后に冊立されている。

鎌倉時代末の[91]後宇多《ごうだ》天皇の皇女奨子《しょうし》内親王が[96]後醍醐天皇の皇后に冊立されたのが配偶関係のない皇后一一例の最後になるが、二例目の令子内親王以下、奨子内親王に至る一〇名はいずれも皇后宮職を与えられ、皇后と呼ばれていた。

【准三宮《じゆさんぐう》】

太皇太后・皇太后・皇后を三宮、三后といい、三宮に准じる待遇を与えられた人を准三宮、**准三后**、**准后《じゆごう》**という。平安時代の前期、56清和《せいわ》天皇の摂政藤原良房は三宮に准じた**年官《ねんかん》**を付与された。ついで59宇多《うだ》天皇の関白藤原基経は年官・**年爵《ねんしやく》**を与えられた。その後、摂政・関白で准三宮になったのは、摂政三例、関白四例であるが、摂政や関白の辞任後にこの待遇をうけた例は少なくない。

年官は毎年国の掾《じよう》・目《さかん》を申請する権利、年爵は従五位下に叙される者を申請する権利を与えられたもの。しかし平安時代末以降、これらの権利が実質を伴わなくなり、准三宮は名目となった。一方で皇族・大臣・女御・僧侶など准三宮を与えられる範囲が拡がり、江戸時代末に及んだ。

［米田］

[7] 夫人・皇太夫人・太皇太夫人

【令制に見える夫人】

養老の「後宮職員令《こうきゅうしきいんりょう》」では、後宮には、皇后・**妃**《ひ》（後述）のほかに夫人《ぶにん》三員を置くと定め、夫人は、三位《さんみ》以上に叙されることになっている。出自について特に規定はないが、『日本書紀』に見える夫人の実例や三位以上に叙されるとの規定から判断して、中央貴族の出身者といえる。配偶である天皇の崩御もしくは譲位により夫人の子が皇位に即くと、**皇太夫人**とよばれ、さらに夫人の子が上皇になると、**太皇太夫人**という と定められている。しかし天皇が崩御、譲位しても夫人の子が皇位に即かない限り、夫人のままである。

【夫人から皇太夫人へ】

『大宝令』の制定当時、42文武《もんむ》天皇の配偶者に夫人藤原宮子《みやこ》がいたが、天皇の崩御後、43元明《げんめい》・44元正《げんしょう》両天皇の時代も宮子は夫人として処遇されており、子の首《おびと》親王が45

聖武《しょうむ》天皇となると、大夫人《だいぶにん》と称するとの勅を下された。しかし、左大臣長屋王《ながやおう》が令の旨に背くと反対し、文書に書くときは皇太夫人《こうたいぶにん》、言葉として発する場合には大御祖《おおみおや》ということになった。奈良時代末、49光仁《こうにん》天皇の夫人高野新笠《たかののにいがさ》はその子50桓武《かんむ》天皇が即位すると皇太夫人になっている。しかし47淳仁《じゅんにん》天皇の生母の当麻山背《たいまのやましろ》の場合は、大夫人というが皇太夫人と称していないのは、淳仁天皇の即位前に夫人の地位に就いていなかったからであろう。

【夫人から皇后へ】

夫人のすべてが皇太夫人になったのではなく、45聖武天皇の夫人藤原光明子《こうみょうし》、50桓武天皇の夫人藤原乙牟漏《おとむろ》、52嵯峨《さが》天皇の夫人 橘嘉智子《たちばなのかちこ》の三人は、夫人から皇后になっている。なお嵯峨天皇の夫人多治比高子は妃になったとあるが、天皇の妃は内親王と規定されているから、令制の妃の制度が変化したのであろうか。

【夫人を経ずに皇太夫人へ】

夫人を経ずに皇太夫人になった例としては、54仁明《にんみょう》天皇の女御《にょうご》藤原順子《じゅんし》をはじめ、55文徳《もんとく》天皇の女御藤原 明 子《ふじわらのあきらけいこ》、56清和《せいわ》天皇の女御藤原高子《たかいこ》、58光孝《こうこう》天皇の女御班子《はんし》女王の四例がある。いずれも所生の皇子の即位に当たり、皇太夫人になったもので、さらに59宇多《うだ》天皇の女御藤原温子《おんし》の場合は、60醍醐《だいご》天皇が即位すると、新帝の養母という関係から皇太夫人になっており、女御から皇太夫人になった例である（女御→[8]）。しかし温子を最後に皇太夫人になった例はない。

なお太皇太夫人の実例はなく、わずかに50桓武天皇の曾祖母の越道伊羅都売《こしのみちのいらつめ》を追尊して太皇太夫人の称を贈った一例が知られるのみである。

【夫人・皇太夫人の待遇】

夫人は貴族出身であるが、皇親出身の妃に準じた待遇を受けており、後宮内における地位は決して低くない。ことに、皇太夫人は**天皇の生母**でもあり、三后に準ずる処遇を受けていた。42文武天皇の夫人藤原宮子《みやこ》はその子45聖武天皇の即位後に皇太夫人となり、中宮職を付置される。本来三后の付属職司である中宮職が宮子に付置されたのは、当時律令の規定による三后が不在のためであった。

ところが聖武天皇の皇后に藤原光明子《こうみょうし》が冊立《さくりつ》されると、律令の規定通りに付置すべき中宮職はすでに皇太夫人に付与していたため、光明子には皇后宮職を新設した。この後、しばらく皇后には皇后宮職を、皇太夫人には中宮職を付置し、中宮は皇太夫人の別称になっていた。

60醍醐天皇の養母藤原温子が皇太夫人の最後となると、中宮職は令制に戻り三后に付置されるところ、すでに皇太后・太皇太后にそれぞれ**皇太后宮職**・**太皇太后宮職**が置かれていたため中宮職は皇后宮のみの付属職司となり、中宮は皇后の別称となっている。

なお皇太夫人の命令は三后と同じく令旨《りょうじ》といい、食封《じきふ》も三后に相当するものを支給されている。［米田］

◆后妃の姓

皇室に入った女性が生家の姓を用いなくなることはよく知られている。しかし奈良時代に45聖武天皇の皇后になった藤原朝臣安宿媛《あすかべひめ》（光明子）が、皇后冊立後に書写した『楽毅論《がっきろん》』の奥書に「藤三娘」と記しており、安宿媛は終生、藤原を名乗っていたことが分かる。

逆に皇親の内親王や女王《にょおう》が五摂家や将軍家に嫁しても、藤原氏でも源氏でもなく皇親として遇されている。江戸時代の108後水尾天皇の皇女常子《つねこ》内親王は近衛基熙《このえもとひろ》に嫁したが、終生、常子内親王と呼ばれている。また120仁孝天皇の皇女和宮親子《かずのみやちかこ》内親王は徳川将軍家茂《いえもち》に降嫁したが、明治時代に薨去《こうきょ》するまで皇親として処遇されていた。

その後、明治の『皇室典範』によって、皇親と結婚して皇室の一員となった女性は、皇室の伝統にしたがって姓を持たないこととし、逆に、皇籍を離れる場合は、結婚相手の姓を名乗るか、新たに制定された姓を名乗ることになっている。

［8］妃・嬪・女御・更衣

【令制に見える妃・嬪】

「後宮職員令《こうきゅうしきいんりょう》」によると、後宮には、天皇の配偶として、皇后、夫人《ぶにん》のほかに、**妃**《ひ》二員と**嬪**《ひん》四員を置くとある。妃に定められると四品《ほん》に、嬪は四位《い》・五位に叙《じょ》されると規定されている。**女御**《にょうご》・**更衣**《こうい》は律令には規定がないが、平安時代の初期にはその名が文献に見える。

【妃の出自】

妃は品位《ほんい》を授けられることから、内親王で、後宮の中では皇后に次ぐ地位を与えられている。実例を検すると、『日本書紀』に見える例は、『大宝・養老令』の規定に合致せず、制度として問題は少なくないが、『大宝令』以降の例を見ると、平安時代初期の50桓武《かんむ》天皇から中期の60醍醐《だいご》天皇に至る天皇の配偶者の中で、妃はわずかに八例のみである。うち六例は内親王で、ほかに王族・貴族出身者が各一例ずつ見えるが、二例ともに律令の規定に相違している。しかしこの二例を間違いと決めつけることは難しく、時の天皇の特殊な待遇によって、内親王以外の身分の者が妃に定められた特殊な例と考えざるを得ない。

妃はその子が皇位に即《つ》くと、**皇太妃**《こうたいひ》となり、妃の孫が皇位に即くと、**太皇太妃**となる。皇太妃は、草壁《くさかべ》皇子の妃であった阿閇《あべ》内親王の皇子が即位して42文武《もんむ》天皇になると、皇太妃と呼ばれている。皇太妃とする唯一の例で、太皇太妃の実例は存在しない。

妃は内親王と同等の処遇を受けるのはいうまでもないが、それ以上の待遇を受けていた。食封《じきふ》や帳内《ちょうない》、品田《ほんでん》などの内親王への支給額は親王の半分だが、妃は親王と同じく全給であるとか、恒例・臨時の俸禄の支給では優遇措置がとられていた。さらに皇太妃には**皇太妃宮職**が職司としてあり、身辺警護や雑用に従事する**皇太妃宮舎人**《とねり》が置かれていたことが、藤原宮跡《ふじわらきゅうし》から出土の木簡《もっかん》によって確かめられている。正史によると、皇太妃の食封は内親王や嬪のそれとは差があったようである。

【嬪の実例】

嬪は夫人《ぶにん》につぐ貴族階級の出自であるが、夫人は三位《さんみ》に、嬪は四位《しい》・五位に叙されていることから、夫人よりは低い氏族の出身者と考えられる。しかし実例はほとんどなく『日本書紀』に数例を数えるが信憑性に疑問がある。『大宝令』以降は、42文武天皇の時に二人の嬪の名が知られるが、和銅6年(七一三)に二人の嬪がその号を削除され、以来、嬪が置かれたことはない。ただ妃・皇太妃・太皇太妃や嬪の待遇について、10世紀初頭編纂の『延喜式《えんぎしき》』に記されているから、制度としては、その頃まで存在していたと考えられる。しかし『延喜式』の「大膳職式《だいぜんしきしき》」や「大炊寮式《おおいりょうしき》」などの米塩の支給に関する規定の中に、嬪は制度としてはなお存続しているものの、実態は女御《にょうご》や更衣《こうい》などに移りつつあったと考えられる。

【女御の初例】

女御の語が初めて文献に見えるのは『日本書紀』であるが、後宮の一員としての女御という意味では50桓武《かんむ》天皇の後宮の紀乙魚《きのおとな》や百済教法《くだらのきょうほう》らが女御の初例となる。律令に規定はなく、定員も定かではないが、前記の実例や俸禄に関する『延喜式』の規定によると、女御・更衣は制度的には妃や嬪と併置されることがある。一方で、妃・嬪に対する処遇が、女御・更衣に与えられている例もあり、妃や嬪に代わって置かれていたとも考えられる。

【女御の地位の上昇（女御から皇后へ）】

時代が下ると、女御の地位は次第に高まっている。位階についても、夫人《ぶにん》と同格の三位《さんみ》を与えられる女御が見られる。平安時代の前半の54仁明《にんみょう》天皇のときから59宇多《うだ》天皇のときにかけて、皇后や夫人が不在の時期がある。その間、藤原冬嗣《ふゆつぐ》の娘順子《じゅんし》が仁明天皇の女御となり所生の道康《みちやす》親王（55文徳《もんとく》天皇）が皇位に即き、また藤原良房《よしふさ》の娘 明子《あきらけいこ》が文徳天皇の女御となり所生の惟仁《これひと》親王（56清和《せいわ》天皇）が皇位に即くと、ともに女御から皇太夫人《こうたいぶにん》に昇った。また60醍醐《だいご》天皇の女御藤原穏子《おんし》が女御から皇后になると、女御から皇后になるルートが開かれ、女御の地位は高まった。平安時代中頃までは、まだ一代に複数の女御が置かれていたが、73堀河《ほりかわ》天皇以降、一代一女御となり、女御は皇后に冊立《さくりつ》されるのが例となった。

南北朝時代から戦国時代末に至るまで、女御どころか皇后も置かれなかったが、江戸時代直前に近衛前久《このえさきひさ》の娘の前子《さきこ》が107後陽成《ごようぜい》天皇の女御となってこの制度が復活し、ついで徳川秀忠《ひでただ》の娘の源和子《まさこ》が108後水尾《ごみずのお》天皇の女御と少し間を置いておくため皇后に冊立され、女御から皇后への道が復活した。しかし115桜町《さくらまち》天皇の女御藤原舎子《いえこ》のように、女御であっても皇后にならず、代替わりとともに皇太后に冊立される例もある。このほか太上天皇の女御となり、やがて皇后や皇太后に昇った例、女院になった例も若干見られる。一条美子《いちじょうはるこ》が明治天皇の女御となり、即日皇后に冊立されたのが最後の女御である。

【女御の出自】

平安時代前期の女御の出自は広い範囲に及んでいたが、女御から皇后に冊立されるようになると、藤原氏でも五摂家《ごせっけ》や清華家《せいが》・大臣家以上の子女、徳川将軍家や四親王家《ししんのうけ》の女子に限られている。

【更衣の初例と出自】

更衣《こうい》の語が初めて文献に見えるのは平安時代初期の「弘仁中務省式《こうにんちゅうむしょうしき》（逸文《いつぶん》として伝来）」であるが、実例としては嵯峨《さが》上皇の更衣として見えるのが初例である。その後は平安時代末の74鳥羽《とば》・75崇徳《すとく》天皇の時に更衣がいたといわれているが、それを最後として『増鏡《ますかがみ》』などにその姿を留めているものの、実例は見あたらない。それだけに更衣の性格はわかりにくいが、実例によると、更衣の出自は四位《しい》・五位の中流の貴族の女子が多い。［米田］

［9］大兄・皇太子・儲君

【皇位継承者に対する呼称】

皇位継承者に対する呼び方は時代によって、相違がある。一般的には「ヒツギノミコ」といい、**皇太子**の文字を宛てているが、**皇太子制**の成立の時期については確定されていないものの、7世紀中に成立していたことはほぼ問題ないと思われる。皇太子制に先立つものに**大兄**《おおえ》と呼ばれるものがある。

また皇太子は全時代を通じて置かれていたのではなく、室町時代から江戸時代前期にかけて皇太子制が中断していた。皇太子制が再興されるに際して、まず**儲君**《ちよくん》とし、ついで皇太子に冊立《さくりつ》するという二段構えの手順を踏んでいる。

【『日本書紀』の皇位継承者】

『日本書紀』によると、[1]神武《じんむ》天皇が晩年に皇位継承者を皇太子と定めたが、これは後代の知識によるもので、歴史的な事実と見ることはできない。文献上の確実な初例といえば、『日本書紀』の推古《すいこ》天皇紀に、厩戸《うまやど》皇子が皇太子に冊立されたものであるが、厩戸皇子が皇太子の初例かどうかはまだ議論がある。

大兄制

皇太子制に先立ち、大兄《おおえ》制という皇位継承法があった。これは同時代に大兄と呼ばれる複数の皇子の中から、皇嗣が定められていたのである。たとえば、㉖継体《けいたい》天皇の第一皇子を勾大兄《まがりのおおえ》といい、㉙欽明《きんめい》天皇の皇子箭田《やた》珠勝大兄《たまかつのおおえ》皇子、㉚敏達《びだつ》天皇にも押坂彦人大兄《おしさかひこひとのおおえ》皇子などと、6世紀ごろから大兄を名前の一部にする皇子が複数見られるようになり、同時期に併存することも珍しくない。㉞舒明《じょめい》天皇の崩御後、皇位の継承を巡り厩戸皇子の子の山背大兄《やましろのおおえ》皇子と舒明天皇の子の古人大兄《ふるひとのおおえ》皇子が争ったように、大兄は複数人いるが、さらに古人大兄皇子の異母兄弟に中大兄《なかのおおえ》皇子がいるように、兄弟でも母を異にすると、それぞれの長子を大兄として皇位継承有資格者と見なしていた。しかし大兄が同時に複数存在することは、それ自体が皇位継承争いの原因となる。

皇太子制

皇位継承者を特定する中国風の嫡長子制を採用したのは㊳天智《てんじ》天皇の時だという。そのような皇位継承者を皇太子と称した。また御在所の義から**東宮**《とうぐう》または**春宮**《とうぐう》と称している。それより前に皇太子制が存したとし、㉝推古《すいこ》天皇の皇太子厩戸皇子の例をあげる説は有力である。実際は、厩戸皇子の後においても大兄制が存続しているから、一人の人をもって皇嗣とする皇太子制の成立は厩戸皇子だとしても、制度として確立したのは天智朝からであろう。

38天智《てんじ》天皇は皇嗣に弟の大海人《おおあま》皇子を立てていたが、天皇の子の大友《おおとも》皇子が成人する中で、皇位の継承を自身の子に委ねようとしたのが原因で、天皇の崩御後に壬申《じんしん》の乱《らん》が起きた。しかし天智天皇が願った皇位継承者を嫡長子とする皇太子制は大海人皇子（40天武《てんむ》天皇）の系統において継承され、奈良時代末に48称徳《しょうとく》天皇を最後に天武天皇の系統が断絶すると、天智天皇の皇孫の白壁《しらかべ》王が皇位に即《つ》いて49光仁《こうにん》天皇となって以降、天智天皇の系統が連綿と続いて現代にいたっている。

【皇太子と皇太弟】

昭和の『皇室典範』によると、皇位の継承は皇長子、皇長孫、その他の皇長子の子孫、皇次子およびその子孫、その他の皇子孫と定めている。また皇嗣たる皇子を皇太子、皇太子のないときは、皇嗣たる皇孫を皇太孫と定めており、明治の典範でも基本的には同じように規定されていた。これによると、皇太子・皇太孫は皇嗣たる皇子・皇孫をいい、天皇の次子が皇嗣となったときは皇嗣たる次子を皇太子と言うことがある。

実例によると、皇嗣の冊立のあるときは、その皇嗣が皇子または皇孫以外であっても**皇太子**と呼ばれることがある。『日本書紀』によると[23]顕宗《けんぞう》天皇の皇兄億計《おけ》王（[24]仁賢《にんけん》天皇）や[17]履中《りちゅう》天皇の皇弟多遅《たじ》比瑞歯《ひのみずは》別《わけ》尊（[18]反正《はんぜい》天皇）を皇太子と記している。また奈良時代末の[50]桓武《かんむ》天皇は皇弟早良《さわら》親王を、平安時代後期の[79]六条《ろくじょう》天皇は皇叔父憲仁《のりひと》親王（[80]高倉《たかくら》天皇）を皇太子と定めている。このように天皇の子や孫以外でも皇太子とする例は少なくない。

【皇嗣の冊立】

皇嗣の選定において天皇（または上皇）の勅定《ちょくじょう》によることが少なくない。皇嗣の未だ決められないうちに天皇が崩御したが遺宣《ゆいせん》によって皇位に即いた白壁王（[49]光仁天皇）の例、太上天皇の遺詔《ゆいしょう》によって皇太子と定められた道祖《ふなど》王（後に皇太子を廃された）、臣下の推戴《すいたい》によって皇太子に定められた大炊《おおい》王（[47]淳仁《じゅんにん》天皇）などがあった。また譲位の宣命で皇太子に定められた善仁《たるひと》親王（[73]堀河《ほりかわ》天皇）の例などがある。

このほか立太子を経ることなく皇位に即いた例に、軽皇子《かるのみこ》（[36]孝徳《こうとく》天皇）、順仁《のぶひと》親王（[79]六条天皇）などがある。

廃太子

皇太子に冊立《さくりつ》されていたが、薨去《こうきょ》により天皇になることのなかった例、皇太子を辞退した、あるいは政治的事件にかかわって廃された例もあった。

薨去《こうきょ》の例としては、33推古《すいこ》天皇の皇太子厩戸皇子、41持統《じとう》天皇がまだ称制《しょうせい》中の草壁《くさかべ》皇子、45聖武《しょうむ》天皇の皇太子基王、60醍醐《だいご》天皇の皇太子保明《やすあきら》親王および皇孫慶頼《よしより》王、さらに72白河《しらかわ》天皇の皇太弟実仁《さねひと》親王、96後醍醐《ごだいご》天皇の皇太子邦良《くになが》親王および恒良《つねなが》親王などの例がある。

皇太子辞退の初例は38天智天皇の皇太子大海人《おおあま》皇子が辞退し、大友《おおとも》皇子が皇太子に冊立されたのをはじめ、53淳和《じゅんな》天皇の皇太子恒世《つねよ》親王が辞退し正良《まさら》親王と交替した例、68後一条《ごいちじょう》天皇の皇太子敦明《あつあきら》親王の辞退により敦良《あつなが》親王を皇太子とした例が知られている。

また皇太子が何らかの事故、事件により皇太子を廃されたものに、46孝謙《こうけん》天皇の皇太子道祖《ふなど》王をはじめ、49光仁《こうにん》天皇の皇太子他戸《おさべ》親王、50桓武《かんむ》天皇の皇太子早良《さわら》親王、52嵯峨《さが》天皇の皇太子高岳《たかおか》親王、54仁明《にんみょう》天皇の皇太子恒貞《つねさだ》親王などの例がある。

【皇太子制の中断と再興】

室町時代から江戸時代の前期にかけて、皇太子制は三〇〇年余り中絶していたが、112霊元《れいげん》天皇の天和3年(一六八三)に再興されている。

理由は、皇室経済の衰微により、儀式にかかる厖大な経費の調達が容易ではなくなったことがある。江戸時代に入ると皇室自体が安定してくるが、しかし皇室経済は潤《じゅん》沢《たく》とはほど遠く、皇太子冊立の儀式なども江戸幕府の援助なしに行うことは不可能であった。

儲君《ちょくん》

儲君とは、もともと皇太子の異称として用いられていたが、江戸時代半ば以降、皇太子に先立つ身位として用いられている。

江戸時代の112霊元天皇は皇太子制の再興に尽力し、幕府に財政援助を求める一方で、子供の朝仁《あさひと》親王（113東山《ひがしやま》天皇）を儲君と名付けて、事実上の皇嗣であることを宮廷の内外に認めさせた。さらに幕府の援助で立太子の礼をあげると、これが先例となった。しかしこの後、東山天皇の皇子慶仁《やすひと》親王（114中御門《なかみかど》天皇）から明治天皇の皇太子嘉仁《よしひと》親王（大正天皇）までの七名を見ると、閑院宮《かんいんのみや》から皇統を継承した兼仁《ともひと》親王（119光格《こうかく》天皇）と江戸時代末の動乱期に皇嗣に定められた睦仁《むつひと》親王（明治天皇）は、儲君《ちょくん》治定《じじょう》のみで立太子の儀は行われていない。

［米田］

[10] 皇親・皇族

【旧典範における皇族の意味】

明治22年（一八八九）制定の『皇室典範《こうしつてんぱん》』によると、その第三〇条に「皇族と称ふるは、太皇太后、皇太后、皇后、皇太子、皇太子妃、皇太孫、皇太孫妃、親王、親王妃、内親王、王、王妃、女王を謂ふ」と、皇族《こうぞく》の範囲が初めて成文の法規に規定された。それに類した言葉に皇親《こうしん》があるが、皇親は天皇の血縁であるのに対し、皇族は右条文によると、皇親だけでなく臣家出身で皇親の配偶者も含む言葉となる。

【古代文献に見える皇族と皇親】

皇族の語のもっとも古いのは、奈良時代に30敏達《びだつ》天皇の皇曾孫美努王《こうそうそんみぬおう》の子の葛城《かずらき》王が、橘《たちばな》姓を下賜され臣籍に降下した際に「皇族の高名を辞す」とあるものであろう。しかしその後、皇族の語はあまり用いられず、皇親の語が使われている。『日本書紀』によると、おおむね皇親の男子は皇子、女子は皇女と記している。『古事記』では皇子・皇女の語はほとんど用いられず、**王・女王**と記している。

『大宝（養老）令』の「継嗣令《けいしりょう》」によると、「およそ皇兄弟および皇子は皆、**親王**となす」とし、それ以外の**皇孫**、**皇曾孫**、皇玄孫《げんそん》（四世まで）は王、親王より五世の王、つまり**皇玄孫の子**は王と名乗ることはできるが**皇親の範囲**に入らないとされた。

また親王《しんのう》、王《おう》の配偶者で臣家の女子を娶《めと》って妻とした場合でも、朝廷の儀式に参列の場合、配偶者の身位にかかわらないとある。このことは臣家の女子が皇后になっても皇親とは認められない。正倉院宝物の『楽毅論《がっきろん》』の末尾に記す「藤三娘」とは光明《こうみょう》皇后《こうごう》のことであるが、藤原氏出身の皇后は終身藤原氏として遇されていることが分かる。


【皇親の範囲と変遷】


『大宝令』で定めた皇親の範囲は、慶雲3年(七〇六)2月に皇親でなかった**五世王**を皇親とし、承嫡《しょうちゃく》者は王名を称することができるように変更され、一等親広がった。さらに天平元年(七二九)8月には五世王の嫡子以上の者が皇孫を娶《めと》ってもうけた子については、男女の別なく皇親とするとある。

ところが延暦17年(七九八)閏5月に皇親の範囲は令制に復帰し、こののち、この原則は明治維新まで存続した。しかし皇親に対する実際上の取り扱いは奈良時代半ばに変化し、やがて平安時代前期に親王宣下《せんげ》と呼ばれる制度が誕生している。

令制では、天皇の皇兄弟姉妹らは生まれながらにして**親王**であるのに対し、平安時代以降、親王宣下を受けなければ親王にはなれなかった。天平宝字2年(七五八)に、47淳仁《じゅんにん》天皇が傍系から皇位を継承した際、詔《みことのり》を発してその兄弟姉妹は親王と称すると定められ、同じく宝亀元年(七七〇)傍系から皇統を継承した49光仁《こうにん》天皇の場合も、その兄弟姉妹や王子女等を親王とすると定められた。

【皇兄弟姉妹にも親王宣下】

平安時代の初め、52嵯峨《さが》天皇は皇子女に対し朝臣《あそん》の姓《かばね》を下賜し臣籍に降下させる一方で、すでに親王と呼ばれている者、その同母で将来生まれてきた者、特別の許しを得た者は親王にするとし、その後も代々の天皇が自身の皇子女に対し同様の処置をした。このことから、令制のように生まれながらにして親王・内親王になるのではなく、親王となるための**宣下**を必要とし、逆に**親王宣下**《しんのうせんげ》を受けない限り親王・内親王となることはできなかった。

【親王宣下のない皇親は王】

親王になるための要件が親王宣下であるとすると、親王になることのできなかった二世王でも親王宣下があれば親王になることができた。この結果、鎌倉時代の初め、源頼朝以下三代続いた征夷《せいい》大将軍の後、鎌倉幕府は皇親を将軍に迎えることとしたが、二世王であった88後嵯峨《ごさが》天皇の皇孫惟康《これやす》王のように、親王宣下を受けて征夷大将軍に補任《ぶにん》される例が数代続いている。逆に77後白河《ごしらかわ》天皇の皇子であっても親王宣下がなかった以仁《もちひと》王のように、生涯親王と呼ばれなかったという例もある。

【親王宣下を受けて宮家を継承】

鎌倉時代末から室町時代にかけて、代々、親王宣下を受けて宮号を継承する**世襲《せしゅう》親王家**が成立している。その多くは五、六代で消滅しているが、室町時代に成立した**伏《ふし》見宮《みのみや》家**をはじめ、江戸時代初期に成立の**八条宮家**（後に京極、桂と宮号を変更）、**高松宮家**（有栖川宮《ありすがわのみや》家と変更）、江戸時代中期に成立の**閑院宮《かんいんのみや》家**の合わせて四宮家（四親王家）は、代々の当主が天皇や上皇の養子となって親王宣下を受けて宮家を継承しており、この四家を世襲親王家と称して江戸時代末に至っている（明治維新以降の例→［28］）。

【令制の皇親の結婚】

一方、皇親の婚姻についても、『大宝令』以来、細かく規定されており、「継嗣令《けいしりょう》」

によると、王が親王を娶《めと》ること、臣家のものが五世王を娶ることは許すと規定している。すなわち**四世以上の皇親**は内親王を配偶者とすることはできるが、**五世王**は内親王を娶ることができない。また四世以上の皇親女子が臣下に嫁することは認められていなかった。

【皇親の婚姻の範囲の変遷】

慶雲3年（七〇六）2月に皇親の範囲が四世から五世に広がり、また天平元年（七二九）8月に**二世女王**が五世王の嫡子に嫁すことが認められた。延暦12年（七九三）9月に、大臣や良家の子・孫が**三世以下の女王**を娶《めと》ってもよいとされ、特に藤原氏は、累代摂政《るいだいせっしょう》していた、という実績に鑑みて、二世の女王を娶ることが許された。

このことから、早くも平安時代前期に藤原氏の中には内親王を配偶者に迎える例が生じているが、平安時代中期以降内親王を配偶者に迎えている例は、藤原氏の中でも摂関家《せっかんけ》の子弟で、ほかに内親王と結婚したのは室町時代以来の世襲《せしゅう》親王家か江戸時代の徳川将軍家というごく限られた者のみである。二世女王の例にしても、藤原氏や徳川家、あるいは世襲親王家などに限られている。

なお摂家や徳川家の子女で皇親に嫁した場合、皇族の範囲に入らないが、一方、内親王、女王で臣家に降嫁した場合、皇族の列を離れることはなかった。江戸時代末に徳川将軍家に嫁した皇女和宮《かずのみや》は降嫁後も親子《ちかこ》内親王と呼ばれていることから明らかである。

【皇族の結婚範囲の制限と撤廃】

明治時代になっても『皇室典範』第三九条において、皇族の婚家《こんか》は同族、または勅旨によりとくに認許された華族に限るとあり、江戸時代以前とは異なって、皇族の配偶者はすべて皇族となる。一方、皇族女子の配偶も皇族または特定の華族に限られたが、皇族以外に嫁した場合は皇族の列を離れると定められている。しかし昭和の典範では、婚姻の対象についての制限は撤廃されており、また皇族女子が皇族以外の人に嫁した場合、旧典範と同様に、新典範においても皇族の身分を離れると定められている。

皇親賜姓

明治の典範にも昭和の典範にも皇族が皇籍を離脱することはあるが、婚姻だけが理由ではなく、姓を授けられ、臣籍に降下する（**賜姓降下**）例がある。歴史的に見ても、天武《てんむ》天皇13年（六八四）に制定の八色《やくさ》の姓《かばね》の一つ真人《まひと》は皇親出身の氏族に与えられたものという。その後、降下した人々にさまざまな氏姓を授けているが、なかでも30敏達《びだつ》天皇の皇玄孫《こうげんそん》葛城《かずらぎ》王が臣籍に下り橘宿禰諸兄《たちばなのすくねもろえ》となり、天武天皇の皇孫の智努《ちぬ》王が文室《ふんやの》真《ま》人《ひと》姓を受け、文室真人智努となった例などはよく知られている。その後も多くの皇親が臣籍に下っているが、平安時代の初めに、52嵯峨《さが》天皇は国費節減のために天皇の皇子女に**源姓**を下賜し臣籍に下したのが例となり、以後、54仁明《にんみょう》天皇から61朱雀《すざく》天皇を除く62村上《むらかみ》天皇に至る歴代天皇の皇子女に源姓を下賜している。その後においても皇子女・皇孫女、さらには皇曾孫に源姓を下賜して江戸時代に及んでいる。皇族賜姓は源姓のほかに50桓武《かんむ》天皇の皇孫の**平姓**《へいせい》、桓武・仁明・55文徳《もんとく》・58光孝《こうこう》の各天皇の皇孫・皇曾孫にも平姓を下賜している。

明治維新後、伏見宮《ふしみのみや》以下の世襲家を除く新立の親王家は**一代皇族**としたことから、二世以降は姓を与えられて臣籍に降下し、華族に列すると定められている。ところが一代皇族と定められた嘉彰《よしあきら》親王のように**世襲皇族制**が採用されて以来、次第に一代皇族制が崩れ、明治の『皇室典範』によって**永世皇族制**が成立すると、臣籍降下が行われなくなった。しかし明治40年(一九〇七)に『皇室典範』増補が成立すると、王が家名を授けられて華族に列することができるようになり、昭和22年(一九四七)制定の『皇室典範』においては華族に列することはなくなったが、皇室会議の議を経て**皇族の身分を離れる**ことができると規定している。　［米田］

[11] 中世・近世の世襲親王家

鎌倉時代の[90]亀山《かめやま》天皇の皇子恒明《つねあきら》親王が常磐井殿《ときわいどの》を居所としていたのにちなんで常磐井宮《ときわいのみや》と呼ばれ、その子孫が数代にわたって親王宣下《しんのうせんげ》を受けて常磐井宮と称され、室町時代の後半まで続いた。また[94]後二条《ごにじょう》天皇の子邦良《くになが》親王も木寺《きでら》宮と呼ばれているが、その後、五代にわたって宮家を維持していた。これらの宮家の中には、歴代の当主で親王宣下を受けていない例もあり、宮家を世襲していたことになる。

四親王家《ししんのうけ》の成立

室町時代から江戸時代にかけて設立された宮家は、その後も永く継承され、江戸時代末に及んでいる。その宮家とは伏見《ふしみ》・桂《かつら》・有栖川《ありすがわ》・閑院《かんいん》の四宮家を指すが、各宮家の当主は親王宣下を受けて親王となり、宮家を継承したため、この四宮家を**四親王家**とも呼んでいる。

まず**伏見宮家**の場合は、室町時代に[北3]崇光《すこう》天皇の子の**栄仁《よしひと》親王**を始祖とする。上皇は第一皇子栄仁親王を皇位に即けるように画策するが、その望みがかなわないうちに崩御、親王も失意のうちに出家した。しかし親王はかなりの所領を持っており、その子治仁《はるひと》王、さらに貞成《さだふさ》親王に伝領され宮家の基礎が定められた。伏見宮の号は親王の居住地であり、宮家の所領中もっとも重要な**伏見御領**にちなんでの命名である。同宮家はその後も断絶することなく、江戸時代末の第二二代貞愛《さだなる》親王まで確実に継承されている。

ついで戦国時代末に106正親町《おおぎまち》天皇の皇孫**智仁《としひと》親王**を始祖として**八条宮**が設立されたが、のちに**常磐井宮**、**京極《きょうごく》宮**、そして**桂宮**と宮号を改めて江戸時代末に至っている。その間、時には継嗣《けいし》がなく、しばしば当代の天皇の皇子を後嗣に迎えて宮家の存続を図っている。桂宮家第一〇代は119光格《こうかく》天皇の皇子**盛仁《たけひと》親王**、第一一代は120仁孝《にんこう》天皇の皇子**節仁《みさひと》親王**であったが、宮家継承後、まもなく薨去《こうきょ》したため、仁孝天皇の皇女**淑子《すみこ》内親王**が宮家を継承して明治維新を迎えた。内親王の死後、同宮家は断絶した。

有栖川宮家は江戸時代の初めに設立されている。107後陽成《ごようぜい》天皇の皇子**好仁《よしひと》親王**が始祖であったが、当初は**高松宮**と称していた。しかし高松宮はまもなく有栖川宮と宮号を改め、その後、江戸時代末まで存続している。

四番目の宮家は**閑院宮家**という。**新井《あらい》白石《はくせき》**が、既存の三宮家だけでは皇統の継承に不安があると江戸幕府に献言し、新たに新宮家の設立を説き、113東山《ひがしやま》天皇の皇子**直《なお》仁《ひと》親王**を始祖に設立された。この宮家も江戸時代末まで存続している。四親王家の当主は親王として各宮家を継承しているが、当主の子供といってもすべて王であるために、まず天皇や上皇の**養子**あるいは**猶子**《ゆうし》として親王となってから、宮家を継承した。つまり天皇・上皇と擬制的血縁関係を結び親王となってから継承している。これが、単なる宮家ではなく**親王家**といわれる所以《ゆえん》で、令制の皇親は**五世**までであったが、江戸時代末の当主の中には、宮家の初代から数えると七、八世という例もある。

四親王家《ししんのうけ》**の役割**

すでに三宮家が設立されていたのに、さらに閑院宮家の設立を求めたのは新井白石であった。京都でも近衛基熙《このえもとひろ》がその趣旨に賛同し、将軍徳川家宣《いえのぶ》に働きかけ、新宮家の設立が認められている。白石は、徳川家においても、御三家だけで将軍家継承が万全かどうかに不安を抱き、同様のことが皇位継承にも考えられるとして、献言していた。皇統断絶の危機に対処することを考えていたのである。かつて室町時代に、101称光《しょうこう》天皇が後嗣を定めることなく崩御したとき、伏見宮の三代**貞成親王**《さだふさ》の子彦仁《ひこひと》王が皇位を継承して102後花園《ごはなぞの》天皇になった例があり、閑院宮家設立後にも、118後桃園《ごももぞの》天皇が早世したために、同宮家の**兼仁親王**《ともひと》が皇位を継承して119光格《こうかく》天皇になった例がある。後者の例は、まさに白石の予言が的中しているのである。

四親王家と江戸時代末に設立の宮家

江戸時代に四親王家を継承すると定められている王子は天皇、または上皇の猶子として親王宣下を受けている。その他の王子女もおおむね出家して**門跡寺院**に入るのを例とするが、入寺に際して親王宣下を受けた。

江戸時代末に、伏見宮**邦家《くにいえ》親王**の王子で青蓮院《しょうれんいん》に入寺していた**尊融《そんゆう》親王**は、若くして英明を知られ、しばしば時勢について朝廷の諮詢《しじゅん》に応えていたが、安政5年（一八五八）の条約勅許に反対し、将軍継嗣問題でも幕府の意向に反して一橋慶喜を推薦した。このため幕府は朝廷に対し、親王に慎むように命じてほしい旨奏請、朝廷は幕府の請を容れて、親王に隠居・蟄居《ちっきょ》を命じた。間もなく許されて国事御用掛に補され、還俗して**中川《なかがわ》宮**の号を下賜されている。第五宮家の誕生である。

宮は121孝明《こうめい》天皇の信任も厚く、公武合体派として活躍したため、朝廷の内外に勢力を伸ばした攘夷派と対立していた。文久3年（一八六三）8月18日、親王らは攘夷派が天皇を擁して攘夷親征・大和行幸を決行しようとする行動を阻止、弾正尹に補任、朝彦《あさひこ》と命名され、翌年**賀陽《かや》宮**の号を下賜されている。同じころ、やはり邦家親王の王子が勧《かん》修寺《しゅうじ》に入寺し**済範《さいはん》親王**と名乗っていたが、事情があって親王号を除かれた。しかし元治元年（一八六四）正月孝明天皇は親王が伏見宮に復帰するのを許し、**山階《やましな》宮**の号を下賜し、改めて親王宣下を受けて晃《あきら》と命名された。第六の宮家である。

【明治維新後の皇親の範囲と親王宣下】

明治維新期に、ふたたび皇親の制度に変更が加えられた。慶応4年（一八六八）閏4月に、

『大宝令』の制度に復し、皇兄弟《こうけいてい》・皇子は皆**親王**となすとし、皇孫以下は**王・女王**とすると定めた。ただし江戸時代の世襲親王家の流れを汲む**親王家の嫡子**は、旧来と同様に天皇の養子として親王宣下を経て宮家を継承することを認めており、一部に親王宣下の制度を残していた。そのことから明治8年(一八七五)**皇子女**が生まれると、自動的に親王・内親王になるとはいえ、旧来のように親王宣下を行うべしとして、嫡出の皇子女には命名の日に、庶出の皇子女には一〇〇日から一年以内に宣下している。しかし翌年(一八七六)5月に、嫡庶の別なく、皇子女は降誕と同時に親王宣下なく親王・内親王になると定め、皇子女については大宝令制に復活することになった。

【旧典範の皇親の範囲】

明治22年(一八八九)『皇室典範』が制定されると、その第三一条で、親王・内親王の制度は大きく変更され、皇子から皇玄孫に至る皇親の男女は、男は親王、女は内親王とし、五世以下は男を王、女は女王というとし、いわゆる**永世皇族主義**が打ち出された。また同三二条では、天皇が**傍系**から入って**大統**《だいとう》を受けた時は、皇兄弟姉妹の王・女王に親王・内親王の号を宣賜《せんし》すると定めている。同時に皇族は**養子**を取ることはできないと決められた。

江戸時代の世襲《せしゅう》親王家や明治維新後の新宮家では、後嗣を欠くことがあれば、養子をとることで宮家を維持してきたが、それが認められなくなり、断絶を余儀なくされた宮家も生じた。明治40年(一九〇七)制定の『皇室典範』増補において、皇族が華族の養子となって家督相続することは認められたが、宮家の養子は依然認められていない。

【新典範の皇親の範囲】

昭和22年(一九四七)に制定の『皇室典範』によると、明治の典範の永世皇族主義はそのまま引き継いでいるが、皇親の範囲については、明治の典範とも異なり、**嫡出《ちゃくしゅつ》の皇孫《こうそん》**(二世)までを男は親王、女は内親王とし、**三世以下の嫡男系嫡出の子孫**は男は王《おう》、女は女王《じょおう》というと定めている。また傍系より大統《だいとう》を継承した時は、その兄弟姉妹たる王・女王は、とくに親王・内親王になると定めている。また皇親が養子を取ることはできないことになっている。［米田］

2 皇室の政事と財政（前近代）

[12] 天皇と律令制

【律令制以前の王権】

3世紀中頃から4世紀に、大和を中心とする地域政権は、4世紀末から河内《かわち》地方に進出、その進出の背後には朝鮮半島から伝わった鉄製農耕具をもとにして行われた灌《かん》漑《がい》用水や農地の開発があり、それらにより蓄《たくわ》えた富と鉄製の武器武具をもって、国の内外に勢力を伸ばし始めた。中国南方の宋《そう》と外交関係を持った倭《わ》の五王《ごおう》が、宋の国王より倭国王に冊封《さくほう》された。[16]仁徳《にんとく》天皇や[17]履中《りちゅう》天皇らが、それぞれ倭の五王の一人に比定されている。倭の五王の最後の武が[21]雄略《ゆうりゃく》天皇である。

埼玉県行田《ぎょうだ》市の稲荷山《いなりやま》古墳出土の鉄剣と熊本県玉名《たまな》郡《ぐん》和水《なごみ》町《まち》の江田《えた》船山《ふなやま》古墳出土の鉄剣には、ともに雄略天皇を指す「獲加多支鹵《わかたける》大王」の名が刻まれていた。大王の武は、東は関東地方、西は九州中部に及ぶ広範な地域に勢力を伸ばしていたことが確認できる。

武が宋の王に冊封を求めた上表文に、先祖の王達は、みずから甲冑《かっちゅう》を着し、先頭に立って東国から九州に至る各地の豪族達を支配下に組み込んでいったと記されている。前述の鉄剣によると、杖刀人《じょうとうにん》とか典曹人《てんそうにん》などと呼ばれる人々が大和の王権に仕えていたことが確認できるから、王権内部に未熟ながらも、政治的軍事的な、あるいは経済的な行政機構の存在が想定される。一方、大王家の日常生活を処理する組織も形成され、王権自体の強化を内部から図っている。前者を**外廷**《がいてい》、後者を**内廷**《ないてい》と呼んで、あわせて**朝廷**《ちょうてい》ともいう。

たとえば朝廷の財政について、『日本書紀』などによると、**大蔵**《おおくら》・**内蔵**《うちくら》・**斎蔵**《いみくら》の**三蔵**がある。伝説によると、それぞれに成立の時期は異なっているが、大蔵と内蔵は外廷と内廷のそれぞれの財政にかかわるもの、斎蔵は**忌部氏**《いんべ》の管轄する祭事関係の蔵のことで、５世紀ごろには、内廷と外廷は分離していた。

大和朝廷は、**氏姓制度**《しせい》、すなわち**氏**《うじ》をもとに**姓**《かばね》によって、広範囲に豪族達を序列化した制度を採用している。氏とは大和朝廷に仕え、祖先を共有する人々の集団であった。その集団を序列化する方策の一つとして採用されたのが姓の制度である。姓は大王から与えられるから、与える側の大王には氏も姓もない。後に中国との交際の中で、中国の人々が天皇に氏・姓がないことを不思議がっているが、天皇号成立以前からの伝統は、現在まで維持されている。

また大和朝廷は各地域政権の王が、それぞれの地域の支配者であった歴史や規模、大和朝廷との関わりの深さなどに基づいて、国造《くにのみやつこ》や県主《あがたぬし》としてその地位を認め、臣《おみ》・君《きみ》、あるいは直《あたい》の姓《かばね》を与え、地方支配の序列化を図っている。

さらに大和朝廷は部民《べみん》制として直轄支配しているところの民衆や、地方豪族の支配する人民の一部を自己の支配下に組み込んでいる。ただその形態はさまざまで、そのような人々を大王はもとよりその王子女や王妃のための名代《なしろ》・子代《こしろ》とし、また特殊な職業に従事している人々を専業集団として品部《しなべ》と呼んでいる。これらの部民は伴造《とものみやつこ》と呼ばれる地方豪族によって支配・管理されているが、さらに朝廷内においても地方の伴造を統括する大伴連《おおとものむらじ》・物部連《もののべのむらじ》などの上位の伴造氏族が置かれていて、この中から大臣《おおおみ》・大連《おおむらじ》などと呼ばれる中央の大豪族が大王権力の伸張に伴って、朝廷の内外にも勢力を拡大し、やがて蘇我《そが》氏のように大王をも凌《しの》ぐ勢力を確立するものも出てくるようになった。

【律令制の成立と天皇】

7世紀半ばの大化改新によって、大王権力を凌ぐ力を発揮していた蘇我氏が倒され、大王を中心とする中央集権的国家の樹立と公地《こうち》公民《こうみん》制が標榜《ひょうぼう》された。この理想に向けて、政府は、7世紀半ばに白村江《はくすきのえ》の戦いで日本を破った朝鮮の新羅《しらぎ》や中国の唐《とう》、あるいはその戦いで日本と同盟を結んでいた百済《くだら》からも多くのことを学び、7世紀末から

8世紀初頭までに紆余曲折《うよきょくせつ》を経ながら、**律令**《りつりょう》の編纂、都城制《とじょうせい》の整備などが進められ、また君主の名称が大王から天皇へ、また国名が倭から日本へと整備され、国際的にもその変化が容認されることになった。

しかし、諸外国に学びながらも、たとえば天皇を頂点に**二官八省**からなる官僚機構は、すべてが唐の法式通りではなく、日本の伝統的な制度も念頭において整備されている。律令の条文を吟味すると、国情の違いによって条文そのものも相違があることに留意する必要がある。

律と令

律《りつ》とは現在の刑法に当たる。**令**《りょう》は民法、行政法に相当するもので、国政を執行するための基本的な方針が記されている。大化改新以来、中国の律令制度を手本に移入して国家法の整備が進められている。[38]天智《てんじ》天皇時代の『**近江令**《おうみりょう》』については、存在自体に否定的な意見もあり、その存否は確定していない。ついで天武《てんむ》天皇10年（六八一）に律令の制定が命じられ、持統《じとう》天皇3年（六八九）に『**飛鳥浄御原令**《あすかきよみはらりょう》』が制定・施行されているが、律の存在には否定的な議論がある。その後、文武《もんむ》天皇4年（七〇〇）までに律令の撰修が進められ、大宝元年（七〇一）に成立、『**大宝律令**』として施行された。律と令がともに撰修されている点に特徴がある。それから間もない養老《ようろう》2年（七一八）に律令が改修されている。ただ『大宝律令』と新修の『**養老律令**』との間には大差がなく、しばらく新律令は施行されず、天平宝字元年(七五七)になってようやく施行されている。

律令の施行とともに、**格式**《きゃくしき》も制定されている。**格**《きゃく》は律令の改正に関する法、**式**はその施行細則のことで、随時発令される単行法令であるが、奈良時代に施行細則を「例《れい》」としてまとめている。平安時代になると、律令の編纂が行われなくなる一方で、単行法である格式を『**弘仁格・式**《こうにん》』、『**貞観格・式**《じょうがん》』、『**延喜格・式**《えんぎ》』などとして編纂している。

【律令の理念と現実】

天皇は律令を作成する主体である。天皇を規制するような条文がほとんど定められていない。大宝養老の「**名例律**《みょうれいりつ》」に、唐の『**永徽律**《えいきりつ》』を承けて「非常の断、君主これを専らにす」とあり、平安時代に太政官・刑部省《ぎょうぶしょう》で死刑を内定してもそれを天皇が執行しなかったのは、一例といえよう。平安時代初期に作られた『養老令』の公的注釈書『**令義解**《りょうのぎげ》』に、律令官人になるためには、「君《きみ》に事《つか》えて功《こう》を積《つ》み、然《しか》る後に爵位《しゃくい》を得、然る後に官《かん》を受ける」とあり、位階を得た後に**官職**に就くと規定している。つまり位階は勤務中の能力を試された後に得られるもので、情実や家柄で得られるものではない。律令制の理念の一つは、**律令官人**の採用基準が徳行才用主義《とっこうさいよう》で、大化前代の伝統的な豪族による氏族制的支配を排するものであった。

しかし律令の中には**蔭位**《おんい》の制度によって有力貴族の子弟が官位の取得に有利なしくみになっているように、現実には、大化前代からの氏族制的側面が残っており、太政官機構の中から氏族制的側面を払拭することは困難であった。

大化前代の大和朝廷は、天皇を頂点として地方支配に臨んでいるが、政策遂行の実態は中央の大豪族の連合によって行われており、大化改新以降、8世紀の大宝・養老両令の施行後においても、貴族を中心とした勢力は天皇権力を掣肘《せいちゅう》する（干渉・妨害する）こともあった。

［米田］

［13］位階と官司・官職

位階制《いかいせい》

律令制において、**官人**の序列を示す等級を**位階《いかい》**（親王・内親王の場合は**品位《ほんい》**）と呼ぶ。日本における位階制は推古天皇11年（六〇三）聖徳太子の**冠位《かんい》十二階**に始まる。これは、冠の色によって官人の序列を表そうとしたもので、徳《とく》・仁《じん》・礼《れい》・信《しん》・義《ぎ》・智《ち》の各冠を大小に分け、それぞれは相当の色の絁《きぬ》をもって冠を縫っているという。ところがこの冠位は聖徳太子とともに政治を主導していた蘇我《そが》氏を除く諸豪族を対象としていたらしい。のちに大臣である蘇我氏には十二階以外の紫冠《しかん》が与えられている。

大化3年（六四七）、七色《なしょく》十三階の制が導入され、これまで畿内およびその周辺の豪族に限定されていた冠位が地方豪族にも与えられるようになり、二年後には冠位十九階に改訂、天智3年（六六四）には冠位二十六階が制定されている。しかし天武天皇14年（六八五）、従来の冠位制を改めて、皇親には明位《めいい》二階・浄位《じょうい》四階とし、さらにそれぞれ階ごとに大《だい》・広《こう》に分け十二階としている。一方、諸臣には正《しょう》・直・勤・務・追・進に分け、それぞれに四階を設け、各階は大・広に分けているから、合わせて四十八階とした。

ここに皇親の爵位十二階と諸臣の四十八階を合わせて、**六十階制**が成立、飛鳥《あすか》浄御《きよみ》原《はら》令《りょう》に引き継がれた。

この制度は『大宝令』の制定された大宝元年（七〇一）にも改訂されている。すなわち親王は**一品**《いっぽん》から**四品**《しほん》の四階に、諸王および諸臣は**正一位**《しょういちい》から**少初位下**《しょうそいげ》までの三十階に分かれ、この後、この位階制に基づいて位階の上昇が図られている。しかしこれらの位階は**内位**《ないい》といい、畿内在住の人々に授与されるもので、五位以下の地方豪族には、外従五位下《げじゅごいげ》のように**外位**《げい》が授けられている。

なお律令では、四・五位を「**通貴**」、三位《さんみ》以上を「**貴**」と呼んでおり、その一族を貴族という。

官司《かんし》**・官職制**《かんしょくせい》

律令制度では**官**は行政機構の地位を指し、**職**はその官の職掌を意味する。令制の成立以前の伴造《とものみやつこ》——伴部《ともべ》なども未分化とはいえ**官職制度**の萌芽的なものと考えられる。また、大化改新以来、天皇を中心に、朝廷の内外において中央集権的な体制を確立する目的の下に官制の整備が進められていたことは、『日本書紀』に法官《ほうかん》・理《り》官《かん》などの官名が見えることからも明らかである。いわゆる律令的官司制度が確立するのは、『近江令《おうみりょう》』、『飛鳥《あすか》浄御原令《きよみはらりょう》』を経て、『大宝令』の成立により、大化改新が目指した中央集権的官僚機構がほぼ成立したときと見做《みな》されている。

【天皇に奉仕する官司】

『大宝令』によると、律令官僚機構は、中央では**二官・八省・百寮司**が置かれ、地方には**国**《こく》・**郡**《ぐん》・**里**《り》が設けられている。

二官八省の筆頭は宮中の祭祀、地方で奉斎する神々を統一的に支配しようとする**神**《じん》**祇**《ぎ》**官**である。長官は官僚機構の中ではそれほどの処遇を受けていない。しかし神祇官の役割はきわめて大きく、後に律令制が解体する中でも、長官である**伯**《かみ》は**白川家**《しらかわけ》が世襲してその任に当たることを求められ、その家を**伯家**《はくけ》と称した。なお65花山《かざん》天皇流の源氏の一族が**神祇伯**を世襲することから、伯家は特異な例の一つで、皇親の範囲に入らないが、同家の当主は代々王を名乗ることが認められている。

二官のもう一つの**太政官**《だいじょうかん》は天皇の意思を伝達するための役割を果たすように求められており、また**八省**を統《す》べ国政全般を統括する最も重要な官司である。また**太政大臣**《だいじょうだいじん》は天皇に輔弼《ほひつ》が必要なとき、天皇の師範役となり、適当な人がいなかったら補任《ぶにん》しない、いわゆる**則闕**《そつけつ》**の官**と呼ばれていた。ただし太政大臣が不在でも**左右大臣**のいずれかが、天皇を補佐し政務を主導することができる。

なお太政大臣と左右大臣は**三公**《さんこう》といい、律令官僚機構では最高の地位を与えられている。三公とともに政務を審議するのは**大納言**であるが、大臣不在のときは大納言が政務を代行する。また大納言は国家の大事を奏宣《そうせん》するが、小事は**少納言**が務める。この少納言が鈴印《れいいん》・伝符《でんぷ》を請け進めるとあり、「天皇御璽《ぎょじ》」の管理にあずかっている。

八省の中でもとくに天皇に奉仕するのは**中務省**《なかつかさ》と**宮内省**《くない》である。中務省は『大宝令』の制定以前から天皇に近侍し、詔勅《しょうちょく》文案を吟味し仕上げて署名する（**審署**《しんしょ》）、上《じょう》表《ひょう》を受納するなど、国政にかかわる行為のすべてを処理する。

宮内省は、大膳職《だいぜんしき》、木工《もく》寮・大炊《おおい》寮・主殿《とのも》寮・典薬《てんやく》寮、正親《おおきみ》司・内膳《ないぜん》司・造酒《みき》司・鍛冶《かぬち》司・官奴《かんぬ》司・園池《えんち》司・土工《どこう》司・采女《うねめ》司などの司、あわせて**一職・四寮・十三司**を管轄しているが、これらの官司は天皇や皇族の日常生活にかかわる諸々の庶事を掌《つかさど》った。

このほか後宮にも女官の奉仕する**十二司**が置かれ、三種神器のうちの鏡を奉安するほか、天皇に近侍して雑用に従事している。

官位《かんい》相当制《そうとうせい》

神祇官・太政官の**二官**をはじめ、**八省**・**百寮司**、あるいは後宮《こうきゅう》十二司のいずれかの官職に就くためには、それぞれの官にふさわしい位階に叙されていなくてはならない。平安時代初期に作られた「**官位令**《かんいりょう》」の注釈書によると、位階を得て、しかる後に官に就くのを原則としている。つまりそれは位階によって官人を序列化し、官職を与えて官人を統制することを意味している。たとえば大納《だいな》言《ごん》になるには**正三位**《しょうさんみ》であることが要件となる。同様に中務卿《なかつかさきょう》に補任《ぶにん》されるのは**正四位上**《しょうしいじょう》であること、その他の七省の卿の場合は、中務卿よりも一階下の**正四位下**《しょうしいげ》であることが要件とされている。**令外官**《りょうげのかん》であっても律令に規定されている官（令内官）と同じく官位相当が定められているものがある。たとえば内大臣や中納言、皇后宮職や修理職など。しかし摂政・関白や蔵人《くろうど》のように定められていない令外官もある。多くの場合、前者の令外官に補《ぶ》任《にん》されている場合は代替《だいが》わりがあってもその地位に変更はないが、後者の場合は代替わりとともにその任は自動的に解任され、改めて宣旨《せんじ》をもって補任されるのが例で、**宣旨職**《しき》と呼んでいる。なお時代が下るにつれて、律令にいう官位相当制は厳守されなくなる。

【位階制の変質】

令制では**三位**《さんみ》以上の者に**位封**《いふ》（位階に応じて**食封**《じきふ》と呼ばれる俸禄、**四位・五位**には**位禄**《いろく》という現物）を支給される特権が与えられているが、慶雲3年（七〇六）に食封は四位以上に改定されている。官職についても、大納言以上に**職封**《しきふ》（食封という俸禄）が与えられていたが、やがて中納言・参議にも支給するほか、官職にあるものに対しては、その位階に応じて半年ごとに**季禄**《きろく》（2月と8月の二回に分けて禄）が支給される。

この制度は奈良時代はもとより、平安時代にかけても実施されたが、位階と俸禄の関係から、平安時代には、院《いん》・三宮《さんぐう》・親王や公卿に朝廷から**叙爵者**《じょしゃく》（**従五位下**《じゅごいげ》に叙せられた者）一人を申請する権利、同じく**国司**の判官《じょう》・主典《さかん》などを申請する権利を与えられた。前者を**年爵**《ねんしゃく》、後者を**年官**《ねんかん》というが、あわせて**年給**《ねんきゅう》と称している。このような権利を与えられた院宮等は、叙爵・年官の希望者を募り、彼らから叙料・任料を徴収したので、一種の**売位**・**売官**の制度であった。しかし鎌倉時代以降、朝廷の権威が衰退、従来の官位制度に新たな変更が生じることになった（→［16］・［17］・別巻［5］）。

衛府《えふ》

天皇・皇族の護衛・儀仗《ぎじょう》はもとより、皇居の守衛を任務とする軍事関係官司として、『大宝令』の成立当初は**衛門府**《えもんふ》、**左右衛士府**《えじふ》、左右兵衛府《ひょうえふ》の**五衛府**が置かれていた。これらは大化以前から、地方豪族が服属の証《あかし》として支配下の人民を舎人部《とねりべ》や靫負部《ゆげいべ》として大和朝廷に提供し、大王《おおきみ》の護衛あるいは皇宮の警護に充てられていたものに淵源がある。律令の制定後は、郡司《ぐんじ》の子弟が**兵衛**として上番《じょうばん》、勤務することになった。

また律令によると、常備軍である**軍団**《ぐんだん》兵士から選抜されたものが衛士府と衛門府に勤務、さらに畿内近国から徴発され、また大化前代から専属的に皇宮の護衛に当たっていた門号《もんごう》氏族が、律令制の制定後も引き続き衛門府に所属して宮城の警護に当たっている。その後、さきの五衛府の外に、**中衛府**《ちゅうえふ》、**外衛府**《がいえふ》、**授刀衛**《じゅとうえい》がおかれ、これらの衛府が統廃合して名称を変更し、平安時代には左右近衛《このえ》府《ふ》、左右衛門府・左右兵衛府の**六衛府**となり、この制度は長く存続した。

しかし、**検非違使**《けびいし》の設置により、衛府の機能のほとんどは検非違使に移行し、衛府の官人らの姿は貴紳の警護・儀仗や儀式の中で見ることができるが、宮城の守護や秩序維持といった本来の役割をほとんど果たしていない。官職としては明治維新まで存続している。

検非違使と蔵人所

検非違使は**令外官**《りょうげのかん》（令に規定のない官司）で、文字通り、非違《ひい》（違法行為）を検察するところで、設立時期は確認できないが、弘仁7年（八一六）以前には置かれていた。任務は、令制の弾正《だんじょう》台、衛府、刑部《ぎょうぶ》省などの司法の機能を吸収し、そしてもっとも主要な任務は**京職**《きょうしき》の治安維持や衛生面の監視に当たるが、時代が下るにつれてその権限は拡大している。

しかし、鎌倉幕府の成立後は、京内の警護は武士に移り、室町時代に幕府が京都に置かれたことから、検非違使の権限は**侍所**《さむらいどころ》に吸収され、廃絶した。

蔵人所《くろうどどころ》は弘仁元年（八一〇）設置。もともと平城《へいぜい》上皇と52嵯峨《さが》天皇の間で「**二所の朝廷**」と呼ばれる権力の二極分裂が起こった。嵯峨天皇は、機密漏洩《ろうえい》の防止と迅速な政務の伝達を行うことを目的に蔵人所を設置し、腹心の巨勢《こせの》野足《たり》と藤原冬嗣《ふゆつぐ》を蔵人頭《とう》に任じた。

その後この組織は、拡大整備され、「**蔵人式**」と呼ばれる法令集が作られ、また組織も別当《べっとう》をはじめ、頭、五位・六位蔵人、非蔵人《ひくろうど》、雑色《ぞうしき》、所衆《ところのしゅう》、出納《すいとう》、滝口《たきぐち》などの職員が置かれ、彼らは宮中での儀式、雑役に奉仕し、明治維新まで存続している。

［米田］

［14］後宮十二司の組織

【後宮十二司の組織】

後宮とは、宮中の後方に置かれた后妃《こうひ》や女御《にょうご》・更衣《こうい》、あるいは天皇に奉仕する女官などの居所を指し、その所に居住する人々を総称していう。後宮と書いて「ごく」と訓《よ》ませるとの説があるが、平安時代以降、法家《ほっか》（律令条文の解釈をする人々）の読み方の一つで、普通は「こうきゅう」と訓んでいる。

后妃の制度については、皇后《こうごう》・妃《ひ》・夫人《ぶにん》・嬪《ひん》は別記のとおりであるが（↓［6］～［8］）、これらは律令に規定された天皇の配偶であって、このほかに**宮人**《きゅうじん》と呼ばれる人々が『日本書紀』によると壬申《じんしん》の乱後に置かれている。律令によると、中央氏族の子女が後宮に出仕するとき**氏女**《しじょ》と呼ばれており、また地方豪族の子女が朝廷に出仕するのは**采女**《うねめ》としてであった。これらの氏女や采女の中には、宮人と呼ばれて内廷《ないてい》に仕え、後宮の庶事を処理するとともに、時には天皇の御寝《ぎょしん》に侍る者もあった。しかし制度的には、后妃と宮人とは区別されており、宮人は後宮に置かれた**十二司**の女官に任

表1　後宮十二司の組織と職掌

※図中の数字は人数

	司名	よみ	長官	次官	判官	雑仕	職掌
①	内侍司	ないしのつかさ ないしし	尚侍2	典侍4	掌侍4	女孺100	天皇に近侍し、諸司よりの上奏を天皇に取り次ぎ、天皇の命を伝達、女孺の監督、内外命婦朝参関係事務を掌握。
②	蔵司	くらのつかさ ぞうし	尚蔵1	典蔵2	掌蔵4	女孺10	神璽、関契、供御の衣服、巾櫛、服翫および珍宝、綵帛等の管理・出納を掌る。
③	書司	ふみのつかさ しょし	尚書1	典書2		女孺6	仏書・経籍・紙・墨・筆・几案・糸竹の類を天皇に供することを掌る。
④	薬司	くすりのつかさ やくし	尚薬1	典薬2		女孺4	医薬を供する。
⑤	兵司	つわもののつかさ へいし	尚兵1	典兵2		女孺6	兵庫寮よりの武器を受けて天皇に供する。
⑥	闈司	みかどのつかさ いし	尚闈1	典闈4		女孺10	宮中の門の開閉。また奏聞のことを宣伝する。
⑦	殿司	とのもりのつかさ でんし	尚殿1	典殿2		女孺6	宮中の乗り物や明かりとりなどの機器を管理。
⑧	掃司	かにもりのつかさ そうし	尚掃1	典掃2		女孺10	宮中の床・莚などを敷き、清掃のことを掌る。
⑨	水司	もいとりのつかさ すいし	尚水1	典水2		采女6	正月立春の水を献じ、種々の粥を供する。
⑩	膳司	かしわでのつかさ ぜんし	尚膳1	典膳2	掌膳4	采女60	ご膳の調進を掌る。御膳に奉仕する采女を御膳前の采女、陪膳采女と呼ぶ。
⑪	酒司	さけのつかさ しゅし	尚酒1	典酒2			酒を醸すことを掌る。
⑫	縫司	ぬいのつかさ ほうし	尚縫1	典縫2	掌縫4		衣服の縫製を掌る。『延喜式』に女孺70人。

じられて、それぞれ十二司の事務を担当している。

十二司の組織と職掌は表1のとおりである。ただこれらの組織を見ると、各司の女官の判官以上が職事で、それ以下の女孺《にょじゅ》・采女のことを散事《さんじ》と呼んでいる。二官八省の官司のように官位相当制が定められていないが、『養老令』の禄令《ろくりょう》の規定を参考すると、蔵司《くらのつかさ》の長官である尚蔵《くらのかみ》の相当位は正三位と高く、尚膳・尚縫がこれに次ぐ正四位の官に相当と見なされる。ところが天皇に近侍して奏請《そうせい》・宣伝《せんでん》する**内侍司**《ないしし》の長官である**尚侍**《ないしのかみ》は当初、従五位の官位相当と見られていたが、霊亀元年（七一五）尚侍は従四位の典蔵《くらのすけ》に準ずるとし、この後、内侍司の長官に高位のものが任じられるようになり、宝亀10年（七七九）には尚侍は尚蔵と、**典侍**《ないしのすけ》は典蔵とそれぞれ同等とし、内侍司の地位が高くなっている。

ところで表1に見える十二司のそれぞれの職務を見ると、おのおのの性格は天皇の家政機関的な性格が色濃く、宮内《くない》省の被官《ひかん》である寮司の職掌に重複することから、天皇に常侍して奏請・宣伝などに従事し、また三種神器の一つ（神鏡）を奉安する内侍司以外の諸司はそれぞれ宮内省に関連する官司に併合された。一方、内侍司はますます職務として重要性を増していった。**神鏡**は温明殿《うんめいでん》に奉安され、内侍司が守護することから、温明殿を**内侍所**《ないしどころ》とも呼んでいる。ただ内侍司の尚侍は平安時代末の73堀河《ほりかわ》天皇の時以降、ほとんど任じられなくなり、代わって次官の典侍が長官職を代行するようになった。また内侍所の第三番目の**掌侍**《しょうじ》四人のうち筆頭のものを**勾当**《こうとう》あるいは**勾当内侍**といい、さらには**長橋局**《ながはしのつぼね》とも呼ばれて、後宮の庶事をとり仕切っている。

なお平安京の後宮に居住する妃の中には、居所とする殿舎名にちなんで、承香《しょうきょう》殿、常寧《じょうねい》殿、貞観殿《じょうがん》、弘徽殿《こき》、登華殿《とうか》、麗景殿《れいけい》、宣耀殿《せんよう》、あるいは昭陽舎《しょうよう》（梨壺《なしつぼ》）、淑景《しげい》舎《しゃ》（桐壺）、飛香舎《ひぎょう》（藤壺）、凝華舎《ぎょうか》（梅壺）、襲芳舎《しゅうほう》（雷鳴壺）と呼ばれた人もいる。

【女官・女房・女蔵人】

9世紀以降、宮中勤務の女官は、出自によって**上臈**《じょうろう》・**中臈**《ちゅうろう》・**下臈**《げろう》と区分され、役割も出自によって異なっている。大臣や大中納言の娘は上臈と呼ばれ、夜《よる》の御殿《おとど》や朝餉《あさがれい》の間に侍《はべ》っている。また摂家出身の子女は特に**大上臈**と呼び、公卿の娘や**内命婦**《ないみょうぶ》（四、五位の位階を有する女子）で四、五位の殿上人の娘を**小上臈**という。中臈は夜の御殿や朝餉に侍ることはない。**外命婦**《げみょうぶ》（四、五位の人の妻）にして侍臣の娘（四、五位の殿上人の子女）、また諸大夫《しょだいぶ》の娘や名家《めいか》出身の者などから選出され、それより下位の諸侍（六位以下の有官位者）、賀茂《かも》、日吉《ひよし》等の社司らの神官の娘、六位の娘などは下臈という。

上・中・下臈を総称して**女房**といい、上臈などには宮中での居処として**局**《つぼね》が与えられる。また**女蔵人**《にょくろうど》という女官も置かれている。男の蔵人に類似して位階六位の人を指しており、天皇に近侍し、殿上の庶務を掌っていることから、成立時期は平安時代中頃以降と考えられる。また天皇が清涼殿から大極殿《だいごくでん》に出御するときなどには、内侍が御剣、女蔵人は御璽を奉じ追従しており、職掌からみて内侍司のそれと異なることはない。

［米田］

［15］摂関期・院政期の政治と官職

【摂関政治と院政】

摂政《せっしょう》は、天皇が政治を行うことができないときに、天皇に代わって政治を行う人を指し、摂政主導の政治形態を摂政政治という。**関白**は天皇を補佐して政務を行う人を指し、その政治を関白政治という。**摂関政治**とは摂政または関白を中心に行われている政治をいう。しかし摂政と関白はその機能や資格において同じではなく、成立過程も異なっている。また**院政**とは、譲位した天皇（太上天皇）の子が幼少で皇位に即いたとき、父が新天皇に代わって政務を主導するのをいう。

【奈良時代以前の摂政制】

『日本書紀』によると、14仲哀《ちゅうあい》天皇の崩御後、神功《じんぐう》皇后が摂政したと記している。しかし仲哀天皇崩御後、新天皇は皇位に即いていないから、摂政の概念に当たらないし、神功皇后には伝説的な要素が多く、摂政の初例とはできない。確実な例は、33推《すい》古《こ》天皇の皇太子厩戸《うまやど》皇子が摂政を命ぜられたのに始まる。その後、37斉明《さいめい》天皇の皇太子中大兄《なかのおおえ》皇子、40天武《てんむ》天皇の晩年に皇太子に冊立《さくりつ》された草壁《くさかべ》皇子の例がある。推古・斉明両天皇は女帝で皇太子を摂政として政務を補佐させたが、天武天皇は晩年に病がちのために皇嗣を定めて政務を補佐させている。三例ともに皇太子で**皇族摂政**とも呼ばれている。

【平安時代以降の摂関制】

平安時代の前期、56清和《せいわ》天皇が天安2年（八五八）8月に九歳で践祚《せんそ》、**外祖父**の藤原良《よし》房《ふさ》が太政大臣として政務を補佐した。貞観6年（八六四）正月天皇が元服したが、二年後に応天門《おうてんもん》の変が起こると、政務に不慣れな天皇を補佐するために良房は摂政となり、薨去《こうきょ》までその任を務めた。良房の猶子基経《もとつね》も貞観18年（八七六）11月に57陽成《ようぜい》天皇が九歳で践祚すると、太政大臣であったが、摂政として政務を輔弼《ほひつ》することとなり、天皇が退位するまでその任にあった。ついで58光孝《こうこう》天皇が元慶8年（八八四）2月成人として皇位に即いたこともあって、特に摂政を置いていないが、天皇は基経に、奏上するもの、臣下に下すものについて事前に見るようにと命じている。

59宇多《うだ》天皇も皇位に即くと、天皇は先帝と同じく基経に政務に関《あずか》るようにと輔弼を命じた。基経は慣例によって辞表を提出したところ、天皇は基経に命じたのは阿衡《あこう》の任だと述べて基経を慰留した。ところが基経は阿衡の任には職務がないとして出仕せず、政務が渋滞した。このため天皇は阿衡の任と記した勅答を撤回、基経は関白を命ぜられることになった（阿衡の紛議）。

藤原基経が薨去すると、宇多天皇は関白を置かず、つぎの[60]醍醐天皇も同じく摂政・関白を置かずに天皇親政の形を執った。しかし基経の子の時平《ときひら》と菅原道真《すがわらのみちざね》の両名が大中納言として政務に参画すると、天皇は彼らを**内覧**《ないらん》とした。内覧は天皇に上奏する文書を事前に見たり、天皇から下される文書を点検したりする役割を担っている。しかし平安時代初期にすでに最大の貴族家になっている**藤原氏**は、知識階級の代表者格の菅原氏が政治的主導権を掌握するのを阻むために道真を左遷、藤原氏の独裁体制が成立した。

基経の子忠平も[61]朱雀《すざく》天皇が延長8年（九三〇）9月八歳で皇位に即くと摂政を命ぜられ、承平7年（九三七）正月に元服すると関白に補任《ぶにん》された。まだこの制は定着していなかったが、康保4年（九六七）5月[63]冷泉《れいぜい》天皇が元服後に皇位に即くと、忠平の子の実頼《さねより》が関白となり、ついで[64]円融《えんゆう》天皇が安和2年（九六九）8月に一一歳で皇位に即くと、実頼が摂政となり、以降、摂政または関白が常置されるようになった。

その後、治暦4年（一〇六八）4月[71]後三条《ごさんじょう》天皇が即位するまでの約一〇〇年間、摂政関白の主導のもとに、朝儀や政務が運営された。なかでも藤原兼家《かねいえ》は[66]一条《いちじょう》天皇が寛和2年（九八六）6月に践祚《せんそ》すると外祖父として摂政に補任された。先帝の関白藤原頼忠《よりただ》は太政大臣の地位にあったが、摂政を命じられたのは外戚の兼家であった。しかし兼家は右大臣で、太政官内の席次は太政大臣・左大臣に次ぐことから、右大臣を辞任、廷臣中の最上位に就く「一座宣旨《いちざのせんじ》」を受け、また摂関が藤氏長者《とうしちょうじゃ》を兼帯して藤原氏を統率する慣例を定着させ、摂関を廷臣中の最高の地位に上昇させている。この後、兼家の子道長《みちなが》が68後一条《ごいちじょう》・69後朱雀《ごすざく》・70後冷泉《ごれいぜい》の三天皇の外祖父として政務の実権を掌握し、**摂関政治**の全盛をもたらした。なお**摂関制**は江戸時代末まで存在している。

【摂関政治と太政官政治】

摂関政治は、**摂関家の私邸**で、摂家の家政機関である**政所**《まんどころ》で家司による政治が行われ、太政官政治とは異なる私的なものといわれたことがある。しかし摂関政治は律令政治とは対立しておらず、摂関家の私邸で政治が行われたと見えるのは、内裏の火災などによって天皇が摂関の私邸を里内裏《さとだいり》としていたためで、政務の基本は太政官政治である。

ところが道長の子の頼通《よりみち》や教通《のりみち》が摂政や関白となったが、ともに女子に恵まれなかったために、外戚として権力を揮《ふる》うことができず、一方、藤原氏とは外戚関係のない後三条天皇が皇位に即くと、摂関の政治力は急速に衰えた。ただ摂関の補任は道長の子孫にのみ継承されることになり、摂関を独占的に**世襲する家柄**としての**摂関家**が成立し、公家社会の中で、最高の家格を築いた。

【院政の成立と院庁】

後三条天皇の即位後、政治は天皇親政の方向に進むように見えたが、10世紀半ばごろから、幼少の天皇が相次いで即位し、比較的短期間で譲位する例が多くなると、政治は天皇の父の太上天皇によって主導され、政務は上皇の居所に置かれた**院庁**で行われ、**院政**と呼ばれる政治形態が成立した。太上天皇による政治は、宇多上皇の治世中にその萌芽が見られるが、本格化したのは、応徳3年(一〇八六)11月践祚した[73]堀河《ほりかわ》天皇の父白河上皇による院政からで、鎌倉時代に政治の実権が武士に掌握されるまで院政が国政の常態であった。

院政はもともと院中の庶務を管掌し、院中の雑事を処理するのを任務とするが、政治が院に掌握されると、院司の機構拡大と地位の向上が進められ、院庁の権限が拡大した。すなわち院の家政機関である院庁において、まず院中の庶務を統括処理するもの、上皇の身辺に侍って雑事に奉仕する者、各種の職務を分担する者、上皇・御所の警備に当たる者に分けられる。このうち院事を総括する別当《べっとう》は、もともとは天皇在位中に蔵人頭《くろうどのとう》の任にあった者を充てるといわれているように、在位中の側近を補任している。しかし別当は一人ではなく、現任・前官の公卿、四位の官人などが補されており、その数は平安時代前期には数人が例であったが、院政の最盛期には二〇数人もおり、江戸時代においても、一〇人前後の別当が置かれていた。

　これらの中には、**院の近臣**として権勢をふるう上級貴族も含まれるが、実務官僚や受領《ずりょう》を歴任する中流貴族出身者、さらには上皇・天皇の乳人《めのと》出身者も院政を支えていた。院庁ではこのほかに、侍者《じしゃ》、判官代《はんがんだい》、主典代《しゅてんだい》、御厩《みうまや》別当、殿上人などと呼ばれる多くの人々が仕えている。また院庁から下される文書などは、当初、院内雑事を対象としていたが、次第に太政官符などに準ずる効果を持つようになり、このような文書は、江戸時代末まで継続して作成されている。　［米田］

[16] 中世の公武関係

最初の武家政権である平氏政権では、**平清盛**が、人臣の最高位である太政大臣にまで上りつめると同時に、[80]高倉《たかくら》天皇の后に娘徳子を入れ、その間に誕生した[81]安徳《あんとく》天皇を即位させた。いわゆる外戚政治で政権を維持しようとした。その政治手法は、前代の藤原氏による摂関政治と基本的に同じであった。

【鎌倉幕府】

ところが、これにつづいて政権を担った**源頼朝**は、京都からはほど遠い鎌倉を本拠地とし、武家の統領として東国に新しい社会秩序を築こうとしていた。ここに、京都の朝廷と対峙し、従来の**公家政権**のもっていた権限の割譲を迫ることになる。寿永2年(一一八三)10月、**後《ご》白河《しらかわ》法皇**は、東海・東山道の諸国・諸荘園について、軍事・行政権を源頼朝に委ねた。文治元年(一一八五)11月には義経追討を口実に、日本国惣追捕使《そうついぶし》・同惣地頭に任じられた頼朝が、日本全体の軍事権を掌握し、公領・荘園を論ぜず、全国に段別五升の兵粮《ひょうろう》米を課すことを許されている。

鎌倉幕府は、京都に**京都守護**を置いて、洛中の警備と京都・鎌倉間の連絡に当たらせたが、承久3年(一二二一)に後鳥羽《ごとば》上皇が倒幕の兵を挙げると（承久の乱）、京都守護の大江親広は上皇軍に属し、いま一人の伊賀光季は上皇軍に討たれた。この乱を鎮めるために鎌倉から派遣された北条泰時とその叔父時房は、そのまま京都に留まり、乱後の処理に当たったが、これが**六波羅探題**《ろくはらたんだい》のはじまりである。北方・南方に分かれて朝廷の監視と幕府側の窓口に当たった。

承久の乱後、三上皇が配流され、85仲恭《ちゅうきょう》天皇が廃されて86後堀河《ごほりかわ》天皇が立てられ、その父後高倉院の**院政**が置かれるなど、幕府の朝廷に対する干渉は強まり、朝廷側の政治力は著しく減退した。幕府は、その後もたびたび、天皇の後嗣問題に関与するが、また朝廷（院）側も、後嗣問題をめぐって、幕府の権威を利用するところがあった。後嵯峨《ごさが》法皇は、その死の直前「治天《ちてん》の君《きみ》」（院政を行う上皇）を後深草《ごふかくさ》・亀山《かめやま》両上皇のどちらにすべきかを幕府に委ねようとしたが、その内意は亀山上皇にあった。幕府はこの決定を回避して、法皇の中宮大宮院の証言によって亀山院に決定した。ここに89後深草天皇系の**持明院統**と90亀山天皇系の**大覚寺統**の**両統が分裂**し、皇位継承を争うことになっていっそう幕府の介入を許すことになる。

しかし、鎌倉幕府は基本的に、旧来の皇室を中心とする王朝国家体制に依存しており、将軍配下の御家人は各地の荘園の職の権限をもっていたにすぎず、全面的な土地・人民を支配していたのではない。むしろ幕府は、諸国守護という全国の軍事・警察権を委ねられることによって、その存在が保証されていたといえる。幕府が、朝廷の権威に依存していたことは、たとえば三代将軍実朝の死後、関白九条道家の子、頼経が鎌倉に迎えられて将軍となり、次の九条頼嗣の後は、88後嵯峨天皇の皇子宗尊親王が将軍となって、以後は**皇族将軍**がつづいたことによく表れている。

【建武新政と南北朝】

91後宇多《ごうだ》天皇の第二皇子で、95花園《はなぞの》天皇の後を継いだ96後醍醐《ごだいご》天皇は、早くから儀式典礼に関心をもち、強烈な個性で親政をめざし、討幕運動の失敗で隠岐に配流された。しかし、諸国の反幕府勢力に呼応して隠岐を脱出し、挙兵を呼びかけた。そして足利尊氏（高氏）らの内応を受けてついに鎌倉幕府を倒し、建武新政を開始する。しかしその政治は専制的・理念的であり、とくに親政の基盤であった新興武士勢力の不満が大きかったために、わずか三年で瓦解する。

代わって室町幕府を開き政権を執った足利尊氏は、吉野に遷幸した後醍醐天皇に対抗して、93後伏見《ごふしみ》天皇の皇子北2光明《こうみょう》天皇を擁立し、兄の光厳《こうごん》上皇に院政を奏請する。ここにしばらく南北二朝が並立する端緒が開かれるが（↓［5］）、それは天皇を推戴することが、覇権をとるための重要な大義名分であったことを示している。

三代将軍**足利義満**の時代は、室町幕府がもっとも安定した時期である。彼は「花の御所」とよばれる壮麗な**室町第**を造作して移り、永徳元年（一三八一）には北5後円融《ごえんゆう》天皇が行幸している。さらにこの邸で、100後小松《ごこまつ》天皇が受禅、土御門内裏で行われた即位式では、左大臣の義満が補佐して、希代のことといわれた。その後義満は、子義持に将軍職を譲って出家し、三層の金箔を貼った舎利殿（金閣）を中心とする北山第に住み、なお政務をとると同時に、ここを**公武社交の場**としたが、その格式は法皇に準じていた。概して義満には、妻日野康子が、後小松天皇の准母に擬して北山院の院号を授けられ、寵愛した末子義嗣が親王に準ぜられるなど、みずからを天皇になぞらえようとする意志があった。

義満の没後、歴代の将軍は守護大名の連合と支持によって維持され、その守護大名も有力な家臣の勢力で分裂したので、幕府の権力基盤そのものが衰退の一途をたどった。それにつれ、皇室経済も不安定になり、104後柏原《ごかしわばら》天皇の即位式は、践祚二一年後、105後奈良《ごなら》天皇の場合も、践祚一〇年後に、本願寺や守護大名の大内氏の献金によってようやく行えるありさまであった。大嘗祭に至っては、後柏原天皇から112霊元《れいげん》天皇に至る九代にわたって行われていない。

［五島］

◆王権と王土思想

律令制から王朝国家体制（朝廷中心の政治）へと変質した中世になると、実際の所領支配とは関係なく、国土のすべては、天皇の**王権**の及ぶいわゆる「いずれの地か王土ならん」という**王土思想**が展開する。そうしたなかで、従来は具体的な従属関係をもたなかった山民や狩猟民は、みずからその創始を王権に求めるようになった。また律令制以前の**贄人**《にえびと》の系譜に連なる漁労・狩猟民やそこから派生する商人も、天皇に食膳（**供御**《くご》）を供する**供御人**《くごにん》集団として編成され、天皇の権威のもとに秩序づけられると同時に、次第に皇室との親近感を深めていった。

[17] 近世の公武関係

【織豊政権】

戦国大名は、基本的に領国支配に重きを置いたので、必ずしも全国統一のような意図をもったわけではない。しかし、**織田信長**、今川義元、武田信玄のように、いったん天下統一をしようとした大名が、まず第一に上洛をめざしたのは、京都には天皇を中心とする朝廷があって、その権威に頼ることが先決であったからである。

尾張の守護代織田家と朝廷との関係は、すでに信長の父信秀の代に始まっており、天文12年（一五四三）に、内裏四面の築地屋根の修理料として銭四〇〇〇貫文を献上したことがある。永禄7年（一五六四）ごろには、**禁裏御倉職立入宗継**《おくらしきたてり》らの仲介で、[106]正親町《おおぎまち》天皇は信長に上洛を促す綸旨《りんじ》を出したといわれ、さらに永禄10年（一五六七）11月には、美濃を平定した信長に対して、尾張・美濃両国の**皇室領**を復興して、皇子誠仁《さねひと》親王の元服料の献上、内裏修理、皇室領回復の三か条を命じた。翌年9月、将軍足利義昭を奉じる形で上洛した信長は、この三か条を次々と実現することになる。この意味で、信長は、皇室領の回復と公家経済の保証を行っており、よくいわれるように中世的権威を単純に否定したのではない。しかし、信長は朝廷の任ずる官職には比較的淡泊で、天正3年(一五七五)に権大納言兼右近衛大将に任じられるまでは、弾正忠《だんじょうのちゅう》を名乗った。

信長暗殺後の覇権をとった**羽柴（豊臣）秀吉**は、旧来の朝廷秩序のうえに天下統一を図ろうとしている。天正13年(一五八五)に**関白**に任じられ、翌年には太政大臣となって人臣の頂点に立った。また、天正16年(一五八八)には、京都に造営した聚楽第に107後陽成《ごようぜい》天皇を迎えた。

【江戸幕府】

秀吉亡きあと、関ヶ原の戦いに勝利して実質的な覇権をとった徳川家康が、慶長8年(一六〇三)に、**征夷大将軍**に任じられたことは、豊臣家の関白を機軸とした枠組みを壊さずに、新しい仕組みで朝廷との関係に臨もうとしたことを示している。前年慶長7年(一六〇二)5月から、家康は京都の上京と下京の間に神泉苑を取り込んで**二条城**を築造したが、これは軍事的な目的というよりも、朝廷に対する儀礼的な色彩が強い。家康・秀忠の征夷大将軍任官の拝賀もここから出発しているし、元和6年(一六二〇)の徳川和子《まさこ》の入内《じゅだい》、寛永3年(一六二六)の108後水尾《ごみずのお》天皇の行幸など、重要な儀式はすべてこの二条城で行われている。

慶長12年（一六〇七）、少将猪熊教利《のりとし》が正親町天皇の女官衆と密通していたことが発覚し、出奔するという事件（**猪熊事件**）が起こった。ところがこの事件は、実際はもっと根の深いもので、さらに多くの公家が天皇に近侍する女官と関係をもっていたことがわかった。

摂家衆の事件処理に限界を感じた天皇は、この処罰を家康に委ねようとした。家康は猪熊教利のみは死罪に処したものの、他の公家と女官に対しては比較的寛大な処置をとったので、天皇はこれに飽きたらず譲位の意向を示す。ところがこれに対して家康は、天皇に譲位を諫めると同時に、強い幕府の意向を七か条の返書で伝えたのである。その中には、摂家衆は天皇に意見を具申すること、諸家は学問の道に専念し行儀・法度を守ること、適正な官職の任命を行うこと、といった皇室の規範に関する内容も含まれていた。こうして家康は、天皇と摂家衆との狭間に乗じて朝廷の秩序にも介入するようになった。これはのち元和元年（一六一五）に出される「**禁中並公家諸法度**」の先蹤《せんしょう》になる。

「**禁中並公家諸法度**」は、第一条の天皇の諸芸として学問を専一にすること以下、大臣と親王の席次、武家の官位、年号の規定、衣服、昇進、刑罰、僧侶の紫衣《しえ》など、一七か条にわたっている。一般には、天皇と公家に、学問と儀式に専念させて、政治に関与させないことを目的にしたと理解されることが多かったが、近年では、実際は君主の心がけや朝廷内の秩序を述べたもので、朝廷の権限を制限したとまではいえない、という見解が多い。むしろ朝廷自身が失った統制力を、政権として幕府が外から方針を示して規定した、という側面すらある。

元和6年（一六二〇）、将軍徳川秀忠の娘和子《まさこ》が後水尾天皇の中宮として入内する。これは家康の在世時から決められていたことであった。鎌倉時代に源頼朝の娘大姫が入内することがいったんは決まったが、彼女の死によって頓挫したので、この和子（のちの**東福門院**）の場合が、武士の娘の皇后の初例となる。そして六年後の寛永3年（一六二六）9月、後水尾天皇の**二条城行幸**が行われる。幕府は皇室権限を政治的に制約しようとしたという面が強調されることが多いが、実際は天皇中心の秩序を尊重し、その権威を利用したところが大きい。

寛永4年（一六二七）7月、幕府は、以《い》心崇伝《しんすうでん》や土井利勝らが中心となって、大徳寺・妙心寺の紫衣勅許が「禁中並公家諸法度」などの法令に反して乱れていることを指摘して、厳正な適用を求めた。幕府は、当初この問題を荒立てるつもりはなかったが、翌春、大徳寺の沢庵宗彭《たくあんそうほう》・玉室宗珀《ぎょくしつそうはく》・江月宗玩《こうげつそうがん》等が抗議書を提出したために、態度を硬化させ、沢庵・玉室等を配流し、元和元年（一六一五）以降、幕府に許可されずに下された紫衣を剝奪した。これが**紫衣事件**である。当時、[108]後水尾天皇と中宮和子の間には、高仁《すけひと》親王が誕生していて、天皇は早くから譲位を希望していたが、成長を待たずに親王は夭逝した。この紫衣事件に悩んだ後水尾天皇はいっそう譲位の決意を強くし、寛永6年（一六二九）、突然に皇位を降りて、和子との間の娘興子《おきこ》が践祚《せんそ》する。これが109明《めい》正《しょう》天皇で、奈良時代以来の女帝であった。

大御所徳川秀忠が亡くなると、将軍家光は朝廷に対して比較的恭順な態度をとった。これは、幕府政権が安定し、とくに朝廷と対立する要素がなくなったことにも理由がある。寛永9年（一六三二）7月には、紫衣事件で流されていた沢庵・玉室らが許されている。同11年6月には、将軍家光は総勢三〇万七〇〇〇人の軍勢を率いて上洛する。それは朝廷側に対する示威行動の意味もあったが、一方では従来の仙洞（上皇）料の三〇〇〇石に七〇〇〇石を加えて一万石を献上したばかりか、公家衆に**家格と家禄**を与え、京都の町人に対しても銀一二万枚（五一六〇貫目）を配るという大盤振る舞いをして、対朝廷の融和を図ることにねらいがあった。

これ以降、江戸時代を通じて、年号と暦を制定し、実質の伴わない栄典にしかすぎなかったが、**官位官職**を授与する、という天皇の権限は基本的に変わらなかった。ほかならぬ将軍自身が、天皇から征夷大将軍に任じられる、という意味で、皇室を尊ぶことと、幕府を敬重することに大きな矛盾はなかった。

宝暦8年（一七五八）、神道家で朱子学者の竹内式部が、116桃園《ももぞの》天皇の進講に絡んで処罰された**宝暦事件**は、明治以降尊王思想弾圧とされたが、現在では公卿間の対立に幕府が巻き込まれた可能性が強いとされる。幕末になって、外国船の来航により国内に政治的な危機感が生ずると、徳川斉昭や藤田東湖らの水戸学では、いわゆる**尊王攘夷論**が展開され、幕末の大きな政治運動となるが、これは基本的に、外国を打ち払って（攘夷）旧来の国体を維持する原理を、天皇を中心とする秩序（尊王）に求めたものである。［五島］

［18］天皇周辺の豪族と貴族

大王と豪族

豪族とは、律令制成立以前に、政治的・経済的な力を持ち伝統的に人民支配を行っている一族を指す。大化前代の葛城《かつらぎ》氏や平群《へぐり》氏などはヤマト地方の豪族で、大王に匹敵する勢力であった。地方でも大王に対立・抵抗する勢力が大王の支配体制に組みこまれ、**県主**《あがたぬし》・**国造**《くにのみやつこ》などの地位を与えられている。また大王とともに勢力を拡大していった大伴《おおとも》・物部《もののべ》氏、あるいは蘇我《そが》氏なども代表的豪族である。しかし中には大王と対立、あるいは豪族間の勢力争いに破れ、没落したものもいるが、引き続き勢力を保持した豪族たちは、律令制国家の機構の中に組み込まれた。かくして、従前通りの地域支配者ではなくなるが、しかしその後にも、政治的・経済的にも優位にあって、地域の伝統的勢力として認められている。

天皇と貴族

律令制が成立すると、中央においては、政治的・経済的また文化的にも一般人民とは隔絶した特権を持ち、天皇に密着した勢力が成立するが、これを**貴族**という。律令の規定によると、三位以上の官人を「貴《き》」、四位・五位を「通貴《つうき》」と云い、その一族の者が貴族と見なされている。律令では、政治的・経済的に、あるいは刑罰などの適用についても、貴・通貴と呼ばれる者は身分的な優遇措置が講じられているが、その家族にも数々の特典が与えられている。

とくに父祖の位階によって子や孫が最初から高い位階を授けられて官人として出発するという**蔭位《おんい》**の制度が設けられている。律令制度自体は官位の昇進などについて平等を標榜《ひょうぼう》するが、一方で有位者に有利な体制が作られており、貴族階層を再生産する仕組みが存在していた。このような中で、大化前代以来の大伴・佐伯《さえき》や紀《き》氏などの伝統的な豪族が律令制下でなお勢力を確保するとともに、藤原氏のような新興貴族も一族の発展に律令制度を最大限に利用していた。

外戚と摂関

大化前代から豪族の女子が大王の配偶者となり、蘇我氏のように大王の権力を背景に勢力を伸ばす豪族がいた。8世紀から9世紀に、皇位継承問題など藤原氏の関与する政変がしばしば起こっているが、とくに9世紀半ばに起こった**応天門《おうてんもん》の変《へん》**は藤原氏の政治的な地位を確立させた。当時、太政大臣藤原良房《よしふさ》は成人したばかりの56清和《せいわ》天皇を輔弼《ほひつ》する必要から、外祖父《がいそふ》として摂政となった。その後嗣の基経《もとつね》も57陽成《ようぜい》天皇の外舅《がいきゅう》として摂政となり、59宇多《うだ》天皇の即位後に関白になっている。60醍醐《だいご》・62村上《むらかみ》天皇のときには摂政・関白のいずれも置いていないが、63冷泉《れいぜい》天皇以降、ほぼ継続して藤原氏北家の出身者が摂政・関白になっている。

このような摂政・関白の補任《ぶにん》について、天皇の外戚《がいせき》であることが資格の一つに挙げられる。**外戚**とは、天皇の母方の親族をいうが、とくに母の父である外祖父とその兄弟、あるいは外舅という天皇の生母の兄弟をさす。大化前代の蘇我氏なども右の要件によって権勢を握っていた。平安時代の摂政の場合は、藤原良房が清和天皇の外祖父、その猶子基経が陽成天皇の外舅として補任されており、平安時代末まではすべての摂政に当てはまる。しかし74鳥羽《とば》天皇の摂政藤原忠実《ただざね》が外戚でなく摂政に補されて以降、外戚は摂政補任の要件ではなくなった。なお関白は初例の基経が宇多天皇の外戚でなく補任されており、関白は外戚関係がなくても補任されている。

藤原氏北家と摂関

第二の資格は、藤原氏北家を条件とした。摂政の初例の良房、猶子の基経、さらにその子忠平《ただひら》が摂政・関白に補任され、良房の子・孫が摂関に補任されている。ついで忠平の子の実頼《さねより》・師輔《もろすけ》兄弟が**小野宮流**《おののみや》と**九条流**《くじょう》に分かれ、師輔は摂関にならなかったが、その子孫が相次いで摂関となった。さらに道長《みちなが》が摂政になった後、その子の頼《より》通《みち》・教通《のりみち》が摂関となったが、この両名の女子が入内《じゅだい》して皇子を産むことがなかったために、71後三条《ごさんじょう》天皇が即位したとき藤原氏とは外戚関係がなかった。しかしこの後も摂政関白は道長の子孫の**御堂流**《みどうりゅう》の人々が補されて、貴族社会最高の家格として摂関に補任される家柄（**摂関家**）が成立した。

平安時代末から鎌倉時代の初め、摂関家は近衛《このえ》・九条《くじょう》・二条《にじょう》・一条《いちじょう》・鷹司《たかつかさ》の五家に分かれ、これを**五摂家**《ごせっけ》というが、摂関は五摂家から選出され、江戸時代末に及んでいる。ただ戦国時代に羽柴秀吉《はしばひでよし》が近衛家の養子として関白になり、やがて豊臣《とよとみ》姓を授けられ、その子豊臣秀次《ひでつぐ》が関白職を継承したのは摂関制の歴史の中では異例である。

大臣と摂関

第三に、良房・基経以来、江戸時代末に至るまで、摂関は大臣か大臣経験者が補任されている。権大納言藤原頼通が68後一条《ごいちじょう》天皇の摂政に補任の直前に内大臣《ないだいじん》に補任されたのは、大臣または大臣経験者であることに配慮したものである。

摂関家から公爵へ

摂政・関白は朝廷内の職務であるが、略して**摂家**ともいい、社会的な階層である。明治維新とともに摂関制は廃止されたが、明治22年(一八八九)の『皇室典範』で摂政制が復活した。しかし摂政を命ぜられるのは皇族に限られており、摂関家から摂政に補任されることはない。

明治17年(一八八四)7月に「**華族令**《かぞくれい》」が制定され、旧公家・大名などが公・侯・伯・子・男の五爵のいずれかを与えられたとき、五摂家の当主は最高の**公爵**《こうしゃく》を授けられ、その世襲を認められ、社会的にも特別の家格の家と見なされたが、昭和の典範制定とともに、家格は廃し、すべての特権も廃止された。

清華家・大臣家・羽林家・名家

清華家《せいが》は摂関家に次ぐ家格として、平安時代末から鎌倉時代初めに設けられた。大臣から近衛大将を経て太政大臣を**極官**《ごっかん》とする家柄をいう。三条家、西園寺《さいおんじ》家、その分流の今出川《いまでがわ》家（菊亭《きくてい》家）、徳大寺家、花山院《かざんのいん》家、大炊御門《おおいみかど》家の藤原氏系の六家と久我《こが》家を合わせて**七精華家**と称したが、江戸時代に一条昭良の子が独立して醍醐《だいご》家を、また八条宮智仁《としひと》親王の子が広幡《ひろはた》家を興し、**九精華**と呼ばれている。**大臣家**《だいじん》は清華家につぐ家柄で大臣になることができる。源氏系の中院家《なかのいんけ》、藤原氏系の正親町《おおぎまち》三条家、三条西家の三家をいう。**羽林**《うりん》**家**は近衛の中少将を経て、参議・中納言から大納言に昇進することのできる家柄。**堂上**《とうしょう》**公家**と呼ばれる多くの家が該当する。正親町家、滋野井《しげのい》家、河鰭《かわばた》家、清水谷《しみずだに》家、姉小路《あねがこうじ》家、中山家、松本家、飛鳥井《あすかい》家、持明院《じみょういん》家、四条家、山科《やましな》家、水無瀬《みなせ》家、冷泉《れいぜい》家、庭田《にわた》家など。**名家**は弁官《べんかん》・蔵人《くろうど》を経過し、大納言を極官とする家柄をいう。日野家、勧修寺《かじゅうじ》家、葉室《はむろ》家、あるいは文筆をもって仕えている中原家や清原家、日記の家といわれた高棟《たかむね》流の平家などで、多くは摂関家や院家《いんげ》の家司《けいし》として仕えている。しかしこれらの家柄も摂関家とともに廃止されている。　［米田］

[19] 公文書の様式

天皇の意思を伝達する方法は、時代によっても、伝達する内容や形式によっても相違がある。

そのような形式を成文化されたかたちで見ることのできるのは大宝《たいほう》・養老《ようろう》の「公式《くしき》令《りょう》」である。もともと文字が定着していない時期の天皇の意思は口頭によって行われている。これを**宣誥**《せんこく》と呼んでいるが、文字で表現しているものを**宣命**《せんみょう》という。奈良時代の「正倉院文書」に宣命の例を見ることができるが、藤原宮出土の木簡にすでに実例を確認できる。記している文字は平仮名の発明以前のもので、口頭で伝えるものを文字化しているから、漢字の音を当てる万葉仮名である。助詞や助動詞は小さな文字で記す**宣命小書体**（宣命書き）といわれるものを用いている。このような方式は、のちの天皇発給文書である**詔**《しょう》、**勅**《ちょく》、**宣旨**《せんじ》、**綸旨**《りんじ》などに影響を及ぼしている。

詔

詔は「**みことのり**」と読み、**詔書**《しょうしょ》ともいう。詔書は古代だけではなく、近現代においても用いられている。養老「公式令《くしきりょう》」の注釈書『**令義解**《りょうのぎげ》』によると、「詔書・勅書同じく是れ綸旨なり、但し臨時の大事を詔とし、尋常の小事を勅とする」と記している。具体的に「公式令」を見ると、詔の形式をその書き出しによって次の五種に分けている。

①明神《あらみかみと》御宇《あめのしたしらす》日本《ひのもとの》天皇《すべらが》詔旨《おおんごとらま》
②明神《あらみかみと》御宇《あめのしたしらす》天皇《すべらが》詔旨《おおんごとらま》
③明神《あきつかみと》御大八州《おおやしまのくにしらす》天皇《すべらが》詔旨《おおんごとらま》
④天皇《すべらが》詔旨《おおんごとらま》
⑤詔旨《おおんごとらま》

の五通りであるが、①は大事《だいじ》を外国の使臣に宣する場合、②は次事《じじ》を外国の使臣に宣する場合、③は立后《りっこう》や立太子《りったいし》などの朝廷の大事を宣する場合である。④は左右大臣以上の任命を宣する場合で中事《ちゅうじ》にあたる。⑤は五位以上の叙位《じょい》を宣《せん》する場合で小事《しょうじ》に当たる。すべての実例において、この原則が貫かれているとはいえないが、基準になっていたことは間違いない。

漢文が隆盛になって行くなかで、詔も漢文によって記されるようになり、平安時代以降、**宣命体の詔**は、神社・山陵《さんりょう》への奉告《ほうこく》や立后、立太子、僧綱《そうごう》（仏教界を統轄する僧正《そうじょう》・僧都《そうず》などの僧官）の補任などにかぎって用いられるようになった。

詔の作成手続き

詔は、まず天皇の命を伝えられた中務《なかつかさ》省の内記《ないき》が原案を作成し、いったん天皇に奏上する。天皇はそれで良いと判断すると、日付の一字に筆を入れ（御画日《ごかくじつ》という）、中務省に返却する。同省は御画日のある文書は省に留め、写しを作って、同省の卿《きょう》・大輔《たいふ》・少輔《しょう》が署名するが、その時卿は「宣」と記し、大少輔もそれぞれに「奉」・「行」と記して太政官に送付する。太政官では太政大臣、左右大臣が署名し、大納言がこの詔書を施行すると奏上する。このことを覆奏《ふくそう》というが、改めて天皇は施行《せこう》を認めると「可」と記す（御画可《ごかくか》という）。太政官はこれを官に留め、別に写しを作成し、これを施行する旨を記した太政官符とともに下される。

勅書《ちょくしょ》

勅書は、もともと「公式令」に定める勅旨に準拠するものをさしたが、平安時代には詔書（詔）に準ずるものや官人への書状的なものも現れた。「公式令《くしきりょう》」によると、「詔書式」についで「勅旨式《ちょくし》」が置かれており、詔と同じく天皇の意思を伝達する文書である。勅旨は太政官符《だいじょうかんぷ》（太政官の発行する文書）であって、勅書とはいえない、とされる。故実書や古記録に、その作成方法をめぐる議論がみられる。天平感宝元年（七四九）閏5月20日に㊺聖武《しょうむ》天皇が大安寺をはじめ、薬師・元興・興福・東大寺その他の諸寺に墾田《こんでん》を施入したときの勅願文が勅書のもっとも古い例として伝わっている（『平田寺文書』）。その後も奈良時代には『東大寺献物帳《けんもつちょう》』の中に、その例が見られる。

平安時代になると、大臣を辞任したいとの上表文に対する勅答などの例もある。さらに中世以降、太政官を経ないで、直接、天皇の意思が文書に記され、天皇の文書であることを天皇みずからが証明するために宸筆《しんぴつ》の御画日を記す形式のものがみられる。この形式のものは近代まで継承されている。

宣旨《せんじ》　天皇や太政官の命を伝達するための文書形式のひとつ。奈良時代には、天皇をはじめ、上位から下位に伝える命をすべて「宣」とのべており、特定のものに限られていないが、平安時代になると、「公式令」にもとづく文書の発給手続きが複雑であることから、簡素化した形で上卿《しょうけい》の宣を弁《べん》・史《し》が受けて下達《げたつ》するものを**官宣旨**《かんせんじ》と呼んでいる。これに対し、外記《げき》が受けて下達するのが**外記宣旨**《げきせんじ》である。前者は庶政全般にわたるが、後者は人事や祭儀に関するものが多い。ともに必ずしも天皇の勅命のみを伝達するものではないから、天皇関係文書に含めるかどうか疑問もあろうが、「奉勅」の語を含む文書もあることから、天皇文書のひとつにあげておく。

内侍宣《ないしせん》　内侍《ないし》が天皇の勅命を太政官の上卿《しょうけい》や検非違使に伝宣《でんせん》する宣旨《せんじ》のこと。冒頭に記した詔書の作成手続きの項で天皇の命を中務省の職員である内記に伝えたのは内侍である。内侍は後宮十二司のひとつの内侍司《ないしのつかさ》の女官《にょかん》で、天皇に近侍し、奏請《そうせい》や伝宣を職務としており、天皇の勅命は内侍から上卿に口頭で伝えられた。おそらくそれが内侍宣と呼ばれていたのであろう。しかし口頭では当事者間にのみ伝えられても、第三者には証拠がなく確認できないことから、証拠のため、また第三者に伝達する際に、伝達の内容を文書仕立てにしたのである。平安時代初めに蔵人所が設立されると、蔵人が内侍の任務を継承した。しかし同じころに設立された検非違使に対しては、太政官の上卿や蔵人を経ずに内侍が検非違使に伝えている。

実際に平安時代の内侍宣の遺存例は検非違使関係のものである。

綸旨《りんじ》

綸旨とは、**綸言**《りんげん》と同じく、天皇の意思・意向を指す言葉であったが、蔵人が天皇の意思を伝達する文書にこの語を用いたことから、綸旨が古文書学上の用語となった。現存する綸旨によると、文書の冒頭に「綸旨を蒙る」「綸言を被りて云う」とあり、ついで天皇の意思を伝える文言が続き、末尾に「綸言此の如し」「天気此の如し」と記して文書を止める。このような書止めは、いわゆる**御教書**《みきょうじょ》の形式であるという。御教書とは三位以上の公卿の家司《けいし》などが主人の命を奉じて出した文書の形式である。このため綸旨も御教書の一つと見る説もあるが、一般に御教書は綸旨や次に記す令旨《りょうじ》や院宣を除いて、摂関《せっかん》や上級公卿、社寺の別当・座主《ざす》らの指示にもとづく文書を指している。

令旨《りょうじ》

養老の「公式令」によると、令旨は皇太子および三后の意思を伝達する文書で、同令の「**令旨式**《りょうじしき》」に規定されている。それ自体は天皇の文書ではないが、先帝崩御後や譲位後、皇太子が皇位に即くまでの間、詔勅に代わって令旨を発している。これは皇太子監国《かんこく》の任を準用しているとも言える。**監国**とは、天皇が行幸によって都に不在の間、皇太子が都の留守を預かる任務を言う。

内覧

内覧《ないらん》も天皇の発給する文書ではない。内覧は太政官から天皇に奏する、もしくは天皇が太政官に下すべき文書を事前に内見すること、またはそのことを行う人を指す。当初、60醍醐《だいご》天皇の時、藤原時平《ときひら》と菅原道真《すがわらのみちざね》が大納言と権大納言で同時に内覧の権を与えられた。その職務からも理解できるように、内覧は関白に準じた職で、関白の機能の一部を担っていることから、摂政または関白になる前段階と位置づけられる。しかし平安時代後期に74鳥羽《とば》天皇と関白藤原忠実《ただざね》が対立したとき、関白が天皇に上奏する文書を内覧したり、天皇から下される文書を事前に内覧する権限を止《とど》められ、後にその権限が認められたとき、「内覧如元」との宣旨を下された。こののち関白であっても内覧の宣旨が下されるのが例になっている。

女房奉書《にょうぼうほうしょ》

女房奉書は、天皇・上皇の命を側近に侍《はべ》った女房、天皇の場合には勾当内侍《こうとうのないし》が奉じた仮名文の奉書で、鎌倉時代に入ったころから用いられ始めている。鎌倉時代初めに、朝廷では天皇や上皇の意向を伝えたり、奏聞《そうもん》したりする**伝奏**《てんそう》が設けられたが、天皇や上皇の命令を女房を通じて伝奏に伝えるとき、女房が仮名書きで記したのが女房奉書である。従って形式は消息体《しょうそくたい》であるが、その書様が雁行様《がんこうよう》という形式の散らし書きで、書き止めに「……と申とて候、かしく」とあるのが女房奉書の性格をよく示している。

文書と礼遇

文書に天皇・上皇について記す場合、とくに崇敬の意を表すものとして、**平出**《へいしゅつ》・**闕字**《けつじ》・**擡頭**《たいとう》がある。養老「公式令」によると、皇祖《こうそ》、皇祖妣《こうそひ》以下、天皇・太上天皇や三后について記すとき、当該文字の箇所を改行して次の行頭に記すことを平出という。闕字は大社《たいしゃ》、陵号《りょうごう》をはじめ乗輿《じょうよ》・天恩《てんおん》・朝廷など、直接天皇・上皇や三后の身位《しんい》に及ばないが、天皇・上皇・三后（太皇太后・皇太后・皇后）などを意味する語については、当該文字の箇所の上の一字もしくは二字を空白とすること。擡頭は平出のように改行するが、さらに当該文字をその他の行よりも一字または二字分高くすることをいう。律令《りつりょう》に規定はないが、室町時代ごろから用いられているようで、天皇諡《おくりな》・天子《てんし》・皇帝・当今《とうぎん》・宝祚《ほうそ》などに用いられている。しかし明治5年(一八七二)8月に平出・闕字・擡頭は用いないと定めている。　［米田］

［20］古代の皇室財政

皇室財政は古代・中世・近世と時代が推移する中で、財政規模や基盤に相違が見られる。

古代においては、大化改新《たいかのかいしん》以前と以後の律令制《りつりょうせい》下とで異なる。しかしまた大化改新以前の皇室の財政的基盤をなしたもので、以後の制度の中にも引き継がれているものもある。たとえば、大和朝廷が畿内で**直轄領**としていた**屯田**は律令制下の**官田**に引き継がれているが、一方、大和朝廷が直接・間接に支配していた**屯倉**《みやけ》は、律令制の施行とともに国家の土地とし、公田《こうでん》として公民に**口分田**《くぶんでん》として班《わ》け与えるほか、官位に応じて与える**職分田**《しきぶんでん》・**位田**《いでん》などとした。

屯田《みた》**・官田**《かんでん》

官田とは、『養老令』の「田令《でんりょう》」によると、天皇の食料に供するために、畿内の大和《やまと》・摂津《せっつ》・河内《かわち》・和泉《いずみ》の四国に設けられた田のことである。面積は合計しても一〇〇町歩しかないが、この官田は律令国家の官人を直接、現地に派遣して経営に当たらせている。

この田は律令制が成立する以前に、大和朝廷の直轄領として設けられていた**屯田**《みた》に系譜を引いている。『日本書紀』によると、屯田は天皇に固有のもので、皇子といえども皇位に即かない限り管掌することができないといわれており、その所在地も大和朝廷が直接支配していた地域に置かれていた。律令制の成立後は、一般の公田に混入されないで、皇室の直轄地として、10世紀初頭に編纂された『延喜式』によると、宮内省直轄の**省営田**《しょうえいでん》として経営されている。

屯倉《みやけ》

屯倉は大化前代の屯田とともに皇室経済の基盤となったものである。屯倉は収穫物を収納する建物の倉と、耕作地、および耕作民を含んでいる。その屯倉は朝廷みずからが灌漑施設を開発して造った屯倉、もう一つは地方豪族達が所有していた土地・倉・耕作者が朝廷に献上されて得られた屯倉とがある。

前者の屯倉は朝鮮半島から得た鉄、とくに製鉄農耕具をもとに朝廷自身が用水路や耕地を造成して開発した屯倉で、大和・河内を中心に畿内に分布しており、多くの場合、直接経営が行われている。もう一つの屯倉は、大和朝廷の地方支配に抵抗した豪族が、服属の証として、豪族所有の土地・人民を朝廷に献上したもので、大和朝廷の全国的支配に対応して設けられている。それだけに地方豪族と土地・人民との関わりは密接であるから、実際の経営は、朝廷側から見ると、献上した地方豪族に委ねた間接経営であった。

部民制《べみんせい》

大化前代には、王権や地方豪族のために設けられた部民制があった。部民の一つに**名代**《なしろ》**・子代**《こしろ》と呼ばれるものがある。名代・子代とは、大王《だいおう》や王族の宮号や名前の一部を冠した部民で、大王らの身辺護衛や雑役奉仕、あるいは王宮などの守護のために出仕する人々を**伴**《とも》、その伴や大王・王族らのために各種生産物を貢納する義務を有する集団を**部**《べ》という。伴を統括する**伴　造**《とものみやつこ》がいる。

大王や王族らと部民との間には人格的隷属関係はないと考えられるが、政治的社会的に彼らが王権を支えていた。また大和朝廷は海部《あまべ》（漁猟関係の部民）・土師部《はじべ》（土器の制作）・馬飼部《うまかいべ》（馬の飼育）・忌部《いむべ》（祭祀に奉仕）などの社会的分業を担っている職業民を品部《しなべ》として支配している。さらに大伴氏や蘇我氏等の所有する大伴部・蘇我部など豪族所有の民として、部民は**民部**《かきべ》ともよばれ、**部曲**《かきべ》とも記されている。これらは大化改新によって原則禁止されたが、職業民の品部の中には律令制の制定後も国家的な支配の下に引き継がれたものがある。

公地公民制と天皇の地位

7世紀中頃の大化改新後、王族に与えていた土地や名代《なしろ》・子代《こしろ》、豪族私有の土地・人民を廃し、それらを含め、屯倉《みやけ》・部民のすべてを、天皇を頂点とする国家が収公し、

公地公民として天皇による一元的支配を行う体制が成立した。すべての人民は**戸籍**に登録されることで国家的支配を受けることとなった。その戸籍は三通作成し、一通は**国司**が保管し、二通は太政官《だいじょうかん》に届けられ、民部省《みんぶ》と中務省《なかつかさ》に保管されることになった。

このうち中務省に届けられたのは天皇の御覧に供するためといわれており、すべての人民を支配する天皇の姿をうかがうことができる。また土地は公地として天皇の支配下に組み込まれ、口分田《くぶんでん》は良民・賤民、男女の支給額に若干の相違があるが、原則としてすべての人民に班給《はんきゅう》される。しかし班給にあたり、均等であるとか、郷土の法に基づくのが原則としても、別勅《べっちょく》があれば、その原則にこだわらないとある。律令は一律に人民を支配するための法である一方、天皇は律令を超えた存在であることがわかる。

8世紀半ばに45聖武《しょうむ》天皇が大仏造営の詔《みことのり》の中で、「天下の富を保つは朕《ちん》なり、天下の勢いを保つも朕なり」と述べ、財力と権力は天皇が掌握するところという。そのような権力や富は律令国家を通じて得られる富であり、公地公民制の上に成り立っていた。

御稲田《みいねだ》

律令制によると、天皇の私的な経済として大化改新以前からの屯田《みた》、それを引き継いだ「田令《でんりょう》」に見える官田は畿内に置かれている。そのすべてを合わせても一〇〇町歩しかないが、それらは天皇権力の歴史的、象徴的なものである。その地は、平安時代には御稲田といわれ、その地を管轄する宮内省の被官の大炊寮《おおいりょう》領の根幹となって、中世に引き継がれている。

諸国貢進御贄《しょこくこうしんみにえ》

令制以前の皇室経済にかかわるものが、その後も令制下の皇室経済の中に引き継がれている。たとえば大化前代の**贄**《にえ》の系譜を引くものも見られる。贄は大化前代から地方豪族などが神や大王へ魚介類や蔬菜《そさい》などの食料品を貢進するものであったが、律令制の成立後は**調**《ちょう》の副物として税目の一つに組み込まれている。しかしそれとは別に天皇や皇族に献上される贄が存在していることが木簡を通じて明らかになっており、皇室へは大化以前からの伝統に基づいて貢納されていたと考えられている。その後、平安時代になると、**贄戸**《にえこ》から貢進される諸国貢進御贄《こうしんみにえ》と国衙《こくが》が雑徭《ぞうよう》や交易によって貢進する**諸国例貢贄**《れいこうのにえ》に引き継がれている。

なお大化前代から皇室にゆかりの**御厨**《みくりや》は魚介類などを調進するところを指しているが、それらを生産する場所が皇室領を意味し、その地の人たちを**供御人**《くごにん》などと呼んでいる。ちなみに**供御**はもとは天皇の食事をさし、天皇に提供される物品などに用いられていた。

勅旨田《ちょくしでん》

勅旨田とは、天皇の勅旨に基づいて造られた田で、その名称は8世紀半ば過ぎにすでに見えるが、当初の成立過程はまだ解明されていない。ただ勅旨田の内容を見ると、土地自体は、既耕地というよりも空閑地、野地《やち》、荒廃田《こうはい》であったところに国家が用水路を造り、労働力を投入して開発したところで、開発の経費は諸国の**正税**《しょうぜい》や**剰稲**《じょうとう》が充てられており、まさに国家的プロジェクトであった。しかし実際には未開発の山川藪《さんせんそう》沢《たく》が含まれており、未開地の開墾を期待したところがある。

開墾された勅旨田は不輸租田《ふゆそ》で、その収穫である米穀は**地子稲**《じしとう》として**穀倉院**《こくそう》や**内蔵**《くら》**寮**に送られている。また社寺への**施入田**や皇族への**賜田**にも充てられ、寺社や皇族の経済を支えた。延喜2年(九〇二)に、政府は由緒不明の**荘園**を停止するという**荘園整理令**を発している。特に対象としたのは拡大する王臣家の荘園整理を命じたもので、この後、新規の開発が停止されている。なおこの後、後院《ごいん》勅旨田、院勅旨田などがあるが、後院や院(太上天皇)の開発によるのではなく、それぞれの田からの地子《じし》の収納先が、後院であるとか院であるとの意味である。

勅旨牧《ちょくしまき》

勅旨に基づいて設定された牧を勅旨牧という。『延喜式』によると、甲斐《かい》・武蔵《むさし》・信濃《しなの》・上野《こうずけ》など東海・東山両道に三二牧がおかれている。この牧は**御牧**《みまき》とも呼ばれ、牧から毎年八月に皇室に良馬が献上された。宮中における良馬貢進の儀式は駒牽《こまひき》と呼ばれたが、平安時代末から鎌倉時代にかけて衰退している。

氷室《ひむろ》

氷の貯蔵施設。冬に池に張った氷を切り出して、夏まで横穴や縦穴の中に収納保存する。『延喜式』によると、山城《やましろ》に六か所、大和《やまと》・河内《かわち》・近江《おうみ》・丹波《たんば》に各一か所見えるが、『日本書紀』の仁徳天皇紀によると、額田大中彦《ぬかたのおおなかつひこ》皇子が大和の闘鶏《つげ》に狩りをしたときに不思議な廬《いおり》を見てその用途を尋ねたところ、それが氷室《ひむろ》で、氷の保存方法を教わった。皇子は珍しいと、氷を持ち帰って⑯仁徳天皇に献上したとある。これ以後、毎年夏に氷室から宮中に氷を献上することになったという。8世紀前半の左大臣長屋《ながや》王もまた独自の氷室を所有していたことが「長屋王家出土木簡」から確認されている。したがって供御《くご》用以外に、王族や上級の貴族等も独自の氷室を所持していた可能性が考えられる。

宣旨《せんじ》枡《ます》

長さ重さを量る道具を度量衡《どりょうこう》というが、使用する人々の間で度量衡に違いがあると、度量衡自体に信用性が無くなるばかりか、度量衡を認めていた支配者の信頼も無くなる。律令制度の採用によって、古代国家の度量衡は大宝・養老の「雑令《ぞうりょう》」の中に規定され、全国的に適用されていた。しかし律令制の解体する中で、大小さまざまな枡《ます》が使われ、度量衡に対する信頼、ひいては国家に対する信頼がなくなりつつあった。そのなかで、71後三条天皇は延久《えんきゅう》の荘園整理令《しょうえんせいりれい》を発して荘園の乱立に歯止めをかけ、王権の強化を図ろうとするとともに、枡を統一しようとして基準を定めた。これを宣旨枡と呼んでいるが、間もなく私的な枡が流通し、その枡は使われなくなった。なお宣旨枡の容量一枡は現行のほぼ三分の二に当たる。［米田］

[21] 中世の皇室財政

【中世の皇室経済】

律令制が衰退する中で、皇室みずからが王臣貴族らと同じく独自の経済的基盤を確保していく必要に迫られており、平安時代の後半期には、皇室自身も独自の土地所有を行っている。すなわち後院領、御願寺領、女院領、長講堂領、八条院領、院分国などが設けられている。

後院《ごいん》領

後院は内裏《だいり》の本宮に対する予備的御所で、当初は皇太后、太皇太后の御所であったが、のちに天皇の譲位後の御所という性格を持つことになった。天徳4年（九六〇）の内裏焼亡の時、63冷泉《れいぜい》天皇は冷然院に遷御している。のちに冷然院は冷泉院と改めている。また61朱雀《すざく》天皇の譲位後の後院も「累代の後院」と呼ばれ、皇位とともに伝えられている。平安時代中期の三条《さんじょう》太上天皇が68後一条《ごいちじょう》天皇に後院を譲られたときの譲《ゆずり》状《じょう》に、後院の殿舎と雑物、それと所々の荘園が記されていた。また後一条天皇の崩御により、後院領を譲られた69後朱雀《ごすざく》天皇は、朱雀院以下の殿舎のほかに、牧や荘園が伝えられている。

やがて後院は、天皇・上皇を問わず「治天の君」の管理となり、保元《ほうげん》の乱で崇徳《すとく》上皇と77後白河《ごしらかわ》天皇が対立し、藤原頼長《よりなが》が兄の忠通《ただみち》や平清盛《きよもり》等と対立。崇徳上皇側が敗北すると、頼長の所領は没官領として後院領に加えられ、同領の規模が拡大されている。またこのころ上皇に対して盛んに荘園の寄進が進み、それらは後院に寄進され、後院領は皇室経済の中で重きを占めた。

平安時代半ば以降、拡大していった後院領であったが、鎌倉時代末から南北朝期にかけて、武家の台頭に反比例するように、後院も後院領も衰退してゆく。しかし言葉としては江戸時代に復活している。ただし、その後院は以前のような内裏に対する予備的施設ではなく、太上天皇がいないときの仙洞《せんとう》御所のことを指している。

御願寺《ごがんじ》領

御願寺は天皇、上皇、女院、あるいは皇后以下の皇族らの立願によって建立された寺院で、天皇の勅願《ちょくがん》による寺院をいう。奈良時代にすでに南都・東大寺のように、勅願寺として建立され、膨大な封戸《ふうこ》を与えられ、制限付きとはいえ大規模な耕地の開発が認められ、荘園が開発された。

平安時代後期、72白河《しらかわ》天皇の御願寺である法勝《ほっしょう》寺以下の六勝寺《ろくしょうじ》（法勝・尊勝・最勝・円勝・成勝・延勝の各寺）には、各寺院建立に当たって多くの荘園が寄進され、その数は三〇か所を超えていた。これも後院領と同じく治天《ちてん》の君に伝えられている。著名な例として、鳥羽院政期に建立された**安楽寿院**《あんらくじゅいん》に四八か所の所領が、また**歓喜光院**《かんきこういん》に二六か所の所領が寄進されている。さらに著名なものに、後白河《ごしらかわ》上皇が建立した**長講堂**《ちょうこうどう》には九〇か所にもおよぶ荘園の寄進があった。のちこれらの荘園はつぎに記す女院に与えられたり、上皇の所領として伝領されたりしながら皇室経済を支えていたが、荘園制自体が衰退する中で、御願寺領も衰退していった。

女院《にょいん》**領**

女院領も皇室経済の中では重要な位置を占めている。平安時代末から鎌倉時代にかけて、女院が本家職を与えられて管轄する荘園を女院領という。女院は[66]一条天皇の生母皇太后藤原詮子《せんし》が出家して東三条院《とうさんじょういん》の院号を授けられたのが最初で、その後、女院号を下賜される対象が広がり、太皇太后以下の三后や内親王、女御《にょうご》にも**女院号**が宣下されている。女院領には、天皇・上皇から譲与されたもの、もともと院庁の分として支給されたものがある。長講堂領、八条院領、**七条院領**、**室町院領**、**大宮院領**などは特に有名。

長講堂《ちょうこうどう》**領**

後白河上皇が建立した長講堂に寄せられた所領であるが、上皇は未婚の皇女覲子《きんし》内親王（宣陽門院《せんようもんいん》）に譲り（『明月記』建久三年三月一四日条）、その所領の管理を委ねられた後鳥羽《ごとば》上皇の皇子六条《ろくじょう》宮（雅成《まさなり》親王）が承久《じょうきゅう》の乱に関わったために一時、鎌倉幕府に没収された。しかし幕府は後に宣陽門院に同所領を返却、その後、養女の藤原長子《ちょうし》（鷹司《たかつかさ》院）から89後深草《ごふかくさ》天皇に伝わり（『宣陽門院所領目録』『長講堂由緒書』）、その後、持明院統《じみょういんとう》の所領となっている（『後深草院御処分状案』）。

八条院《はちじょういん》領

後鳥羽上皇の未婚の皇女暲子《しょうし》内親王（八条院）が父より一二か所の所領を譲られたのにちなんで、八条院領という（『百錬抄』永治元年8月4日条）。その後も上皇の御願寺の安楽寿院領や母の美福門院《びふくもんいん》から歓喜光院《かんきこういん》領を伝領している（『八条院御領目録』）。ついで同領も承久の乱で鎌倉幕府に没収されるが、のちに後高倉《ごたかくら》院（80高倉《たかくら》天皇の皇子守貞親王に院号を追尊）に返還された。

その所領は二〇〇か所を超えており（『八条院御遺跡御願寺荘々等目録』）、さらに所領が90亀山《かめやま》天皇から91後宇多《ごうだ》天皇に伝わり、大覚寺統《だいかくじとう》の所領となっている（『後宇多上皇御処分状案』）。そのほか七条院領や室町院領などもそれぞれ持明院統や大覚寺統に伝わり、それらの伝領も両統対立の一因となった。

院分国《いんのぶんこく》

皇室自体が本家職を持って土地所有を拡大している例に院分国がある。太上天皇は尊号宣下の後、年官《ねんかん》・年爵《ねんしゃく》を与えられているが、除目《じもく》の際に、上皇や女院は院司を推挙して闕国の守《けっこく》（国守不在の国）に任命、守は収入の一部を上皇・女院に納めている。このことは10世紀初頭に始まるが、11世紀後半の院政期に入ってから広範囲に行われている。そのような国を院分国と呼んでいる。

当初、院の分国は固定化していたわけではないが、次第に変質して所領化してゆき、鎌倉時代中期には譲与の対象になっている。しかし、南北朝期以降、各地に群雄割拠していた武士等の横領を阻止できず、院分国制は衰退を余儀なくされた。

一国平均役《いっこくへいきんやく》

平安時代後期に成立した**課役**（公租公課）の一つ。伊勢の神宮の式年遷宮の造替費用の調達のために、諸国の荘園・国衙《こくが》領を問わず一円に課税した。しかし、一時的な目的税に留まらず、内裏や里内裏《さとだいり》の建築・修理、大嘗会《だいじょうえ》役などのほか、諸国の一宮、さらには国分寺の修理費などにも充てられた。**役夫工米**《やくぶくまい》、**国役**などと呼ばれているが、南北朝以降には、室町幕府や守護らが一段当たりに賦課する**段銭**《たんせん》と呼ばれるものになっている。

皇室直轄の後院領や女院領が衰退する中で、**土倉**《どそう》と呼ばれる高利貸業者が台頭、京都や奈良には数百にも及ぶ土倉が存在したといわれている。中でも幕府の財産管理にあたったのを**公方御倉**《くぼうみくら》、朝廷の金銭や米穀などの保管、出納などの御用を勤めたのを禁裏《きんり》御《み》倉《くら》と呼んでいる。

［米田］

［22］近世の皇室財政

【窮乏する皇室経済】

皇室領は中世中頃までは確実に機能していた。後院《ごいん》領をはじめ、御願寺《ごがんじ》領、女院《にょいん》領、院分国《いんのぶんこく》などから窺えるが、南北朝期ごろから、南朝側の皇室領は、南朝自体が所領などに実効支配を行うことができず、ほとんど消滅してしまっている。北朝側にとっても事情は変わらない。皇室領の中でも著名な長講堂領は鎌倉時代の初めには二〇〇か所を数えていたが、室町時代には二〇か所に減少しているという。しかもそれらの所領で確保できる年貢はごく少数であった。

応仁・文明の乱で諸国は疲弊し、朝廷の経済も逼迫《ひっぱく》していた。[104]後柏原《ごかしわばら》天皇は践祚《せんそ》から二二年を経て即位の儀を行ったほか、[105]後奈良《ごなら》天皇も践祚から即位まで一〇年を経過していた。このほか朝儀の衰微は甚だしく、後奈良天皇は即位の儀の後に行われる大嘗祭《だいじょうさい》を斎行できないと伊勢の神宮に謝しているほどである。後奈良天皇の皇子方《みち》仁《ひと》親王が皇位に即き[106]正親《おおぎ》町《まち》天皇になったが、皇室経済の窮乏はますます激しく、即位の費用などは毛利元就《もうりもとなり》らの寄進でかろうじて行うことができた。

【皇室経済の復興】

織田信長が台頭すると、正親町天皇は信長の入洛を勧める一方、美濃・尾張の**皇室領**を安堵するように依頼し、京都市中の上京と下京に米五二〇石を貸与しその利子米毎月一三石を宮廷に納めさせている。さらに天正3年（一五七五）に新しく山城国内の一一郷を皇室領と定め、その翌年から毎年収穫米二九〇石余を寄進させている。ついで豊臣秀吉もまた旧来からの皇室領を安堵するとともに、信長の寄進したものをも皇室領とし、京都御所の修理や朝儀の復興などが少しずつ可能になっている。しかし皇室経済が飛躍的に安定するのは徳川家康が天下を取って以降である。

【江戸幕府からの財政支援】

徳川家康は天下分け目の関ケ原の戦いで勝利を収めた慶長6年（一六〇一）ただちに**禁裏《きんり》御料《ごりょう》**として山城国内二八か村の一万石を107後陽成《ごようぜい》天皇に進献。**禁裏本御料《ほんごりょう》**という。その後も江戸幕府は元和9年（一六二三）にも山城国内の三三か村一万石を朝廷に進め、これを**新《しん》御料**と称し、さらに宝永2年（一七〇五）にはじめて山城国の四四か村のほかに丹波国の七か村のあわせて五一か村、一万石を**増《ぞう》御料**として進献している（帝室林野局編

『御料地史稿』）。合わせて三万石に及ぶ禁裏御料の寄進を受け、こののち、これが皇室経済の基本となるが、諸国の武家の所領と比較して多いとは言えないものであった。

もともと皇室経済の抑制は皇室の政治的経済的勢力の拡大を警戒したもので、幕府は天皇・公家らの思想や行動を規制するために元和元年（一六一五）7月に「**禁中並公家諸法度**」を制定し、さらに公家に対する思想統制や慣習的に朝廷が行っていた紫衣《しえ》の勅許について、幕府は認可が必要になると述べ、違反する例だとして大徳寺や妙心寺の僧の紫衣を剥脱した（紫衣事件）。このほか朝幕関係は緊張の中、108後水尾《ごみずのお》天皇は寛永6年（一六二九）幕府の了解なしに、突如、皇位を109明正《めいしょう》天皇に譲り、仙洞御所に移御した。

新天皇は徳川秀忠の娘和子《まさこ》の所生であることもあって、前朝ほどに朝幕間の対立は激化しなかったが、幕府は朝廷側の動向には敏感で、将軍徳川家光は三〇万七〇〇〇人におよぶ軍勢を率いて上洛し、軍事的な威圧を加えている。しかしその一方で、家光は公家社会との融和を図るために公家衆をはじめ町人に至るまで、家禄を与え、銀を支給するとともに、譲位した上皇のために七〇〇〇石の所領を献上している。これより先に、上皇は三〇〇〇石を贈られていたから、併せると**仙洞御料**《せんとうごりょう》は一万石となっている。したがって禁裏御料と併せると四万石となり、これがこの後の皇室領の中心となって、江戸時代末におよんでいる。

明治維新直前の朝廷の財源は約一〇万石といわれている。江戸時代末に編纂された『親王摂家以下家領由緒帳』(内閣文庫蔵) などによると、その内訳は、伏見・有栖川・桂・閑院宮の四親王家は合計六〇〇〇石、五摂家が九〇〇〇石、その他の公卿が一〇〇石から三〇〇石、このほか江戸の輪王寺宮《りんのうじ》が一万三〇〇〇石、幕末に創設の賀陽宮《かやのみや》が一五〇〇石などといわれている。これにさきの禁裏御料・仙洞御料、さらに女院御料や修学院御料などを加えると、一〇万石が朝廷経済を支えている。

[米田]

［23］宮廷儀式の変遷

古来の天皇が果たしてきた役割の大部分は、直接・間接の「マツリゴト」である。このマツリゴトは、一方で神や仏に感謝し祈願するような**祭事**（神事・仏事など）であり、他方で天下の人々を統治し統合するような**政事**である。

天皇（ないし上皇）は、このような祭事にも政事にも直接的に関与するのが、本来のあり方と考えられる。しかし実情は、かなり早くから、その一部ないし大半を他の男女皇族や政府要人などに委任し、最終的に許認することにより、勅定《ちょくじょう》とするような関与の仕方が多い。

このような宮廷（皇室）におけるマツリゴトは、毎年定時に繰り返し行われる恒例の行事と、不定期ないし一代に一度しか行われない臨時の行事とに分かれるが、両者とも公的な意味をもつ行事であるから**公事**《くじ》とも称される。

【形成・整備】

わが国における宮廷儀式は、大和朝廷の成立段階から、素朴な形にせよあったにちがいない。その一端は、発掘された遺跡・遺物や記紀の所伝からうかがうことができる。その儀式は、大王《おおきみ》（天皇）の即位や葬送など一代一度の大礼《たいれい》も、毎年繰り返す行事も、古墳時代から中国大陸や朝鮮半島などの影響を受けていたことが知られる。

とりわけ7世紀代から遣隋使・遣唐使などのもたらした情報により、飛鳥を中心とする王宮の儀式は、著しく隋唐朝風化が進められた。その結果、大宝元年（七〇一）正月元日には、[42]文武《もんむ》天皇が大極殿《だいごくでん》に出御して唐風の朝賀《ちょうが》を受けた（『続日本紀』）。また、『**大宝令**《たいほうりょう》（養老令）』には、中国古来の奇数の同月日（3月3日・5月5日・7月7日など）が日本古来の「十一月大嘗《だいじょう》（新嘗）日」とともに節日《せちにち》（祝日）と決められ、大学寮の学生たちには、公私の「礼事」があれば「儀式」を見学させることが定められている。

このような宮廷の儀式・行事は、奈良時代から平安時代前期にかけて大いに整えられた。しかも、それらが弘仁12年（八二一）撰進の『**内裏式**』三巻や貞観末年（八七七）以前成立の『**儀式**』一〇巻にまとめられ、延長五年（九二七）撰進の『**延喜式**』五〇巻にも儀式関係の規定が多い。したがって、平安宮廷の人々は、多様な儀式・行事の正確な実行こそ主要な政務と考え、そのためにさまざまな工夫をこらした。

たとえば、太政大臣藤原基経は、仁和元年（八八五）、宮廷の「年中行事」を衝立《ついたて》障子の表裏に列記し、[58]光孝《こうこう》天皇に献上している。この「年中行事御障子」は、長らく清涼殿の東廂《ひがしびさし》南寄に置かれてきた（現在あるものは復元品）。

　また、天皇も貴族官人たちも、儀式・行事の実施状況を日記に書き留め、自身の備忘と子孫らへの手引きとした。その早い例が59宇多《うだ》・60醍醐《だいご》・62村上《むらかみ》三天皇の『**三代御記**《さんだいぎょき》』（逸文）や藤原忠平《ただひら》の『**貞信公記**《ていしんこうき》』（抄文）などである。さらに、そのような日記や儀式・行事ごとに用意される次第書などを集め、解説や先例などを加えた儀式書・年中行事書が、続々と作られた。村上天皇撰『**清涼記**《せいりょうき》』・源高明《みなもとのたかあきら》編『**西宮記**《さいきゅうき》』・藤原公任《きんとう》編『**北山抄**《ほくざんしょう》』・大江匡房《まさふさ》編『**江家次第**《ごうけしだい》』やそれらを類聚した藤原為房《ためふさ》編『**撰集秘記**』および藤原師輔《もろすけ》『**九条年中行事**』・藤原実資《さねすけ》『**小野宮年中行事**』・藤原行成《ゆきなり》『**新撰年中行事**』などである。しかも平安時代後期には、それらを図絵化した藤原重隆編『**雲図抄**《うんずしょう》』や後白河《ごしらかわ》上皇下命の『**年中行事絵巻**』なども作られている。

【廃絶・再興】

　鎌倉時代に入るころから、朝廷の経済力も衰退するに伴い、多くの費用と人員を要する儀式・行事は、従来どおり行い難くなった。そのため、中世を通じて簡略にされたり廃絶したりしたものが少なくない。その状況は、公家たちの日記に詳しいが、とりわけ84順徳《じゅんとく》天皇撰『**禁秘御抄**』、96後醍醐《ごだいご》天皇撰『**建武年中行事**』や一条兼良《かねら》著『**公事根源**《くじこんげん》』などにも、衰退ぶりと復興への期待が記されている。

それを遺憾として、古儀を研究し再興に努力したのが、江戸時代の歴代天皇である。たとえば、108後水尾《ごみずのお》天皇は自著『**当時年中行事**』を後継の皇子に書き与え、正月の殿上淵酔《えんずい》・後七日御修法《ごしちにちのみしほ》・踏歌節会《とうかのせちえ》などを再興している。ついで112霊元天皇（上皇）は、みずから『**公事部類**』を編纂するとともに、皇太子冊立《さくりつ》の儀や石清水放生会《いわしみずほうじょうえ》・賀茂葵《かもあおい》祭《まつり》を復興し、113東山《ひがしやま》天皇の大嘗会《だいじょうえ》も不十分ながら再興している。さらに115桜町《さくらまち》天皇は、幕府の協力を得て大嘗祭も新嘗祭《にいなめさい》も本格的に復活させ、また119光格《こうかく》天皇も、幕府の協力により平安宮風の内裏造営と石清水・賀茂の臨時祭復興を実現している。

このようにいったん衰退・廃絶していた朝儀の多くが再興された。しかし、明治初年に皇居が京都から東京へ遷され、宮中の生活も洋風化されるに伴い、儀式・行事の在り方も大半一変するに至った。それを法文化したのが「皇室儀制令」（→［41］）などであり、その多くが昭和22年（一九四七）以後も一部修正しながら行われている。　［所］

［24］前近代の儀式・行事

飛鳥・奈良時代から江戸時代末まで一二〇〇年以上にわたる前近代の儀式・行事（広義の政事）は、段々に変化してきた。その主要なものが平安時代前期（少し中期も含む）の「年中行事御障子《みしょうじ》」に、ほとんどがみえる（↓別巻資［8］）。そのうち主に天皇の出御するものを説明する。

朝賀《ちょうが》（正月元日）

「みかどおがみ」とも訓《よ》む。大極殿（のち紫宸殿《ししんでん》）へ出御し高御座《たかみくら》に登る天皇を仰いで、南庭に列立する王卿・文武百官たちが、拝礼し新年を祝賀する。代始の即位式と同じく、唐風を模した「朝廷の大事」である。君臣とも礼服を着し、皇太子が賀詞を述べ、天皇が詔旨を侍従に宣制させ、群臣が**両段再拝**（**四度拝**）して柏手《かしわで》を打ち、武官が旗を振り「万歳」を称する。ただ大規模な朝賀は、平安時代中期以降、ほとんど行われなくなる。

小朝拝《こちょうはい》（正月元日）

平安時代前期から私的に行われていたが、朝賀に代わるような形で盛んになる。これは天皇が清涼殿の御倚子《ごいし》に着くと、東庭に列立する王卿・殿上人が拝舞して年頭の祝意を表す。

視告朔《こうさく》（正月元日）
「ついたちもうし」とも称する。本来、元日だけでなく毎月1日に行う。これは諸国から弁官に出す前月の公文《くもん》（行政報告の文書）を、大極殿に出御する天皇が、南庭に参列している文武官人の前で大納言から奏上を受ける。これも奈良時代には励行されていたようであるが、平安時代初頭から1月と4月と7月と10月の「四孟月」（孟は初め）に限られ、やがて行われなくなる。

二宮大饗《にぐうのだいきょう》（正月2日）
中宮《ちゅうぐう》（皇后）と東宮《とうぐう》（皇太子）に対する「拝賀」の称。近臣たちが皇后と皇太子の居所へ赴いて年賀の拝礼をしてから、玄暉門《げんきもん》（内裏の北門）の東廊と西廊で饗宴にあずかる。

朝覲行幸《ちょうきんぎょうこう》（正月3日前後）
2日か4日でもよい。天皇が鳳輦《ほうれん》に乗って前帝（上皇）や母后（のちには祖母も）の御所へ出向き、みずから拝舞して新年の祝意を表し、孝敬の誠を尽くす。これは、平安時代前期の54仁明《にんみょう》天皇朝から恒例化する。また同朝から七歳くらいの童《わらわ》親王が内裏に参上して父帝の前で拝舞する**童親王拝覲**も行われている。

叙位《じょい》（正月5日）
五位以上の叙位（**勅授**）にあずかる者を公卿らの会議で決め、中務省で位記を作り請印する。その上で、7日、白馬《あおうま》の節会の機会に、叙人を召し位記を授ける。なお、六位以下（八位以上）の叙位は、太政官で考定して奏上する（奏授）。2月11日の列見など参照。

女叙位（正月8日）
奈良時代まで男女同日だったが、やがて女性のみ8日となった。これも五位以上に限られる。

女王禄《おうろく》（正月8日）
皇親（皇族）で二世以下（五世以上）の女王《にょおう》が、紫宸殿で絹・綿などの禄物を天皇より贈られる。ただし、天皇の出御は稀にしかなかったようである。

外官除目《げかんじもく》（正月11日〜13日）
県召《あがためし》とも称される、外官＝地方国司の任官儀式である。これに先立って提出される**申文《もうしぶみ》**（任官申請文書）に基づき、天皇が側近（関白など）と相談して適材適所の案を内定することになっていた。当日は清涼殿の東廂に出御した天皇の前で公卿（閣僚）の会議を開き、内定案によって決定すれば、それぞれの任国・官階リスト（**大間書《おおまがき》**）に書き入れてゆく。このような政務が、ふつう初夜・中夜・竟夜《きょうや》の三日間行われた。

射礼《じゃらい》（正月17日）
天皇が大内裏の豊楽殿（のち内裏の建礼門）に出御すると、その前庭で王卿・文武官（とくに衛府の官人）が順に弓を射る。

賭弓《のりゆみ》（正月18日）
天皇が内裏の射場《いば》に出御すると、近衛・兵衛の舎人《とねり》らが弓の的中を競う。その勝敗に親王や公卿らが賭《か》けをして、勝方に賭物を下賜し負方に罰酒《ばっしゅ》を飲ませた。

内宴（正月20日か21日）
子《ね》の日が多い。天皇が仁寿殿《じじゅう》の南廂に出御すると、皇太子はじめ王卿らに対して酒饌が振るまわれ、内教坊の楽人が舞妓を奏し、文人らの献じた詩が披講された宴会である。

旬政《じゅんせい》（2月1日などの旬《じゅん》）
旬儀とも称する。本来、毎月1日・11日・16日・21日の四回、天皇が紫宸殿に出御すると、諸司・諸国から太政官に上申された主要な文書（奏文）を、大臣（ないし大納言）が開いて読みあげ、勅裁を仰いだ。これを**官奏**といい、臨時にも清涼殿で行われた。このような恒例の旬政は、平安時代中期から孟夏4月と孟冬10月の1日（**二**《に》**孟**《もう》**旬**《じゅん》）のみとなり、奏文の内容も形式化していく。

京官除目《じもく》（2月3日以前）

司召《つかさめし》とも称される、京官（内官）＝中央官吏の任官儀式である。平安時代中期以降は秋（7～9月）に二日かけて行われ、**秋除目**とも称される。

それに先立って提出される案に基づき、当日、清涼殿の東廂に出御する天皇が、側近（関白など）と相談しながら候補者を絞り、その原案を御前会議で決定すると、上卿《しょうけい》（議事責任者）が任官者を大間書《おおまがき》に記入する。

列見《れけん》（2月11日）

六位以下（八位以上）の叙位に先立つ点検の儀式。京官は前年10月1日まで、また地方の外官は11月1日までに、太政官の弁官局へ**考選文**を送ると、文官は式部省で、また武官は兵部省で審査される。それに基づいて位階を昇叙される予定の成選人《じょうせんにん》（官人）たちが、太政官の南門前に列立して、大臣らの見定め（点検）を受ける。

擬階《ぎかい》の奏（4月7日）

天皇が紫宸殿に出御すると、列見で合格した選人たちに叙位を願う奏文を大臣が献じ、文官と武官の短冊（名簿）を式部卿と兵部卿が奏覧し勅許を仰ぐ。さらに同11日と12日、式部省と兵部省が、成選人たちの位記に官印を押す（請印）。その上で、15日、太政官で成選人たちに位記が授けられる。

郡司読奏《ぐんじどくそう》（4月20日以前）
紫宸殿（のち宜陽殿《ぎようでん》）において式部輔が郡司（大領《かみ》・少領《すけ》）の候補者名簿**銓擬文**《せんぎもん》を読奏すると、大臣が勅を得て判定する。そのあと（6月末日以前）**郡司任命**の儀が行われ、その任符が各国へ送られる。ただし、これはすでに平安時代前期から有名無実化する。

駒牽《こまひき》（8月）
中下旬、何回も行われる。東国（甲斐・武蔵・上野・信濃）の**勅旨牧**《ちょくしまき》から貢上された馬を、紫宸殿へ出御する天皇に披露する。そのため、南庭で数回引き廻し、その馬を左右馬寮や諸臣らに分けて下賜する。天皇が出御しない時は、建礼門の前で行われる。ただ、信濃からの貢馬は中世まで続くが、他の三国からの駒牽は平安時代中期に途絶えている。

不堪佃田奏《ふかんでんでんそう》（9月7日）
諸国から作付けのできない不堪佃田数が申請されると、その**申文**を天皇に奏聞し、公卿の会議で**不堪定**を決めた上で再び奏上する（**官奏**）。

死刑断罪文（10月4日）
刑部省《ぎょうぶしょう》が死刑犯の量刑文書を太政官に上申することである。それに基づいて公卿の会議で審査のうえ奏聞し、勅裁を仰いでから刑を執行する。

ただ、死刑については、平安時代の初期（薬子《くすこ》の変）から末期（保元の乱）まで、歴代の天皇が勅許を下さなかったので、三五〇年近く執行されていない。

御暦《ごりゃく》の奏（11月1日）

暦博士の作成する暦（具注暦《ぐちゅう》と七曜暦）を、紫宸殿に出御する天皇が、中務省から奏進を受ける。そうして勅許をえた公式の暦が、太政官から内外の諸司に配付される（**頒暦《はんれき》**）。この儀への出御は平安時代前期から少ないが、一九年に一度、11月1日が冬至と重なる**朔旦《さくたん》冬至**の祝賀には、ほとんど出御している。

元日侍従《がんじつじじゅう》・奏賀《そうが》奏瑞《そうずい》の点定《てんてい》（12月13日）

元日の朝賀で天皇に近侍する殿上侍従と、そのさい賀詞《がし》と祥瑞《しょうずい》を奏上する者を、あらかじめ公卿が左近衛陣の座で定めて天皇に奏聞する。平安時代中期から朝賀が行われなくなっても、この侍従定めの儀は行われている。　[所]

[25] 前近代の皇室関連事件

乙巳《いつし》の変（大化改新《たいかのかいしん》）

乙巳年（六四五）中大兄皇子《なかのおおえのおうじ》（38天智天皇《てんじ》）や中臣鎌子《なかとみ》（藤原鎌足）らが蘇我氏本宗家の入鹿《いるか》らを討滅した政変。その直後「大化」と改元され、翌大化2年（六四六）改新詔が発布された。

壬申《じんしん》の乱

38天智天皇の崩御（六七一）の翌年6月、弟大海人皇子《おおあま》と天智天皇の子大友皇子とが皇位をめぐって争った内乱。大海人皇子（のち天武天皇）は美濃を中心に東国兵を動員して大友皇子（明治に入り「弘文天皇」の諡号が贈られた）の近江朝廷軍と戦い、約一か月で破った。

長屋王《ながやおう》の変

天平元年（七二九）左大臣長屋王らが自害した事件。藤原光明子を45聖武《しょうむ》天皇の皇后（光明皇后）とすることに反対する長屋王を除こうとして、王に国家反逆の企てがあると密告し、妻の吉備《きび》内親王、子の膳夫《かしわで》王・桑田王ら四王とともに自殺（ほかに七人が流罪）に追い込んだ。藤原氏の陰謀事件とされる。

橘奈良麻呂《たちばなのならまろ》の変

天平宝字元年（七五七）橘奈良麻呂が廃太子の道祖王《ふなど》らと組み、藤原仲麻呂を殺害し、皇位を奪取しようとしたが、事前に漏れて失敗した事件。

藤原仲麻呂《ふじわらのなかまろ》の乱

恵美押勝《えみのおしかつ》の乱ともいう。天平宝字8年（七六四）藤原仲麻呂（恵美押勝と称す）が、道鏡・孝謙《こうけん》上皇ら反仲麻呂派に対抗して乱をおこし、塩焼王《しおやき》（氷上《ひかみ》塩焼）を擁して近江に走る途中で敗死。乱後、道鏡が権勢を得た。

宇佐八幡神託事件

皇位に上ろうとする道鏡の企《くわだ》てを止めた事件。神護景雲3年（七六九）大宰府主神《かんづかさ》の習宜阿曾麻呂《すげのあそまろ》が、宇佐八幡の神託と称して、道鏡を皇位につければ天下太平になると伝えてきた。そこで48称徳《しょうとく》天皇が和気《わけ》清麻呂を宇佐へ遣わしたところ、清麻呂は「我が国家は開闢《かいびゃく》より以来、君臣（の分）定まりぬ。臣をもって君となすこと、未だあらざるなり。天日嗣《あまつひつぎ》は必ず皇緒を立てよ」との託宣をえて天皇に報告し、道鏡の政治的野望を阻止した。

藤原種継《ふじわらのたねつぐ》暗殺事件

延暦4年（七八五）大伴・佐伯氏らが、皇太子早良《さわら》親王を巻き込み、長岡京遷都を強行した藤原種継を除くため、大伴継人《つぐひと》らに射殺させた事件。親王は種継暗殺事件に連座して廃され、淡路配流の途中に飲食を断って憤死したが、その死後、怨霊《おんりょう》として畏怖《いふ》され、崇道《すどう》天皇と追号された。

薬子《くすこ》の変

平城《へいぜい》上皇および側近と52嵯峨《さが》天皇との抗争。平城上皇は譲位後、寵愛する藤原薬子とその兄仲成らを率いて平城京に遷り、嵯峨天皇の朝政に干渉して「二所朝廷（朝廷）」の対立を生じた。しかも弘仁元年（八一〇）上皇は重祚《ちょうそ》をはかり挙兵を企てたが、坂上田村麻呂の率いる朝廷軍に遮られ、仲成は射殺、薬子は自殺し、上皇も出家した。

承和《じょうわ》の変

嵯峨上皇の崩御した承和9年（八四二）、東宮帯刀伴健岑《とうぐうのたてわきとものこわみね》・但馬権守《たじまのごんのかみ》橘逸勢《はやなり》が皇太子恒《つね》貞《さだ》親王を擁し謀反を企てたとして、健岑・逸勢をはじめ、大納言藤原愛発《あらち》・中納言藤原吉野らの公卿や、春宮坊《とうぐうぼう》の官人などが配流された。恒貞親王は皇太子を廃され、大納言藤原良房の妹順子が生んだ道康親王（55文徳《もんとく》天皇）が皇太子となった。

応天門《おうてんもん》の変

貞観8年（八六六）平安宮応天門の炎上をめぐり、大納言伴善男《とものよしお》とその子中庸《なかつね》が告発され、善男・中庸は遠流《おんる》、縁坐した紀夏井《きのなつい》らも流罪となった。事件直後、太政大臣藤原良房が56清和《せいわ》天皇の摂政となった。

阿衡《あこう》の紛議《ふんぎ》

仁和3年（八八七）に即位した59宇多《うだ》天皇は、太政大臣藤原基経《もとつね》を関白に任じようとした。しかし基経は、橘広相《ひろみ》（宇多天皇女御義子《よしこ》の父）が起草した二度目の勅答にあった「阿衡の任を以って卿が任となすべし」との辞を盾にとり、「阿衡」には職掌がないと言い張って出仕を拒否した。やむなく天皇は翌年、勅答を撤回する宣命《せんみょう》を発し、基経の娘温子を入内《じゅだい》させて決着をはかった。

菅原道真《すがわらのみちざね》失脚事件

菅原道真は、59宇多天皇の譲位後も昇進を続け、右大臣にまで任じられ、また宇多天皇と橘義子《よしこ》の間に生まれた斉世《ときよ》親王の妃に道真の娘が入っていた。そこで延喜元年（九〇一）左大臣藤原時平らに謀反の疑いをかけられ、大宰権帥《だざいのごんのそち》に左遷されて没した。

安和《あんな》の変

安和2年（九六九）左大臣源高明《たかあきら》が大宰権帥に左遷された事件。藤原忠平の嫡流は、62村上《むらかみ》天皇の異母兄にあたる高明の娘婿為平《ためひら》親王が63冷泉《れいぜい》天皇の皇太子となることを阻止し、康保4年（九六七）親王の弟守平《もりひら》親王（64円融《えんゆう》天皇）を冷泉天皇の皇太子にたてた。しかも高明には為平親王を皇位につける陰謀ありと源満仲に密告させ、高明の失脚をはかった。

保元《ほうげん》の乱

保元元年(一一五六)皇室と摂関家の内部抗争からおこった内乱。久寿2年(一一五五)77後白《ごしら》河《かわ》天皇が即位する際、皇子の重仁《しげひと》親王即位を主張する崇徳《すとく》上皇と、後白河天皇を推す鳥羽《とば》法皇妃美福門院・関白藤原忠通《ただみち》・藤原通憲《みちのり》（信西）らの対立が表面化。さらに摂関家内部でも、氏長者《うじのちょうじゃ》で左大臣の藤原頼長《よりなが》（弟）と関白忠通（兄）との対立があった。保元元年7月、鳥羽法皇の崩御直後、後白河天皇方は平清盛・源義朝らを召集、崇徳上皇方も源為義・平忠正らを動員して武力衝突した。しかし、わずか数時間で後白河天皇方が勝利した。崇徳上皇は讃岐に配流され、現地で崩じている。頼長は戦死、忠正・為義らは平安初期から永く途絶えていた死刑に処された。

平治《へいじ》の乱

平治元年(一一五九)の政変。保元の乱後、平清盛は後白河上皇の寵臣藤原通憲《みちのり》（信西）と結んで権勢を張ったが、源義朝は信西と対立していた院近臣藤原信頼と組み、清盛の熊野参詣中に挙兵した。そして上皇を幽閉し、信西を殺害して一時権力をにぎったが、急ぎ帰京した清盛に敗れ、信頼は斬罪、義朝は尾張で殺された。

壇《だん》ノ浦《うら》の合戦

屋島の戦いで敗れた平氏は、文治元年(一一八五)3月、長門《ながと》赤間関《あかまがせき》壇ノ浦で源義経率いる水軍を迎撃したが敗れ、81安徳《あんとく》天皇は神器とともに入水した。

承久の変（乱）

承久3年（一二二一）後鳥羽上皇は、朝権の回復を目指して倒幕を決意し挙兵したが、敗れて隠岐へ配流された。父と行をともにした順徳《じゅんとく》上皇も佐渡へ配流され、それに加わらなかった土御門上皇もみずから土佐（のち阿波）へ赴いた。三上皇とも、現地で崩じている。

正中《しょうちゅう》の変

正中元年（一三二四）96後醍醐《ごだいご》天皇はひそかに鎌倉幕府打倒を企てたが、事前に幕府方に知られ、日野資朝《すけとも》が佐渡に配流された。

元弘の変

元弘元年（一三三一）96後醍醐天皇は二度目の鎌倉倒幕計画に失敗し、隠岐へ配流される。しかし翌年、護良《もりよし》親王や楠木正成《まさしげ》などが挙兵し、やがて新田《にった》義貞《よしさだ》・足利尊氏《あしかがたかうじ》（もと高氏）が鎌倉幕府・六波羅探題を攻め滅ぼし、天皇は京都へ還った。

紫衣《しえ》事件

紫衣は鎌倉時代中期から、天皇が高僧に下賜してきたものであるが、寛永4年（一六二七）幕府は大徳寺や妙心寺の僧への紫衣勅許を「禁中並公家諸法度」に反しているとし、元和元年（一六一五）以来の幕府認可がない紫衣を無効とした。幕府の法が天皇勅許をこえることを示した事件で、それに抗して108後水尾《ごみずのお》天皇は譲位を決意したとされる。

宝暦《ほうれき》事件

江戸中期、神道家竹内式部に学んだ116桃園《ももぞの》天皇近習《きんじゅう》の公卿が、天皇に垂加流《すいかりゅう》の『日本書紀』神代巻を進講した。それを摂家の一条道香《みちか》・近衛内前《うちさき》らが、従来の朝廷の秩序に反すると警戒した。宝暦8年(一七五八)式部門下の公卿たちを処分し、式部を京都所司代に告発した。翌年、式部は重追放に処されたが、明治維新後、幕府による尊王思想弾圧とされ、処分者は顕彰された。

明和《めいわ》事件

明和4年(一七六七)兵学者山県大弐《やまがただいに》が、江戸日本橋の学塾で幕府を批判し尊皇を説いていると密告があり、それを受けた幕府の手で死罪に処された。

尊号《そんごう》一件

寛政4年(一七九二)119光格《こうかく》天皇が実父閑院宮典仁《かんいんのみやすけひと》親王に太上天皇の尊号を贈ろうとしたところ、老中松平定信に反対され、翌年(一七九三)公家二名が処罰された。

和宮降嫁問題《かずのみやこうか》

万延元年(一八六〇)江戸幕府の老中らが、公武合体策として、一四代将軍徳川家茂《いえもち》の御台所に121孝明《こうめい》天皇の妹和宮親子《ちかこ》内親王の降嫁を要請した。孝明天皇はいったん拒否したが、侍従岩倉具視《ともみ》の建策で攘夷を条件に承諾し、文久2年(一八六二)2月婚儀が行われた。

天誅組《てんちゅうぐみ》事件
幕末期、尊王攘夷派《そんのうじょういは》は、文久3年(一八六三)の5月10日を攘夷実行日とし、さらに天皇が8月13日大和に行幸して神武天皇陵・春日社で攘夷祈願をする計画を立てた。しかし公武合体派の薩摩藩・会津藩などが反撃し、8月18日の政変により、大和行幸は中止、尊攘派は京都から一掃された。

七卿落《しちきょうお》ち
文久3年(一八六三)8月18日の政変により尊王攘夷派の公家が処分され、三条実美《さねとみ》・三条西季知《すえとも》・東久世《ひがしくぜ》通禧《みちとみ》・壬生《みぶ》基修《もとなが》・四条隆謌《たかうた》・錦小路頼徳《にしきのこうじよりのり》・沢宣嘉《のぶよし》の七名は京都を脱出、長州藩に逃れた。三条ら五名は慶応元年(一八六五)大宰府に移され、同3年(一八六七)王政復古により京都へ戻った。

禁門《きんもん》の変
蛤御門《はまぐりごもん》の変・元治甲子《かつし》の変ともいう。文久3年(一八六三)8月18日の政変後、京都で面目を失った長州藩は、翌年の元治元年〈甲子〉(一八六四)、家老が兵を率いて上京し、7月19日、会津・薩摩両藩の兵と京都御所の蛤御門付近で戦ったが、敗北した。

戊午《ぼご》の密勅《みつちょく》
安政5年〈戊午〉(一八五八)8月8日付で水戸藩に下された勅諚《ちょくじょう》。安政五か国条約の無勅許調印を批判し、幕政改革などをもとめた。幕府にも下されたが、幕府は水戸藩がこれを諸藩に伝えることを禁じた。

討幕の密勅

慶応3年(一八六七)10月、岩倉具視と大久保利通らによって作成され、中山忠能《ただやす》ら三公家の連名により、13日薩摩藩あてに、14日長州藩あてに出された将軍徳川慶喜《よしのぶ》追討の非公式な勅書である。しかしその14日、慶喜がみずから大政奉還を上表したので、21日に密勅の取り消しが布達された。

小御所会議《こごしょかいぎ》

慶応3年12月9日「王政復古の大号令」が出された日の夜、京都御所内の小御所で開かれた御前会議。明治天皇臨席のもと、新政府の三職と尾張・福井・広島・土佐・薩摩各藩の重臣が参加して、おもに徳川氏処分を論議し、岩倉具視ら武力討幕派が慶喜の辞官納地を主張して押し通した。〔所〕

3 近代の皇室

[26] 近代の天皇と皇后

明治維新から以後を日本の近代とすると、近代の天皇とは、明治天皇・大正天皇・昭和天皇・平成の天皇（上皇）・令和の天皇の五人となる。

江戸時代の歴代天皇は、御所から外へ出ることが少なく、公家や幕府要人と会うにも御簾《みす》を隔てており、天皇の風貌を衆人にさらすことはなかった。明治天皇もはじめは御簾の奥にいたが、藩兵の調練を閲するため、慶応3年（一八六七）にはじめて御所の外に出た。のちには御真影を配布するなど、近代の天皇は万人にその風貌を知らしめることを、大きな特徴とした。徳川将軍家に代わる新たな統治者としての存在を知らしめる意味を込めており、皇后および皇族もこれに倣った。近代以後の天皇は、見えざる天皇から**見える天皇**となったことを大きな特徴としたのである。

また、近代以後の天皇は、一世一元制により天皇一代に一元号を用いた。そして、平成の天皇が二〇〇〇年ぶりに退位して上皇となった。このことが天皇に対する国民意識や、天皇自身の生活態度に深く関わっている。

なお、近代の五天皇のうち三天皇は、明治22年（一八八九）の『大日本帝国憲法』によって近代的な立憲君主として規定された。大日本帝国憲法は欽定憲法であり、その立憲性と神権性の二元的な性格があった。とくに、「現人神《あらひとがみ》」とされた神性や、憲法上の**無答責**（輔弼《ほひつ》制度により法制度上の責任を負わない）などにより、法的に規定されながらも法の拘束を免れていた。しかも側近のなかには元老のような法的規定外でありながら大きな政治的影響力を持った存在もあった。

他方、「現人神」としての天皇は昭和20年（一九四五）8月15日以後、大きく変わり、天皇みずからが神格を否定し、国民との距離を近づけようとしていった。とくに、昭和22年（一九四七）の『日本国憲法』の施行により「象徴天皇」として制度的にも法的にも、制限を受けるようになった。

また、かつて皇族もしくは五摂家《ごせっけ》という内規のあった**皇后**の出自身分は、新憲法下の「皇室典範」で廃止され、一般市民層からの皇后や皇太子妃が誕生した。

明治天皇（嘉永5年〈一八五二〉9月22日～明治45年〈一九一二〉7月30日）は、[121]孝明《こうめい》天皇第二皇子として誕生。生母は典侍《てんじ》中山慶子《なかやまよしこ》で称号を祐宮《さちのみや》と称した。万延元年（一八六〇）、数え九歳で儲君《ちょくん》（皇位継承者）となり、准后夙子《じゅごうあさこ》（のちの**英照皇太后**）の実子とされ、親王宣下《せんげ》をうけて睦仁《むつひと》と命名される。慶応2年（一八六六）12月25日に孝明天皇が崩御し、翌慶応3年正月9日に数え一六歳で践祚《せんそ》し、慶応4年8月27日に即位の大礼をあげ、9月8日に**明治**と改元した。この間、天皇は徳川慶喜からの大政奉還を勅許《ちょっきょ》し、戊辰戦争を戦い、「五箇条の御誓文」を発し、東京遷都を行うなど、近代の天皇としての歩みをはじめた。明治18年（一八八五）には内閣制度を設け、明治22年（一八八九）2月11日に『大日本帝国憲法』を発布して立憲君主国家としての体裁を整えた。明治天皇は政治のみならず軍事、社会の各方面に関わり、政治では不平等条約改正、韓国併合など国家の伸張をはかり、軍事では**大元帥**《だいげんすい》として陸海軍を統帥《とうすい》し、とりわけ日清・日露戦争の勝利により英明なる大帝との評価を高めた。また、教育勅語や御真影などによる国民意識の統制を進め、質実剛健を説き、教育と産業の発展をめざした。満五九歳一〇か月にて崩御、京都伏見桃山御陵に葬られた。

皇后美子《はるこ》（嘉永3年〈一八五〇〉4月17日～大正3年〈一九一四〉4月11日）は、五摂家の一条忠香《ただか》（一八一二～六八）の三女で、実母は一条家の典医であった新畑種成《にいはたたねなり》の長女民子《たみこ》。美子は慶応3年（一八六七）に天皇より年長の女御となるが、112霊元、115桜町、120仁孝の三天皇の女御も年長であり「不可」とはされなかった。しかし、美子は嘉永2年（一八四九）生まれであり三歳上は「世俗四つ目と称して之を忌む」との理由で、公式の生年を嘉永3年とした。ちなみに、孝明天皇御息所の九条夙子（英照皇太后）は天皇より四歳下で、「中四つ」は不縁のため生年を天保5年（一八三四）から天保4年としている。

　さて、入内《じゅだい》して後、美子は子をなさなかったが、女子教育に力を入れ、明治4年（一八七一）の欧米女子留学生である津田梅子（一八六四～一九二九）らを励ましたり、華族女学校やその他の女子師範学校などに深く関わった。とくに、明治20年（一八八七）に華族女学校に下賜した「**金剛石**」や「**水は器**」の歌は、女子教育の指標として全国に広められた。「金剛石」は「金剛石もみがかずば　珠のひかりはそはざらむ　人は学びてのちにこそ　まことの徳はあらはるれ」ではじまり、女子の不断の修養を説いた歌詞であった。「水は器」は「水はうつはにしたがひて　そのさまざまになりぬなり　人はまじはる友により　よきにあしきにうつるなり」と交友関係の大切さを諭したものであった。

　維新後の皇后は、天皇同様に御真影などでその姿を人びとの前に見せるようになるが、皇后美子の場合は**良妻賢母**の模範として描かれ、明治天皇の正妻として家庭を守るのみならず、みずから軍事救護活動を行い、工場を視察したりするなど、近代的女性として強調される。満六四歳で崩御後、**昭憲《しょうけん》皇太后**と諡号《しごう》された。

大正天皇（明治12年〈一八七九〉8月31日～大正15年〈一九二六〉12月25日）は、嘉仁《よしひと》親王と命名され、称号は明宮《はるのみや》。生母は権典侍《ごんのてんじ》の柳原愛子《やなぎわらなるこ》。幼児期から病気がちで、勉学も遅れ、有栖川宮威仁《ありすがわのみやたけひと》親王を東宮輔導《とうぐうほどう》として健康回復と教育のための地方巡啓を重ねた。明治45年（一九一二）明治天皇の崩御により践祚するが、軍務や政務などを得意とせず、大正9年（一九二〇）以後に病状が悪化して、皇太子裕仁《ひろひと》親王が**摂政**となる。満四七歳四か月にて崩御、多摩御陵に葬られた。

　嘉仁親王の妃は九条道孝《みちたか》（一八三九～一九〇六）四女の節子《さだこ》で、生母は二条家家臣出身の侍女野間幾《のまいく》。明治33年（一九〇〇）に結婚し、裕仁（称号は迪宮《みちのみや》。昭和天皇）、雍仁《やすひと》（称号は淳《あつの》宮《みや》。秩父宮《ちちぶのみや》）、宣仁《のぶひと》（称号は光宮《てるのみや》。高松宮《たかまつのみや》）、崇仁《たかひと》（称号は澄宮《すみのみや》。三笠宮《みかさのみや》）の四親王をもうけた。

皇后節子（明治17年〈一八八四〉6月25日〜昭和26年〈一九五一〉5月17日）は、大正天皇が病弱となると原敬《はらたかし》（一八五六〜一九二一）などの意見を受けながら、皇太子洋行問題、**宮中某重大事件**などの難局に采配を振るった。皇太子裕仁に対しても大きな影響力を持ち、裕仁親王が即位して後も、皇太后として存在感を示した。ハンセン病予防と救済に尽力した。

昭和天皇（明治34年〈一九〇一〉4月29日〜昭和64年〈一九八九〉1月7日）は、裕仁親王と命名され、海軍中将・伯爵川村純義《かわむらすみよし》に預けられた。のち学習院にて院長乃木希典《のぎまれすけ》（一八四九〜一九一二）の質実剛健の気風を学び、東宮御学問所で帝王学を学んだ。大正10年（一九二一）の欧州訪問後、摂政となり、関東大震災や虎ノ門事件などの難局に遭遇。大正15年（一九二六）に践祚して昭和と改元して後も、外交問題や経済不況など内憂外患の日々が続いた。戦時中は、「現人神」「大元帥」として国家を背負い、昭和20年（一九四五）8月15日に「国体護持」による聖断により終戦へ導いた。

翌昭和21年1月1日に天皇の神格を否定し（人間宣言）、2月以後全国を巡幸した。またＧＨＱの元帥マッカーサーと会見し、戦後日本の再建に関わった。昭和27年（一九五二）のサンフランシスコ平和条約締結までの七年間に幾度か退位問題がもちあがったが、実現することはなかった。

昭和46年（一九七一）と同50年（一九七五）、皇后良子《ながこ》とともに、欧州や米国を訪問するなど、戦後の国際関係改善に尽くした。十二指腸部の腺癌により満八七歳八か月で崩御。昭和天皇と追号され、武蔵野陵に葬られた。

昭和天皇の皇后は皇族の久邇宮邦彦《くにのみやくによし》王長女の**良子《ながこ》女王**（明治36年〈一九〇三〉3月6日～平成12年〈二〇〇〇〉6月16日）である。大正8年（一九一九）6月10日に皇太子裕仁親王との婚約が内定した旨の公示があった。しかし、良子の実母俔子《ちかこ》（薩摩の公爵島津忠義《ただよし》七女）の系統に色覚異常があるということで、婚約取消を求める**宮中某重大事件**が起こった。結局、事件は落着し、大正13年に無事結婚した。のち、良子は四人の内親王（一人は夭折）を産むが、なかなか親王が生まれず、側室復活の声もあがった。昭和8年（一九三三）に明仁《あきひと》親王（称号は継宮《つぐのみや》。平成の天皇。上皇）が誕生し、その後も一親王と一内親王をもうけた。戦時中は靖国神社参拝や傷病兵慰問などを行い、戦後は東久邇宮家に嫁いだ長女成子《しげこ》内親王（称号は照宮《てるのみや》）の病死などの苦悩を味わった。満九七歳で崩御し、**香淳《こうじゅん》皇后**の諡号を受け武蔵野東陵に葬られた。

平成の天皇（上皇）明仁（昭和8年〈一九三三〉12月23日～）は皇太子時代の昭和21年（一九四六）から昭和25年（一九五〇）まで米国人のヴァイニング夫人の教育を受け、昭和28年には欧州と米国を歴訪した。昭和34年に正田美智子《しょうだみちこ》と結婚し、徳仁親王《なるひと》（称号は浩宮《ひろのみや》）、文仁親王《ふみひと》（称号は礼宮《あやのみや》。秋篠宮《あきしののみや》）、清子内親王《さやこ》（称号は紀宮《のりのみや》。黒田清子）の二男一女をもうけ、昭和64年（一九八九）に即位した。平成31年（二〇一九）4月30日、退位して上皇となった。

平成の皇后（上皇后）美智子（昭和9年〈一九三四〉10月20日～）は、日清製粉社長であった正田英三郎と富美子の長女として生まれ、昭和34年（一九五九）4月10日の成婚に際して、軽井沢テニスコートの恋、旧皇族・華族ではない民間からの宮中入り、学習院ではないカトリック系女子大卒などが、多くの市民に共感され、**ミッチーブーム**となった。また、上皇の皇太子時代からともに国際親善につとめ、皇后となってからも皇室伝統の養蚕を継承しつつ、日々の公務に従事し、福祉活動のほか、被災地や戦跡の慰問を重ねた。平成の天皇が上皇となるにともない、上皇后となった。

令和の天皇徳仁（昭和35年〈一九六〇〉2月23日～）は、上皇の第一皇子。令和元年（二〇一九）5月1日に即位。平成5年（一九九三）に外交官であった小和田《おわだ》雅子と結婚し、平成13年に長女の敬宮愛子《としのみやあいこ》内親王をもうけた。水運など水の研究者として国際会議などでも講演し、趣味としてヴィオラ演奏や登山などをしている。

皇后雅子（昭和38年〈一九六三〉12月9日～）は、外交官の小和田恆《ひさし》と優美子の長女として生まれた。外国語に堪能で、外務省に入省後、平成5年6月9日に皇太子徳仁親王妃となった。その後、体調不良の時期があったが、回復傾向にあり、被災地訪問、地方行啓、外国要人の接待などの公務を担っている。［小田部］

◆**明治天皇東幸の費用**

慶応4年(一八六八)9月20日に明治天皇は、高知藩や岡山藩の藩兵の護衛のもと、岩倉具視《ともみ》、中山忠能《ただやす》、伊達宗城《むねなり》、池田章政《あきまさ》、木戸孝允《たかよし》、大木喬任《たかとう》ら三三〇〇余名とともに京都から東京に向かった。天皇一行は、熱田神宮に参拝し、大井川を渡り、箱根を越えて10月13日、東京に到着した。天皇は、東京に着いたその日、江戸城を皇居と定め「東京城」と改称し、西の丸を行宮《あんぐう》とした。東幸に要した費用は七七万八七六〇円八九銭で、三井八郎右衛門《はちろうえもん》(高福《たかよし》)ら豪商九名が出納取締にあたったといわれる。

◆**東京遷都の時期**

正式な遷都の布告はなく、天皇が東京にいる間は太政官も東京に置くとされたことにより、明治2年(一八六九)3月7日に再東幸した明治天皇が、3月28日に東京に着して旧江戸城内に太政官府を設置した時を、事実上の東京遷都としている。

◆東京遷都反対論

明治2年（一八六九）1月25日、岩倉具視は三条実美《さねとみ》に遷都論を提出し、天皇の再東幸で遷都があるとの動きに、京坂地方の人心が動揺しているが、京都は「桓武《かんむ》天皇以来千有余年の帝都」であるから、遷都すべからずと主張した。岩倉の遷都反対論は、当時の京都の人びとの心情を代弁するものでもあった。

［小田部］

[27] 近現代の宮家皇族

【一代皇族から永世皇族へ】

慶応4年(一八六八)閏4月に皇親の範囲が定められ、江戸時代の四親王家の嫡子は従前通り天皇の養子として親王宣下を受けるが、新設の宮家については一代のみ親王とし、二代目以降は臣籍に下すという**一代皇族制**を採用し、臣籍降下に際してはとくに華族に列すると定めた。

ところが新立の宮家の中には、**聖護院宮**《しょうごいんのみや》、**山階宮**《やましなのみや》、**北白川宮**《きたしらかわのみや》の各宮家において、兄弟をもって宮家を継承させ、存続を図ろうとした家もあった。一方、特旨をもって子供を皇親に列する例が成立した。**華頂宮**《かちょうのみや》家には、王子に宮家の継承を認め、さらに東伏見宮《ひがしふしみのみや》嘉彰《よしあきら》親王を**世襲皇族**とし、山階宮晃《やましなのみやあきら》親王を**二代皇族**とした。また梨本宮《なしもとのみや》守脩《もりおさ》親王が薨去《こうきょ》すると継嗣の菊麿王を宮と称することを認めている。

すなわち、**伏見宮**《ふしみのみや》、**桂宮**《かつらのみや》、**有栖川宮**《ありすがわのみや》、**閑院宮**《かんいんのみや》の**四**《し》**親王**《しんのう》**家**に加え、幕末維新期において才能のある宮門跡《みやもんぜき》を還俗《げんぞく》させて政治参加させ、新たな皇族家が増設された。伏見宮系統にあった青蓮院宮《しょうれんいんのみや》（中川宮《なかがわのみや》、賀陽宮《かやのみや》、のち久邇宮朝彦《くにのみやあさひこ》親王）、勧修寺宮《かじゅうじのみや》（山階宮晃親王）、仁和寺宮《にんなじのみや》（東伏見宮、のち小松宮彰仁《こまつのみやあきひと》親王）、聖護院宮《しょうごいんのみや》（聖護院宮嘉言《よしこと》親王）、知恩院宮《ちおんいんのみや》（華頂宮《かちょうのみや》博経《ひろつね》親王）、梶井宮《かじいのみや》（梨本宮守脩親王）、照高院宮《しょうこういんのみや》（北白川《きたしらかわ》宮《のみや》智成《さとなり》親王）、輪王寺宮《りんのうじのみや》（北白川宮能久《よしひさ》親王）らが次々と還俗し、その後特例でなし崩しとなり、明治22年（一八八九）『皇室典範』制定で永世皇族制（世数を問わず子孫はすべて皇族となる）となった。

他方、明治6年（一八七三）12月10日、皇族は「自今《じこん》海陸軍に従事」とされ、以後、昭和20年（一九四五）の帝国軍隊崩壊までの七二年間に、陸軍には、有栖川宮熾仁《たるひと》親王ら一八名、海軍には有栖川宮威仁《たけひと》親王ら七名、計二五名が配属される。皇族妃も病院慰問や包帯巻きなど軍事援護につとめた。

ところで、当時、明治天皇の直系の皇族男子は嘉仁《よしひと》親王のみであり、ほかの皇族男子は、四親王家と還俗した親王およびその子孫で構成されていた。その主流は伏見宮家と、その分家である久邇宮家であった。なかでも伏見宮邦家《くにいえ》親王の子だけで、久邇宮、東伏見宮、北白川宮、小松宮、東伏見宮、華頂宮の六宮家を新設し、彼らもみな親王となった。さらに、久邇宮を新設した朝彦親王の子が賀陽宮、朝香宮《あさかのみや》、東久邇宮の三宮家を設置して王となり、また、朝彦親王の四男守正《もりまさ》王も継承者の絶えた梨本宮家を嗣いだ。

こうした宮家増大は経費もかかり、また、明治天皇在世中の明治38年(一九〇五)までに迪宮《みちのみや》(昭和天皇)、淳宮《あつのみや》(秩父宮雍仁《ちちぶのみややすひと》親王)、光宮《てるのみや》(高松宮宣仁《たかまつのみやのぶひと》親王)の三皇孫が生まれており、明治40年(一九〇七)2月11日には皇族男子の情願による臣籍降下を認める旧『皇室典範』増補を公布した。大正9年(一九二〇)には内規として「皇族の降下に関する施行準則」を裁定、「情願を為さざるときは長子孫の四世以内を除くの外勅旨に依り家名を賜ひ華族に列す」とし、伏見宮邦家親王の子を一世とし実系五世以下の子孫である王は皇位を継承しない限り、長子孫の系統でも臣籍降下することとなった。

この間、新宮家創設もあり、**竹田宮**《たけだのみや》、**朝香宮**、**東久邇宮**の三家が、旧典範制定から一七年後の明治39年(一九〇六)に新設される。これは翌明治40年(一九〇七)に臣籍降下をみとめる旧典範増補が制定されるのに先だった「かけこみ的宮家創設」ともいわれる。他方、この三家にはそれぞれ昌子《まさこ》内親王(明治天皇の六女)、允子《のぶこ》内親王(同八女)、聡子《としこ》内親王(同九女)が嫁いでいる。とくに竹田宮家の場合は、宮家創設前に昌子内親王との婚姻が内定しており、内親王の嫁ぎ先としての新宮家創設とみなされている。この三宮家設置以後、**直宮**《じきみや》をのぞけば、新宮家の創設はないが、韓国併合後に皇帝一族が皇族に準じた王公族となった。

一方、桂宮、有栖川宮、華頂宮、小松宮の四家は継嗣が絶え、明治から大正に消滅した。そして、敗戦後に、王公族は廃止、直宮以外の一一宮家が皇籍を離脱した。

天皇および皇族から出生した者は世数によらず皇族とする**永世皇族制**は、明治の旧典範で採用され、「皇子より皇玄孫に至るまでは男を**親王**（女を**内親王**）」「五世以下は男を**王**（女を**女王**）」と明記された。その後、皇族数の増加に対処するため典範増補などで臣籍降下規定を設置し、**世数限定制**となった。なお、戦後の新典範は永世皇族制である。

旧宮家皇族

明治天皇の直系ではない傍系の皇族のこと。戦後の内廷皇族に対する宮家皇族とは異なり直宮《じきみや》をふくまない。明治期において天皇の直系男子は皇太子嘉仁《よしひと》親王ひとりであったが、それ以前の天皇から分かれた傍系の皇族はのべ一五宮家あった。そのうち、続柄がもっとも近いのは**桂宮家**当主であった淑子《すみこ》内親王（120仁孝天皇三女）の実系三親等（三世）であるが、淑子内親王には継嗣がなく桂宮家は廃絶した。次いで近いのが有栖川宮熾仁《ありすがわのみやたるひと》親王で、熾仁親王の尊属五親等が明治天皇の実系七親等である112霊元天皇であり、熾仁親王と明治天皇は一二親等の隔たりがある。この有栖川宮家も熾仁親王の跡を継いだ威仁《たけひと》親王の男子栽仁《たねひと》王が早世して継嗣がなく廃絶した。

結局、残る一三宮家は実質的には、伏見宮邦家《くにいえ》親王の子孫であり、明治天皇と邦家親王とは、伏見宮家の三代貞成《さだふさ》親王を同じ祖とする。つまり、貞成親王の王子彦仁王《ひこひとおう》が102後花園天皇となり、その弟が伏見宮家四代貞常《さだつね》親王となる。明治天皇から貞成親王まで実系で一六親等の隔たりがある。旧『皇室典範』の規定にかかわらず、明治天皇と伏見宮系の親王との間にはすでに数百年の隔たりがあったのである。

直宮《じきみや》

天皇の直系の兄弟や子孫の皇族。男子は親王、女子は内親王。明治天皇には五男一〇女が生まれたが多くは夭折し、一男と四女が直宮として成人。一男の嘉仁《よしひと》親王はのちの大正天皇、四内親王の常宮《つねのみや》（竹田宮恒久王妃《おうひ》昌子《まさこ》）、周宮《かねのみや》（北白川宮成久王妃房《ふさ》子《こ》）、富美宮《ふみのみや》（朝香宮鳩彦《やすひこ》王妃允子《のぶこ》）、泰宮《やすのみや》（東久邇宮稔彦《なるひこ》王妃聡子《としこ》）は皇族妃となった。

大正天皇には皇后節子《さだこ》との間に四男が生まれ、迪宮《みちのみや》（昭和天皇）、淳宮《あつのみや》（秩父宮雍《やす》仁《ひと》親王）、光宮《てるのみや》（高松宮宣仁《のぶひと》親王）、澄宮《すみのみや》（三笠宮崇仁《たかひと》親王）と称した。

昭和天皇には二男五女がおり、継宮《つぐのみや》明仁《あきひと》親王（上皇・平成の天皇）、二男は義宮《よしのみや》正《まさ》仁《ひと》親王（常陸宮）、四内親王は照宮《てるのみや》（東久邇宮盛厚王妃成子《しげこ》）、孝宮《たかのみや》（鷹司《たかつかさ》平通《としみち》夫人和《かず》子《こ》）、順宮《よりのみや》（池田隆政夫人厚子《あつこ》）、清宮《すがのみや》（島津久永夫人貴子《たかこ》）となった。なお、二女久《ひさの》宮《みや》（祐子《さちこ》）は夭折している。

宮家の断絶

宮家が創設される一方で、継承する人が不在のために断絶を余儀なくされた宮家の例も若干ある。

明治維新とともに還俗した聖護院宮嘉言《しょうごいんのみやよしこと》親王がわずか八か月後に薨去《こうきょ》したため、聖護院宮家が断絶したのをはじめ、江戸時代に創設された桂宮家や有栖川宮家の断絶もその例である。桂宮の場合は、江戸時代末に宮家を継承した[120]仁孝《にんこう》天皇の皇子節仁《みさひと》親王が早世、このため親王の姉淑子《すみこ》内親王が女性として宮家を継承していたが、明治14年(一八八一)に内親王が薨去した後は継嗣がなく、宮家は断絶している。同じく江戸時代に設立された有栖川宮家の場合は、大正2年(一九一三)に威仁親王が病に罹り、継嗣が不在のため断絶を余儀なくされた。

このほか明治36年(一九〇三)小松宮彰仁《あきひと》親王の薨去により、また大正13年(一九二四)華頂宮博忠《ひろただ》王の薨去により、ともに継嗣がなく、断絶を余儀なくされているが、明治22年(一八八九)制定の『皇室典範』で皇族は養子を為すことができないと定めたことが影響している。

昭和22年(一九四七)10月に、第二次世界大戦後の特殊な事情により、室町時代以来の伏見宮家をはじめ、江戸時代に設立された閑院宮家、明治維新後に設立された宮家など、併せて一一宮家五一名が一斉に皇籍を離脱している。しかし大正天皇の直宮である秩父宮、高松宮、三笠宮は従前通り皇籍に留まった。

伏見宮

応永16年(一四〇九)に[北3]崇《す》光《こう》天皇の皇子である栄仁《よしひと》親王が伏見御領にもどり伏見殿と称

されたことにはじまる。昭和22年（一九四七）の皇籍離脱で廃絶するまで五三八年続いた。

桂宮

天正18年（一五九〇）に八条宮（桂宮）が創設され、翌年、八条宮智仁《としひと》が親王となった。明治14年（一八八一）に淑子《すみこ》内親王の薨去により継嗣なく廃絶するまで二九一年続いた。

有栖川宮

寛永2年（一六二五）に創設。はじめ**高松宮**と称した。大正2年（一九一三）に威仁《たけひと》親王が薨去したため、光宮《てるのみや》宣仁親王が高松宮となり祭祀を継承。大正12年（一九二三）に慰子《やすこ》妃が薨去し、有栖川宮の称号が消滅した。

閑院宮

享保3年（一七一八）[113]東山天皇の皇子である秀宮《ひでのみや》の親王宣下により創設。昭和22年（一九四七）の皇籍離脱により廃絶するまで二二九年続いた。

久邇宮

明治8年（一八七五）、伏見宮邦家親王の第四男子である朝彦親王により創設。昭和22年（一九四七）の皇籍離脱により廃絶するまで七二年続いた。

山階宮

元治元年（一八六四）、伏見宮邦家親王の第一男子である晃親王により創設。皇籍離脱まで八三年続いた。

華頂宮

明治元年(一八六八)、伏見宮邦家親王の第一二男子である博経親王により創設。大正13年(一九二四)に継嗣なく廃絶。祭祀は華頂侯爵家が継いだ。

北白川宮

明治3年(一八七〇)、照高院宮を改称して創設。皇籍離脱まで七七年続いた。

梨本宮

明治3年(一八七〇)、梶井宮を改称して創設。皇籍離脱まで七七年続いた。

小松宮

明治15年(一八八二)、東伏見宮(仁和寺宮)を改称して創設。明治36年(一九〇三)、継嗣なく廃絶。祭祀は小松侯爵家が継いだ。

賀陽宮

明治33年(一九〇〇)、久邇宮朝彦親王第二男子の邦憲《くにのり》王により創設。皇籍離脱まで四七年続いた。

東伏見宮

明治36年(一九〇三)、小松宮彰仁親王の養子であった依仁《よりひと》親王が、その継嗣を停められて創設。大正11年(一九二二)に依仁親王薨去後、継嗣なく、昭和6年(一九三一)に東伏見伯爵家が祭祀を継ぐ。宮家は周子《かねこ》妃が支え、皇籍離脱まで四四年続いた。

竹田宮

明治39年（一九〇六）、北白川宮能久親王の第一男子である恒久《つねひさ》王により創設。皇籍離脱まで四一年続いた。

朝香宮

明治39年（一九〇六）、久邇宮朝彦親王第八男子である鳩彦《やすひこ》王により創設。皇籍離脱まで四一年続いた。

東久邇宮

明治39年（一九〇六）、久邇宮朝彦親王第九男子である稔彦《なるひこ》王により創設。皇籍離脱まで四一年続いた。

大正天皇の直宮《じきみや》

大正天皇の践祚《せんそ》直後の大正2年（一九一三）に、有栖川宮家が断絶を余儀なくされたとき、天皇は第三皇子宣仁親王に**高松宮**号を下賜、特に有栖川宮家の祭祀を継承させた。その後、第二皇子の雍仁《やすひと》親王および第四皇子の崇仁《たかひと》親王は、それぞれ**秩父《ちちぶ》宮**・**三笠《みかさ》宮**の宮号を下賜されている。

秩父宮

大正11年（一九二二）6月25日、大正天皇第二皇子の淳宮《あつのみや》雍仁親王の二〇歳の成人式に際して創設。武蔵国の秩父嶺にちなんだ。平成7年（一九九五）に勢津子妃が薨去《こうきょ》し、継嗣なく廃絶。

高松宮

高松宮は有栖《ありす》川《がわ》宮の祖である好仁《よしひと》親王が下賜された称号。大正2年（一九一三）7月6日、有栖川宮家の廃絶を惜しんだ大正天皇が同家の祭祀継承のため第三皇子の光宮宣仁親王に宮号を下賜、創設された。平成16年（二〇〇四）に喜久子妃が薨去し、継嗣なく廃絶。

三笠宮

昭和10年（一九三五）12月2日、大正天皇第四皇子の澄宮崇仁親王の二〇歳の成人式に際して創設。奈良の三笠山にちなんだ。

昭和天皇の直宮

常陸宮は昭和39年（一九六四）9月30日、昭和天皇第二皇子の義宮正仁親王が津軽華子と結婚した際に創設。古来親王を国守に任じた常陸国（茨城県）にちなんだ。

［米田・小田部］

［28］宮家皇族の増大対策

幕末維新期になると、伏見宮《ふしみのみや》、有栖川宮《ありすがわのみや》、桂宮《かつらのみや》、閑院宮《かんいんのみや》の四《し》親王《しんのう》家のほかに、青蓮《しょうれん》院宮《いんのみや》、勧修寺宮《かじゅうじのみや》、仁和《にんな》寺宮《じのみや》などの宮門跡《みやもんぜき》が次々と還俗《げんぞく》し、宮家の数が急増した。この間、皇族の出家も禁じられ、皇族や公家の子弟は僧侶とせず、力量次第で政治に参与させる方針が定まった。

こうした結果、四親王家以外の新たな還俗親王家が増大することとなる。これを抑えるため、新宮家の嫡子以下は**臣籍降下**させることとし、慶応4年（一八六八）閏4月15日に「親王・諸王の別、皇族の世数及び賜姓の制」を定め、明治3年（一八七〇）12月10日には「桂・有栖川・伏見・閑院の四親王家の外、新に建てし親王家は凡て一代に限り、二代よりは姓を賜ひて華族に列せしむ」との布告を発した。

ところが、一代皇族たちは漸次、勅旨により特例として宮家の継承が許され、いわゆる**旧宮家皇族**（直宮《じきみや》ではない宣下親王家による宮家）を構成していった。しかも、明治22年（一八八九）の旧『皇室典範』制定までは養子相続も容認されており、新たに設置された宮家の当主の多くが、伏見宮邦家《ふしみのみやくにいえ》親王の実系の子孫たちで占められる結果となった。

こうした明治天皇の実系から遠い皇族の拡大を抑止しようという動きは、旧典範の制定過程中に顕著にみられた。明治15年(一八八二)12月18日、宮内省に岩倉具視《いわくらともみ》を総裁として**内規取調局**が設置され、皇族内規が立案されるが、その初案に、「皇兄弟皇子を親王」、「親王より四世までを皇親」、「七世までは仍《な》ほ王名を得るも皇親の限にあらず」、「八世に至り公爵に列す」などとあり、皇族の範囲と華族への降下が規定されている。旧典範制定当時、皇族男子の臣籍降下についての明確な条文はなかったが、明治40年(一九〇七)2月11日に定められた**旧『皇室典範』増補第一条**で、「王は勅旨又は情願に依り家名を賜ひ華族に列せしむることあるべし」とし、王たる皇族の**臣籍降下**の道が明記された。しかし、同増補では、王にその意思がない場合は降下を免れていた。

そこで、大正7年(一九一八)、宮内大臣波多野敬直《はたのよしなお》は、皇族が多すぎることは皇室の尊厳や皇室財政上「喜ぶべきに非ず」との考えから、帝室制度審議会に臣籍降下の準則の立案を求め、「**皇族の降下に関する施行準則**」を案出した。同案は、枢密院で修正可決されたが、皇族の中には自分たちの子孫を降下させる同案に好意的でない者もおり、皇族会議では採決されなかった。やむを得ず、波多野は、同案を枢密顧問官の会議で可決し、皇族会議でも質問はあったが異見はなかったとして、大正天皇に施行を奏請した。こうして同9年(一九二〇)5月19日、「皇族の降下に関する施行準則」が内規として裁定された。

旧『皇室典範』増補

旧典範は、明治22年（一八八九）の発布から昭和22年（一九四七）の廃止までに、二度、増補されている。一度目は明治40年（一九〇七）2月11日。二度目は大正7年（一九一八）11月28日で、皇族女子の朝鮮王公族への降嫁を認めた。これにより、梨本宮《なしもとのみや》守正《もりまさ》王の長女方子《まさこ》女王は李《り》垠《ぎん》（イ・ウン）と結婚した。

皇族の降下に関する施行準則

大正9年（一九二〇）に裁定された臣籍降下のための内規。これにより、長子孫の系統で伏見宮邦家《くにいえ》親王の四親等以内をのぞくすべての王は、成年に達すると華族に降下することとなった。すなわち、当時の旧宮家皇族家のうち久邇宮《くにのみや》、賀陽宮《かやのみや》、梨本宮《なしもとのみや》、朝香《あさかの》宮《みや》、東久邇宮《ひがしくにのみや》などの当主は伏見宮邦家親王の子を一世とした二世にあたり、その曾孫の世代以後は長子孫の系統でも、皇位を継承しない限り消滅することが必定となったのである。そして、戦後の皇籍離脱で王の身分を失ったものは、みな四世以内であり、皇籍離脱をした一一宮家を含む伏見宮系一三宮家は、皇籍離脱がなかったとしても嗣子がなく断絶するか、降下するかの運命にあったのである。しかも、旧典範増補第六条で、降下した皇族は再び皇族に復することはできなくなっていた。戦後の皇籍離脱後に生まれた現在の旧皇族の末裔は、生まれた時から皇族ではなく、「皇族に復する」という表現も正しくないのである。

戦前の臣籍降下

皇族の身分を失って臣籍に下ること。『大日本帝国憲法』下で皇族男子の場合は、爵位を得て賜姓華族《しせいかぞく》となることが多く、皇族女子は、華族との婚姻による降嫁が多い。なお、旧憲法下で臣籍降下した皇族男子は以下の一六名である。『皇室典範』制定以前では、明治21年（一八八八）の伏見宮邦家《ふしみのみやくにいえ》親王一五男（伯爵清棲《きよす》家教《いえのり》）、明治30年（一八九七）

「皇族の降下に関する施行準則」では、降下について「(王の) 長子孫の系統四世以内を除く」「現在の宣下親王の子孫、現に宮号を有する王の子孫、並に兄弟及びその子孫にこれを準用す」とされており、長男系統のみ8世王までを皇族とし、9世から臣籍降下が行われることになった。

ただし近代に入る頃から次々と立てられた久邇宮、山階宮、小松宮、華頂宮、梨本宮、北白川宮、賀陽宮、東伏見宮、朝香宮、竹田宮、東久邇宮などの「近代宮家」は、いずれも当時伏見宮16世（20代）邦家親王の子孫で占められていた。そのため附則「但し第一条に定めたる世数は故邦家親王の子を一世とし、実系によりこれを算す」によって、邦家親王の子を1世代目、つまり5世王相当と見なし、その4世代以内（伏見宮20世と同等世代まで）を皇族として扱うこととした。これによって近代の諸宮家は伏見宮21世と同等世代からすべて臣籍降下することになったのである。　［所］

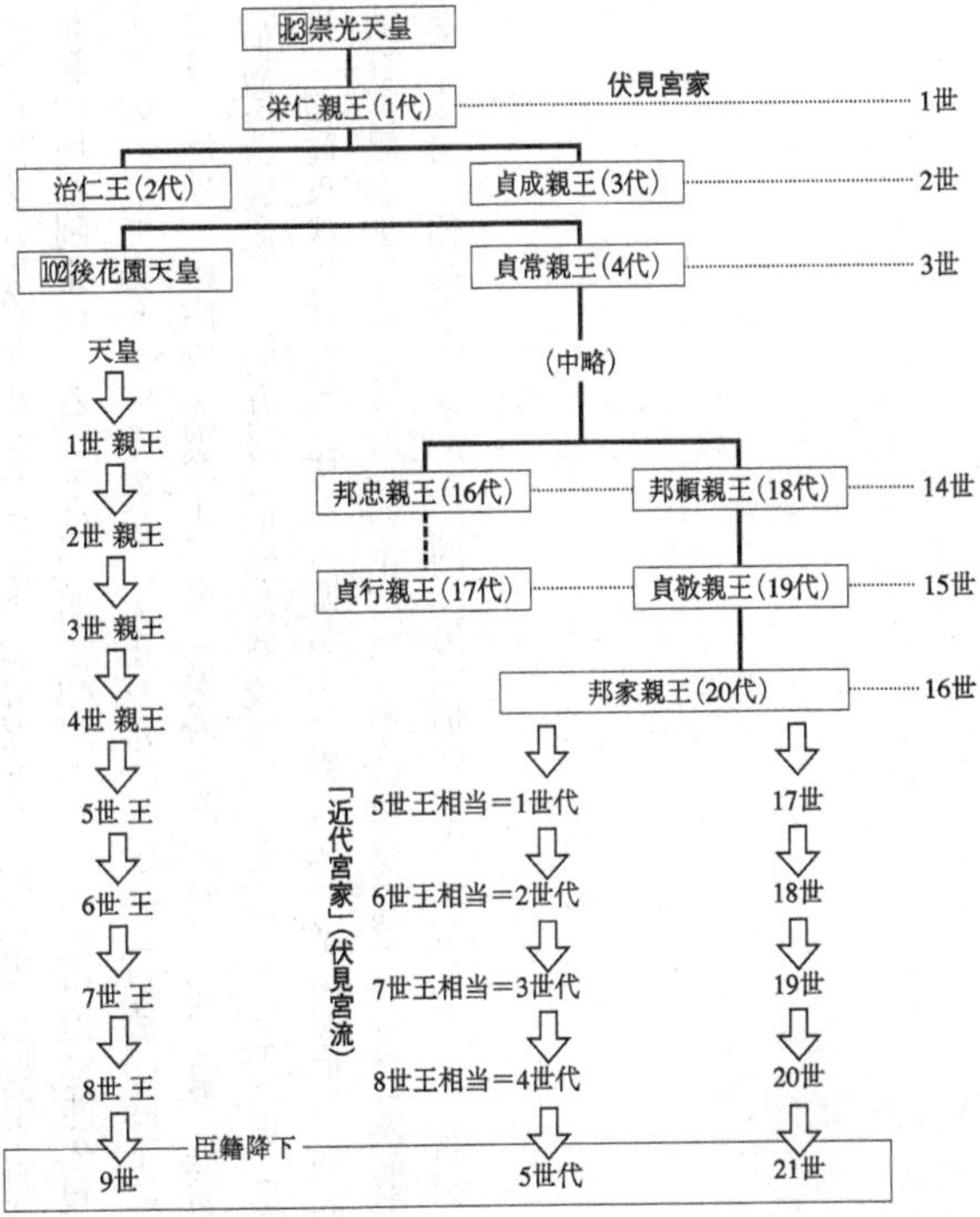

表1　皇族の降下に関する施行準則　※『皇室典範有識者会議報告書』より作成

の北白川宮《きたしらかわのみや》能久《よしひさ》親王五男（伯爵二荒《ふたら》芳之《よしゆき》）と同六男（伯爵上野《うえの》正雄《まさお》）の三名。『皇室典範』増補制定による降下は、明治43年（一九一〇）の北白川宮能久親王四男（侯爵小《こ》松輝《まつてる》久《ひさ》）の一名であった。その後、大正9年（一九二〇）の「皇族の降下に関する施行準則」により、漸次、山階宮《やましなのみや》菊麿《きくまろ》王二男（侯爵山階芳麿《よしまろ》）、同三男（侯爵筑波《つくば》藤麿《ふじまろ》）、同四男（伯爵鹿《か》島萩麿《しまはぎまろ》）、同五男（伯爵葛城茂麿《かつらぎしげまろ》）、久邇宮《くにのみや》邦彦《くによし》王二男（侯爵久邇邦久《くにひさ》）、同三男（伯爵東伏見邦英《ひがしふしみくにひで》）、伏見宮博恭《ひろやす》王三男（侯爵華頂博信《かちょうひろのぶ》）、同四男（伯爵伏見博英《ひろひで》）、朝香宮《あさかのみや》鳩彦《やすひこ》王二男（侯爵音羽《おとわ》正彦《ただひこ》）、東久邇宮稔彦《なるひこ》王三男（侯爵粟田《あわた》彰常《あきつね》）、久邇宮多《た》嘉《か》王二男（伯爵宇治《うじ》家彦《いえひこ》）、同三男（伯爵龍田《たつた》徳彦《のりひこ》）の一二名が成年に達して後に降下した。

［小田部］

［29］王公族・朝鮮貴族

明治43年（一九一〇）年7月、韓国併合に先立って、日本政府は「韓国の皇室及功臣の処分」を閣議決定し、純宗《じゆんそう》（李坧《りせき》、イ・チョク）以下李朝の皇族に、日本皇族または華族に準じた身分を授けることとした。この結果、李朝の上層階級は朝鮮**王公族**あるいは**朝鮮貴族**となり、身分や経済的特権が保障されることとなった。そして、韓国併合条約第三条で、天皇が韓国の皇帝、太皇帝、皇太子、后妃およびその末裔に、地位に応じた尊称・威厳・名誉とこれを維持するに充分なる歳費を与えることを約した。

なかでも、朝鮮皇太子であった李垠《りぎん》（イ・ウン、称号は英親王）は伊藤博文の進言により幼少時に日本に留学し、日本皇族の梨本宮方子《なしもとのみやまさこ》女王と結婚するなど、日韓融和のシンボルとなった。王公族は準皇族として軍務につき日本在住を強いられたが、公族で垠の兄・李堈《りこう》（イ・カン、称号は義親王）はこれを拒んだ。朝鮮貴族は準華族として遇されたが、日本在住は義務づけられず、日本の貴族院議員となる特権もなかった。昭和22年（一九四七）の『日本国憲法』施行で朝鮮王公族と朝鮮貴族は廃止された。

王公族

明治43年（一九一〇）8月29日の韓国併合にともない、皇帝一族は日本の王公族となり、皇族に準ずる班位《はんい》（地位と待遇）を受けた。**王族**は、純宗と純宗を嗣いだ李垠。垠の妃は梨本宮方子女王。**公族**は李堈と、堈を嗣いだ鍵《けん》（コン）。鍵の妃は松平誠子《よしこ》（佳《よし》子《こ》）。敗戦後も準皇族として活動するが、『日本国憲法』で廃された。垠の妹・徳恵《とくえい》（トクヘ）は対馬の宗伯爵家に嫁いでいたが離婚。堈の二男鍝《ぐ》（ウ）は、広島で被爆死。鍵は戦後に桃山虔一《けんいち》と改名、のちに離婚した。

李王職官制

明治43年（一九一〇）12月30日公布の皇室令。第一条「李王職は宮内大臣の管理に属し王族及公族の家務を掌る」とあり、長官、次官、事務官、賛侍《さんじ》、典祀《てんし》、典医、技師などの職員を置いた。

帝室制度審議会

大正5年（一九一六）11月4日に設置された皇室令の審議機関。同年8月に李垠と梨本宮方子女王の婚約発表を機に、帝室制度調査局起草で未施行の皇室令案の制定促進と、朝鮮王公族の法的位置づけの明確化を求めた伊東《いとう》巳代治《みよじ》提出の「皇室制度再査議」を受けて組織され、大正7年（一九一八）の旧典範増補や大正15年（一九二六）の「王公家軌範」（王公族の地位規程）制定を進めた。

王公家軌範

大正15年(一九二六)12月1日公布の皇室令。昭和16年(一九四一)改正、昭和22年(一九四七)廃止。王公家の継承や身位《しんい》、叙勲任官、身位喪失、懲戒、財産、親族などを規定。

朝鮮貴族

華族に準じた爵位と礼遇を与えられた旧李王家の近親や李王家に尽くした旧大韓帝国要人。明治43年(一九一〇)の韓国併合にともなって制定された「朝鮮貴族令」により設置され、公爵を除く侯・伯・子・男爵が選出された。当初は、侯爵朴泳孝《ぼくえいこう》(パク・ヨンヒョ)、伯爵李完用《りかんよう》(イ・ワニョン)など七六家あり、爵位に応じて恩賜金が支給された。自動的に貴族院議員となる特権はなかったが、勅撰議員として貴族院議員となった者はいた。襲爵《しゅうしゃく》や陞爵《しょうしゃく》もあり、なかには、日本の政策と合わず、爵位を剝奪されたり返上したりする者もいた。日本の敗戦と朝鮮の解放により事実上壊滅するが、制度としては『日本国憲法』施行まで残った。

王公族・朝鮮貴族の財産・財政

王公族と朝鮮貴族は旧来の資産を受け継ぎ、さらに相応の公債証書を下賜され、経済的保護を受けた。しかし、王公族の資産運用は、朝鮮総督府および李王職が管理した。一方、毎年朝鮮総督府特別会計から一五〇万円の王公族費が京城の李王職に送られ、そこから李垠一家の住む東京邸に経常費約三〇万円、臨時費五万ないし一〇万円が支給されていた。李王家の本国の財産は、李垠の秘書であった趙重九《ちようじゆうきゆう》（チョ・ジュング）のメモによれば、昭和20年（一九四五）当時で、林野六万四〇〇〇町歩、田（畑）九一万坪、水田三二万坪、宅地三万坪、その他に宮殿、墳墓などの不動産、美術品一万数千点、銀行預金六八〇万円、有価証券二五〇万円、現金五〇万円とある。そして、東京邸の経費予算は約四〇万円で、東京邸の資産の一部として普通預金三七五五万八六〇〇円（三菱銀行麴町支店）、二六五万円（帝国銀行木挽町支店）の計四〇二〇万八六〇〇円あった。また、東京邸ははじめ麻布鳥居坂にあり、のちに紀尾井町に移った。別邸も大磯、熱海、三島、那須などにあった。

しかし、終戦後、宮内省から一〇万円の贈与を得た以外収入はなく、手許金や別邸売却金などで生活を維持した。他方、朝鮮貴族は、それぞれの所有資産が許されており、さらに公債証書が下賜されたのだが、その総額は四五五万四〇〇〇円で、配分は二万五〇〇〇円から五〇万四〇〇〇円と地位に応じて大きく異なった。朝鮮貴族の中には資産総額一〇〇万円以上の者もいたが、大半は資産がなく多額の負債を抱えていたため、朝鮮総督から内閣へ奏せられ「朝鮮貴族世襲財産令」「朝鮮貴族保護資金令」などを制定し、その保護にあたった。また貧困朝鮮貴族救済の「昌福会」が設立されたりした。

［小田部］

［30］華族制度

華族は明治維新以後の近代における身分であり制度である。その母体は、古代律令制度下における貴族の末裔である公家階層と、中世以後の封建貴族の末裔の武家階層であった。この二つの貴族の流れが融合し、新たな勲功者を組み入れて維新以後の華族となったのである。なお、維新前、華族は公家の清華家《せいがけ》の別称でもあり、旧摂家の近衛文麿は下位概念である華族とされるのを嫌った。明治2年（一八六九）6月17日に「公卿諸侯の称廃せられ、改めて華族と称す可し」との行政官達により設置されたが、昭和22年（一九四七）5月3日の『日本国憲法』施行によって消滅した。華族は「**皇室の藩《はん》屏《ぺい》**」とも称され、皇族とともに天皇家を守護することを大きな任務とした。藩屏とは守護する垣根の意である。

華族は、秩禄廃止の代償として得た金禄公債を出資して**第十五国立銀行**開業や**日本鉄道会社**創設に関わったり、子弟教育のための**華族学校**（学習院）を開校したり、不平等条約改正のための**鹿鳴館**時代を支えたり、**貴族院**で政治的活動を行ったり、北海道開拓に乗りだしたりするなど、社会の各方面にさまざまな影響を与えた。

明治2年の華族設置時の華族数は公卿一四二家、諸侯二八五家であり、明治17年（一八八四）7月7日、「**華族令**」が制定され、7日に一一七家、8日に三八七家で五〇四家となった。以後漸増し、昭和4年（一九二九）に九五五家を数えた。**爵位**を得た家は華族制度廃止までの七八年間で総数一〇一一家、そのうち後継者不在などによる爵位返上は一一七家、手続を欠いた家もあり、廃止時は八八九家あった。

この制度は、大きく三期に区分される。

第一期は、明治2年から明治4年（一八七一）7月14日の**廃藩置県**までであり、華族とは何かという規定がなく、大名消滅の応急措置として公卿と諸侯を併せたものであり、明治4年の戸籍法で士族と平民の上位の族籍となった時期である。

第二期は、廃藩置県から明治17年（一八八四）7月7日の「華族令」制定まで。公卿出身華族と諸侯出身華族がともに東京に在住するようになって同族化し、士族や平民に対抗する階層となった時期である。この時期に、同族結集のため華族会館が設立され、宮内省管轄となり、新たに開設される帝国議会の上院議員の選出母体として、公卿や諸侯のほかに勲功を加えた**公侯伯子男**の**五爵**制度が確立した。

第三期は、第二次世界大戦敗戦による華族制度の廃止まで。貴族院議員となる特権が与えられるほか特別の礼遇を受け、軍人や実業家、官僚、学者などの**勲功華族**も増えた。また、近代化にともなう経済的変動により、家政難に陥る華族も現れた。

昭和22年（一九四七）の『日本国憲法』施行により華族は制度としては消滅するが、宮内庁、霞会館（華族会館の後身）、学習院などを母体にして人的交流や伝統継承などに努めている。

明治17年（一八八四）の宮内省達の「**華族令**」により、最上層の**公爵**は旧摂家、徳川宗家、国家に偉勲ある者、次位の**侯爵**は旧清華家《せいがけ》、旧徳川御三家、現米一五万石以上の旧諸侯、旧琉球藩主、**伯爵**は「大納言まで宣任の例多き旧堂上」、現米五万石以上の旧諸侯、国家に勲功ある者、**子爵**は「一新（明治維新）前家を起したる旧堂上」、現米五万石未満の旧諸侯および「一新前旧諸侯たりし者」、国家に勲功ある者、**男爵**は「一新後華族に列せられたる者」、国家に勲功ある者などが選ばれた。受爵者に交付された辞令書を**爵記**《しゃっき》と称し、天皇の親署に御璽《ぎょじ》が捺《お》され、宮内大臣が副署して日付を記した。そして、天皇が授爵者に勅語を授け、宮内大臣から爵記が渡されるのが**爵親授式**である。

爵は世襲で男子が嗣いだ（**襲爵**《しゅうしゃく》）が、男系の養子も認められた。また軍事、経済、外交、行政などの功績で新たに授爵したり、上位の爵位に**陞爵**《しょうしゃく》したり、上級の官位に叙せられたりもした（**陞叙**《しょうじょ》）。授爵や陞爵は、当初は伊藤博文《いとうひろぶみ》が中心となった。昭和3年（一九二八）の昭和大礼では、関係部署の推薦書を内閣官房が「内申功績書」としてまとめ、首相田中義一（一八六四～一九二九）から宮内省宗秩寮《そうちつりょう》に渡され、天皇の裁可を得て決定した。仙台伊達伯爵家の陞爵も申請されたが実現しなかった。

華族礼遇は、皇室の殊遇の意であり、爵の世襲、**叙位**（官人の公式序列である位階を授かること）、立后・皇族婚嫁の資格、宮中席次（宮中における席順）の確保などがあった。また、**堂上《とうしょう》公家**出身の華族には**旧堂上華族保護資金**が与えられた。**華族特権**は、貴族院議員たる資格、家範の制定、世襲財産の設定、学習院への入学など。

華族義務には、皇室および国家への忠誠、女系相続の排除、宮内大臣の監督に服すること、婚姻における宮内大臣の事前認許、系譜の提出、子弟の軍人化などがあった。華族として不適切な言動があれば、**礼遇停止**や**懲戒**に処せられた。伯爵土方久敬《ひじかたひさよし》（筆名＝与志。一八九八〜一九五九）は共産党活動のため昭和9年（一九三四）9月20日に爵位返上となった。

華族の体面に関する失行、不謹慎の言動などがあった場合、華族は譴責《けんせき》、訓戒などの戒飭《かいちょく》を受けることを規定したのが「**華族戒飭令《かいちょくれい》**」。明治44年（一九一一）12月27日に公布され、昭和22年5月2日に廃止された。

なお、華族令では、**女戸主《にょこしゅ》**が認められており「入夫又は養子が家督相続をなしたる後襲爵」とされていた。しかし、女戸主を容認することは男系による皇位継承の本義を損ねるなどの理由で、明治40年（一九〇七）5月7日に皇室令として改正され、相続人は男子であるのみならず男系であることが明記された。

「華族令」は、明治43年には「華族令中改正の件」で「懲戒委員会」を「宗秩寮審議会」に改めるなどの処置がとられ、昭和22年5月2日に廃止された。

華族の職業

資産家の華族は地代や配当などの収入もあり無職業が多かった。大正8年(一九一九)の柳沢統計研究所編『華族静態調査』によれば、華族当主九二六名のうち過半数にあたる五六九名が無職業であった。残る有業者のうちでは公務および自由業が二二七名おり、公務の多くは宮内官吏や陸海軍人であった。次いで銀行業が三〇名を占め、農業、鉱業、工業、交通業、商業などを業とする華族もいた。当主ではないが、入江たか子(本名、東坊城英子《ひがしぼうじょうひでこ》。一九一一～九五)、久我美子《くがよしこ》(本名・小野田美子《はるこ》、旧姓・久我《こが》。一九三一～)のように女優となった華族女子もいた。

華族の趣味と研究

史家の公爵大山柏《かしわ》、写真家の伯爵亀井茲明《これあき》など、玄人なみの趣味を持つ華族は多く、なかでも華族の鳥類研究は有名であり、**山階《やましな》鳥類研究所**を創設した侯爵山階芳麿《よしまろ》はじめ、公爵鷹司信輔《たかつかさのぶすけ》(鳥の公爵)、侯爵黒田長礼《ながみち》(日本鳥類学会名誉会頭)、侯爵蜂須賀《はちすか》正氏《まさうじ》(絶滅鳥ドードー研究者)、伯爵清棲幸保《きよすゆきやす》(山岳鳥類研究)、子爵松平頼孝(松平家標本館設立)、侯爵黒田長久《ながひさ》(「鳥の博物館」館長)、男爵池田真次郎(トキの保護)などがいる。また、本草学の男爵田中芳男、タカチホヘビ発見者の男爵高千穂《たかちほ》宣《のぶ》麿《まろ》、生物学研究所を設立した侯爵徳川義親《よしちか》、甲虫研究の伯爵久松定成《ひさまつさだなり》、子爵高木正得《まさなり》、水産学者の公爵島津忠秀、生物学者の伯爵井伊直愛《いいなおよし》なども知られる。そのほか、雲の研究者の伯爵阿部正直《あべまさなお》、湖沼学者の子爵田中阿歌麿《たなかあかまろ》なども有名である。　［小田部］

［31］華族の財政・経済

五爵制度となって以後の華族は、旧諸侯（旧藩主）や公卿のみならず、旧諸侯の家臣や勲功ある者などで構成された。このためその経済基盤もさまざまであった。旧諸侯や公卿らは、かつての禄高を廃止されて（秩禄処分《ちつろくしょぶん》）、金禄《きんろく》公債を与えられ金利生活者となった。

秩禄処分

旧諸侯、家臣、皇族、公卿らの秩禄（家禄・賞典禄）を廃止するためにとった明治政府の政策であり、まず、旧諸侯は藩高を一割に、公卿は家禄を二割五分に削減され、家臣は士族となり帰農を奨励されたりした。そして、明治9年（一八七六）に金禄公債が交付されることで秩禄は全廃された。

金禄公債

華族や士族の秩禄廃止のために有禄者に与えられた公債であり、元金は五年間据え置きで、利子は五分から七分であった。総額は約一億七四〇〇万円だが、その大半は旧大大名出身の武家華族に渡るなど、その受領額は旧来の禄高に応じており、一〇万石以上の大大名と三〇〇石以下の中小公家の受領額の差は大きかった。しかも、多額の資産を受領した華族たちは、その巨額の資産をもとに明治10年（一八七七）5月21日**第十五国立銀行**を設立し、資本の有効活用をはじめた。

第十五国立銀行は、東京の京橋木挽町に本店を置き、資本金一七八二万六一〇〇円、株主総数四八四名、株式総数一七万八二六一株で、当時、資本金第二位であった第一国立銀行の約一二倍の資本金を持つ巨大銀行であった。主な大株主は島津、前田、毛利、細川などの旧大大名たちであった。明治30年（一八九七）5月21日、国立銀行としての営業期間満了により、普通銀行の十五銀行となり、のち盛況を続けたが、第一次世界大戦後の不況や関東大震災などで損害を被り、昭和2年（一九二七）の金融恐慌で一時休業。〝華族銀行〟とも称されたが、昭和19年（一九四四）帝国銀行（戦後、三井銀行と改称）に吸収合併された。

さらに、岩倉具視《いわくらともみ》らの主唱により、金禄公債を資本として、明治14年（一八八一）11月11日**日本鉄道会社**を設立した。日本鉄道会社は明治39年（一九〇六）3月1日に国有化され、この時に株を所有していた資産家の華族たちは大きな利潤を得た。

他方、大土地所有者となり、地代収入を増やした者も少なくない。北海道や東北地方の開拓などに関わった華族の奮闘は、日本の酪農産業の発展に寄与した。また、勲功ある者の構成も財界人、官僚、軍人など多様で、資本家から俸給生活者までおり、その収入基盤も所得額も一定ではなかった。こうした多種多様な華族の財政基盤ではあるが、一般には大大名家のような多額の金利生活が典型的な華族の姿とみなされる。これら華族の財政基盤は、日本経済の景気変動に左右され、大正末期から昭和初期にかけては、小作争議などで地代収入を減らしたり、有価証券の暴落などで資産を失ったりした華族が増大した。このため先祖伝来の家屋敷や家宝を手放す事例も数多くみられ、資産力の小さい華族で家格の維持に困難を極めた家も少なくなかった。

華族設置当初から華族の家格保持に必要最低限の収入を確保させるために、明治19年(一八八六)4月29日、「**華族世襲財産法**」が公布された。同法は、毎年五〇〇円の純利益を生じ、かつ抵当権の対象としての差し押さえを禁じた特別な財産の設定を認めていた。しかし、債権者の評判が悪く、また資産のない華族にとってはかえって経済的圧迫となるなどの理由で、大正5年(一九一六)9月19日に改正された。その結果、経済的事情を理由に世襲財産を廃止する道が開かれ、そのことが経済変動の中で華族財産の解体を促進する要因ともなった。

とくに、第一次大戦後の小作争議や、関東大震災、昭和恐慌、太平洋戦争などによる景気変動は、奈良の興福寺の僧侶から還俗した公家の**奈良華族**など資産のない弱小華族のみならず、蜂須賀侯爵家や紀州徳川侯爵家など資産家の武家華族にも大打撃を与えた。その過程で、佐竹侯爵家所有の藤原信実筆『三十六歌仙絵巻』など国宝級の美術品が売却されたりした。

また、経済的に困難を極める旧堂上《とうしょう》からなる華族、すなわち、「有爵者にして従前公卿の称を有せし家の内、旧五摂家、明治十七年七月、明治二十年四月及明治三十一年三月侯伯子爵を授けられたる諸家に戸主たる者」らを救済するため、明治45年（一九一二）7月10日に「**旧堂上華族保護資金令**」が公布された。元資は「旧堂上華族恩賜金会計中恵恤《けいじゅつ》部に於て管理したる現金、登録国債及有価証券」とされ、昭和22年（一九四七）5月2日に廃止された。

〔小田部〕

［32］華族会館・学習院・鹿鳴館

華族会館

明治4年（一八七一）に天皇が華族一同に「一層勤勉の力を致し」と下した勅諭《ちよくゆ》をきっかけとして、華族たちは実学教育や女子教育などを重視するようになり、なかには欧米に渡航をして見聞を広め、自己を磨き、天皇の勅諭に応えようとした者たちも現れた。こうして、明治7年（一八七四）6月1日、国民の模範となるべき華族の勉学施設として華族会館が創設された。

設立には、**通款社**《つうかんしや》と**麝香間祗候**《じやこうのましこう》という二つの結社の動きが大きな流れとなった。通款社は、開明的な中堅層の華族で構成され、留学の結果、イギリスの富強は議会の力によるとして、将来の上院議員たる華族の役割を力説し、書籍館（図書館）の建設などを進めた。麝香間祗候は、京都御所の麝香間に祗候できた上層華族たちで構成され、通款社と同様の主張をしていた。三条実美《さんじようさねとみ》と岩倉具視《いわくらともみ》は、この二つの結社を統一させて、華族会館設立へと向かわせた。ところが、岩倉は華族が上院議員化することを恐れ、当初、計画されていた会議局や翻訳局は排除され、書籍、勉学、講義の三局のみ設置を認めた。そして、所期の目的である「学問の切磋《せっさ》」「子弟の教育」などは、学習院へと受けつがれ、会館は華族同族の社交場としてのみ機能するようになった。華族制度廃止後は、社団法人**霞会館**として文化研究活動や旧華族の親睦につとめている。

学習院

華族子弟の教育機関として明治10年(一八七七)10月17日に開校。学習院の名称は、幕末の弘化4年(一八四七)に121孝明天皇が京都に設けた公家の学校である**学習所**に由来する。現在の**学習院大学**の前身となる華族学校としての学習院はイギリスの貴族学校を模範として構想されたもので、**華族会館勉学局**から発展した。設置の経費や敷地は明治天皇から下賜され、当初の教育内容は、男女ともに満六歳から一四歳までの八年間とし、男子はさらに進学して満二二歳で中学を終えた。

教科内容は、日本や中国の古典籍のみならず、「泰西《たいせい》(西洋)」修身や万国公法など国際事情も学んだ。明治12年(一八七九)には、「兵事を第一とす」との方針もとりいれられ、明治17年(一八八四)に宮内省所轄の官立学校になった。その後、明治21年(一八八八)創立地の神田錦町から麴町区三年町へ移転し、明治41年(一九〇八)に北豊島郡高田村目白(現在の豊島区目白)に落ち着いた。女子ははじめ共学(学習院女子部)であったが、明治18年(一八八五)に男女別学の**華族女学校**となった。明治39年(一九〇六)に再び共学の学習院女学部となり、さらに大正7年（一九一八）に別学の**女子学習院**となった。戦後、現在の学習院大学に統合される。**常磐会**は戦前における学習院女子卒業生の同窓会組織。

鹿鳴館

浜離宮に石造の旧幕府海軍練習所があり、明治2年（一八六九）外務省に移管され、**延遼館**として、外国人接待所となった。しかし、外務卿井上馨《いのうえかおる》が不平等条約改正のための欧化政策の一環として、内外人の社交場が必要と主張し、東京麹町内山下町（現在の帝国ホテル付近）に建築されたのが鹿鳴館である。

イギリスの建築家ジョサイア・コンドルの設計で、当時のもっとも豪華な洋風建築であった。コンドルは、鹿鳴館以外にも、旧東京帝室博物館本館、旧宮内省本館、ニコライ堂、旧海軍省本館、旧ドイツ公使館はじめ、岩崎邸、島津邸、古河邸など、当時の代表的建築物を設計し、多くの建築家を育てたことでも知られる。鹿鳴館は、明治16年（一八八三）11月28日に開館し、翌年（一八八四）に「華族令」が制定されて、明治政府の高官たちは爵位を得た華族となり、各国外交官やいわゆる「お雇い外国人」たちと舞踏会を重ね、服飾など皇室の欧風化に拍車をかけた。しかし性急な欧化主義は国民の支持を失い、鹿鳴館の舞踏会は下火となる。

霞会館

明治7年（一八七四）6月1日に発足した華族会館が前身。はじめ浅草本願寺にあり、永田町の旧二本松藩邸、神田錦町の学習院内などと移転し、明治23年（一八九〇）に鹿鳴館を借り、明治27年（一八九四）に鹿鳴館の敷地と建物を購入した。のち、昭和2年（一九二七）に麴町区三年町（現千代田区霞が関）の新館に移り、戦後の昭和42年（一九六七）以後は、同地の霞が関ビル内に霞会館として入り、文化活動や『旧華族家系大成』の出版や展覧会、学習院生への奨学金など公益事業を行っている。

霞会館は霞が関ビル三四階にあり、広さは約三〇〇〇平方メートル。談話室などのほか、食堂やバー、ビリヤード室などがある。建設時に三井不動産に貸した地代やテナント料などの収益でまかなわれ、会員は旧皇族、旧華族当主とその嗣子、嫡孫。現皇族は名誉会員。霞会館の名前の由来は、霞が関の地名と初代館長であった有栖川宮《ありすがわのみや》熾仁《たるひと》親王の雅号「霞堂」にちなむ。なお、京都市上京区油小路通に京都事務所がある。

［小田部］

［33］輔弼の人びと

『大日本帝国憲法』のもとでは、国務は各国務大臣、宮務は宮内大臣と内大臣、統帥は参謀総長と軍令部長（のち軍令部総長）が**輔弼**《ほひつ》、つまり天皇の行為について進言し、その全責任を負うこととした。また、官制上の規定のない**元勲**、**元老**、**重臣**や、天皇に近侍して公私にわたる職務や生活を支える侍従や女官なども、広い意味で天皇を輔弼したといえよう。こうした中で、とりわけ天皇の意に添って政治的に重要な役割を果たした人びとを、一般に**天皇側近**と称する。主に宮内大臣、侍従長、内大臣など宮中の要職者を指し、昭和戦前期の牧野《まきの》伸顕《のぶあき》、木戸《きど》幸一《こういち》らは「**宮中グループ**」とも称された。

元勲

明治維新に大きな功績があり明治政府に重んじられた政治家を意味するが、定義や基準はない。一般に、幕末維新で中心的役割を担った三条実美《さねとみ》、岩倉具視《ともみ》、木戸孝允《たかよし》、西郷隆盛、大久保利通《としみち》、西園寺《さいおんじ》公望《きんもち》らがあげられ、明治18年（一八八五）の内閣制度創設当時の権力集団を構成した長州の伊藤博文、井上馨《かおる》、山県有朋《ありとも》、山田顕義《あきよし》、薩摩の黒田清隆、松方正義、西郷従道《つぐみち》、大山巌《いわお》らも「元勲」と呼ばれた。

元老

明治天皇から「**元勲優遇の詔勅**《しょうちょく》」を受けたか、これに準ずる者を元老と称した。元老は正式の官職ではないが、後継首班の推薦や国家の重要事項について天皇や政府に意見を述べた。元老は、伊藤、井上、山県、桂太郎、黒田、松方、西郷、大山、公家の西園寺の九名。昭和戦前期には西園寺ひとりとなり「最後の元老」と呼ばれた。西園寺亡き後の首相推薦は、内大臣と重臣の協議によった。

重臣

西園寺が昭和7年(一九三二)の五・一五事件以後の首相推薦にあたり、相談相手とした枢要の人びと。はじめは首相経験者や陸海軍長老だったが、のちに枢密院議長や内大臣も加わり**重臣会議**を開くようになる。西園寺亡き後は、元老に代わって内大臣が枢密院議長、元首相らと協議して後継首相を選ぶ重臣会議が定式化した。また、近衛文麿《このえふみまろ》、岡田啓介、米内光政《よないみつまさ》らは太平洋戦争の戦局悪化の中で東条英機の独裁政治を阻止するために結束し、「重臣グループ」と称された。

侍補グループ

明治10年(一八七七)8月29日に設置された**侍補**職の人々。侍補の元田永孚《もとだながざね》や佐佐木高行らは、自由民権運動の高揚や私擬憲法の制定などにより立憲制が重要な課題となるなか、**天皇親政**をめざした。侍補の努力で、天皇は「治政」への関心を高めるようになった。しかし、侍補の勢力拡大を懸念した政府は明治12年(一八七九)10月13日、侍補職を廃止した。

宮中グループ

昭和戦前期において天皇側近として合法的にも超法規的にも政治の中枢に深く関わった人びと。元老、内大臣、内大臣秘書官長、宮内大臣らを指し、具体的には、西園寺公望《きんもち》、牧野伸顕《のぶあき》、近衛文麿、木戸幸一、原田熊雄などがあげられる。彼らは戦争遂行に重要な役割を担う軍部と協調しながら、天皇中心の国体を護持するために尽力した。

十一会グループ

大正11年(一九二二)11月11日の「新進華族」の会合に集《つど》った人びと。宮中グループの中でも西園寺や牧野より若い世代の近衛、木戸、原田のほか、有馬頼寧《よりやす》、佐佐木行忠《ゆきただ》(佐佐木高行の孫)、広幡《ひろはた》忠隆、松平康昌《やすまさ》、酒井忠正《ただまさ》、岡部長景《ながかげ》らがいた。彼らの多くは太平洋戦争期に首相や閣僚、宮中官僚などの要職に就き、国体の護持に努めた。

［小田部］

［34］『大日本帝国憲法』と天皇

明治22年（一八八九）2月11日発布の**『大日本帝国憲法』**によって、近代の天皇は**立憲君主**としての体裁を整えた。しかし、それ以前からすでに近代の天皇と皇室は形成されており、いわゆる欧米流の立憲君主とは異なる神的性格も具えていた。

一方、自由民権運動の高揚や**私擬憲法**の制定などで立憲制確立が重要な課題となるなか、元田《もとだ》永孚《ながざね》や佐佐木高行ら侍補グループが、天皇の君徳培養により、名君による天皇の親政を実現しようとした。

岩倉具視《ともみ》や伊《い》藤博文《とうひろぶみ》は、天皇が政治に意欲を示すことは求めるところであったが、宮中と府中の別（→［37］）がないと政策決定が不安定になるので望ましくないと考え、侍補グループの活動に功罪の両面をみていた。結局、侍補は廃止され、その後、**明治十四年の政変**があり、**国会開設の詔《みことのり》**が出され、明治15年（一八八二）に伊藤は憲法調査のため欧州に派遣された。

伊藤はドイツの公法学者グナイストと会い、国会を設立しても兵権や会計権に介入させるようでは乱れの元凶でしかないと専制論を教えられ、英米仏の「自由過激論者」の著述の影響を受けて国家の影響力を弱めようとする国内の動きを打破し、「皇室の基礎を固定」する方向をめざしていった。こうして、『大日本帝国憲法』が発布された。

憲法発布の勅語には、天皇が「臣民」に宣布するとあり、**欽定憲法**（君主の意思で制定される憲法）であることが明言されている。天皇や内閣、国民（臣民）の権利義務などを全七章（七六条）で規定した。また同日、旧『皇室典範』（↓[35]）も制定され、皇位継承や皇族の範囲などが法文化された。昭和22年（一九四七）5月3日の『日本国憲法』（↓[44]）施行によって全面改定されるまで機能した。

この憲法下における学校では、科目教育のみならず、多くの行事が催され、天皇への忠誠心などが養成された。明治期の主な学校行事をあげれば、祝日、大祭日儀式として、新年・天長節（天皇誕生日）・紀元節の各祝賀式（昭和2年から明治節が加わる）や神武天皇祭があった。そのほか、遠足、試験、展覧会、学芸会、運動会などさまざまな学校行事があり、機会あるごとに、天皇や国家への忠誠が説かれた。なかでも教育勅語奉読と「御真影」への最敬礼は、教育の支柱となった（↓別巻[62]）。

『大日本帝国憲法』

第一章「天皇」は、一七条で構成される。第一条は、「大日本帝国は万世一系の天皇之を統治す」と、「万世一系の天皇」が最高統治者であることを述べる。『古事記』

や『日本書紀』などに記されている①神武天皇を実在とし、そこから続いた家系につらなる天皇が最高統治者になるという意味である。そして、天皇は「神聖にして侵すべからず」(第三条)、「国の元首にして統治権を総攬」(第四条)、「陸海軍を統帥」(第一一条)などとされる。

第二章は「臣民権利義務」で、「兵役の義務」(第二〇条)、「納税の義務」(第二一条)、「居住及移転の自由」(第二二条)などが定められる。

第三章は「帝国議会」。「帝国議会は貴族院衆議院の両院を以て成立」(第三三条)などが規定される。第四章は「国務大臣及枢密顧問」で、第五五条に「国務各大臣は天皇を輔弼し其の責に任ず」とあり、内閣と天皇とを分離させた。また、第五六条には枢密顧問が「天皇の諮詢《しじゅん》に応へ重要の国務を審議す」とあり、内閣とは別の天皇直属の機関を残した。

天皇大権

『大日本帝国憲法』下において天皇が帝国議会の参与によらず行使できる権限。大権事項には、帝国議会の召集・開会、法律の裁可・公布、文武官の任免、陸海軍の統帥、宣戦・講和・条約締結などがある。なかでも**統帥権**《とうすいけん》は、陸海軍の組織・編制・人事・作戦指揮などに関する権限であり、慣習上、軍令事項は統帥部である参謀総長、軍令部長(のち軍令部総長)に委託され、その輔弼を受けていた。他方、『大日本帝国憲法』第五五条で国務大臣は天皇を輔弼するともあり、こうした憲法解釈の違いから、昭和5年(一九三〇)のロンドン海軍軍縮条約における統帥権干犯《とうすいけんかんぱん》問題が起こった。

私擬憲法

『大日本帝国憲法』の制定前に、政治家や民間人などによって作成された憲法草案。著名なものとしては、西周《にしあまね》や津田真道《まみち》が幕末に構想したもの、青木《あおき》周蔵《しゅうぞう》が明治初期に案出したものなどがある。政府の欽定憲法案に対抗するものとして起草された民権派の私擬憲法には、矢野《やの》竜渓（本名文雄《ふみお》）や馬場辰猪《たつい》ら交詢社《こうじゅんしゃ》（福沢諭吉を中心とする慶応義塾系の社交クラブ）の私擬憲法案があり、イギリス的議会主義、政党内閣制、二院制をとり、立憲改進党系の憲法案の代表的なものとなっていた。また、自由党系（立志社）の代表的な私擬憲法である植木枝盛《えもり》の「日本憲法見込案」は国民の基本的人権や抵抗権を認め、一院制をとった。同案を踏襲した「東洋大日本国国憲按」は、抵抗権、一院制、連邦制のほか「皇帝」や女性天皇も認め、「女帝の夫婿は王権に干渉するを得ず」と、その配偶者についても配慮し、さらには革命権を明記した。

貴族院

衆議院とともに帝国議会を構成した。明治23年(一八九〇)に創設され、皇族、華族、**勅任議員**などからなっていた。**皇族議員**は定数も歳費もなく、成年男子（満二〇歳）はすべて議員となったが、皇族が政争に巻き込まれるのを避けることや、多くが政治不関与の原則を持つ軍人であることなどから、議事に参加することはなかった。**華族議員**は、公侯爵は満二五歳（のちに改正されて満三〇歳）になると自動的に終身議員となり、伯子男爵は満二五歳に達した当主の互選で、任期はそれぞれ七年。華族議員からなる研究会、**火曜会**などは貴族院の政治会派として政治力を持った。勅任議員には、**勅撰議員**（国家に功績がある者、学識がある者などから天皇が任命）、**帝国学士院議員**（帝国学士院会員で互選）、**多額納税者議員**（多額の直接国税を納める者で互選）、**朝鮮勅撰議員・台湾勅撰議員**（朝鮮または台湾の名望家から天皇が任命）などがあり、それぞれ満三〇歳以上の男子が選出された。

枢密院

明治21年（一八八八）に『大日本帝国憲法』と旧『皇室典範』の草案審議のため設置され、『大日本帝国憲法』下において天皇の最高諮問機関となった。「元勲および練達の人」から議長・副議長各一名のほか、顧問官一二名以上（のち二八名に達し、最終的には二四名とした）を勅命で選任した。明治期は、議長は伊藤博文ら元老級、顧問は薩長を中心とする藩閥や大臣・宮内高官経験者が多かった。大正期になると、議長は元老級から浜尾新《あらた》や倉富勇三郎《くらとみゆうさぶろう》ら実務系官僚となり、顧問は古参官僚が増えた。昭和期になると、顧問に元田肇《はじめ》や深井英五《ふかいえいご》のような政党人・財界人が加わる。

天皇主権説

東京帝国大学教授で憲法学者である穂積八束《ほづみやつか》や上杉慎吉《うえすぎしんきち》らが主張する君主絶対主義論。『大日本帝国憲法』第四条にある「天皇は国の元首にして統治権を総攬し此の憲法の条規に依り之を行ふ」の「統治権」の解釈を天皇の主権とみなした。

天皇機関説

東京帝国大学教授で憲法学者の美濃部達吉《みのべたつきち》に代表される『大日本帝国憲法』の解釈のひとつ。ドイツのイエリネックの国家法人説に基づくもので、国家の統治権の主体は法人である国家にあり、天皇はその最高機関であるとするもの。上杉慎吉らの天皇主権説と対立したが、大正期には美濃部の機関説が学界でも主流を占め、牧野伸顕《のぶあき》、一木喜徳郎《いっききとくろう》ら宮中官僚や政党政治家の理論的な基礎ともなっていた。しかし、昭和10年（一九三五）、貴族院議員の美濃部が天皇機関説論者として攻撃され、国体明徴運動に発展し、美濃部は貴族院議員を辞任、機関説は衰退した（天皇機関説事件↓［42］）。

立憲君主制

君主が、憲法に従ってその保有する統治権を運用する政治体制。君主とは、元来は世襲あるいは選挙で選出された単独首長を意味し、近代日本の場合、万世一系とされた世襲の天皇を指した。昭和戦前までは『大日本帝国憲法』、戦後は『日本国憲法』が制定され、天皇の権限にも一定の法的制限があった。近代の歴代天皇たちもそうした憲法上の制約を強く意識しており、昭和天皇も上皇（平成の天皇）も憲法遵守を表明し、新しい天皇もこれを継承する意思を示している。

欽定憲法

君主の単独意思によって制定された憲法。国民の意思によって制定される民定憲法に対するもの。近代日本では自由民権運動は民定憲法をめざしたが、伊藤博文は19世紀のドイツ諸邦の欽定憲法を範として『大日本帝国憲法』を制定した。

天皇親政

天皇みずからが政治を行うこと。明治初期の侍補グループや昭和初期の国家主義運動家などは、天皇親政を推進しようとしたが、親政には責任も伴い、政治の主流とはならなかった。　［小田部］

［35］明治の皇室典範と皇室令

皇室典範

皇位継承など皇室に関する事項を規定。明治22年（一八八九）2月11日、『大日本帝国憲法』とともに制定された。憲法に基づく一般国政に関する国務法とは異なる**宮務法**で、その改廃に帝国議会が介入することはできなかった。第一章は「皇位継承」で、第一条に「男系の男子之を継承す」とある。この規定が男系相続を支える法的根拠となるが、その成立の段階では、伊藤博文《いとうひろぶみ》、井上毅《いのうえこわし》、岩倉具視《いわくらともみ》、三条実美《さんじょうさねとみ》、柳原前光《やなぎわらさきみつ》らが多面的な議論を展開していた。

たとえば、明治9年（一八七六）10月、元老院国憲按第一次案が作成されたが、そこでは女系容認、元老院の承認に基づく帝位継承順序の変更、即位に際しての元老院における皇帝の国憲確守宣誓、一般法律による皇帝所有不動産の管理などが、明記されていた。女系については、第二章「帝位継承」の第四条に「女主入て嗣ぐときは其夫は決して帝国の政治に関与すること無かる可し」とあり、皇婿《こうせい》（女帝の夫）の政治的介入を規制していたのである。また、内規取調局で定めた皇族内規初案では、「皇兄弟皇子を親王」「親王より四世までを皇親」「七世までは仍《な》ほ王名を得るも皇親の限にあらず」「八世に至り公爵に列す」などの、皇族範囲の限定を明記していた。次案でも、「親王より五世に至り姓を賜ひ公爵に列し家産として金十万円を賜ひ（内七万円を非売財産とす）別に宮殿を営せしめ帝室の支給を止む」などとあり、皇族数の拡大とその防止を強く意識していた。この議論は明治40年（一九〇七）2月11日の旧典範増補まで続き、その第一条「王は勅旨又は情願に依り家名を賜ひ華族に列せしむることあるべし」により、一定の決着をみせる。そして明治43年（一九一〇）の「**皇族身位令**」により、華族に列せられる王は満一五歳以上で、世襲財産を賜わることがあると具体化された。

皇室令

皇室の婚姻、財産、儀礼などを法文化した規則。宮内官制や皇室事務に関する法体系で、華族、朝鮮王公族、朝鮮貴族の権利や義務も定めてある。一般の法体系と異なる宮務法であり、旧典範同様に制定や改正に帝国議会は関与できなかった。明治40年（一九〇七）の「公式令」の公布により、以後の皇室令が皇室の家法から国家法として制定されることになった。そして同年の旧『皇室典範』増補第七条と第八条には、皇族の身分や地位そのほかの権利と義務に関しては、典範とこれに基づき発する規則を適用するとある。昭和22年（一九四七）、『日本国憲法』施行に伴い廃止されたが、「皇統譜令」などは政令として継承されている。

公文式《こうぶんしき》

明治19年（一八八六）2月26日制定。御璽《ぎょじ》国璽の取扱、法律の公布、閣令・省令の形式などを定めた勅令。主たる法令としては、皇族の「家法」としての旧典範や初期の皇室令である「**皇室婚嫁令**」と「**皇室誕生令**」が発された。しかし、この時期の皇室関係法は国法上の関係が不明確で、旧典範は、副署も公布も官報への掲載もなく、憲法や法律や勅令などとは別種のものとして存在しており、皇室の「家法」としての枠をでなかった。明治40年（一九〇七）1月31日の公式令制定で廃止。

公式令《こうしきれい》

旧典範の「家法」としての性格を解消すべく、旧典範と皇室法令さらには皇族そのものの国法上の位置の明確化を進めようとして、天皇により作成された文書の様式や基準を定めた勅令。明治40年（一九〇七）1月31日の「公文式」廃止に伴って制定され、**詔書**、**勅令**、『大日本帝国憲法』や『皇室典範』の改正、皇室令の公布などをはじめ、**爵記**、**位記**、**勲記**の形式などを定めた。昭和22年（一九四七）5月2日、内閣官制の廃止等に関する政令により廃止されたが、戦後、『日本国憲法』下での天皇の国事行為に伴って作成される文書の形式も「公式令」を踏襲している。

皇室婚嫁令《こうしつこんかれい》

最初の皇室令で、明治33年（一九〇〇）4月25日、皇室の「家法」として皇太子嘉仁《よしひと》親王の結婚のために制定された。のち明治43年(一九一〇)、「皇室誕生令」とともに「皇室親族令」に収められ、国法上の位置を確定した。

皇室誕生令《こうしつたんじょうれい》

明治35年(一九〇二)5月29日制定。皇男子・皇女子誕生における手続きなどを規定。のち明治43年(一九一〇)に「皇室親族令」となる。

皇族会議《こうぞくかいぎ》令《れい》

旧典範第九条に「皇嗣精神若は身体の不治の重患あり又は重大の事故あるときは皇族会議及枢密顧問に諮問」などとあり、皇族会議の組織や構成を規定した「皇族会議令」が明治40年(一九〇七)2月28日に公布された。昭和22年(一九四七)5月2日廃止。なお、廃止年月日は、以下の皇室令も同様。

皇室祭祀《こうしつさいし》令《れい》

明治41年(一九〇八)9月18日公布。元始《げんし》祭《さい》、紀元節祭、神嘗祭《かんなめさい》、新嘗祭《にいなめさい》などの大祭《たいさい》や、歳旦祭《さいたんさい》、天長節祭《てんちょうせつさい》などの小祭《しょうさい》の期日などを規定。昭和2年(一九二七)と昭和20年(一九四五)に改定された。

登極令《とうきょくれい》

登極とは天皇が即位すること。明治42年(一九〇九)2月11日制定。第一条「天皇践祚《せんそ》の時は即ち掌典長をして賢所に祭典を行はしめ」とあり、第二条「天皇践祚の後は直に元号を改む」とある。

摂政令《せつしょうれい》

明治42年（一九〇九）2月11日公布。摂政に関する皇室令であり、大正10年（一九二一）11月25日、大正天皇不例のため皇太子裕仁《ひろひと》親王が摂政となり、同令第二条により「朕《ちん》久きに亘る疾患に由り大政を親《みずか》らすること能はざる」との「摂政を置く詔書」が発せられた。

立儲令《りっちょれい》

立儲とは皇太子を立てること。明治42年（一九〇九）2月11日公布の皇室令。昭和22年（一九四七）廃止。本令により大正5年（一九一六）11月3日、皇太子裕仁《ひろひと》親王の立太子の礼が行われた。

皇室成年式令《こうしつせいねんしきれい》

天皇および皇族の成年式を規定。旧典範では天皇・皇太子・皇太孫は満一八歳を、その他の皇族は満二〇歳を成年とした。明治42年（一九〇九）2月11日公布。昭和16年（一九四一）改正。

皇室服喪令《こうしつふくもれい》

皇室の服喪を規定。天皇が大行《たいこう》天皇（崩御後まだ追号を贈られていない先帝）・太《たい》皇太后・皇太后・皇后の喪に服することを大喪《たいも》（たいそう）、大喪以外に服することを宮中喪と称する。大喪は皇族および臣民が、宮中喪は皇族と宮内官が喪に服した。

明治42年（一九〇九）6月11日公布。

皇族身位令《こうぞくしんいれい》

皇族の班位《はんい》（階級）、叙勲任官、失踪、臣籍降下、懲戒などを規定。皇族の陸海軍武官任官年齢（皇太子・皇太孫は満一〇歳、親王・王は満一八歳）、戦時事変における生死不明、皇族の降下年齢（満一五歳以上）、懲戒（謹慎・停権・剝権）などが示され、また補則には「皇族は其の住所を東京市内に定むべし」、「皇族は任官に依る場合を除くの外報酬を受くる職に就くことを得ず」などとある。明治43年（一九一〇）3月3日公布。昭和20年（一九四五）と昭和21年（一九四六）に改正。

皇室親族令《こうしつしんぞくれい》

皇室の親族の範囲、婚姻、親子関係などについて規定した皇室令。同令は、皇室の親族を、血族、配偶者、三親等内の姻族とした。「公式令」発布以前の「家法」としての「皇室婚嫁令」、「皇室誕生令」を国法上に位置づけるために明治43年（一九一〇）3月3日に公布。その第七条では、「皇后を立つるは皇族又は特に定むる華族の女子」と皇后たるべき女子の出自身分が制限された。また第三〇条では「止むことを得ざる事故ある場合に限り夫婦の協議に由り勅許を経て離婚を為すことを得」と、協議離婚の道も開かれていた。昭和16年（一九四一）改正。

臨時《りんじ》御《ご》歴代史実考査《れきだいしじつこうさ》委員会官制《いいんかいかんせい》

大正13年(一九二四)3月8日に公布された皇室令。『皇統譜《こうとうふ》』編纂の前提となる歴代の史実調査のため設けられた。同委員会で神功《じんぐう》皇后を歴代天皇に入れず、98長慶《ちょうけい》天皇を入れることなどが決定された。委員長は伊東巳代治《みよじ》、委員には倉富勇三郎《くらとみゆうざぶろう》ら官僚と三《み》上参次《かみさんじ》ら学者陣が任命された。

皇統譜令《こうとうふれい》

大正15年(一九二六)10月21日公布。『皇統譜』とは、皇室の戸籍にあたり、天皇・皇后・皇太后の身分を記載した「**大統譜**」、その他の皇族の身分を記載した「**皇族譜**」で構成される。「皇統譜令」では、その記載事項や管理方法などが規定された。なお、旧『皇室典範』の第三四条に「皇統譜及前条に関する記録は図書寮に於て尚蔵す」とあったが、「皇統譜令」公布当時は確定した『皇統譜』が存在しておらず、臨時御歴代史実考査委員会の答申などを経て、ようやく昭和天皇践祚《せんそ》前に成立した。昭和22年(一九四七)に廃止され、戦後は新たな「皇統譜令」(↓[44])が制定された。

皇室儀制令《こうしつぎせいれい》

大正15年(一九二六)10月21日公布。朝儀、紋章・旗章、鹵簿《ろぼ》、宮中席次などを規定。昭和2年(一九二七)と昭和20年(一九四五)に改正。

皇族就学令《こうぞくしゅうがくれい》

大正15年(一九二六)10月21日公布。皇族男女は満六歳から満二〇歳までの一四年の間を普通教育を受ける学齢とし、特別の定めがない場合は学習院または女子学習院にて就学する、陸海軍の学校に入学する者には本令を適用しないことなどが規定された。昭和20年(一九四五)に改正。

皇族後見令《こうぞくこうけんれい》

大正15年(一九二六)10月21日公布。親権に服すべき未成年者に対し親権を行う者がいない場合、宮内官僚が保育を担うなどを規定。

皇室喪儀令《こうしつそうぎれい》

大正15年(一九二六)10月21日公布。昭和12年(一九三七)改正。天皇崩御の大喪と皇族喪儀を定めた。

皇室陵墓令《こうしつりょうぼれい》

大正15年(一九二六)10月21日公布。天皇・皇后の墳塋《ふんえい》(墓所)を陵、皇太子・親王などの墳塋を墓とするなどを規定。

皇室裁判令《こうしつさいばんれい》

大正15年(一九二六)12月1日公布。皇室裁判所は旧『皇室典範』第四九条「皇族相互の民事の訴訟」と「皇室親族令」第四七条「皇族の嫡出子又は庶子たる身分に対しては皇族又は宮内大臣は反対の事実を主張することを得」の規定による訴訟を扱うとある。皇室裁判所は枢密院、大審院からの七名で構成された。

帝室制度調査局《ていしつせいどちょうさきょく》

明治32年(一八九九)8月24日、旧『皇室典範』で制定が約束されていながら法令化されていない諸事項を調査制定するための機関として設置。初代総裁は伊藤博文。明治40年(一九〇七)の旧典範増補公布にともない廃止。

(華族令、華族戒飭令→[30]、旧堂上華族保護資金令→[31])

[小田部]

［36］近代の皇室経済

明治維新前の皇室の収入は、約一〇万石といわれ、禁裏御料、仙洞《せんとう》御料、修学院御料、女院御料などを合算したものであった。維新により、旧徳川領の大部分と、戊辰《ぼしん》戦争の賊軍とされた会津、仙台、長岡などの藩領の一部が朝廷御領に移譲されたが、実際は皇室所有というより明治政府の管轄下にあった。そして、皇室経費は政府が直轄経理し、明治2年(一八六九)における皇室用経費は現米一五万石と計上された。明治9年(一八七六)に、政府は**帝室費**(御手元御用度費)および**皇族費**(各宮家と明治天皇生母の二位局)はその費途の詳細を問うべからざるものとして、**宮内省費**と区別して大蔵省より交付した。明治15年(一八八二)、**皇室費**(帝室費および皇族費)は八三万円から一七九万円に増加し、宮内省費も二九万円から三九万円となった。

明治16年(一八八三)に、立憲制度の整備の中で、皇室費と宮内省費が合一されて**帝室費**と称され、国庫より常額として支給され、かつすべての決算を政府に証明することを要さないとされた。明治20年(一八八七)度の常額は二五〇万円で、明治22年(一八八九)度から明治42年(一九〇九)度まで三〇〇万円、明治43年(一九一〇)度から昭和22年(一九四七)度までが四五〇万円とされた。

皇室は国庫から支給される常額の帝室費のほか、資産運用による収入もあり、維新当時に一〇万二二六八円とされる121孝明《こうめい》天皇の貯蓄した遺産は、漸次増加し、明治8年(一八七五)には五倍の五一万七五二円余となっていた。この増殖は金銀器を貨幣に鋳造するなどして得たという。その後、国債や株券などで保管され増資し、保有していた株券は当初は第十五国立銀行、日本鉄道株式会社などであり、漸次、日本銀行、日本郵船、横浜正金銀行、南満州鉄道などの優良企業株を増やしていった。

皇室財産令

明治43年(一九一〇)12月24日公布、同45年(一九一二)1月1日施行の皇室令。皇室の財産と管理について規定し、皇室財産である**御料**《ごりょう》を**普通御料**と世襲の**世伝御料**《せでん》とに分け、皇室経費の予算に関する事項などを審議するための**帝室経済会議**を置いた。

皇室財産

皇室財産の設定は、すでに明治9年(一八七六)ごろに木戸《きど》孝允《たかよし》らによって検討されはじめており、明治18年(一八八五)12月には、皇室財産の管理機関として**宮内省御料局**が設置された。その後、日本銀行・横浜正金銀行・日本郵船株、佐渡・生野両鉱山、国有山林原野などが、皇室財産に組み込まれていった。『大日本帝国憲法』発布当時には、一〇〇〇万円に達する額となり、数年で五倍以上となった。

世伝御料

世襲の皇室財産を世伝御料と称し、非世襲の**普通御料**と区別した。旧典範第四五条に「土地物件の世伝御料と定めたるものは分割譲与することを得ず」、同第四六条に「世伝御料に編入する土地物件は枢密顧問に諮詢《しじゅん》し勅書を以て定め宮内大臣之を公告す」とあり、宮城ほか、赤坂離宮（青山御所）、京都御所、桂離宮、正倉院宝庫、木曾御料地など二八か所を**世伝御料地**とした。これらに属する建造物や宝物も世伝御料とされた。ただし、山林御料地内の立木は普通御料とし、陵墓地は財産とみなさず「皇室陵墓令」の対象とした。

帝室経済会議

「皇室財産令」によって設置され、宮内大臣および勅命の帝室経済顧問七名で組織された。宮内次官、内蔵頭、帝室林野管理局長官、帝室会計審査局長官も会議に出席して意見を述べた。

皇室会計令

皇室の予算決算、収入支出、契約、金庫などを規定。明治45年（一九一二）7月10日公布。大正元年（一九一二）以来、数度の改正を経て、昭和22年（一九四七）廃止。

皇族の財政経済

維新後、皇族は皇族家禄、賜米扶助などを支給され、明治6年（一八七三）に御賄料《おまかないりょう》が給付された。明治22年(一八八九)の旧『皇室典範』第六一条で、「皇室の財産、歳費及び諸規則は別に之を定むべし」とし、各宮家は内規に基づきその構成家族年齢や員数に応じた毎年の歳費を皇室会計から得ていた。ちなみに、昭和2年(一九二七)当時の**宮家別皇族歳費**は総額一〇二万四六五五円で、もっとも多かったのが久邇《くに》宮家で皇族歳費九万九五四〇円、贈賜金四万六〇〇〇円、合計一四万一四〇〇円であり、次いで、伏見《ふしみ》宮家の一二万一九〇〇円、閑院《かんいん》宮家の一二万五〇〇円、朝香《あさか》宮家の九万七〇二〇円、北白川《きたしらかわ》宮家の九万三四七〇円、東久邇《ひがしくに》宮九万一二〇〇円、山階《やましな》宮家の八万七八七五円、賀陽《かや》宮家の七万五六九〇円、竹田《たけだ》宮家の七万七九三〇円、梨本《なしもと》宮家の六万三五二〇円であり、もっとも少ないのは東伏見宮家で皇族歳費のみの五万六九四〇円であった(『牧野伸《のぶ》顕《あき》関係文書』)。また、皇族歳費のほかに、皇族の財政上の特権としては、**皇族賜邸地**の下賜と地租免税(賜邸地以外の所有地は課税された)、**皇族附職員**の配置、所得税や相続税の免税特権などがあった。これらの特権は終戦後の占領改革の中で廃止された。廃止当時の直宮《じきみや》をのぞく宮家の資産は、伏見宮家の七七〇万一四四四円六八銭を最高額として、宮家総額で四〇四七万一八六六円四六銭、平均三六七万九二六〇円五九銭であった。宮家もまた国債や株券などで資産を増やしていたのであった。

皇族賜邸地

天皇が邸地として皇族に下賜した土地。大正期には、麴町区では紀尾井町の伏見宮邸、永田町の閑院宮邸、富士見町の山階宮邸、渋谷区美竹町の梨本宮邸、芝区では白金台町の朝香宮邸、高輪南町の北白川宮邸、竹田宮邸などがあった。その総面積は八万六五六二坪で、平均一万二三六六坪となる。これらの邸地は、終戦後に皇籍離脱した当該宮家の生活のため、売却されたりした。　［小田部］

◆明治天皇の結婚の儀

慶応3年(一八六七)12月9日王政復古がなり、明治天皇を中心に皇室に関するいくつもの改革が進められていった。皇室の結婚についても同様で、**明治天皇の結婚の儀**は従来と若干異なる形で行われた。

すなわち明治天皇の皇后**一条美子**《いちじょうはるこ》は、慶応3年6月28日に入内《じゅだい》することが定まるが、そのときすでに**女御**《にょうご》と称している。まだ**女御宣旨**があったわけではないが、女御として入内することが決まっていることから、実家である一条家において女御と称することにしたのである。その後しばらく**入内の儀**は行われず、翌年12月24日になってようやく入内日時が治定《じじょう》され、28日に入内の儀が行われた。

江戸時代末に再興された**輦車宣旨**《れんしゃせんじ》、**衾覆**《おふすま》、**三箇夜餅**《みかよのもち》などが平安時代の**嫁迎えの儀**と同様に行われているが、その一方で、これまで入内の翌日か、それ以後の適当な日に行われていた女御宣旨が入内と同日に下され、しかもその日に**皇后冊立の儀**が行われているところが新儀である。女御は皇后に冊立される前の予備的地位とみなされていたこともあって、皇后に冊立するその日に**女御宣下**を行ったのであろう。しかし入内と同日に女御宣下と皇后冊立が行われるならば、何もわざわざ女御宣下を行う必要はなくなるのである。明治33年(一九〇〇)に「皇室婚嫁令」が制定されたとき、女御のことがそこに規定されなかったのは当然であろう。

「皇室婚嫁令」は、皇太子嘉仁親王の結婚を前提にして作られた、いわば暫定法のようなものであった。したがって間もなく改定されて「皇室親族令」となり、天皇はもとよりすべての皇族の結婚はこの「皇室親族令」に基づいて行われることになった。

「皇室親族令」は、奈良・平安時代以来のさまざまな結婚の儀礼と、明治時代の新しい観念とが融合して一つのものになっているが、昭和22年(一九四七)に廃止されたあと、それに替わる法令は制定されないまま今日に至っている。しかし昭和22年以後にも皇室の結婚は行われており、その儀は憲法の精神に抵触しない範囲で、旧「皇室親族令」の条文を参照しながら組み立てられている。

［米田］

［37］宮内省とその変遷

宮内省は、皇室の家政や内裏内の諸事を司る機関で、元来は律令官制八省のひとつであり、維新後の明治2年（一八六九）7月8日に太政官の一省として設置された。天皇、皇族、華族の事務を取り扱い、戦前における重要官庁として機能。昭和22年（一九四七）5月3日、『日本国憲法』施行とともに宮内府に改組された。その後、昭和24年（一九四九）6月1日、「総理府設置法」施行で、宮内府は総理府外局の宮内庁となった。

太政官《だじょうかん》

慶応4年（一八六八）1月17日の三職（総裁・議定・参与）の設置にはじまる内閣制度成立以前の最高官庁。同年閏4月21日には「五箇条の御誓文」を基礎として欧米の三権分立などを採用した「**政体書**」が公布され、最高官庁としての太政官の権力を立法・行政・司法に分けた。しかし、権力分立は不十分であった。翌明治2年（一八六九）7月8日、復古主義的な官制改革により、**神祇官**《じんぎ》など律令制度の名称を復活させ、太政官に天皇を補佐する左大臣や右大臣を配し、大納言などを置いた。その後、明治4年（一八七一）7月29日、太政官制が改正され、正院、左院、右院に分けた。正院は旧太政官に相当する官庁で、天皇の統括のもと、大臣の輔弼《ほひつ》と参議の参与によって庶政にあたった。さらに明治8年（一八七五）4月14日、太政官の左院と右院が廃止されて立法機関としての**元老院**、司法機関としての**大審院**が置かれ、「立憲政体基礎確立の詔」が出された。明治12年（一八七九）ごろには国政を指導する左右両大臣と参議の合議制を非公式に内閣と称するようになり、曲折を経ながら、明治18年（一八八五）12月22日の太政官制度廃止による**内閣制度**発足となる。

太政官制の時代の宮内省

慶応4年（一八六八）閏4月21日の「政体書」には行政官が宮中の庶務を管掌するとあり、翌明治2年（一八六九）4月14日、遷都後の皇居に**内廷知事**が置かれた。そして同年7月8日、神祇・太政二官の太政官の一省に皇室関係の事務を司る官庁としての宮内省が配置された。長官は**卿**《きょう》で、**大輔**《たいふ》、**少輔**《しょう》、**大丞**《だいじょう》、**権大丞**《ごんのだいじょう》などの職員で構成された。その後、明治4年（一八七一）7月24日に**侍従長**設置や**女官官位改定**（典侍局《すけのつぼね》、内侍局《ないしのつぼね》、命婦《みょうぶ》の女官を、尚侍《しょうじ》、典侍・権典侍、掌侍・権掌侍、命婦・権命婦に改称した）をし、さらに華族局制定、宮内省官改正（大丞・少丞以下を廃止して書記官、侍補、侍従などを置いた）があり、式部職、図書《ずしょ》寮、内蔵《くら》寮、侍従職などが設置された。そして明治17年（一八八四）8月29日に「宮内省は皇室内廷皇族に関する一切の事務を管理する所とす」とし、翌年成立の内閣制度へ継承された。

内閣制度創設と宮内省

明治18年（一八八五）12月22日に太政官制が廃止されて内閣制度が創設されると、「宮中と府中の別」が明確にされ、太政官達六八号で、内閣に属さず宮内大臣からも独立した**内大臣府**が設置された。宮内省には、内蔵寮、図書寮、華族局、式部職のほか、皇太后宮職、皇后宮職が置かれた。翌23日には内匠《たくみ》寮、御料《ごりよう》局が設けられた。

宮内省官制

明治19年（一八八六）2月4日の宮内省達一号により、宮内省官制が定められ、宮内大臣、宮内次官、内事課、外事課、侍従職、式部職、大膳《だいぜん》職、内蔵寮、主殿《とのも》寮、図書寮、内匠寮、主馬《しゆめ》寮、諸陵寮、御料局、侍医局、調度局、華族局などが置かれた。明治21年（一八八八）には、帝室会計審査局、主猟局、爵位局、御歌所が、翌年には帝国博物館、東宮職が設置された。明治40年（一九〇七）10月31日には皇室令三号で宮内省官制の大幅な改革をし、翌年に御料局は帝室林野管理局へ、主猟局は主猟寮へ、爵位局は爵位寮へ、侍医局は侍医寮へ、調度局は調度寮へ、それぞれ改組された。さらに明治43年（一九一〇）には爵位寮が宗秩《そうちつ》寮となり、李王《りおう》職が設置された。その後も、数度の改正があり、昭和戦前期には大膳寮、掌典職、総務局、警衛局などが置かれた。敗戦後も、禁衛《きんえい》府、主殿寮、式部寮などの設置や改組があった。

宮内大臣《くないだいじん》

太政官の宮内卿を前身とし、明治18年（一八八五）の内閣制度設置により、宮中と府中の別を立てるため、内閣とは別に宮内大臣を置いて宮廷を管轄させた。帝室事務総攬《そうらん》、宮中や皇族の職員統括、華族の管理などを任務とした。その後、明治40年（一九〇七）の宮内省官制により、宮内大臣は皇室事務一切につき輔弼《ほひつ》の責にあることなどが明記された。親任官で、初代宮内卿は徳大寺実則《さねつね》、初代宮内大臣は伊藤博文。最後の宮内大臣は松平慶民《まつだいらよしたみ》。

宮内次官　宮内大臣を助け、省務を整理した。初代宮内次官は吉井友実《よしいともざね》。最後の宮内次官は加藤進。

宮中顧問官　皇室の典礼や儀式に関して宮内大臣の諮問に応ずるなど、宮内省の事務を補佐する。勅任名誉官。

大臣官房　大正10年（一九二一）10月6日設置。職員の進退身分、恩給、文書の接受発送、行幸啓、御物管理、警察消防衛生などを扱う。秘書課、総務課、皇宮警察部などで構成。戦後の昭和22年（一九四七）5月2日廃止。

内大臣府

明治18年（一八八五）12月22日に設置され、御璽国璽《ぎょじ》を尚蔵し、詔書、勅書、その他の内廷の文書に関する事務を扱った。常侍輔弼《ほひつ》の任にあたり、内大臣、内大臣秘書官、秘書官、御用掛、属などで構成され、内閣や宮内大臣に管轄されない独立の組織であった。明治40年（一九〇七）11月1日に内大臣府官制が公布され、国法上の位置づけがなされた。

内大臣

明治18年（一八八五）の内閣制度設置により、宮中に置かれた官職。「御璽国璽《ぎょじ》を尚蔵」して天皇に常侍し、輔弼の任にあたった。昭和期になると、元老の衰退の中で、後継首班の推薦など、宮中における政治的役割が高まり、戦時中の内大臣である木戸幸一《きどこういち》は天皇側近として重要な位置を占めた（↓[35]）。初代は三条実美《さんじょうさねとみ》。最後の内大臣は木戸幸一。

宮中と府中の別

天皇近侍の宮中と表向きの政治の場である府中とを区別すること。明治初期において、伊藤博文は侍補グループら天皇側近のインフォーマルな政治介入を排除すると同時に、天皇の立憲君主化を主導しようとした。しかし、明治天皇は伊藤を信頼しつつも、伊藤の立憲君主化の要求には抵抗があり、両者の間には一定の緊張関係が生じた。

こうしたなか、明治18年（一八八五）12月22日、太政官制が廃止されて内閣制度が発足し、翌年（一八八六）2月4日に宮内省官制が定められた。伊藤は「宮中と府中の別」の原則を確立するため、みずからが新設の総理大臣と宮内大臣を兼任し、人的な統一で宮中と内閣の調整をはかろうとした。こうして宮内省は政治から分離され、宮中近侍者の職務は天皇の日常生活の補佐が中心となった。

「宮中と府中の別」をめぐる問題については、①大正元年（一九一二）12月21日、内大臣兼侍従長であった桂太郎《かつらたろう》が内閣を組織した際に、政党勢力によってこれを乱したと攻撃され、「憲政擁護、閥族打破」の第一次護憲運動が展開されたこと。②昭和の戦時下にあっては、上奏される情報の混乱を避けて一本化を進めた結果、内大臣の木戸幸一の政治的権限が強まり、「宮中」、とりわけ内大臣府が「府中」である内閣より重要な役割を担ったこと。③戦後、占領軍は内大臣府に日本の政治の中枢があると見なし、これを察した昭和天皇が内大臣府廃止を進めたことなどがある。

侍従長

天皇に近侍し「叡慮《えいりよ》の行き届かぬところを補い、是非につき献言する」のを任とした**侍従**の統括者。明治4年（一八七一）に若年の明治天皇の君徳涵養《かんよう》を目的として設置された。一時、**侍補**の設置で廃止されるが、ほどなく復活した。

侍従武官長

日清戦争に際して設けられた大本営が解散するにあたり、天皇と陸海軍との連絡機関として明治29年(一八九六)に設置された。陸軍の将官、佐官、尉官五名、海軍の将官、佐官、尉官三名で構成され、「天皇に常侍奉仕し、軍事に関する奏上奉答及命令の伝達に任じ、又観兵演習行幸其他祭儀礼典宴会謁見等に陪侍《ばいじ》扈従《こじゅう》（こしょう）」することを任務とした。初代の岡沢精《おかざわくわし》から最後の蓮沼蕃《はすぬましげる》まで八名の歴代侍従武官長は、陸軍将官であった。宮中側近の中にあって軍部側に近く、「宮中グループ」の反軍部的言辞が侍従武官から流れることもあった。

侍従職

側近事務を扱う。**侍従長**、**侍従次長**、**侍従**、**内舎人**《うどねり》、内廷課、経理課、庶務課などで構成される。昭和戦前期には鈴木《すずき》貫太郎《かんたろう》、百武三郎《ひゃくたけさぶろう》、藤田《ふじた》尚徳《ひさのり》ら海軍将官が任じられ、藤田は『大日本帝国憲法』下最後の侍従長となった。

女官長

天皇の日常生活に奉仕する**女官**の統括者。女官は律令制度に規定された古来の官職であり、明治維新後も**尚侍**《しょうじ》(皇妃に準ずる地位のため、実際には任命されなかった)、**典侍**《てんじ》、**掌侍**、**命婦**《みょうぶ》、**女孺**《にょじゅ》などが置かれ、それぞれの役割を分担した。典侍や権典侍《ごんのてんじ》は天皇・皇后に近侍して服、食事、入浴などに奉仕し、明治期には側室の機能も果たした。摂政であった裕仁《ひろひと》親王の女官制度改革で、女官の側室的機能を廃止するとともに、尚侍や典侍などの称を女官長、女官、女嬬などに改めた。しかし、旧慣を重んずる貞《てい》明《めい》皇后の皇太后宮職は典侍、掌侍の称のまま続いた。女官長も天皇側近として情報伝達の役割を担い、末端の女官から宮中内部の情報が漏《も》れることもありその機密保持に努めた。

皇太后宮職《こうたいごうぐうしょく》（こうたいごうぐうしき）

皇太后宮に関する事務を扱う。長官は皇太后宮大夫。戦前、皇太后宮職は三度設置されている。①明治元年（一八六八）12月22日に皇太后夙子《あさこ》（英照《えいしょう》皇太后）のために設置され、明治30年（一八九七）1月11日、皇太后崩御で廃止。②大正元年（一九一二）7月30日、明治天皇崩御により皇太后美子《はるこ》（昭憲《しょうけん》皇太后）のために皇太后宮職が設置され、大正3年（一九一四）4月11日、皇太后崩御で廃止。③昭和元年（一九二六）12月25日、大正天皇崩御で皇太后節子《さだこ》（貞明皇后）のため皇太后宮職が置かれ、皇太后節子が戦後の昭和26年（一九五一）5月17日崩御するまで続いた。

皇后宮職《こうごうぐうしょく》（こうごうぐうしき）

皇后宮に関する事務、皇子の保育などを扱う。長官は皇后宮大夫。庶務課、内廷課、経理課、東宮傅育《ふいく》官、皇子御養育掛長などで構成される。

東宮職《とうぐうしょく》（とうぐうしき）

東宮に関する事務を扱う。東宮は皇太子の宮殿の意味で、かつてその居所が五行説で春を配する東にあったことからの称。春宮《とうぐう》（春《はる》の宮《みや》）とも。戦前、東宮職は嘉仁《よしひと》親王、裕仁親王、明仁《あきひと》親王のために設置された。①明治22年（一八八九）11月3日、嘉仁親王のために置かれ、嘉仁親王が即位すると、裕仁親王のために機能。東宮大夫、東宮侍従長、東宮侍従、東宮武官、東宮属、東宮内舎人、宮丁などで構成された。初代の東宮大夫は曾我祐準《そがすけのり》、東宮侍従長は中山孝麿《なかやまたかまろ》。裕仁親王の初代東宮大夫は嘉仁親王時代から継続の波多野敬直《はたのよしなお》、東宮侍従長も同じく継続の一条実輝《いちじょうさねてる》。昭和元年（一九二六）12月25日廃止。裕仁親王の最後の東宮大夫は珍田捨巳《ちんだすてみ》、東宮侍従長は入江為守《いりえためもり》であった。②昭和20年（一九四五）8月9日、明仁親王のために設置され、東宮大夫、庶務課、会計課などで構成され、戦後に継続される。初代の東宮大夫と東宮侍従長は穂積重遠《ほづみしげとお》が兼任。

内蔵寮《くらりょう》

明治17年（一八八四）12月22日設置。皇室会計、帝室経済会議、現金の出納保管、用度などを扱う。内蔵頭、主計課、財務課、用度課などで構成される。戦後の昭和23年（一九四八）4月30日廃止。

図書寮《ずしょりょう》

明治17年（一八八四）8月27日設置。皇統譜、陵籍および墓籍、皇室典範、詔書、勅書、皇室令、そのほか重要文書の原本を尚蔵し、図書の保管出納を行う。図書頭、庶務課、図書課、編修課などで構成される。戦後の昭和24年(一九四九)5月31日廃止。諸陵寮と統合されて宮内庁書陵部となる。

式部職

明治17年(一八八四)10月3日設置。典式、交際、翻訳、狩猟、雅楽を扱う。式部長官、式部次官、儀式課、主猟課、外事課、掌典部、楽部などから構成される。戦後の昭和21年(一九四六)4月1日、式部寮へ改組。

掌典職《しょうてんしょく》

昭和15年(一九四〇)1月1日設置。祭祀の事務を扱う(↓別巻[52])。掌典長、庶務課、祭事課などで構成。昭和21年(一九四六)4月1日、式部寮に改組。

掌典長《しょうてんちょう》

式部職掌典部(のち掌典職)の長。祭祀を扱う。

式部寮

戦後の昭和21年(一九四六)4月1日設置。式部職の業務に加え、陵墓での祭祀を行い、御製、御歌、歌詠の編纂撰述、祭祀などを扱う。式部頭、庶務課、儀式課、外事課、掌典長、祭事課などで構成。昭和24年(一九四九)5月31日廃止。

華族局

明治15年(一八八二)12月22日設置。華族を管理する。調査課、庶務課、戸籍課、学務課、計算課などで構成される。明治21年(一八八八)5月28日、爵位局に改組。

爵位局

爵位や華族に関する事務を扱う。長官、次官、審理官、主事、主事補などで構成される。明治41年(一九〇八)1月1日、爵位寮に改組。

爵位寮

爵位、華族、有位者に関する事務を扱う。爵位頭、第一課〜第四課などで構成される。明治43年(一九一〇)8月29日、宗秩寮に改組。

宗秩寮《そうちつりょう》

皇族に関する事項、皇族会議、王公族、爵位、華族、朝鮮貴族、有位者に関する事項を扱う。総裁、庶務課、宗親課、爵位課などで構成される。初代総裁は久我通久。昭和22年(一九四七)5月3日、『日本国憲法』施行により廃止。最後の総裁は松平康昌。

内匠寮《たくみりょう》

明治18年(一八八五)12月23日設置。宮殿その他の建築物の保管監守、建築、土木、庭苑、園芸、電気、瓦斯《がす》、水道、写真などを扱う。内匠頭、監理課、工務課などで構成。昭和20年(一九四五)10月5日、主殿寮へ改組。

主殿寮《とのもりょう》

主殿寮は以下の二つ。①明治19年(一八八六)2月4日設置。宮殿の洒掃《さいそう》、鋪設《ほせつ》器具（門の扉につける金具など）および宮門管鑰《かんやく》（鍵）の防火警戒を扱う。主殿頭《かみ》（長官)、助《すけ》（次官)、属（属官）などで構成される。大正10年(一九二一)10月7日廃止。②昭和20年(一九四五)10月4日設置。宮殿その他の建築物の保管監守、建築、土木、庭苑、園芸、電気、瓦斯、水道、用度、車馬および輸送、牧畜農耕などを扱う。主殿頭、監理課、需品課、運輸課、造営課、設備課などで構成。昭和22年(一九四七)5月3日廃止。

御料局

明治18年(一八八五)12月23日設置。帝室一般財産を扱う。皇室の財産を**御料**といい、永世伝来の世伝御料《せでんごりょう》、**普通御料**、**御物**などがある。庶務課、計算課などで構成。明治41年(一九〇八)1月1日、帝室林野管理局に改組。

帝室林野管理局

宮内大臣の管理に属し、**御料地**や**御料林**の管理経営を扱う。庶務課、審査課、地籍課、設計課、産業課、土木課、会計課などで構成。大正13年(一九二四)4月9日、帝室林野局に改組。

帝室林野局

宮内大臣の管理に属し、御料地や御料林の管理経営、ならびにその付帯事業を扱う。

長官、監理部（庶務課、土地課、会計課）、業務部（計画課、造林課、工務課、利用課）などで構成。札幌、旭川、東京、名古屋、木曾に各支局や林業試験場を置く。戦後の昭和22年（一九四七）3月31日、農林省へ移管。

諸陵寮《しょりょうりょう》

明治19年（一八八六）2月5日設置。**陵墓**の管理および調査を扱う。諸陵頭、陵墓監、庶務課、考証課などで構成。戦後の昭和21年（一九四六）4月1日、図書寮《ずしょりょう》へ移管。

侍医局

明治19年（一八八六）2月5日設置。診候《しんこう》（脈をみて病症を調べる）、宮中衛生を扱う。長官、庶務課、医事課、薬剤課、侍医などで構成。明治41年（一九〇八）1月1日、侍医寮へ改組。

侍医寮

診候、進薬、調剤を扱う。侍医頭、庶務課、医事課、薬剤課、侍医などで構成。戦後の昭和20年（一九四五）11月22日、侍従職へ移管。

大膳職《だいぜんしき》

明治19年（一八八六）2月4日設置。御膳、饗宴《きょうえん》、賜饌を扱う。大夫、庶務課、主膳課、主膳監、用度課などで構成。昭和5年（一九三〇）3月3日、大臣官房に移管。

大膳寮

昭和11年（一九三六）11月19日設置。**供御**《くご》（天皇の飲食物）、供膳、饗宴に関する事項を扱う。主膳監、庶務課、主膳課などで構成。戦後の昭和20年（一九四五）11月24日、侍従職へ移管。

主馬寮《しゆめりよう》

明治19年（一八八六）2月4日設置。馬車、馬匹《ばひつ》、自動車、牧場、輸送を扱う。主馬頭、庶務課、自動車課、厩務課《きゆうむ》などで構成。戦後の昭和20年（一九四五）10月5日、主殿寮へ移管。

調度局

明治19年（一八八六）2月4日設置。服調、宮中需用物品関係を扱う。明治41年（一九〇八）1月1日、調度寮へ改組。

調度寮

物品の購入整備、雑役に関する事務を扱う。調度頭、庶務課、供給課、会計課、司掃課などで構成。大正10年（一九二一）10月6日廃止。

帝室会計審査局

明治21年（一八八八）4月6日設置。会計審査に関する事務を扱う。長官、事務官、審査官などで構成。戦後の昭和22年（一九四七）5月2日、会計検査院に移管。

主猟局

明治21年（一八八八）4月20日設置。帝室狩猟に属する事務を扱う。長官、監守長、主事、監守、主猟官などで構成。明治41年（一九〇八）1月1日、主猟寮へ改組。

主猟寮

狩猟、猟場に関する事務を扱う。主猟頭、庶務課、会計課などで構成。大正10年（一九二一）10月6日、式部職へ移管。

御歌所《おうたどころ》

明治21年（一八八八）6月6日設置。御製、御歌、歌御会に関する事務を扱う。所長、庶務課、記録課、寄人、参候などで構成。戦後の昭和21年（一九四六）4月1日、図書寮へ移管。

帝国博物館

明治5年（一八七二）以後、文部省、内務省、農商務省と担ってきた博物館は、明治19年（一八八六）に宮内省の管轄となり、明治22年（一八八九）5月16日、帝国博物館となった。東京のほかに、京都、奈良にも設置され、古今の技芸品を蒐集《しゆうしゆう》し、観覧に供した。総長、美術工芸部、工芸部、美術部、歴史部などで構成。明治33年（一九〇〇）7月1日、帝室博物館に改組される。

帝室博物館は東京、京都、奈良にあった帝国博物館の業務をそれぞれ引き継ぎ、正倉院の事務も扱う。総長、事務官、鑑査官などで構成。大正13年(一九二四)には皇太子裕仁親王の成婚を記念して、京都帝室博物館は京都市管轄の恩賜京都博物館となった。戦後の昭和22年(一九四七)5月2日、文部省管轄の国立博物館となり、のちに東京国立博物館、京都国立博物館、奈良国立博物館と改称する。平成13年(二〇〇一)に独立行政法人国立博物館の管轄となり、平成19年(二〇〇七)に独立行政法人国立文化財機構の施設となった。

総務局

昭和15年(一九四〇)3月31日設置。行幸啓、褒賞、賜与、救済、情報、写真、御物の管理などを扱う。庶務課、幸啓課、宣旨課などで構成。戦後の昭和20年(一九四五)10月5日、大臣官房へ移管。

[小田部]

◆後宮と女官

宮中には公の場である宮内省(「表《オモテ》」)のほかに、私の場である後宮(「奥《オク》」)があり、「奥」の女官たちも維新後に京都を離れて東京に新しい生活空間を築いた。女官は旧堂上および旧諸侯出身の華族子女より選抜されたが、例外的に士族では、権掌侍税所敦子《さいしょあつこ》(一八二五〜一九〇〇)、権掌侍下田歌子《しもだうたこ》(一八五四〜一九三六)、平民では岸田俊子《きしだとしこ》(一八六三〜一九〇一　権女孺より下位の十五等出仕)が知られる。

典侍《てんじ》・権典侍《ごんのてんじ》　天皇の服、膳、湯などの奉仕をし、剣璽渡御の際には剣璽を捧持し、女官の監督などをした。

掌侍《しょうじ》・権掌侍《ごんのしょうじ》　天皇の膳の運搬、皇后の服、膳、湯の奉仕、典侍故障の際の代行。

命婦《みょうぶ》・権命婦《ごんのみょうぶ》　日常の雑務一切を担当し、膳を運び、毒味をした。

女嬬《にょじゅ》・権女嬬《ごんのにょじゅ》　膳、道具、服の三業務を分担。膳掛《かかり》は最後の味付けをし、道具掛は火燭を供し、服掛は裁縫など服いっさいを担当する。また、命婦の命を受けて侍医のとりつぎをしたり、下賜品の調達をしたりするなど、女官の外との接点の仕事を受け持った。

[38] 近現代の皇室警備

維新前後から皇室の警備、天皇皇族の護衛は諸藩や親兵が行っていた。明治4年(一八七一)山県有朋は薩長土三藩の精鋭を集め、皇室警護のための**御親兵**とし、翌年(一八七二)**近衛兵**《このえへい》と改称、明治24年(一八九一)には**近衛師団**となった。近衛は皇室の守護(禁闕《きんけつ》守護)、儀仗《ぎじょう》を任務としたが、日清、日露、日中戦争など戦時には実戦部隊だった。松代大本営計画中は、その造営や疎開中の皇太子護衛もした。終戦で解散。

国家制度の整備とともに軍事と警察の分化が進み、明治19年(一八八六)には宮内省主殿《とのも》寮《りょう》に**皇宮警察署**が創設され、明治41年(一九〇八)主殿寮警察部、大正10年(一九二一)宮内大臣官房皇宮警察部となり、主殿寮が廃止された。昭和16年(一九四一)宮内省に**警衛局**が新設され、警衛、消防、衛生、防空を担当、皇宮警察部には警衛、警務、消防、衛生の各課などが置かれた。

戦後の昭和20年(一九四五)9月10日、警衛局が廃止され**禁衛府**《きんえいふ》が置かれた。禁衛府は皇宮警察部と近衛出身者による**皇宮衛士総隊**《こうぐうえじそうたい》で編制された。同年9月14日から宮城各門には連合国軍も立哨《りっしょう》することになった。しかし、近衛師団系の組織は、占領政策に合致せず、禁衛府は七か月足らずで昭和21年（一九四六）4月皇宮警察部をのぞき廃止、**皇宮警察署**が置かれた。数度の制度改革を経て昭和24年（一九四九）国家地方警察本部の外局として**皇宮警察本部**が設置され、昭和29年（一九五四）の**警察法**施行とともに警察庁に移された。

皇宮警察本部

警察法二九条に「皇宮警察本部は、天皇及び皇后、皇太子その他の皇族の護衛、皇居及び御所の警備その他の皇宮警察に関する事務をつかさどる」とあり、定員は九三六人（平成30年〈二〇一八〉現在）。警察官ではなく**皇宮護衛官**と称される。組織は、皇宮警察本部長（警視監）の下に警務・警備・護衛の三部、皇宮警察学校、坂下・吹上・赤坂・京都の**四護衛署**がある。職務内容は、①天皇・皇后・皇太子などの皇族の護衛、②皇居・御所・御用邸・離宮・正倉院などの警備、③国賓が皇居へ来る場合や大・公使の信任状・解任状捧呈式の際の護衛、④護衛・警備に関連する司法警察事務として、天皇・皇后・皇太子の生命・身体や皇室用財産に対する罪、または皇居や御所・陵墓など皇室用財産内における罪の取り締まり――である。**皇宮警察学校**は皇居内にある。

［髙橋］

[39] 皇室と軍事

明治22年(一八八九)発布の『大日本帝国憲法』で「天皇は陸海軍を統帥す」(第一一条)、「天皇は陸海軍の編制及常備兵額を定む」(第一二条)、「天皇は戦を宣し和を講し及諸般の条約を締結す」(第一三条)、「天皇は戒厳を宣告す」(第一四条)などと、天皇の軍事指揮権が法文化され、**大元帥**としての任務が明記された。

明治27年(一八九四)の日清戦争開始にともない、明治天皇は閣議決定に基づき、開戦を裁可した。宮中に置いた**大本営**を広島に移し、戦争指導に携わった。軍務と政務とを統括する天皇は、財政問題や国際関係の悪化を強く懸念しており、軍中枢と閣僚との意見の違いに悩まされた。明治37年(一九〇四)、日露開戦が決定すると、明治天皇は、大元帥として陸海軍と参謀本部など戦争指導をめぐって対立する部署の調整役となり、慎重な対応を行った。皇太子嘉仁《よしひと》親王は同年3月13日に大本営付となり、**御前会議**にも出席した。

日清・日露戦争を経て、第一次世界大戦を経験した軍部のなかには、次の世界戦争に向けての戦争準備を進める動きも現れた。昭和天皇は「明治天皇の欽定憲法の精神に瑕をつけない」ことと、「国際条約の遵守」の二点を重視していたが、昭和6年（一九三一）の柳条湖事件以後、軍部の大陸進出の既成事実への対応を余儀なくされ、結局、昭和16年（一九四一）12月8日、みずからは望まなかったという対米英戦争の宣戦を布告し、四年におよぶ世界戦争を継続し、昭和20年（一九四五）8月15日に終戦の聖断を下すこととなった。

東征大総督

戊《ぼ》辰《しん》戦争における有栖川宮熾仁《ありすがわのみやたるひと》親王の軍事的な地位身分。憲法発布以前の戊辰戦争や西南戦争で天皇の軍事指揮権が発動されており、幕末維新当時から皇族が軍の主要な地位を占めてはいた。しかし、これは天皇の近接者という血統的権威により軍事上の権限を有していたのであり、すべての皇族が軍務に就いていたわけではない。

皇族軍人

皇族で陸海軍軍人である者。すべての皇族男子は、「徴兵令」公布後の明治6年（一八七三）12月9日の太政官達《たっし》にて、「皇族自今海陸軍に従事すべく」と指示され、陸海軍軍人となることを義務づけられた。以後、昭和20年（一九四五）の帝国軍隊崩壊までの七二年間、陸軍に、有栖川宮熾仁親王、朝香宮鳩彦《あさかのみややすひこ》王、朝香宮孚彦《たかひこ》王、賀陽宮恒憲《かやのみやつねのり》王、賀陽宮邦寿《くになが》王、閑院宮載仁親王《かんいんのみやことひとしんのう》、閑院宮春仁《はるひと》王、北白川宮能久《きたしらかわのみやよしひさ》親王、北白川宮成久《なるひさ》王、北白川宮永久《ながひさ》王、久邇宮邦彦《くにのみやくによし》王、小松宮彰仁《こまつのみやあきひと》親王、竹田宮恒久《たけだのみやつねひさ》王、竹田宮恒徳《つねよし》王、梨《なし》本宮守正《もとのみやもりまさ》王、東久邇宮稔彦《ひがしくにのみやなるひこ》王、東久邇宮盛厚《もりひろ》王、伏見宮貞愛《ふしみのみやさだなる》親王ら一八名、海軍に、有栖川宮威仁《たけひと》親王、華頂宮《かちょうのみや》（伏見宮）博恭《ひろやす》王、久邇宮朝融《あさあきら》王、東伏見宮依仁《ひがしふしみのみやよりひと》親王、伏見宮博義《ひろよし》王、山階宮菊麿《やましなのみやきくまろ》王、山階宮武彦《たけひこ》王ら一〇名、計二八名が配属された。韓国併合後には朝鮮王族である李《り》垠《ぎん》（イ・ウン）、公族である李鍵《けん》（イ・コン）、李鍝《ぐ》（イ・ウ）らが陸軍に所属。昭和天皇の弟たちも、陸軍に秩父宮、三笠宮、海軍に高松宮が配属された。

皇族軍人の特権

皇族軍人は、生存していれば大将まで昇進できて元帥になりえるなど進級に特権があり、また自身の階級にかかわらず陸軍大尉、海軍大尉が随従するなど、多くの礼遇処置がとられた。高松宮の江田島（広島県呉市）にある宿舎は「御殿」と呼ばれる別棟であった。皇族軍人の存在により、一般将兵は軍事的現場で身近に皇族に接し、国家＝天皇という構造を実感した。

皇族軍人の戦死

皇族軍人は実際に前線に出征することもあり、なかには戦死したり、戦傷病などを受けたりした者もあった。北白川宮家では、能久親王が明治28年（一八九五）に近衛師団長として台湾で薨去《こうきょ》、永久王が昭和15年（一九四〇）の日中戦争の際に張家口で演習中に事故死した。また、朝鮮王族の李鍝は昭和20年（一九四五）8月6日に広島で被爆死した。なお、健康上の理由などで軍人とならなかった成年皇族男子は、伏見宮邦芳《くにか》王と久邇宮多嘉《たか》王である。多嘉王は神宮祭主となった。

皇族附武官

「皇族附陸軍武官官制」（明治29年〈一八九六〉）と「皇族附海軍武官官制」（明治30年〈一八九七〉）に基づき、陸海軍武官となった皇族それぞれに陸海軍軍人（佐尉官）を配した。非武官の皇族には海軍軍人が配された。東久邇宮稔彦王附陸軍武官であった安田銕之《てつの》助《すけ》は昭和初期の神兵隊事件（クーデター未遂事件）の中心人物として知られる。

皇族妃の軍事援護

皇族が陸海軍軍人であることを受けて、皇族妃も軍事援護活動を行った。明治10年（一八七七）設立の博愛社とその後身である日本赤十字社における慰問活動や包帯巻、明治34年（一九〇一）結成の**愛国婦人会**での出征兵士や遺家族への救護活動などに深く関わった。太平洋戦争中には、**皇后名代**として全国の病院や工場などを慰問視察した。

華族の陸海軍従事

華族は皇族ほど明確な軍事義務を負わなかったが、明治14年（一八八一）4月7日、宮内卿徳大寺実則《とくだいじさねつね》から華族会館長兼督部長岩倉具視《いわくらともみ》あての論達で、「成るべく陸海軍に従事」すべきことが指示された。学習院では、この論達を受けて武課をもうけて体操および武道を課目にとりいれた。

華族予備士官学校

華族の文弱に流れることを憂えた岩倉具視らは、華族の軍事教育を求め、明治17年(一八八四)6月に華族予備士官学校を開校させた。同校は陸軍士官学校内に建てられ、その落成にあわせて華族子弟三〇余名を招集して志望者を獲得した。しかし、健康上の理由による入校辞退、年齢による辞退、能力不足などで、明治18年(一八八五)9月、わずか一年半で廃校となった。その後、日清・日露戦争後に、多くの軍人が主に男爵の爵位を得て**勲功華族**となり、華族内における軍人の比率が高まった。

竹橋事件

西南戦争後の明治11年(一八七八)8月23日、竹橋にあった近衛砲兵大隊を中心とした兵士の反乱事件。砲兵九〇名ほどが太政官のある仮皇居（赤坂離宮）まで迫ったが、鎮圧された。処罰者総数は三九四名に達した。事件の背景には、西南戦争の行賞の不公平、給与などの削減、徴兵令にともなう生活不安などがあったといわれる。また、命令不服の上告や週一回の休養日が認められているなど民主的であった当時のフランス式陸軍軍制が事件の遠因ともいわれた。軍隊内に自由民権運動の影響が強まり、軍上層部と徴兵兵士たちの間に大きな溝が生まれ、事件が発生したというのである。事件後、西南戦争の行賞を下士や兵卒にも広める一方、山県有朋《やまがたありとも》ら軍上層部は、普仏戦争でのフランス軍敗北の事実からプロシア軍の命令系統導入を重視するようになる。

軍人訓誡

竹橋事件後の明治11年(一八七八)10月、陸軍卿山県有朋の名で軍人に頒布された訓戒。忠実、勇敢、服従を軍人精神の三大要素とし、皇室を尊敬すべきこと、上官老功者に敬意を表すべきこと、時事を論ずべからざることなどを紀律とした。

軍人勅諭

明治15年(一八八二)1月4日、天皇が軍人に下した勅諭。忠節、礼儀、武勇、信義、質素の五か条を軍人の守るべき徳目とし、従来の軍人訓誡と内容的に大差はないが、勅諭では「朕は汝等軍人の大元帥なるぞ」と天皇が軍隊の最高統率者であることを強く打ち出した。また、「世論に惑はず政治に拘はらず」の一文があり、これは自由民権運動や竹橋事件を強く意識した山県有朋の意見で入れられた。軍人勅諭は**軍人手帳**に記され、軍人が常に読み、心にとどめることを命ぜられた。はじめは上官が部下に読み聞かせていたが、のちに制裁をともなう暗唱が慣習化した。

御前会議

天皇臨席のもとに行う国政上の重要会議。王政復古直後の小御所会議が最初とされる。明治21年(一八八八)の枢密院官制第一条には枢密院について「天皇親臨して重要の国務を諮詢する所」とあり、規定により『大日本帝国憲法』草案が御前会議に付された。この枢密院での御前会議は常設会議とされ、天皇の国務上の大権行使であった。これに対して、臨時会議は対外戦争の場合に開かれたもので、明治27年(一八九四)6月22日、日清戦争開始を天皇臨席のもとで決定したことがはじめとされる。天皇は開戦や終戦を決する国務上の大権事項を担っており、元帥として軍務上の最高統率を行うのが**大本営御前会議**である。その後、昭和12年(一九三七)に日中戦争が勃発すると、大本営政府連絡会議（のち最高戦争指導会議）が開かれ、重要な審議には天皇が臨席し、「帝国国策遂行要領」「対米英蘭開戦の件」などが決定された。昭和20年(一九四五)の「ポツダム宣言受諾の件」では、天皇の聖断で和平への道を開き、終戦の詔勅をラジオを通じて全国民に伝えた（**玉音放送**）。

聖断

天皇の決断。一般には会議における天皇の最終判断全般を意味するが、とりわけポツダム宣言受諾に関する御前会議での昭和天皇の決断についていわれる。

大本営

戦時または事変の際の天皇直属の最高統帥機関。三度設置され、日清戦争直前の明治26年(一八九三)の「戦時大本営条例」制定によりはじめて設置された。次に日露戦争直前の明治36年(一九〇三)同条例を改正し設置。改正され最後に昭和12年(一九三七)の日中戦争において「大本営令」と改め、政戦一致を期して大本営政府連絡会議が設けられた。しかし、実質的な統一は果たせず、昭和19年(一九四四)に最高戦争指導会議となり、昭和

20年(一九四五)の終戦で廃止された。なお、太平洋戦争末期に、本土爆撃と本土決戦を想定して、長野県松代に皇居や大本営など重要政府機関を移転する計画があったが、完成前に終戦となった。

天皇の軍事視察

大元帥である天皇は陸・海軍特別大演習、観兵式、観艦式などを統監した。陸軍特別大演習は明治25年(一八九二)10月に栃木県宇都宮で第一回が行われ、原則として毎年秋、二軍に分かれ全国各地で模擬作戦が実施された。昭和11年(一九三六)10月に北海道で行われた第三四回大演習では、六日間にわたり、集結、作戦行動準備、作戦、観兵式などが展開され、将兵約三万人ほか警察、憲兵が集った。

戒厳令

戦争や内乱などの非常時に際して、軍部に立法、行政、司法の権力行使を委ねる制度。『大日本帝国憲法』下では、天皇が戒厳の宣告をし、明治38年(一九〇五)の日比谷焼打事件、大正12年(一九二三)の関東大震災、昭和11年(一九三六)の二・二六事件で戒厳宣告がなされた。

［小田部］

[40] 近代の行幸啓

行幸啓

行幸啓は行幸と行啓の総称。天皇の外出を**行幸**《ぎょうこう》、三后（太皇太后・皇太后・皇后）、皇太子、皇太子妃、皇太孫の場合は**行啓**《ぎょうけい》と称した。数か所の行幸や行啓を、それぞれ**巡幸**、**巡啓**と呼ぶが、厳密に区別しないこともある。

行幸啓にかかわる記録や史実は古くから数多く残されている。行幸に際して、行く先で設けられた仮宮《かりみや》を**行宮**《あんぐう》または**行在所**《あんざいしょ》と呼ぶが、奈良時代や平安時代には**頓宮**《とんぐう》とも呼ばれた。天皇行幸時に皇太子が留守の責任者となって宮城をまもる**監国**《かんこく》の制（→[19]）も令《りょう》に定められていた。

近代になると、行幸啓のあった土地に地元が主体となった記念碑や記念誌などが多く残されるようになった。天皇行幸の地は、**聖蹟**として特別視された。なお天皇の帰還は**還幸**《かんこう》、天皇、皇后、皇太后は**還御**《かんぎょ》、皇后、皇太后、皇太子は**還啓**《かんけい》という。また、天皇が他所へ遷《うつ》ることを**遷幸**《せんこう》と称した。なお、皇族の外出は**御**《お》**成**《なり》、帰還は**御**《ご》**帰**《き》**還**《かん》である。

行幸は古代よりあったが、江戸時代においては寛永3年（一六二六）に108後水尾《ごみずのお》天皇が二条城に行幸して以来、歴代天皇は二三七年もの間、御所を出ることがなかった。幕末の文久3年（一八六三）になって、121孝明《こうめい》天皇が攘夷祈願のために賀茂社と石清水八幡宮に行幸したが、その際も輿《こし》（鳳輦《ほうれん》）の中におり、その姿を人びとに見せることはなく、近代以前の天皇は「見えない」存在として機能した。

明治天皇は慶応3年（一八六七）にはじめて御所の外に出て、藩兵の調練を閲し、以後、慶応4年（一八六八）の東幸で、京都から東京（この年に江戸から改称）に向かった。沿道の老若男女は車駕《しゃが》を拝観し、狼藉もなく、粛然として紀律があり、拍手をもって天皇を拝してその音はやまなかったと、『明治天皇紀』にある。人びとは「見える天皇」に新時代の到来を感じたのである。

明治天皇の行幸

『明治天皇行幸年表』（山崎正次編　一九三三）によれば、明治天皇の行幸は一道三府三三県におよび、慶応4年（一八六八）3月の大坂行幸から明治45年（一九一二）5月の千葉県行幸まで一〇六回（政始、陸軍始、観桜会などは除く地方行幸と大演習行幸）を数えた。なかでも明治5年（一八七二）から明治18年（一八八五）にかけて行われたのが**六大巡幸**であり、旧藩主に代わる統治者としての存在を全国民に知らしめた。その日程と場所は、以下の通り。

①明治5年（一八七二）5月22日～7月12日 近畿・中国・九州
②明治9年（一八七六）6月2日～7月12日 奥羽・函館
③明治11年（一八七八）8月30日～11月9日 北陸・東海道
④明治13年（一八八〇）6月16日～7月23日 山梨・三重・京都
⑤明治14年（一八八一）7月30日～10月11日 北海道・秋田・山形
⑥明治18年（一八八五）7月26日～8月12日 山口・広島・岡山

六大巡幸の目的は主として「神祇」「孝道」「軍事」に関するものであり、具体的には、山陵、神社、県庁、裁判所、学校、軍事施設および演習地、勧業施設などを訪れた。その際に、地方の人びとへの下賜などがなされた。島根、鳥取両県への行幸は果たせず、明治40年（一九〇七）年に皇太子嘉仁《よしひと》親王が行啓《ぎょうけい》する。

明治27年（一八九四）の日清戦争開始時には、明治天皇は大本営を広島に移し、自らも行幸した。この時、皇后美子《はるこ》も傷病兵慰問の名目で広島に行啓し、各病院を巡回した。美子は、平時には女学校や福祉施設のほか、軍事演習にも行啓し、広範囲に各地を回っている。

大正天皇の行幸

嘉仁親王は、幼少時から病弱で学習が遅れ、それを補う意味もあって、行啓を重ねた。いわば、地理歴史見学のための「微行《びこう》」（お忍び）ともいうべきものであった。

巡啓中、嘉仁は饒舌と奔放なふるまいで、多くの国民の心をひきつけた。とはいえ、急遽予定を変更したり、回答に窮するような問いを投げかけたり、一種、奇行といえなくもない言動もあり、しばしば側近や周囲を驚かした。しかし、こうした皇太子の姿は、訪問地の人びとに皇室への親近感を与えた。明治40年（一九〇七）の韓国行啓では、当時一〇歳であった韓国皇太子の李垠《りぎん》（イ・ウン）と親しく交遊した。この間、皇太子妃節子《さだこ》は、皇后美子とともに女学校や福祉施設訪問などを重ねていた。嘉仁親王は即位すると大演習行幸も余儀なくされるが、あまり積極的ではなかった。

昭和天皇の戦前の行幸

大正天皇の皇太子である裕仁《ひろひと》親王は、大正3年（一九一四）以後、地方見学を目的として、全国各地を巡啓するようになった。大正9年（一九二〇）には、大正天皇に代わり陸軍特別大演習を統監した。親王は、寡黙で気持ちを口に出さない性格であり、大正天皇のように饒舌で意表をついた言動をとることはなかった。さらに大正10年（一九二一）には、欧州に外遊した。将来の天皇たるべき皇太子の欧州外遊は例がなく、国論を二分したが、この外遊は昭和天皇の人生最良の思い出となった。天皇となってのちの戦後、「この外遊で自由な生活を体験し、以来私の人間形成に大いに役立っている」と語ったほどである。

しかし帰国後、虎ノ門事件、桜田門事件と続いて狙撃事件が起き、行幸警備は厳重になり、警備する側は極度の緊張を強いられた。昭和9年（一九三四）11月には、群馬県桐生市で、鹵簿《ろぼ》（行幸の行列）先駆車の運転手が極度の緊張のため、行程を間違える事件が起きた。行幸後、先駆車の運転手は精神錯乱となり、群馬県警警部の一人は自宅謹慎、もう一人は日本刀で自殺をはかった。そして行幸後、全市民がお詫びの黙禱を捧げ、知事以下の関係者が懲戒処分となった。以後も、太平洋戦争の終結まで、天皇の行幸は厳戒態勢でなされ、参列の人びとも天皇を直視することは許されず、最敬礼で送迎するのが常態となった。

聖蹟

天皇行幸の地として特別に扱われた場所。多摩桜ヶ丘の聖蹟記念館などがある。文部省は、昭和の初めから史蹟に指定された聖蹟調査をし、図版入りの『歴代天皇聖蹟』や『明治天皇聖蹟』を刊行した。そこには、明治天皇聖蹟だけで東京の徳川家達《とくがわいえさと》公爵邸はじめ七八か所が収められている。

皇族の外遊

近代皇族の海外留学は明治初期にあり、明治3年（一八七〇）には、東伏見宮嘉彰《ひがしふしみのみやよしあきら》（のちの小松宮彰仁《こまつのみやあきひと》）親王がイギリスに、華頂宮博経《かちょうのみやひろつね》親王がアメリカのアナポリスの海軍兵学校へ、伏見宮能久王（のち北白川宮能久《きたしらかわのみやよしひさ》親王）がアメリカ、イギリス経由でプロシアに留学した。明治6年（一八七三）に皇族男子は軍人となり、軍事留学が増えた。明治末の日露戦争終結後から大正年間にかけては、天皇名代としての王室訪問や、皇族妃同伴の親善外交などが活発となり、日露戦争前後に東伏見宮依仁《よりひと》親王、久邇宮邦彦《くにのみやくによし》王、梨本宮守正《なしもとのみやもりまさ》王、大正年間に北白川宮成久《なるひさ》王、朝香宮鳩彦《あさかのみややすひこ》王、東久邇宮稔彦《なるひこ》王、昭和初期に朝鮮王族の李《り》垠《ぎん》（イ・ウン）などが、欧州の地を踏んだ。北白川宮成久王のフランス郊外での自動車事故死、朝香宮鳩彦王のアール・デコ様式への傾倒、東久邇宮稔彦王の帰国拒否などが当時の世上の関心を集めた。

皇族の「外地」行啓

皇太子嘉仁親王は明治40年（一九〇七）に韓国、皇太子裕仁親王は大正12年（一九二三）に台湾、翌々年（一九二五）樺太に行啓した。また皇族の「外地」（旧植民地）訪問は、大正4年（一九一五）から昭和17年（一九四二）までの二七年間に、朝鮮を訪れた件数は二四件（妃同伴の時もあったので人数にするとのべ二七名）、満州（建国後は「満州国」）は一七件、樺太が六件、台湾が一六件、南洋諸島が一件ある。また「外地」ではないが、昭和12年（一九三七）に久邇宮朝融王が中国青島に出張している。昭和3年（一九二八）以前はどちらかといえば台湾を訪問する皇族が多く、昭和5年（一九三〇）以後は朝鮮や満州を視察訪問する皇族が増えた。

鹵簿《ろぼ》

儀仗を備えた行幸・行啓の行列。朝儀の**公式鹵簿**と朝儀ではない**略式鹵簿**の別のほか、**御乗馬鹵簿**（乗馬で大演習を視察）、**列外鹵簿**（法規外）などがある。公式鹵簿は天皇、皇后（太皇太后・皇太后）、摂政、皇太子（皇太孫）、皇太子妃（皇太孫妃）、親王（王）、親王妃（内親王、王妃、女王）の公式鹵簿がある。天皇公式鹵簿では、**行幸第一公式**（「登極令」などの重大朝儀）、**第二公式**（帝国議会開院式）、**第三公式**（陸軍始観兵式など）がある。略式には**略式馬車鹵簿**、**略式自動車鹵簿**などがある。

天皇第一公式鹵簿の編成

騎馬の警部、警視、警視総監、**近衛騎兵**が先導し、馬車の式部官、宮内大臣が続き、さらに近衛騎兵に守護され捧持された天皇旗があり、騎馬の近衛将校が天皇の馬車を囲む。正装の天皇の傍らに剣璽《けんじ》を奉安し、侍従長が陪席した。その後を騎馬の侍従武官長、侍従武官、主馬頭《しゆめのかみ》、東京警備司令官、馬車の親王・王（皇族附武官陪乗）、侍従、内大臣、国務大臣、枢密院議長、宮内次官、式部次長、侍従次長、内大臣秘書官長、内大臣秘書官、侍医、宮内書記官、式部官、東京府知事らが近衛騎兵や騎馬の警視、警部に守られていた。

行在所《あんざいしよ》

行幸の際の仮の住まい。天皇が行幸先に滞在することを御駐輦《ちゆうれん》、天皇・皇后・皇太后や皇族が滞在することを御駐泊、休憩または滞在を駐蹕《ちゆうひつ》、少憩のために設けた場所を便殿《びんでん》、観戦のための地点を御野立所《おのだてしよ》（おのだちしょ）あるいは御観戦所と言った。

鳳輦《ほうれん》　天皇の乗り物。聖駕、車駕、竜駕、鳳駕とも。皇后・皇太后の場合は玉輦《ぎょくれん》、皇太子の場合は鶴駕《かくが》。御召《おめし》列車、宮廷列車、御料車、御召車、御召艦、御召艇の語もある。

供奉《ぐぶ》**・扈従**《こじゅう》（こしょう）　行幸啓の列に加わり奉仕すること。行幸には宮内大臣が**供奉長官**となる。朝儀の場合、供奉員は宮内大臣ほか宮内次官、侍従長、侍従武官長、式部長官、侍医らがなり、帝国議会開院式や観兵式では親王や王にも供奉を命ぜられる。朝儀でない場合は、式部長官や式部官、主馬頭は供奉しない。

行幸啓道筋の敬礼法　明治6年（一八七三）3月9日の太政官布告には、「行幸の節御道筋通行の者旗章を見受け候はば馬車を下り笠並帽等を脱し総て路傍に立礼可致事」とあり事前の待機が予定されなかった。その後、大正4年（一九一五）11月5日には内務省警保局長より庁府県長官に「行幸啓の節路傍に跪坐《きざ》拝観に関する件」が発せられ、さらに昭和16年（一九四一）には「行幸啓御道筋の通行者奉拝」では、「指定された場所に整列」「老人や子供はなるべく前列」などとある。　［小田部］

［41］近現代の政事的な儀式

旧憲法にいう「統治権の総攬者《そうらん》」として、また新憲法にいう「日本国・国民統合の象徴」としての天皇が、国家・国民のために執り行う「政事的な儀式」をまとめて概観する。

ここにいう「政事」は、一般の政治家や官僚らによる統治権を行使するような「政治行為」と次元の異なる権威・名誉などを付与するような儀式である（講書始の儀↓別巻［55］、歌会始の儀↓別巻［54］、園遊会↓［45］）。

【「皇室儀制令」に定める儀式】

明治時代に整えられた皇室の主要な儀式を成文化したものが、大正15年（一九二六）10月公布された「**皇室儀制令**」で、本文三八条と付式から成る。それらの儀式に出る天皇や皇族の服装については、すでに大正2年（一九一三）11月公布の皇室令「**天皇の御服に関する件**」と明治44年（一九一一）5月公布の「**皇族服装令**」などに詳しく定められていた。

戦後は昭和22年（一九四七）5月、従来の皇室令がすべて廃止されながら代わりの規定は作られていない。そのため、明治以来の実例を先例として参考にし、新憲法の趣旨を尊重しながら、現代社会の多様な変化も勘案して、修正を加えたり新儀を形作るなど、さまざまな工夫を重ねている。

①**新年朝賀の儀**

新年宴会に先立つ三つの儀を含む正月の儀式。まず1日と2日の午前に行われる**拝賀の儀**は、古来の「**朝賀**」にあたる。文武高官・有爵者・神仏各派代表・外国交際官など（夫人同伴）が七グループに分かれて宮殿（正殿か鳳凰の間）に並ぶと、正装（陸軍式正服）の天皇（その前後に式部長官・宮内大臣と侍従長・侍従武官長など、および皇太子・親王・王が供奉《ぐぶ》）、続いて大礼服（マント・ド・クール）の皇后（その前後に皇后宮大夫と女官および皇太子妃・親王妃・内親王・王妃・女王が供奉）が揃って計七回（1日に五回、2日に二回）出御し、上位の参列者が御前へ進み拝賀した。また2日午後に行われる**参賀の儀**は、拝賀の儀に招かれない文武高官・有爵者など（夫人同伴）が参内し、参賀名簿に署名して祝意を表した。

ついで3日の元始祭（大祭）を経て、4日の**政始《まつりごとはじめ》の儀**は、国務大臣・宮内大臣・枢密院議長・内閣書記官長・宮内次官などが宮殿に参集し、通常礼装の天皇の御前で（皇太子以下の供奉はない）、内閣総理大臣から「先ず神宮の事を奏し、続て各庁の事を奏す」、また宮内大臣から「皇室の事を奏す」（いずれも前年末までの祭事・政務や儀式・行事が恙《つつが》なく執り行われたことの報告）儀式である。

この儀は、戦後の新憲法により天皇の国政に対する権能が否定されたので、昭和23年（一九四八）の正月4日から、宮内庁の表拝謁の間（同44年〈一九六九〉から新宮殿鳳凰《ほうおう》の間）において、掌典長より前年の伊勢神宮と宮中祭祀の経過を奏上することに改められた。これを**奏事始**という。

こうした年初の行事が一段落したところで5日に**新年宴会の儀**が催された。これは、「拝賀の儀」と同様に諸員が豊明殿（宴会場）に参集し、正装の天皇が出御すると（供奉者は拝賀の儀と同様、皇后以下女性皇族は参列しない）、まず天皇から勅語があり、ついで内閣総理大臣と外国交際官代表から奉対《ほうたい》文を奏したあと、諸員に膳・酒が下賜され宴を尽くす。豊明殿の前庭で舞楽もあった。

新年朝賀の儀は、戦後の被占領下に規模を小さくし、宮内省（のち庁）庁舎の表拝謁の間でほそぼそと続けられた。講和独立後の昭和28年（一九五三）から、新憲法の第七条一〇項にいう国事行為の「儀式」として**新年祝賀の儀**と名づけられ、戦前の内容を相当に改めた儀式が、今も行われている。

すなわち、戦前の拝賀の儀にあたるのは、元日午前10時、燕尾服に最高の勲章をつけた天皇と、ローブ・デコルテにティアラなどをつけた皇后に対して、まず宮殿松の間で、皇族関係者・内閣関係者・国会関係者、ついで竹の間において裁判所関係者、つぎに再び松の間で認証官と各省庁の事務次官および全国都道府県の知事・議長、さらに午後2時半から松の間で各国大使公使（配偶者同伴）などが、六組に分かれて各代表から順に新年の祝賀を述べる。

2日は午前と午後に**一般参賀**が行われる。これは昭和23年（一九四八）から始まった新年祝賀に記帳のため皇居へ集まった一般国民に対して、昭和天皇が宮内庁庁舎の屋上より手を振り応えたことに由来する。同44年（一九六九）からは、新宮殿の長和殿ベランダに天皇・皇后と皇太子以下の成年皇族が立ち、一般参賀者は二重橋を渡って宮殿東庭に並び、天皇の「お言葉」に対し、万歳三唱で祝意を表す。

②紀元節の儀

2月11日午前、文武高官・有爵者など、および外国交際官が宮殿の宴会場に参集し、正装の天皇が出御して（供奉者は拝賀の儀と同様）、勅語を読みあげると、内閣総理大臣と外国交際官代表が奉対文を読み、その後、別室において諸員に膳・酒が振る舞われる**宴会の儀**がある。他方では、文武高官・有爵者など（宴会に招待されない者）が参内して着到の名簿に署名する**参賀の儀**もあった。

③天長節の儀

明治期には11月3日、大正期には10月31日（御誕生日の8月末が暑中のため祝日は二か月後）、昭和期には4月29日に行われてきた。天長節祝日には、「大元帥」の観兵式も行われた。

④明治節の儀

昭和2年（一九二七）から加えられた。参賀の儀と宴会の儀は②紀元節の儀と同様である。

この②③④の三節は、戦後の「国民の祝日に関する法」（祝日法）により根本的に改変された。とくに②紀元節は、いったん廃止され、昭和41年（一九六六）から**建国記念の日**と称する祝日になった。また④明治節も、「祝日法」で**文化の日**とされ、明治天皇と関係のない祝日となった。そのため、両方とも皇室の恒例儀式には入っていないが、宮中では2月11日に**臨時御拝**の祭典を続けている。

さらに③天長節は、「祝日法」で**天皇誕生日**と改称され、新年祝賀の儀に近い形で行われている。すなわち、当日午前9時から天皇が宮中三殿を巡拝する**天長祭**がある。そのあと、宮殿松の間で成年皇族や三権（行政・立法・司法）の代表者などから祝賀を受ける。それに続いて豊明殿で全閣僚・衆参両院の国会議員、各省の事務次官・全国都道府県の知事および各界の代表者を招いて酒饌（蒲鉾・若鶏・鯛・加薬御飯の入った折箱と日本酒など）を供する。午後には各国大使を招き茶会を催す。その間に午前と午後、正月2日と同様の**一般参賀**が行われる。

⑤帝国議会開院式

国会への臨席は、明治23年（一八九〇）11月29日、第一回の開院式以来、戦後も励行されている。天皇は皇居から公式鹵簿《ろぼ》（行列）を整えて貴族院へ行幸し、両院議員の奉迎する式場に臨み、内閣総理大臣より勅語を受け取り、みずから朗読した。

戦後も、新憲法の第七条に、象徴天皇の国事行為として「国会を召集すること」が定められている。また、国会の開会式には、象徴として臨席するため参議院に行幸し、「お言葉」をみずから朗読して、主催者の衆議院議長に渡す。

⑥帝国議会閉院式

天皇の臨御がなく、内閣総理大臣が勅語書を捧読した。戦後はその代読も行われない。

⑦親任の儀・親補《しんぽ》の儀

旧憲法下で親任官・親補職の任命にあたって、親任・親補の勅語があり、官記（親署）・職記が授けられた。

⑧位《い》階《かい》親授《しんじゆ》の儀・⑨爵記《しやつき》親授の儀・⑩勲章親授の儀

正従一位の位記《いき》と公侯伯子男の爵記、および勲一等功二級以上の勲記（いずれも親署）が、天皇親臨のもと、宮内大臣から位記・爵記を、また総理大臣から勲記を、それぞれ授けられた。勲二等功三級以上の勲記（親署）も、宮中で賜授された。

⑪軍旗親授の儀

「大元帥」として正装（軍服）に勲章をつけた天皇から、連隊長に軍旗を授け勅語があった。

⑦〜⑪の親任・親授の儀は、戦後の新憲法下で趣旨が一変し、象徴天皇の国事行為として定められる特別官職を任命・認証する儀式が行われる。

まず総理大臣と最高裁判所長官の**親任式**は、宮殿（正殿松の間）で天皇から任命する旨の「お言葉」がある。首相には前首相から官記（親署）が渡され、また長官には首相から任命書が渡される。

また**認証官**の国務大臣・副大臣、内閣官房副長官、宮内庁長官・侍従長、人事官、検査官、公正取引委員長、最高裁判所判事・高等裁判所長官、検事総長・次長検事、検事長および特命全権大使・公使などの**認証官任命式**は、それぞれ天皇の前で首相から官記を授けられる。

昭和39年（一九六四）復活した**生存者叙勲**は、毎年春秋に二回ある（近年は4月29日と11月3日に公表される）。そのうち、勲一等以上の**親授式**は、5月中旬と11月中旬、燕尾服に大勲位菊花章などを付けた天皇がみずから勲章を授け、首相から勲記（親署）を渡す。別格の**文化勲章**も、平成9年（一九九七）から親授とされ、11月3日（文化の日）に天皇から勲章と勲記が渡される。その一両日後、受章者と文化功労者を招き、懇談のあと会食する。

また勲二等は、宮殿で首相から勲章と勲記を渡される。それを、控えの間で着用し、代表者が天皇に御礼を述べ、天皇から「お言葉」がある。さらに勲三等以下は、各省庁で各大臣・長官から勲章を渡されると、省庁別に参内して御礼を述べ、天皇から「お言葉」がある。

⑫信任状捧呈式

外交関係のある各国から来任する特命全権大使（公使）が、その国の元首より日本国の天皇にあてた信任状を捧呈する儀式。新任大使（公使）は宮中差し廻しの儀装馬車に乗って参内し、天皇の前に進み出て信任状を捧呈する。天皇はそれを受け取って外務大臣に渡し、歓迎の「お言葉」がある。なお**解任状**は、新任大使が前任大使から託されて、みずからの信任状とともに捧呈する。

これらの捧呈式は戦後も、新憲法第七条に天皇の国事行為として「外国の大使及び公使を接受すること」が定められているので、昭和27年（一九五二）の講和独立後、ほぼ従来どおり行われている。しかも、その後（着任から一年か二年たつと）、順次宮中へ招かれる。とくに新任の時は夫妻で午餐か茶会に招かれる。［所］

[42] 近現代の皇室関連事件

中川宮反逆陰謀事件

中川宮（のち久邇宮《くにのみや》朝彦《あさひこ》親王、香淳《こうじゅん》皇后の祖父）が幕末維新の慶応4年（一八六八）に、徳川慶喜と謀り幕府再興を企てたという嫌疑で広島藩に幽閉された事件。冤罪《えんざい》に近かったが、中川宮には[121]孝明《こうめい》天皇毒殺犯の噂もあった。

一高不敬事件

明治24年（一八九一）1月9日、東京本郷の第一高等中学校の嘱託教員でありキリスト教徒であった内村鑑三が、教育勅語に最敬礼をしなかったために、生徒、同僚らが非難し、体調を崩していた内村は依願解職した。

久米《くめ》邦武《くにたけ》筆禍事件

岩倉具視《ともみ》の米欧視察に随行して『米欧回覧実記』を著した久米邦武は、史家としての業績を重ね、帝大教授、史誌編纂委員などをつとめた。明治24年（一八九一）には『史学会雑誌』に「太平記は史学に益なし」「神道は祭天の古俗」などを発表。後者は、神道は宗教ではなく、東洋の天を祭る古い習俗の一つにすぎないとしたものであるが、翌年、田口卯吉主宰の『史海』に転載したところ、神道家たちに皇室と皇室の祖先を侮辱するものと攻撃され、久米は非職を命ぜられた。

田中正造直訴事件

明治34年(一九〇一)12月10日、足尾銅山の鉱毒被害を訴えてきた田中正造が、明治天皇に直訴《じきそ》した事件。正造は拘束されたが、不問のまま釈放。

大逆事件

明治43年(一九一〇)5月の職工宮下太吉の爆弾製造所持事件をきっかけとして多くの社会主義者が検挙され、天皇暗殺計画容疑の大逆罪で二六名が起訴された。非公開裁判の結果、幸徳秋水ら一二名が処刑された。

皇太子洋行反対運動

大正9年(一九二〇)から翌年にかけて、皇太子裕仁《ひろひと》親王の欧州外遊計画がもちあがった。皇太子妃内定を取り消す(宮中某重大事件)ため元老の山県有朋が洋行を勧めたともいわれる。騒ぎとなったが、結局、皇太子は大正10年3月に欧州歴訪に出発、9月に無事帰国した。

虎ノ門事件

大正12年(一九二三)12月27日、東京虎ノ門で、帝国議会開院式出席の自動車中の皇太子裕仁親王が狙撃された。弾丸はわずかにはずれ、犯人の難波大助はその場で逮捕され、非公開裁判で死刑となった。

二重橋爆弾事件

大正13年(一九二四)1月5日、朝鮮独立運動家の金祉燮《キムジソプ》が二重橋で職務質問され、警察と近衛兵に爆弾を投げつけ、逮捕された。

水平社員の直訴

昭和2年(一九二七)11月19日、全国水平社員であった北原泰作二等兵が軍隊内の差別撤廃を求め、陸軍大演習の観兵式の際に銃剣を手にしたまま天皇に直訴状を差し出した。北原は軍法会議で懲役一年の刑となった。

統帥権干犯問題《とうすいけんかんぱん》

昭和5年(一九三〇)に調印されたロンドン海軍軍縮条約は、第五八特別議会で野党である政友会から「統帥権干犯」と攻撃され、倒閣運動に発展した。『大日本帝国憲法』では軍の統帥権は天皇にあったが、部隊や予算の編成権に関する輔弼《ほひつ》は国務大臣なのか軍の統帥部なのかが判然とせず、このため補助艦の対米比率に不満を持つ海軍軍令部や枢密院を巻き込んだ騒動となった。結局、条約は締結されたが、首相浜口雄幸《はまぐちおさち》(民政党)は東京駅で右翼に狙撃されて重傷を負い、その後死亡、内閣も倒壊した。

桜田門事件

昭和天皇は、昭和7年(一九三二)1月8日の陸軍始観兵式から帰る途次、桜田門外の沿道から手投弾を投げつけられたが、前方の馬車にあたり無事であった。犯人の李奉昌《りほうしょう》（イ・ポンチャン）は大逆罪で死刑となった。

天皇機関説事件

昭和10年（一九三五）に貴族院議員の美濃部達吉が天皇機関説論者として軍部や右翼から糾弾され、在郷軍人会などが全国で国体明徴運動を展開し、政府に機関説を否定させ、美濃部を議員辞職に追い込んだ。

二・二六事件

昭和11年（一九三六）2月26日、「昭和維新」の名のもとに軍部内閣樹立による国家改造をめざした皇道派青年将校らが、首相官邸や内大臣私邸などを襲い、重臣らを殺害した。信頼する側近を殺害された昭和天皇の怒りは激しかった。また皇弟の秩父宮雍仁《ちちぶのみややすひと》親王が関与したという風評も立った。

島津治子《はるこ》の不敬

昭和11年（一九三六）8月26日、元東宮女官長であった島津治子は、二・二六事件の根本原因は秩父宮擁立運動なりなどの「神託」をなし、皇室や皇族を「冒瀆」したとして、警視庁に検挙された。

「玉音」盤奪取事件

昭和20年（一九四五）8月14日深夜から15日にかけて、日本降伏に反対する陸軍将校たちは、クーデター決行のため近衛師団長の中将森赳《たけし》を殺害し、翌日、ラジオ放送予定の「終戦の詔書」の「玉音（天皇の肉声）」盤を奪取しようとしたが、失敗した。

熊沢天皇騒動

昭和21年（一九四六）1月、名古屋で雑貨商を営み、南朝の末裔を自称していた熊沢寛道が、上京して皇室の正系を宣言した。米軍の『スターズ・アンド・ストライプス』などにも紹介され、昭和26年（一九五一）には、現天皇不適格の提訴をするが、却下された。

赤旗皇居進入とプラカード事件

昭和21年（一九四六）5月12日、東京世田谷の「米よこせ区民大会」に参加した主婦たちを先頭にした一五〇〇名のデモ隊が、天皇の献立の公開を要求して、赤旗とともに坂下門をくぐって、皇居の大膳（厨房）にある食材を直に見た。その一週間後の5月19日の飯米獲得人民大会では、「国体はゴジされたぞ　朕はタラフク　食ってるぞ　ナンジ人民　飢えて死ね　ギョメイギョジ」のプラカードが掲げられ、主謀者が不敬罪で起訴されたが、新憲法公布による大赦令で免訴された。

京大行幸事件

昭和26年（一九五一）11月12日、全国行幸の一環として京都大学を訪問した天皇は、戦争責任を問う二〇〇〇名を超す学生たちの騒然たる雰囲気に迎えられた。警官隊が学生を排除し、京大当局は八名の学生を無期停学処分とした。

二重橋事件

講和条約締結後、日の丸や神社への崇敬が復活しはじめた昭和29年（一九五四）1月2日、皇居の一般参賀に当時最高の人出となる三八万人が押し寄せた。皇宮警察と丸の内署で警備にあたったが、参賀客が二重橋上で将棋倒しとなり、死者一六名、重軽傷者六九名を出した。

成婚パレード投石

昭和34年（一九五九）4月10日、皇太子明仁《あきひと》親王夫妻の成婚パレードが二重橋から祝田橋に向けて右折した直後、巨額の東宮御所新築費に反発した少年が群衆の中から飛び出て投石、一つ目ははずれ、二つ目が馬車に当たった。少年は逮捕された。

風流夢譚《ふうりゅうむたん》事件

嶋中《しまなか》事件とも。昭和36年（一九六一）2月1日、『中央公論』に掲載された深沢七郎の『風流夢譚』が皇室を侮辱するものであるとして、激昂した右翼少年が中央公論社社長夫人に重傷を負わせ、女子使用人を刺殺した。以後、天皇批判の言動をタブー視する傾向が強まった。

歌会始盗作

昭和37年（一九六二）度の歌会始に入選した応募歌が盗作と判明し、前年度の入選作にも盗作があることがわかった。宮内庁は募集要項を厳格にしたが、翌年（一九六三）度の入選作にも盗作が出た。

『美智子さま』執筆中止

昭和38年（一九六三）3月、宮内庁は『平凡』に連載中の小山いと子の『美智子さま』が興味本位で好ましくないと、中止を求め、連載は中止された。

島津貴子誘拐未遂

昭和38年（一九六三）10月26日、昭和天皇五女で島津久永夫人となった貴子を誘拐し、五〇〇〇万円の身代金を要求する計画が事前に発覚した。

パチンコ玉事件

昭和44年（一九六九）1月2日昭和宮殿竣工後、初の皇居一般参賀で、戦時中に捕虜経験のある奥崎謙三は、ニューギニアで戦死した戦友「ヤマザキ」の名を呼び、「天皇を撃て」と叫んで、手製のパチンコ銃を天皇に向けて撃った。事件後、防弾ガラスが長和殿中央部に設置された。その後、奥崎は天皇もひとりの人間に過ぎないと、昭和51年（一九七六）4月25日、休日の歩行者天国で賑わう銀座、渋谷、新宿の各デパートの屋上から天皇一家をコラージュしたビラをばらまいた。

葉山御用邸放火

昭和46年（一九七一）1月27日、神奈川県葉山町の御用邸が全焼。当初、出火原因が不明であったが、二〇歳の会社員が自首して放火を自供した。

お召し列車爆破未遂と皇居攻撃

昭和49年（一九七四）8月14日、新左翼過激派の「東アジア反日武装戦線」は那須から帰京する予定のお召し列車を爆破しようとしたが、警戒が厳しく失敗した。この時に準備された爆弾は同月30日に三菱重工ビル爆破に使われ八人の死者を出した。昭和50年（一九七五）9月20日には、天皇訪米に反対する共産主義者同盟戦旗派が東宮御所に火炎瓶を投げつける事件があった。さらに昭和56年（一九八一）5月20日には、皇居乾門近くの路上で皇居火炎放射襲撃未遂事件が起こり、革労協（革命的労働者協会）が犯行声明を出した。昭和57年（一九八二）5月7日には沖縄復帰一〇周年記念式典粉砕を主張する中核派が、二重橋前広場の交差点に停めたトラックを時限装置で皇居に向けて炎上発進させた。昭和62年（一九八七）8月27日には、昭和天皇の沖縄訪問に反対する中核派が、神田猿楽町の路上に停めた保冷車から五発のロケット弾を発射させ、二発が皇居隣接地で炸裂する事件が起きた。

ひめゆりの塔事件

昭和50年（一九七五）7月17日、沖縄を訪問した皇太子明仁《あきひと》親王夫妻が、「ひめゆりの塔」前で、火炎瓶を投げつけられた。

東久邇《ひがしくに》稔彦《なるひこ》ニセ婚姻届

昭和55年（一九八〇）3月、旧皇族の東久邇稔彦は、北白川宮成久《なるひさ》王の落胤と称する増田きぬが勝手に婚姻届けを出していたとして提訴した。

寛仁《ともひと》親王皇籍離脱発言

昭和57年(一九八二)4月、寛仁親王(三笠宮第一男子)は深夜、宮内庁に電話で「皇族をやめたい」ともらした。

御名御璽《ぎょめいぎょじ》事件

人々に踏まれることを意図して、天皇の写真などを印刷したビラを、昭和60年(一九八五)の元日に配布する計画が発覚。御名御璽偽造として家宅捜査を受けたが、裁判では偽造にあたらないとされた。

長崎市長襲撃

平成2年(一九九〇)1月18日、長崎市長本島等が至近距離で撃たれたが、一命をとりとめた。市議会で天皇に戦争責任があると答弁したことへのテロ。　[小田部]

［43］皇室と福祉的事業

皇室と福祉との関わりは、古来のもので、古代律令制度下では光明《こうみょう》皇后が悲田院《ひでんいん》や施薬院《せやくいん》を設置して貧窮者、病者、孤児らを救済したことはよく知られる。これらの慈善救済事業は仏教の福田《ふくでん》思想に基づくもので、公的扶助というよりは私的な信仰の所産といえる。

もちろん、中国・唐の貧窮制度と儒教思想の影響を受け、古代律令制下において、「鰥寡《かんか》　孤独　貧窮　老疾　自存すること能はざる者」、つまり「鰥寡孤独」（妻を失った男、夫を失った女、父のない子、老いて子のない者など、みよりのない人びと）、貧窮者、「老疾」（老いて病気にかかった者）など、自分で生存する力のない者たちは救済されるべき対象とされていた。これらの人びとに思いを致すことが天皇の仁政であった。

中世から近世にかけて、皇室が政治的権力を失った時期には、権力者や宗教家たちの私的な慈愛と地域共同体における相互扶助がなされていた。そして江戸幕府の経済的矛盾が深刻化すると、「**御所千度参り**」のような朝廷の慈愛を求める動きも生まれた。

近代に入って、明治7年（一八七四）12月8日、「救恤規則《きゅうじゅつきそく》」が制定され、明治維新後の救済制度の根幹となった。しかし、その救済の原則は、古来同様、家族や隣人による私的な相互の情宜に求め、公の救済対象は「無告《むこく》（頼るところのない）」の窮民に限定されていた。そうした中で、天皇皇后の個人的な慈善や経済的援助が、明治期以後の皇室の福祉救済事業の骨格となっていった。また、幕末維新以来の相次ぐ戦乱は多くの死傷者を生み、戦病死者や遺家族の援護が重要課題となった。日清戦争後の対外戦争の中で、日本赤十字社や愛国婦人会などが皇室の軍事救護活動の中心となった（→［39］）。

現在の皇室は、パラリンピック、アニマルセラピー（動物介在療法）、手話、盲導犬育成などの普及に大きな役割を果たしている。

悲田院《ひでんいん》
福田《ふくでん》思想に基づく貧窮者救済施設。福田とは、田が作物を生ずるように供養する仏教の教えで福徳を生ずる対象を指す。三福田、八福田などがあり、三福田の場合、敬田（三宝［仏、仏の教え、僧］）、恩田（父母）、悲田（貧苦者）の三田をいう。聖徳太子創建伝説もあるが、養老7年（七二三）の興福寺悲田院が最初とされる。

施薬院《せやくいん》

貧しい病人に施薬や施療をし、孤独な老人や幼児も収容した施設。天平2年（七三〇）に光明《こうみよう》皇后が創建したことで知られ、平安期に衰退したが、豊臣秀吉が再興した。享保7年（一七二二）に江戸幕府が小石川に設けた養生所も施薬院として機能した。

御所千度参り

天明7年（一七八七）の天明大飢饉により全国的な一揆や打ちこわしが起きた際に、京都のみならず大坂や近江など近在の老若男女が、貴賤の別なく毎日のように御所の築地をとりまいてお参りをはじめた動き。その数は二か月で数万人にのぼり、後桜町上皇の配慮で三万個のリンゴが配られたとか、酒やところてんなどの物売りだけで何百人も集まったという。有栖川宮《ありすがわのみや》家では茶所の接待をしたりした。御所千度参りの背景には、朝廷の仁政への期待があった。江戸幕末の政治的混乱の中で幕府の救済機能が低下すると、皇室の慈愛と救済を求めはじめる人も増えたのである。朝廷側もこうした動きを受けて幕府に「施し米」などの救済策を申し出た。

日本赤十字社

スイス国籍のアンリ・デュナンが一八五九年のソルフェリーノの戦いの後に、敵味方の区別なく傷ついた人びとを救護したことにはじまる。日本では、明治10年（一八七七）の西南戦争時に設立された博愛社が日本赤十字社の母体となった。篤志看護婦人会設立、看護婦養成所開設のほか、明治21年（一八八八）の磐梯山《ばんだいさん》噴火、明治27年（一八九四）の日清戦争、明治37年（一九〇四）の日露戦争に、救護班を派遣して傷病者の援助をした。なかでも、日露戦争では、七万人のロシア人捕虜を厚遇し、義眼、義手、義足などを給与したといわれる。

皇室と密接な関係があり、初代総裁有栖川宮熾仁《ありすがわのみやたるひと》親王をはじめ歴代総裁は皇族が就任した。毎年の総会には皇后美子《はるこ》が出席し、昭憲《しょうけん》皇太后基金などの財政援助もなされた。現在も、慈善災害援助などを行い、名誉総裁に皇后美智子《みちこ》、名誉副総裁に皇太子徳仁《なるひと》親王らの名がある。

明治天皇の救済事業

明治天皇は、統治者の務めとして、老人や孤児、障害者などへの慈愛と援助を施し、一〇〇歳以上の者に金品を与えたり、福田会育児院や貧民医療の済生会を援助したり、京都盲唖院《もうあいん》や京都癲狂院《てんきょういん》（精神病院）などに皇族を派遣したりした。災害対策にも熱心であり、火災、風水害、地震、噴火、海嘯《かいしょう》、事故、凶作などの災害に救恤金を給付した。『明治天皇紀』によれば、明治26年（一八九三）に天皇は「学術的研究に因《よ》りて噴火、天《てん》地震等を予知すること能《あた》はずや」と侍従に聞いている。病気予防への関心も高く、天然痘《ねんとう》、コレラ、ペスト、ハンセン病などへの対策を徹底させていた。

昭憲皇太后と貞明皇后の救済事業

昭憲皇太后（皇后美子）や貞明皇后（皇后節子《さだこ》）も、国家の「母」たる慈愛を示した。明治から昭和の戦前にかけて、棄児や迷児などの救済施設である東京養育院を行啓したり、下賜金を与えたりしている。東京慈恵医院にも頻繁に行啓し、病院増築や患者への賜物などの支援を行った。こうした慈愛活動に、宮中の女官や宮内省の官僚たちも協力し、寄付金などを出しあったりもした。なかでも、貞明皇后のハンセン病への関わりは有名であり、かつて誕生日の6月25日は「癩《らい》予防デー」として、ハンセン病患者への関心を高める日でもあった。現在では「ハンセン病を正しく理解する週間」として、ハンセン病への差別や偏見のない社会を作るための運動がなされている。

昭憲皇太后基金

明治45年（一九一二）、昭憲皇太后（明治天皇の皇后）がワシントンで開かれた第九回万国赤十字総会に際し、一〇万円（現在の価値で三億五〇〇〇万円）を「平時救援事業奨励金」としたものを基にしている。赤十字活動は戦時ばかりでなく、平時でも福祉活動をするようにとの意味が込められていた。その後も貞明皇后（大正天皇の皇后）はじめ代々の皇后や、政府および趣旨に賛同している民間の人々などが基金を続けている。基金は赤十字社合同委員会が管理、その運用収益が大正10年（一九二一）以来、昭和19年（一九四四）を除き毎年配分され、平成30年（二〇一八）までに合計約一五億四〇〇〇万円が一六六の国と地域に配分された。

藤楓《とうふう》協会

昭和26年（一九五一）6月13日に貞明皇后から癩予防協会に遺贈された基金をもとに設立された救癩《きゅうらい》事業財団。初代総裁は高松宮《たかまつのみや》宣仁親王。昭憲皇太后のお印「若葉」にちなんだ「楓」と、貞明皇后のお印「藤」から、藤楓協会と命名された。

恩賜財団済生会病院

明治44年（一九一一）5月30日に明治天皇の済生勅語により、下賜金と民間寄付とで設立された貧民医療のための病院。昭和27年（一九五二）に社会福祉法人となる。

母子愛育会

昭和8年（一九三三）の明仁親王誕生を記念して、児童と母性の養護教化のために設立。昭和天皇から七五万円の下賜金があり、昭和9年（一九三四）4月29日の天長節に発会式がなされた。総裁には久邇宮妃俔子《ちかこ》が就任。昭和14年（一九三九）に、愛育病院の前身である愛育医院（小児科）を開院した。戦後は昭和23年（一九四八）に三笠宮妃百合子を総裁とし、昭和44年（一九六九）には皇太子妃美智子作曲の「おもひ子」が下賜される。昭和59年（一九八四）には昭和天皇臨席のもとに創立五〇周年、平成16年（二〇〇四）には天皇・皇后臨席のもとに創立七〇周年の記念式典が、それぞれ開催された。平成18年（二〇〇六）9月6日、秋《あき》篠宮妃紀《しののみやひき》子《こ》は、東京都港区の愛育病院にて長男の悠仁《ひさひと》親王を出産した。

パラリンピック

四年に一回、オリンピック開催地で行う国際身体障害者スポーツ大会であり、昭和35年（一九六〇）のローマ大会直後に第一回が開催された。はじめは脊椎損傷者だけであったが、近年は肢体不自由、視覚障害者なども参加している。平成の天皇（上皇）と皇后（上皇后）は昭和39年（一九六四）の東京オリンピック大会以後、パラリンピックに関わり、全国身体障害者スポーツ大会の普及などにつとめてきた。また、平成の皇太子妃（新皇后）雅子《まさこ》はアニマルセラピーに、秋篠宮家では紀子妃、眞子・佳子両内親王が手話に高い関心を持っている。黒田清子《さやこ》も内親王（紀宮《のりのみや》）時代に盲導犬育成に尽力している。守谷絢子も女王（高円宮）時代に保育士と社会福祉士の資格を取得している。

［高橋・小田部］

4 現代の皇室

[44] 天皇と現行法

戦前の法体系は二元的に構成されており、国務法としての憲法と宮務法ともいうべき『皇室典範』は同等の根本法であった。「皇室典範の改正は帝国議会の議を経るを要せず」(『大日本帝国憲法』第七四条)とされ、典範は皇室みずからのことを制定するもので、議会が介入する余地はなく、それを**皇室自律主義**といった。

昭和22年(一九四七)5月3日に施行された『日本国憲法』は、前文と一一章一〇三条から成っている。その第二条に「国会の議決した皇室典範」とあり、憲法は**最高法規**で皇室典範はその下位法になった。法律名が戦前と同じなのは、「一般の法といふ言葉より何となく荘重に聞こえる」(貴族院国務大臣金森徳次郎、昭和21年〈一九四六〉12月18日答弁)という理由からである。

天皇、皇室に関する条項は、第一章の第一条から第八条および第八八条で、天皇は「日本国の象徴」「日本国民統合の象徴」であり、その地位は「主権の存する日本国民の総意に基く」と、『大日本帝国憲法』の天皇主権から**主権在民**に大きく転換し、天皇は政治的権能を持たない象徴的な存在になった。

【憲法の成立過程】

ポツダム宣言の受諾は、日本が民主的な国家になることを意味しており、憲法の改正を求められた。昭和20年(一九四五)10月9日、幣原《しではら》喜重郎内閣が成立し、憲法問題調査委員会(委員長松本烝治《まつもとじょうじ》)が設置され、翌21年2月8日「憲法改正要綱」(松本案)を連合国軍総司令部(ＧＨＱ)に提出した。しかし、天皇条項などは明治憲法と趣旨が同じで旧態依然としたものだったため、ＧＨＱは認めず、2月13日ＧＨＱが作成した英文の憲法草案を示した。

日本側は**象徴天皇**(草案第一条)、戦争放棄(同第八条)、典範が憲法の下に置かれること、一院制の採用など、想像もしなかった条文があることに驚き、首相幣原、外相吉田茂《よしだしげる》らは内容の変更を要求して、極秘にＧＨＱと交渉を進めた。しかし、「一条と八条の変更は認められない」と強硬だった。占領統治に有効な天皇制度の温存を図ろうとするマッカーサーは、天皇が単なる象徴であり、戦前のように権力をもたないこと、日本が戦争を放棄し、軍隊を保持しないと規定している。だから、天皇を訴追しなくてもよいという論理であった。天皇の戦争責任不問と戦争放棄をセットにして連合国側に示し、天皇戦犯論に傾いているオーストラリアやソ連を牽制して中央突破を図ったともいえる。

GHQ案には、高野岩三郎《たかのいわさぶろう》、鈴木安蔵《すずきやすぞう》らの憲法研究会が作成した「憲法草案要綱」の影響も見られる。そこには「日本国の統治権は日本国民より発す」、「天皇は国政を親《みずか》らせず」などとある。政府はGHQ草案に基づいて3月6日「憲法改正草案要綱」を発表、6月20日、第九〇帝国議会に提出し、衆議院、貴族院で審議された。枢密院の諮詢《しじゅん》を経たうえで、天皇の裁可を得て11月3日に公布した。

象徴天皇

「象徴」という言葉は、英国の思想家ウォルター・バジョット（一八二六〜七七）の著作に、英国王は a symbol of national unity とあるのが淵源ではないか、という見方がある。しかし、天皇は日本民族の象徴であるという概念は、戦前から里見岸雄《さとみきしお》、津田左右吉《つだそうきち》らが述べている。また新渡戸《にとべ》稲造、植原悦二郎らは英語の論文で、天皇は日本国民の symbol と書いており、それに学んだ米国の日本研究者らは、天皇は日本の象徴であるとみていた。

米国務省やGHQ案をつくった民政局（GS）の中などで象徴という言葉は、一般的に使われていたという証言がある（二〇〇五年、参院憲法調査会でGHQの担当者）。戦前四回来日したマッカーサーの副官ボナ・フェラーズ（一八九六〜一九七三）のメモ（一九四五年10月2日）や、マッカーサーの陸軍参謀総長宛の書簡（一九四六年1月25日）でも、「天皇は国民統合の象徴」とある。GHQ案の情報は、昭和20年（一九四五）大晦日に民間情報教育局（CIE）から天皇側近に届いていた。そこには天皇制度を存続するが、天皇は政治と分離する、皇室財産の国有化、皇室予算は国会で審議する——などと記されていた（木下道雄『側近日誌』）。

元首

『大日本帝国憲法』第四条には「天皇は国の元首にして統治権を総攬し」とある。元首とは国土・国民を統治する行政権の首長で、国を代表して対外代表権を持つとされ、この通りなら象徴天皇は元首といえない。しかし、「ごく一部だが外交関係で国を代表する面を持っているから、元首といっても差し支えない」（昭和63年〈一九八八〉10月11日、参院内閣委、政府答弁）という。**皇室外交**（国際親善）では、天皇が国を代表するかたちで元首を接遇し、外国訪問でも元首として扱われている。外交関係を処理するのは内閣だが、大使・公使の信任状は元首から天皇に対して出され、着任すれば天皇に捧呈される。また、代替わりの諸儀式には、世界各国から元首や代表が参列した。こうした事実の上に立って、政府は「元首」と見て差し支えないとする見解がある。

国事行為

憲法に規定される行為で、国家機関（日本国の象徴）としての立場で行われる。第六条の内閣総理大臣、最高裁判所長官の「**任命**」をはじめ、第七条に①憲法改正、法律・政令・条約の公布②国会の召集など一〇項目がある。第四条二項の国事行為の委

表1　皇室法の体系　※衆議院憲法調査会事務局作成『象徴天皇制に関する関係法規集』より作成。表中**太字**は国事行為

日本国憲法 条	号	各条号の規定する内容	附属法規等（条番号）
一		天皇の特殊の地位	皇室典範（九、一〇、二二、二三、二四～二七）、刑法（二三二）、国民の祝日に関する法律（二）、皇統譜令、皇族の身分を離れた者及び皇族となった者の戸籍に関する法律
二		皇位の継承	皇室典範（一～四、九、二四、二五）、元号法、皇統譜令、相続税法（一二）
三		天皇の国事行為に対する内閣の助言と承認	
四		天皇の権能	請願法（三）
		国事行為の委任	国事行為の臨時代行に関する法律
五		摂政	皇室典範（一六～二一）
六		**内閣総理大臣の任命**	
		最高裁判所長官の任命	裁判所法（三九）
七	一	**憲法改正、法律、政令及び条約の公布**	
	二	**国会の召集**	国会法（一～二の三）
	三	**衆議院の解散**	
	四	**国会議員の総選挙の施行の公示**	公職選挙法（三一、三二）
	五	**国務大臣その他の官吏の任免の認証**	内閣法（一四）、国家行政組織法（一六）、内閣府設置法（五九）、裁判所法（三九、四〇）、検察庁法（一五）、私的独占の禁止及び公正取引の確保に関する法律（二九）、宮内庁法（八、一〇）、外務公務員法（八）、国家公務員法（五）、会計検査院法（四）
		全権委任状等の認証	外務公務員法（一一、九）
	六	**恩赦の認証**	恩赦法、大赦令、減刑令、復権令、公務員等の懲戒免除等に関する法律
	七	**栄典の授与**	位階令、文化勲章令
	八	**批准書その他の外交文書の認証**	外務公務員法（九）、外国の領事官に交付する認可状の認証に関する法律

	九	外国の大使及び行使の接受	
	一〇	儀式の主宰	
八		皇室の財産授受	
八八		皇室財産及び皇室の費用	皇室経済法、皇室経済法施行法、国有財産法(三、一三)、所得税法(九)

任を加えた一三項目が天皇の国事行為で、内閣の助言と承認を必要とし、内閣がその責任をおう（表1）。毎週二回の閣議後、国事行為一三項目に該当する書類を決裁するのが日常的な公務の中心になる。表1の七条の一～四号に関する書類には「御名・御璽」、六条と七条の七・九・一〇号に関する書類には「可」の印、七条の五・六・八号に関しては「認」の印、四条の「国事行為の委任」には「覧」の印が押される。

公的行為

天皇が「日本国民統合の象徴」として幅広く行う。「範囲を決めるのは困難」（昭和50年(一九七五)衆院内閣委、法制局答弁）であるが、国体、植樹祭などの行幸、国際親善、国会開会式でのお言葉、歌会始《うたかいはじめ》、園遊会などきわめて多岐にわたる。昭和50年(一九七五)の衆院内閣委で政府は①政治的な意味ないし影響を持つものが含まれない②内閣が責任をとる③象徴たる地位に反するものではないこと――とし、責任の最終所在は内閣にあると答弁している。**公務**とは主に国事行為と公的行為をさすが、音楽、演劇、絵画展なども主催者からの要請があれば公務として出る。

祭祀行為

天皇が宮中三殿（賢所《かしこどころ》・皇霊殿《こうれいでん》・神殿《しんでん》）と隣接の神嘉殿《しんかでん》および歴代天皇の陵所などで行う恒例・臨時の祭祀。そのすべてが神道方式をとるので、憲法上の政教分離原則により私的行為とされるが、個人的な祈願ではなく、国家・国民統合のために祈願する（↓別巻［47］）。

権威と権力

『日本国憲法』第四条で天皇は「国政に関する権能を有しない」とされた。天皇は政治に影響を及ぼし、関与してはならないという意味で、天皇と政治を明確に切り離した規定である。平安時代の朝廷政治は摂政関白や上皇が主導権をもち、鎌倉以降は幕府が実権を掌握していた。天皇の権威と摂関・幕府の実権が分離されている。奈良時代までを別にすれば、天皇の不親政が長く続いた。承久の乱の後鳥羽《ごとば》上皇、天皇親政を図って鎌倉幕府に挑んだ建武新政の96後醍醐《ごだいご》天皇など、権力を直接行使した天皇はごく少数である。

皇室典範

皇室に関係ある諸事項を規定する法律。現行の『皇室典範』は全文五章三七条で、第一章皇位継承、第二章皇族、第三章摂政、第四章成年、敬称、即位の礼、大喪の礼、皇統譜及び陵墓、第五章皇室会議——から成っている。旧典範の全文一二章六二条に比べ簡素化されているのは、神器の継承、即位礼と大嘗祭、元号などの条文が削除され、財政関係は「皇室経済法」に、訴訟問題は一般法規に委ねたためである。政府の憲法改正作業に伴って新典範の制定作業が始まり、昭和21年(一九四六)9月27日、「皇室典範要綱（試案）」ができ、12月5日からの第九一帝国議会に上程され、12月24日の本会議で原案どおり可決された。昭和22年1月16日公布、憲法と同日に施行された。

摂政

「天皇が成年に達しないとき」（『皇室典範』第一六条一項）、「精神若しくは身体の重患又は重大な事故により」国事行為ができないとき（同条二項）は摂政《せっしょう》を置く。第一七条で定める有資格者と就任順序には女性皇族も含まれる。「重大な事故」とは、天皇が何らかの事態によって、長らく国事行為を行うことができないと判断された場合、憲法第五条で摂政は「天皇の名でその国事に関する行為を行ふ」。天皇の意思能力の有無が判断の基本とされる。

臨時代行法

憲法の第4条②に「天皇は、法律の定めるところにより、その国事に関する行為を委任することができる」とある。それに基づき「国事行為の臨時代行に関する法律」で全文六条、昭和39年(一九六四)施行された。「精神若しくは身体の疾患又は事故があるとき」、内閣の助言と承認により国事行為を皇太子以下（女性皇族も含む）に委任することができる。昭和46年（一九七一）秋の訪欧のとき、初めて皇太子に国事行為を委任した。天皇に意思能力がある場合は「代行」が置かれる。昭和天皇の病気の時は皇太子に委任され、天皇がまだ病中の昭和62年（一九八七）10月、代行の皇太子が米国を訪問した時は委任を解除し、改めて皇孫徳仁《なるひと》親王に委任している。

皇室会議

『皇室典範』第二八条から第三七条に依拠しており、皇位継承の順序変更、立后および皇族男子の婚姻、摂政の設置および廃止、摂政の順位変更を審議する。議員は一〇人で、皇族二人、衆参両院正副議長、内閣総理大臣、最高裁長官、同判事、宮内庁長官で構成される。ほかに予備議員一〇人を置く。第一回の皇室会議は一一宮家の皇籍離脱、二回目以降は皇族男子の婚姻、最近では「特例法」による天皇の退位時期が議題になっている。

退位規定

『皇室典範』に退位規定はない。天皇の地位は国民の総意に基づくものとされており、天皇個人の発意があっても退位できないと解される。

ただ、当時、もし天皇の退位意思が表明されたら、特別法を作って認めたらよいという意見もあった（宮内省文書課長だった高尾亮一公式報告「皇室典範の制定過程」）。平成28年（二〇一六）8月8日、天皇が退位の意向をにじませたビデオメッセージを公表し、それに大多数の国民が理解と共感を示したので、政府と国会で検討・審議を重ね、翌29年6月「天皇の退位等に関する皇室典範特例法」が制定された。その結果、同31年4月30日に高齢（85歳）を理由とする退位が実現可能になった（↓［47］）。

皇統譜

歴代天皇・皇后と皇族の身分などを記載してある皇室の特別な戸籍。**大統譜**と**皇族譜**に分かれ、天皇、皇后に関する事項は大統譜に、皇族譜は皇族に関する事項が記されている。正副二冊あり宮内庁書陵部、法務省がそれぞれ保管する。天皇の記載事項は、名、父、母、誕生年月日、時刻、場所のほか命名、践祚《せんそ》、元号および改元、即位礼、大嘗祭《だいじょうさい》、成年式、大婚のそれぞれ年月日、皇后の名、崩御年月日、時刻、場所。追号、追号勅定の年月日、大喪儀の年月日および陵所、陵名などである。

これらを定めた**皇統譜令**は大正15年（一九二六）に制定された（全文四二条）が、同名の現「皇統譜令」は昭和22年（一九四七）5月3日、政令として施行された。

内奏

内閣総理大臣、国務大臣が所管事項や、衆参両院議長が審議経過などについて、天皇に説明すること。国会法に「奏上」という表現はあるが、戦後は政治に関わらなくなったので、戦前「内々に申し上げること」という意味で使った内奏に言い換えた。政府は天皇の国政への影響力を意図するものではなく、象徴天皇の一般的知識や教養

を高める方法の一つとしている。内奏は天皇と大臣と二人だけで行われる。昭和48年

（一九七三）、**増原内奏事件**が起きた。防衛問題で昭和天皇に内奏した防衛庁長官増原恵吉《ますはらけいきち》は、天皇から「我が国の自衛力がそんなに大きいとは思わない」「旧軍の悪い所は真似せずしっかりやってほしい」と言われたと記者団に話し、更迭されたことがある。

大逆罪・不敬罪

戦前の刑法では、天皇、三后《さんこう》（太皇太后、皇太后、皇后）、皇太子、皇太孫に危害を加え、あるいは加えようとした者は死刑（第七三条）、皇族に危害を加えた者は死刑、加えようとしたものは無期（第七五条）とする**大逆罪**《たいぎゃくざい》の規定があった。天皇、皇族、神宮、陵墓に対し**不敬**の行為があったものは処罰された（第七四、七六条）。

しかし、GHQはこれらの条項の削除を命じた。首相吉田茂はあくまで存続させるようマッカーサーに直訴したが、「国家元首に対する犯罪を罰するにも、一般的な立法で十分」と退けられ、皇室に対する罪は一般市民に対すると同様に扱われた。ただ、名誉毀損《きそん》などの親告罪は、天皇、三后、皇嗣《こうし》に関しては内閣総理大臣が代わって告訴する（刑法第二三二条二項）。他の皇族は本人が告訴する。

国会開会式

戦前は「玉座」のある貴族院で行われたため、それを引き継ぎ参議院で行われている。旧憲法下では、勅語があって初めて議会が活動したが、現在は天皇の公的行為と

して行われている。昭和22年(一九四七)6月23日の第一回開会式では「朕」が「わたくし」に、第三回から「である」から「です、ます」と平易な表現になった。昭和25年(一九五〇)の第一五国会から「勅語」が「お言葉」になった。

天皇と人権

天皇、皇族も日本の国籍を有する日本国民であり、国勢調査では国民の一人として数えられる。ただ、皇位が世襲であることなどから、憲法第一一条の**基本的人権**を一般国民と同じように享有できるとは言えない。天皇は象徴という地位にあり、政治的権能を持たず、皇統譜が戸籍である。**選挙権**も**被選挙権**もないとするのが一般的な解釈である。皇嗣や他の皇族も天皇に準じると考えられる。すなわち皇族の政治活動も、中立性を保つ象徴の近親として制限され、選挙人名簿に登録されていない。公職選挙法の附則に「戸籍法の適用を受けない者の選挙権及び被選挙権は、当分の間、停止する」とある。

婚姻の自由も制限される。『皇室典範』第一〇条により、皇室会議の議を経なければならない。皇族妃の**離婚**は認められているが、宮家が絶えるおそれがあっても**養子**を取ってはならない(『皇室典範』第九条)、職業選択の自由もないと解してよい。納税は国民の義務(『日本国憲法』第三〇条)だが、内廷費や皇族費には所得税がかからない。ただ、印税やお手元金などを貯蓄すれば課税対象となる。昭和天皇の遺産を平成の天皇が受け継いだ際、相続税を支払い、即位後の公式会見で「相続税の問題については法令に従って行うのが望ましい」と述べている。

天皇の私的行為で刑事上または民事上の責任が問われるような事態が起きた場合、『皇室典範』第二一条に、摂政は在任中訴追されないとある。天皇も同じように刑事責任はないが、民事上の責任はあるとも解されている。天皇が外国を訪問するときは、パスポートは不要だが、皇族は持っている。

［髙橋・所］

［45］現代の宮中儀式と行事

宮中で行われる儀式には、「**国事行為**」（↓［44］）である新年祝賀の儀や親任式、勲章親授式などのほか、立太子礼、結婚式、昭和から平成にかけての代替わりの諸儀式などの「**臨時に行われる特別な儀式**」がある。また「**恒例的な儀式や行事**」として、新年一般参賀、講書始、歌会始、天皇誕生日の祝賀、春秋の園遊会などもある（↓［41］）。

【国事行為に関する儀式】

新年祝賀の儀

『日本国憲法』第七条一〇号にある「儀式を行ふこと」にあたるもので、一月一日の午前と午後、宮殿・正殿の各間で六組に分けて行われる（↓［41］）。

親任式

『日本国憲法』第六条にある内閣総理大臣、最高裁判所長官を任命する儀式。天皇から「任命する」旨のお言葉がある（↓［41］）。

認証官任命式

天皇の認証を必要とする官吏の任命式。認証官は国務大臣、副大臣（副長官）、内閣官房副長官、人事官、検査官、公正取引委員長、宮内庁長官、侍従長、特命全権大使、同公使、最高裁判所判事、高等裁判所長官、検事総長、次長検事、検事長（↓［41］）。

勲章親授式

春秋の生存者叙勲で、菊花、旭日、瑞宝の各大授章受賞者および文化勲章受賞者が、天皇から直接勲章を受け、内閣総理大臣から勲記が伝達される。勲章を着用した後、配偶者とともに拝謁する。文化勲章は平成9年（一九九七）から、これまで天皇の前で首相から勲章をもらう伝達だったが、改正され、天皇からの親授になった（↓［41］）。

信任状捧呈式

新任の特命全権大使がその国の元首から天皇にあてた信任状を捧呈する式。前任者の解任状は新任の大使が捧呈する。このとき皇室から儀装馬車か自動車が提供されるが、多くの大使は馬車を希望する。東京駅前から皇居正門を渡って宮殿までのコースを、前後に大使館員の乗った馬車が付き、皇宮警察や警視庁の騎馬隊が護衛をかねて馬車列を組む。数か国ずつまとめて年間三〇回ほど行われる。昭和27年（一九五四）、日本が独立した後の捧呈第一号はフランスで、続いて二五か国の大公使が捧呈した（↓

［41］）。

以上の儀式はいずれも宮殿・松の間で行われる。

【恒例の儀式・行事】

新年一般参賀

昭和23年（一九四八）から始まり、**国民参賀**と言われた。この年は一日と二日の記帳だけだったが（**記帳参賀**）、翌年（一九四九）から宮内庁屋上に天皇が立って祝賀に応えた。昭和26年（一九五一）から皇后も出るようになった。昭和28年（一九五三）から「新年一般参賀」と名称を改め、毎年二日に行われる。翌年（一九五四）から、明治宮殿の焼け跡に会場が移された。昭和宮殿造営工事中の昭和39年（一九六四）から五年間は記帳参賀だったが、完成した昭和44年（一九六九）から天皇・皇族が長和殿ベランダで祝賀を受けるようになった。天皇がマイクを通してお言葉を述べるようになったのは昭和57年（一九八二）、昭和天皇が満八〇歳のときからである（↓［41］）。

講書始

明治以来の講書始を受け継いで、天皇が年頭に学問奨励のため、人文・社会・自然各分野の学者から計四〇分ほど進講を受ける（↓別巻［55］）。

歌会始

明治、大正時代は**歌御会始**といわれた。一般国民が詠進できるようになったのは、明治7年（一八七四）から、同15年（一八八二）、御製から預選歌まで新聞発表されるようになった。預選者（入選した人）10人が式場に入れるようになったのは、昭和25年（一九五〇）から。天皇の求めに応じて歌を詠むという趣旨から、当日まで預選歌は発表されない（→別巻［54］）。

園遊会

春秋二回、天皇皇后が主催し、赤坂御苑で行われる。招待者は三権の長や各機関の幹部はじめ各界の功績者ら各回約二五〇〇人。配偶者同伴で秋は外交団も招かれる。明治13年（一八八〇）、最初の**観菊会**が赤坂離宮であり、翌年（一八八一）吹上御苑で**観桜会**が行われたことに始まる。戦後の第一回は赤坂大宮御所で行われ、平成7年（一九九五）の阪神淡路大震災、昭和天皇の病気や崩御、香淳皇后崩御のときなどは中止された。

天皇誕生日祝賀

皇族以下三権の長から祝賀を受ける祝賀の儀、宴会の儀、茶会の儀が行われる。また正月2日のような一般参賀もある（→［41］）。

【国事行為となった臨時の儀式】

昭和27年（一九五二）の**立太子の礼**、**皇太子成年式**（宣制の儀、加冠の儀、朝見の儀、饗宴の儀→別巻［28、29］）および平成3年（一九九一）の徳仁親王の立太子の礼（→別巻［29］）。また昭和34年（一九五九）の**皇太子結婚の儀**（朝見の儀、宮中祝宴の儀→別巻［31］）および平成の**即位礼**（→［65］）、平成5年（一九九三）徳仁親王の結婚の儀（→別巻［31］）。さらに平成31年（二〇一九）4月30日の「退位礼正殿の儀」も国の儀式として実施される。

［髙橋・所］

[46] 宮内庁

敗戦で宮内省は総理府所管の**宮内府**、ついで**宮内庁**と組織が改編され、定員は戦前の六分の一以下まで縮小した。戦前の定員は内局二六七六人、外局三五三五人の計六二一一人だった。平成13年（二〇〇一）、中央省庁再編に伴い内閣府の直属になった。「宮内庁法」第一条では次のように規定されている。「内閣府に、内閣総理大臣の管理に属する機関として、宮内庁を置く」。同第一条2項には「宮内庁は、皇室関係の国家事務及び政令で定める天皇の国事に関する行為に係る事務をつかさどり、御璽《ぎょじ》国璽《こくじ》を保管する」となっている。

【宮内省の解体】

連合国軍総司令部（GHQ）は、進駐直後から皇室財政の点検を始めた。一方、宮内省は独自に組織の見直しを行っている。昭和20年（一九四五）12月4日「宮内省事務調査会」が設置された。昭和天皇自身も〝小さな皇室〟を目指し、侍従次長木下道雄《きのしたみちお》に「侍従職と皇后宮職を併合して内廷府を作ること」（木下道雄、『側近日誌』昭和20年

（一九三五）10月23日）、「女官を減員する場合は月のさわり及び死の忌《いみ》の為勤務不能となる従来の慣習あることを考慮せよ」（10月24日）などと、細かい点まで指示している。昭和22年（一九四七）3月31日、学習院、女子学習院が宮内省から離れて財団法人になり（後に学校法人）、また**御料林**が国有財産になったため、帝室林野局を政府に移管した。

新憲法の「法の下の平等」の精神にそって華族制度が廃止され、皇族や王公族、華族、爵位などの事務をしていた宗秩寮《そうちつりょう》も不要になった。『皇室典範』は憲法の下位法になり、皇室会計も国会で審議されるようになったので、帝室会計審査局も廃された。東京、京都、奈良の三帝室博物館も文部省に管理が移された。

昭和22年（一九四七）5月3日、新憲法の施行とともに宮内省は**宮内府**と改められ、定員は一四五二人になった。GHQは再度組織改革を勧告、昭和23年（一九四八）4月31日、職員数は一〇六一人まで減じた。昭和24年（一九四九）6月1日、宮内府はさらに縮小され総理府の外局となり、**宮内庁**と名称を変更、定員は九三八人まで減員された。平成30年（二〇一八）年度末現在の定員は一〇二七人（うち国家公務員法、人事院規則で規定する特別職＝長官、侍従長、東宮大夫、式部官長、侍従、女官、侍医、宮務官など＝五六人）である。

【宮内庁の組織】

内部部局として長官官房と三職（侍従職、東宮《とうぐう》職、式部職）二部（書陵部、管理部）から成っている。地方には正倉院事務所、御料牧場、京都事務所を置いているほか、各地の御用邸、各陵墓監区に職員を配している。

長官官房

秘書、総務、宮務、主計、用度各課のほか宮内庁病院。総務課には報道室、天皇の外出スケジュールを組む幸啓《こうけい》係、災害時の見舞い、拝謁の手配などをする宣旨《せんじ》係。宮務課には秋篠宮家のほか、三宮家の世話をする宮内庁職員が、各宮家に七、八人配置され、それぞれ宮務官、侍女長がいる。

宮内庁病院

皇室と宮内庁職員、皇宮警察本部職員とその関係者を主に対象としている。昭和16年(一九四一)開設。下賜金をもとに紀元二六〇〇年記念事業として麴町区永田町に新設された。

現在の建物は昭和39年(一九六四)に皇居内の大手門近くに完成した地下一階、地上二階の鉄筋コンクリート造りの病院で、天皇、皇族専用の特別室もある。昭和天皇の手術、平成の皇后以下、皇太子妃などの出産もここで行われた。

侍従職

天皇皇后のおもに私的な世話をする。**侍従長**、**侍従次長**、**侍従**が七人、**女官長**のほか女官は六人、**侍医長**のほか侍医は三人。侍従の下には天皇の身の回りをみる内舎人《うどねり》がいる。中世には天皇の雑役や警衛に当たっていた職名だったが、現在は天皇、皇太子の服装や身の回りを整える男子職員を指す。天皇、皇太子の護衛を担当する**皇宮護衛官**は内舎人兼任。もちろん女子の護衛官もいるが兼務ではない。**殿部**《でんぶ》と**仕人**《つこうど》は御所や宮殿の管理をする。いわば係長と役職のない一般社員といった関係になる。

「侍従」「**女官**《にょかん》」とも古くからの官名で、侍従といえば、天皇の側近として一般の宮内庁職員とは別格のイメージがあるが、平成19年(二〇〇七)刊行された元侍従の『**卜部亮吾**《うらべりょうご》**侍従日記**』を読むと一般の人と大差なく、侍従の日常行動がよく分かって、いろいろな意味で興味深い記録である（→［55］）。女官の下の女孺《にょじゅ》は、天皇に常侍する**内侍司**にいて、点灯や掃除などをした女官を指した。いまは皇后の服装関係などを受け持つ。雑役や使い走りなどをする女性を**雑仕**《ぞうし》と呼んだが、現在は**雑仕**《ざつし》と言う。かつては低い身分とされた。正式名は内閣府事務官。オクでは「ざっしさん」で通っている。

昭和天皇の崩御のあと**皇太后宮職**が設置され、香淳皇后が97歳で崩御するまで約10年余り続いた。皇太后宮大夫、女官長などが置かれた。また、平成の天皇の退位に伴い、上皇職の設置が決定され、上皇侍従長、上皇侍従次長が置かれることになっている。

東宮職

皇太子一家の公私の世話をする職域で、長は**東宮大夫**《とうぐうだいぶ》。**東宮侍従長**のほか**東宮侍従**は五人、**東宮女官長**のほか**東宮女官**は四人、**東宮侍医長**のほか**東宮侍医**が三人。一家全体の外出や日常の世話をする職員など総勢五〇人。宮内庁長官の指揮下にあるが、律令時代に春宮坊《とうぐうぼう》が置かれ、昔から独立した役所といった感覚がある。なお、新天皇の即位後、秋篠宮が皇嗣《こうし》となるため、皇嗣職が設置され、東宮職は置かれないことが決められた。東宮大夫は、皇嗣職大夫となる。

式部職

儀式や行事、外国との交際、国賓の接遇、外交団を鴨場や御料牧場、鵜飼で接待する。雅楽を演奏する**楽部**もここに属し、宮中晩餐では洋楽も演奏する。外国元首の会見に立ち会い、その内容を宮内記者会に説明するのは、**式部官長**である。

書陵部

明治17年（一八八四）設立の図書寮と明治19年（一八八六）設立の諸陵寮を、昭和24年（一九四九）に合併。図書、編修、陵墓の各課、陵墓監区事務所がある。明治17年（一八八四）「御系譜並に帝室一切の記録を編輯し内外の書籍古器物書画の保存及び美術に関する事等」を所管とする**図書寮**《ずしょりょう》が置かれたことに始まる。**図書課**には約四六万点の資料があり、内訳は近世が四割、残りは奈良から室町時代にかけての書籍、典籍類で国宝、重要文化財級のものも多い。**編修課**は天皇、皇族の実録の作成や皇室制度の調査。歴代天皇、皇后、皇族の実録はほぼ整理されている。昭和12年（一九三七）に完成した『**大正天皇実録**』（全八五冊）は、平成14年（二〇〇二）から平成20年（二〇〇八）にかけて三回にわけ計三八冊が公開された。平成28年（二〇一六）よりゆまに書房から翻刻本が刊行開始。『**昭和天皇実録**』は、昭和天皇崩御の翌年から着手し、平成26年（二〇一四）本編18冊が、平成31年（二〇一九）索引1冊を作成し、本事業は完成した。**陵墓課**は天皇陵や皇族の墓を管理するほか、考古学の専門家が陵墓修理で出土した遺物の研究をしている。

管理部

管理、工務、庭園、大膳、車馬の各課。宮殿管理官、御用邸管理事務所などからなる宮内庁一の大所帯。**大膳《だいぜん》課**は内廷専門の料理人グループで四七人。庶務、経理係のほか食器、和・洋食、菓子、パン、配膳の各担当がいる。**車馬課**は自動車班と**主馬《しゅめ》班**に分かれ、主馬班には馬三四頭、調教係、掌車係、厩舎係のほか獣医がいる。新任大使の信任状捧呈式のとき、大使の送迎は東京駅から坂下門を経て宮殿・南車寄まで儀装馬車が出されるが、この出動が一番多い。平成の天皇の結婚パレードは儀装馬車だったが、その後警備や交通混雑などのため、即位礼や皇太子の結婚パレードはオープンカーになった。各地の御用邸には管理事務所があり、那須六人、須崎四人、葉山には五人が常時配置されている。

京都事務所

所長、次長以下庶務、管理、工務、林園各課。七五人の職員がいる。京都御所、桂離宮、修学院離宮などの管理に当たる。**正倉院事務所**は正倉、聖語蔵《しょうござう》、東西宝庫の管理のほか宝物の調査、研究、修復をしている。

参与

昭和39年(一九六四)、元首相吉田茂、元慶応義塾塾長小泉信三らを参与にしたのが始まり。財界人、最高裁判事、歴代宮内庁長官などが就任している。皇室の重要事項に対し助言をすることが目的で、任期や定員、報酬はない。

御用掛

宮内庁御用掛は外国交際などの相談役や通訳。東宮職御用掛は皇太子が外国を訪問するときのみ発令され、山陵や神宮への代拝をする。ほかに侍従職御用掛がある。現在「相談役」「顧問」はいない。

オモテとオク

オモテは長官官房を中心とし宮内庁舎でも表の通りに面した側にある。**オクとは侍従職**を中心とする職域で、裏側の奥まった一帯にある。**東宮職**も当然皇太子一家の身辺の世話をする職域がオクである。

昔からオモテとオクの対立ということが言われてきた。オクは「お上」の威光を振りかざしオモテを信用しない。オモテには外務省、警察庁などの他省庁関係者が多いので、オクは情報が外部に漏れることを警戒する。オモテの人間は簡単にオクの領域に踏み込めない。最近では足掛け三年に及んだ昭和天皇の闘病のとき、オクが病状の情報を抱え込んで出さなかったため、誤った情報が飛び交ったと批判する声もあった。

伝統の保存

宮内庁は皇室に伝わる文化や伝統の保存、維持の役目も担っている。式部職の**楽部**の雅楽演奏は一般公開されているほか海外公演も行っているし、正倉院の宝物の修理や復元、**三の丸尚蔵館**には昭和天皇、香淳皇后、秩父宮家、高松宮家から寄贈された文物が公開されている。古式馬術は主馬班が**打毬**《だきゅう》や**母衣引**《ほろひき》の保存に努めている。打毬はポロに似ており江戸時代中期のかたちを保存している。母衣引は約一〇メートルの絹地の吹き流しを馬上の人が持ち、地面と平行になるように引いて走る技術で、平安時代から続くといわれる。鴨猟、鵜飼も外交団の接待などに使われるが、伝統の保存の意味もある。

内廷職員

天皇家の私的職員のこと。宮中祭祀をつかさどる掌典職員や天皇の私的研究の助手など、内廷費の三割強が公務員に準じる職員の給与にあてられる。

［髙橋・米田］

[47] 皇位継承問題

歴代天皇は、すべて男系で、ほとんど男性だが、過去に八人・一〇代の女帝もいた。現皇室には過去四〇年にわたり男子の誕生がなかったため、平成16年(二〇〇四)12月、第二次小泉内閣首相の小泉純一郎は**「皇室典範に関する有識者会議」**を設け、安定的な皇位継承のあり方を諮問《しもん》した。同会議の報告に基づき、平成18年(二〇〇六)1月、小泉は**女性・女系天皇**への可能性を広げる**皇室典範改正案**を国会に提出することを決意した。ところが、2月秋篠宮妃《あきしののみやひ》の懐妊が発表され、9月悠仁《ひさひと》親王が誕生、皇位継承問題は棚上げされた。しかし、現『皇室典範』のままでは、皇位継承だけではなく宮家の存続も危うい。

男系男子の継承

『日本国憲法』第二条に「皇位は、世襲」とあり、『皇室典範』第一条で「皇統に属する男系の男子」が継承すると定めている。平成31年(二〇一九)4月30日、天皇の退位に伴い、翌日から新天皇が即位すると、皇位継承順位は、①文仁《ふみひと》親王(秋篠宮、53歳)、②悠仁親王(①長男、12歳)、③正仁《まさひと》親王(常陸宮《ひたちのみや》、83歳)となる。しかし、悠仁親王の次の世代まで男系男子による継承が可能か確実なわけではない。

『皇室典範』第一二条に「皇族女子は、天皇及び皇族以外の者と婚姻したときは、皇族の身分を離れる」とあり、皇族女子が結婚などで早晩皆無になるかもしれない。また同第九条で皇族は「養子をすることができない」とあり、男子のない宮家はいずれ絶家となる。従って現行のまま放置すればやがて皇統は衰滅する恐れがある。

旧宮家復活論

男系男子の継承は皇室に千数百年以上続く慣例で、あくまで守るべきであり、それを可能にするため、戦後皇籍を離れた一一宮家の末裔《まつえい》を、皇族に復帰させるという主張。しかし、彼らはすべて南北朝時代の伏見宮家の末裔で、現在の天皇・皇族との共通祖先は約五六〇年前に遡《さかのぼ》る遠縁で、再び皇族として迎えることに違和感を覚えるという反対論がある。明治憲法は第二条で「皇男子孫」が継承するとしたが、戦後の憲法では「皇位は世襲」としたのみで、『皇室典範』に「男系の男子」を入れた。憲法担当大臣の金森徳次郎《かなもりとくじろう》は「男女の区別の問題については、（改正しにくい憲法の条文に入れるより）法律問題として自由に考えてよい」という意味だ、と答弁している。

皇室典範に関する有識者会議

内閣総理大臣小泉純一郎の私的諮問機関。元東大総長吉川弘之《よしかわひろゆき》を座長、元最高裁判事園部逸夫《そのべいつお》を座長代理とする一〇人で構成。平成17年(二〇〇五)会議の中で皇室問題などの研究者八人の参考人聴取を行い、①皇位継承資格を女子や女系皇族にも拡大する。②皇位継承順位は長子（第一子）優先。③永世皇族制は現行のままとし、皇族女子が結婚後も皇室にとどまる。皇族の増加については、弾力的に皇籍離脱制度を運用する——との報告書を提出した。

これに対し超党派議員団が反対署名簿を提出、閣内から慎重論反対論が相次いだ。寛仁《ともひと》親王（三笠宮《みかさのみや》第一男子）も女系天皇容認に反対の立場をとった。こうした中で翌年2月、秋篠宮妃《あきしののみやひ》の懐妊が発表され、9月、四一年ぶりに親王が誕生し、皇位継承論議はいったん沙汰止《や》みとなった。

男系・女系

男系とは父方が天皇であること。女系とは母方が天皇であること。仮に愛子《あいこ》内親王が将来即位しても、男系の女性天皇である。しかし、結婚により生まれた皇子・皇女が即位すれば、その子の母方が天皇だから女系天皇の子であり、それ以降が女系になる。

諸外国の王位継承

古来ほとんどの王国は、王位継承者を男子限定か男子優先としてきた。しかし、今なお男子限定を続けているのは、一夫多妻を認めるイスラム圏のヨルダンなどである。男子優先も、タイ（一九七四年から）とスペイン（一九七八年から）などで、少なくなっている。ヨーロッパで男子優先を長子優先に改正したのは、「女子差別撤廃条約」が国連の総会で採択された一九七九（昭和54）年以降が多い。スウェーデン（一九七九年）、オランダ（一九八三年）、ノルウェー（一九九〇年）、ベルギー（一九九一年）、デンマーク（二〇〇九年）、イギリス（二〇一三年）などである。

「生前退位」（譲位）問題

天皇の譲位による皇位継承は、35皇極《こうぎょく》天皇（六四五年）から119光格《こうかく》天皇（一八一七年）まで六〇例ほどある。それを明治と戦後の皇室典範で不可としてきた。

しかし平成の天皇は、高齢化により象徴の務めが困難となることを憂慮し、平成22年（二〇一〇）譲位の意向を内々に語り、同28年（二〇一六）婉曲に表明した。

それに大多数の国民が理解と共感を示したので、政府も国会も慎重に検討を重ね、同29年（二〇一七）6月「天皇の退位等に関する皇室典範特例法」が制定された。その結果、同31年（二〇一九）4月末日に高齢（85歳）を理由とする退位（5月1日の新天皇即位）が実現可能になったのである。

［高橋・所］

［48］現代の皇室経済

【皇室財産の解体】

連合国軍総司令部（GHQ）が皇室財産も民間並みに扱う方針を明確にしたのは、昭和20年（一九四五）9月22日の「降伏後における米国初期の対日方針」で、「皇室の財産は占領の諸目的達成に必要な措置から免除せられることはない」と発表した。11月18日、GHQは皇室財産の凍結を指令、翌年5月21日「皇室の財産上の特権剝奪に関する覚書」を出し、天皇が各宮家に対して財政援助することを禁じた。

昭和20年10月30日、GHQは非公式としながら美術品、宝石類を除く皇室財産を一五億九〇六一万五五〇〇円と発表した。その後「大蔵省内に特別の調査委員会を設け慎重調査せしめたる処」（『皇室制度の民主化』、昭和23年〈一九四八〉外務省資料）、9月1日現在一六億八一〇五万二四七九円となり、さらに翌年（一九四六）5月24日、一七億一八六万三〇四二円（5月1日現在宮内省修正）であることを公表した。

最終的には、昭和21年（一九四六）3月3日現在、現金・有価証券・土地・建物・立木など財産総額を三七億四七一二万五八三五円とGHQに報告している。金額に大差があるのは、「御料林（土地、立木）の評価方法に違いがあった」（同）ためという。これに対して「財産税法」（昭和21年〈一九四六〉法律第五二号）により、その九割に当たる三三億四二六八万一二九〇円が財産税として課せられた（物納）。三井、岩崎、住友などの財閥の資産は三〜五億円だったとされており、皇室は日本一の大財閥だった（黒田久太『天皇家の財産』）。日本側は「宮内省側から自発的に処理するから、課税の形で取られるような不面目は御免願いたい」と要望したが、拒否された。

『日本国憲法』第八条は「皇室に財産を譲り渡し、又は皇室が、財産を譲り受け、若しくは賜与することは、国会の議決に基かなければならない」とある。これはGHQの憲法草案第七条に「国会の議決がない限り、皇位に対し金銭その他の財産を与え、または皇位が支出を行うことはできない」が元になっている。憲法第八八条の「すべて皇室財産は、国に属する。すべて皇室の費用は、予算に計上して国会の議決を経なければならない」も、もともとGHQ草案第八二条に「すべて皇室財産は、世襲のものを除き、国に属する。一切の皇室財産からの収入は、国庫に納入されなければならず、法律の定める皇室の手当および費用は、毎年の予算に計上して国会の議決を経なければならない」とあったことによる。

皇室財産には**世伝御料**《せでんごりょう》として宮城、離宮、木曾の山林や土地があり、ほかに**普通御**《ふつうご》

料地《りょうち》があった。草案に対して日本側は「国庫に納入されなければならず」を削除し、世襲財産は戦前のように国の予算の範囲外に置こうとした。「世襲財産を皇室に認めながら、その収益は一切国に帰属すると言うのは論理的矛盾がある」と主張したが、GHQはその後、世襲財産も認めず現行のようになった。こうして皇室財産の九割を国庫に物納し、残った財産は第八八条で国家の所有となった。

皇室は従来のように皇室御料からの収益で賄うのではなく、財産は国有化するが、日常の費用等（内廷費・皇族費）は国会で審議し、それに基づき国が支弁することになった。昭和22年（一九四七）度は内廷費が七三三万円と定められた（旧憲法下の皇室費定額の一か月分と新憲法による内廷費一一か月分）。昭和23年（一九四八）はインフレが昂進し一気に二〇〇〇万円、昭和24年（一九四九）二八〇〇万円になっている。

皇室経済法

昭和22年（一九四七）1月16日公布された。一一条と附則からなり、皇室の費用の種類として、内廷費、宮廷費、皇族費を定め、「皇位とともに伝わるべき由緒ある物は、皇位とともに、皇嗣が、これを受ける」（第七条）、**皇室経済会議**の組織や定足数、構成などを決めている。また同法の施行に当たっては、「**皇室経済法施行法**」がある。

皇室関係予算

「皇室経済法」第三条で皇室費は①内廷費、②宮廷費、③皇族費に分けられる。平成

30年(二〇一八)度は総計九八億五九六一万円。内訳は内廷費三億二四〇〇万円、宮廷費九一億七一四四万円、皇族費三億六四一七万円である。このほか宮内庁費一一四億六五八一万円、また皇宮警察本部予算(八三億六六五三万円)は警察庁に組み込まれているが、任務は皇室関係に限られるので、これも加えれば総計二九六億九一九五万円が、同年度の皇室関係予算と考えてよい。

内廷費

天皇および**内廷皇族**(宮家を持たない皇族のこと。皇后、独立していない天皇・皇后の子女、皇太子、同妃とその子女、皇太后や皇太孫、上皇、上皇后)の日常の費用やその他内廷の諸費に充てられるもので、国庫から支出されたものは**御手元金**となるものとし、宮内庁の経理に属する公金ではない(同第四条二項)。所得税は課せられない(「所得税法」第九条)。管理には宮内庁長官、同次長、侍従次長、管理、書陵両部長ら八人で構成される**内廷会計審議会**が当たる。剰余金は**内廷会計基金**として株券や債券などに投資したりしている。運用名義人は**内廷会計主管**(皇室経済主管)である。内廷費について宮内庁は、プライバシーを理由に内訳を公表していない。しかし、掌典職、生物学研究の職員など人件費がかなりの割合を占め、ほかに服装、食事、会食、各種団体への奨励金、交際費、研究、宮中祭祀などへ支出されていることを昭和55年(一九八〇)の参議院内閣委員会で明らかにしたことがある。

宮廷費

宮内庁で経理する公金（「皇室経済法」第五条）で、天皇、皇族の公的活動や皇室用財産の管理などに支出される。儀典関係、宮殿管理、皇室用財産修繕、文化財管理、車馬管理など多岐にわたる。天皇、皇位継承者の医療費やハイテク治療機器などは宮廷費から、皇族男子の留学費用は皇位継承者との理由で宮廷費から、内親王の私的な旅行は内廷費からだが、区別は難しい。大嘗祭《だいじょうさい》関係は宮廷費から支出されたが、政教分離の原則から逸脱するとして訴訟が起こされた。

皇族費

「皇族としての品位保持の資に充てるために年額により毎年支出する」（「皇室経済法」第六条）費用で、所得税はかからない御手元金である。秋篠宮（五人）、常陸宮（二人）、三笠宮（四人）、高円宮《たかまどのみや》（二人）各家（宮家の皇族）が対象者である。平成30年（二〇一八）度の「独立して生計を営む親王」（宮家の当主）の定額は三〇五〇万円で、この金額が皇族費の基準となる。妃は二分の一、成人に達した親王、内親王は一〇分の三などの規定がある（六条）。「夫を失って独立の生計を営む親王妃」は定額相当額、結婚などで初めて宮家を立てる皇族には一時金として年額の二倍、内親王の結婚一時金は年額の一〇倍である。平成17年（二〇〇五）結婚した清子《さやこ》内親王は、内廷皇族であったので皇族費は支出されていなかったが、結婚一時金として一億五〇〇〇万円（計算上

「独立の生計を営む内親王」の年額＝定額の二分の一＝の一〇倍に相当する額）が支出された。

税制

「皇室経済法」第七条の「皇位とともに伝わるべき由緒ある物」は、昭和35年（一九六〇）の政府見解で三種神器と理解されたが、その後の国会答弁や昭和天皇の遺産相続のとき、ほかに宮中三殿や皇太子の護り刀「壺切御剣《つぼきりのぎょけん》」、歴代天皇の宸筆《しんぴつ》、聖徳太子肖像、女性皇族の宝冠類など六〇〇点が「**御由緒物**」とされ、非課税扱いになった（「相続税法」第一二条）。その他の御物の絵画、工芸品など六三〇〇点が国に寄贈され、これらを管理・展示するために「**三の丸尚蔵館**」が建てられた。**昭和天皇の遺産額**は一八億六九〇〇万円で、相続人は平成の天皇以下一一人いたが天皇、皇太后を除いて相続権を放棄、天皇は内廷会計主管名で四億二八〇〇万円を麴町税務署に納めた。

天皇家には不動産がないので固定資産税はなく、天皇および内廷皇族の用に供されるものは、関税が免除される（「関税定率法」第一四条）。印税や株券配当など国民と同様な経済活動については、所得税、住民税を支払っている。平成16年（二〇〇四）薨去《こうきょ》した高松宮《たかまつのみや》妃の遺産は一八億六〇〇〇万円。私有地が一〇億円、他は有価証券などで相続税額は七億九〇〇〇万円だった。美術品など六〇〇点は国に寄贈され、三の丸尚蔵館に納められた。

名称	土地	建物(延べ面積)
皇居	1,150,437	107,852
赤坂御用地	508,921	21,794
常盤松御用邸	19,855	1,872
那須御用邸	6,625,665	6,953
須崎御用邸	384,413	5,244
葉山御用邸	95,796	3,626
高輪皇族邸	19,976	3,476
御料牧場	2,518,500	20,522
埼玉鴨場	116,416	1,111
新浜鴨場	195,832	1,092
京都御所＊	201,934	16,597
桂離宮	69,535	2,102
修学院離宮	544,716	1,186
正倉院	88,819	5,585
陵墓	6,515,284	6,496
計	19,056,099	205,508

＊大宮、仙洞御所を含む（平成29年3月31日現在／単位㎡、宮内庁HPより作成。小数点以下は四捨五入）

表1　皇室用財産一覧表

皇室経済会議

内廷費および皇族費の定額の変更のほか、皇族が結婚に伴い宮家を立てたり、皇族女子が結婚で身分を離脱する際の一時金を審議するとき開催される。構成議員は衆参両院正副議長、内閣総理大臣、財務大臣、宮内庁長官、会計検査院院長の八人。ほかに予備議員が八人。定額の変更は昭和43年（一九六八）12月、「皇室経済に関する懇談会（皇室経済会議の構成員）」が開かれ、物件費が東京都区部の消費者物価指数、人件費が人事院の公務員給与の改善勧告をもとにその変動幅が一〇％を超えたとき改定することにした。このときまた、皇族殿邸は皇族が独立の生計を営むときに赤坂御用地等に建設されることが了承された。昭和22年（一九四七）度の内廷費は七三三万円、宮廷費は二八七〇万円、皇族費は四九八八万円であった。その後、物価上昇などに対応して増額され、平成8年（一九九六）度に内廷費三億二四〇〇万円、宮廷費五七億五〇五二万円、皇族費三億六五三三万円（当主の基本額は三〇五〇万円）となり、この間、内廷費や皇族当主の基本額は変わらず（皇族数に変化があった）、宮廷費の増額があり、平成30年（二〇一八）度の宮廷費は九一億七一四四万円、皇族費は三億六四一七万円となった。

皇室用財産

戦前の御料地などの皇室財産は、『日本国憲法』（第八八条）の施行によりその一部は国有財産である「皇室用財産」（「国有財産法」第三条）として皇居や赤坂御用地などが皇室の用に供されている。平成29年（二〇一七）現在、土地約一九〇五万六〇九九平方メートル、建物約二〇万五五〇八平方メートル（表1）。

［高橋］

[49] 現代の行幸啓

天皇の外出を**行幸**《ぎょうこう》、皇后・皇太后・太皇太后・皇太子・同妃のものを**行啓**《ぎょうけい》、一般皇族の外出を**お成**《なり》という。天皇皇后が一緒なら**行幸啓**、帰途は**還幸**、**還啓**、**還幸啓**である。行幸の意味は「天子の赴く所は万人が恩恵を受け、行く先々に幸が生まれる」ことからきている。各地に行幸を記念して「行幸通り」や「御幸通」がある。

定例の地方行幸啓

春の「全国植樹祭」、秋の「国民体育大会」、「豊かな海づくり大会」がある。天皇皇后は三、四日間、これを機会に開催県内を視察する。平成の天皇は平成15年(二〇〇三)、鹿児島県を最後に全国を一巡した。また平成5年(一九九三)、歴代天皇として初めて沖縄県の地を踏んだ。昭和天皇は地方巡幸で昭和22年(一九四七)秋、北陸三県を訪れ、金沢市の国民体育大会に出席、11月1日には富山県の要請で同県婦負郡細入村(当時)の山林に、立山杉三本を植えた。これが国体、植樹祭の出席のきっかけとなった。

全国植樹祭

戦争中の乱伐で荒れた山林を回復しようと、森林愛護連盟が昭和23年(一九四八)、東京都・青梅で、つづいて昭和24年神奈川県・箱根で昭和天皇皇后を迎えて「第一回植樹行事ならびに国土緑化大会」植樹祭を開催したことに始まる。昭和25年国土緑化推進委員会が設置され、山梨県甲府市の片山恩賜林で第一回植樹祭が開かれた。「緑の羽根」もこのときできた。式典で天皇は「森」の字をかたどって苗木を三本植える。タネをまく「お手播《ま》き」もある。

国民体育大会

終戦直後の昭和21年(一九四六)、国民の体力向上を目指して創設された。昭和23年天皇杯・皇后杯が贈られ、昭和24年の第四回(東京大会)から、昭和天皇皇后が開会式のほか、数種の競技を観戦することになった。

全国豊かな海づくり大会

昭和56年(一九八一)、平成の天皇の皇太子時代に始まった。即位後も行幸啓があり、当該県に関係の深い魚や貝を「放流」する。海のない滋賀県も大会が開かれ、岐阜県も予定されている。

【定期的な都内の行幸啓】

全国戦没者追悼式

8月15日、東京・北の丸公園内武道館で開かれる。正午の時報を合図に、天皇皇后が参列者と一緒に「全国戦没者之霊」の標柱に一分間黙禱し、お言葉がある。政府主催の追悼式は独立した昭和27年（一九五二）5月2日の新宿御苑で、二回目は昭和34年（一九五九）3月28日、東京・千鳥ケ淵戦没者墓苑完成に合わせて行われた。「8・15」が確定したのは昭和38年（一九六三）からで、日比谷公会堂で式典があり、翌年は靖国神社境内で挙行された。武道館は昭和40年（一九六五）から。式壇中央の標柱には、当初、宗教色のない全国戦没者追悼之「標《しるし》」とあったが、昭和50年（一九七五）、日本遺族会などからの要望で「霊」に改められた。

ほかに**日本学士院、日本藝術院各授賞式、日本国際賞**（科学技術の進歩に寄与し、人類の平和と繁栄に貢献した人に与える）、**国際生物学賞**（昭和天皇の在位六〇年を記念して設けられた）の各授賞式などに出席する。皇后独自のものに、**全国赤十字大会、ナイチンゲール記章授与式**（隔年）。

平成に入ってから天皇皇后でこどもの日、敬老の日、障害者週間（12月3日から9日）の前後には、それぞれの関連施設を訪問している。

被災地慰問

明治天皇や大正天皇も災害地への慰問を行ったが、自ら被災地に赴くことはなかった。昭和天皇は皇太子時代に大正12年（一九二三）の関東大震災の被災地を視察・慰問し、地震のあった9月1日は戦後になっても毎年慎みの日とした。平成の天皇（上皇）も、皇太子時代の昭和34年(一九五九)に約五千人が死亡・行方不明となった伊勢湾台風の水害地を天皇名代として視察・慰問し、これが以後の平成の天皇（上皇）の被災地慰問の原点となった。平成3年(一九九一)には皇后とともに雲仙・普賢岳《ふげんだけ》噴火の被災地を見舞い、膝を交えて被災者を励ました。平成7年には阪神・淡路大震災の被災地を、そして平成23年の東日本大震災では、東京、埼玉の避難所をはじめとし、千葉、茨城、宮城、岩手、福島各県を毎週見舞った。平成28年には熊本地震、翌年には九州北部豪雨、平成30年にも西日本を中心とした豪雨があり、ともに80歳を過ぎた身で現地を慰問した。

慰霊の旅

戦後五〇年の平成7年(一九九五)夏、天皇皇后は長崎、広島、沖縄、東京を回り、各地の慰霊碑を拝礼した。昭和56年(一九八一)、皇太子時代の天皇は「日本では、どうしても記憶しなければならないことが、四つあると思います」と記者会見で述べ、沖縄戦終結（6月23日）、広島、長崎の原爆投下（8月6、9日）、終戦記念日（8月15日）の「**四つの日**」をあげた。平成6年(一九九四)には硫黄島を訪れ、平成17年(二〇〇五)、南の島の激戦地・玉砕の島サイパンで慰霊碑に献花している。戦後七〇年にあたる平成27年(二〇一五)にはパラオ・ペリリュー島の、翌年にはフィリピンの戦没者をそれぞれ慰霊した。また平成29年のベトナム訪問では、元残留日本兵の家族と対面した。

天皇の沖縄訪問

太平洋戦争で唯一の国内の戦場となった沖縄に対し、昭和天皇は訪問の意志があったが病気となり実現しなかった。平成の天皇（上皇）は、皇太子時代に天皇名代として、昭和50年（一九七五）、沖縄海洋博覧会を機会に初めて訪れた「ひめゆりの塔」で、過激派から火炎瓶を投げられた。その夜、多くの犠牲を払ってきた県民に対し、国民はこの地に心を寄せ続けていくことが大事だと、異例のメッセージを出した。沖縄から上京する小中学生と会ったり、自ら沖縄の歌である琉歌《りゅうか》を作ったりするなどして、沖縄の現実や歴史と文化を学んだ。皇太子時代に五回、即位後六回訪れている。

皇太子の行啓

定期的な行啓には、国民体育大会冬季大会、みどりの愛護、献血運動推進全国大会、全国高校総合体育大会、全国農業青年交換大会（平成19年〈二〇〇七〉で終了）、全国障害者スポーツ大会、全国育樹祭、国民文化祭がある。ほかにも災害時の慰問や福祉関係施設訪問、各種式典の出席がある。

天皇皇后の私的旅行

79歳の高齢になった昭和天皇は香淳《こうじゅん》皇后と昭和55年（一九八〇）に神奈川・箱根を、公的な行幸啓ではなく、私的に選んだ目的地として旅行した。平成の天皇（上皇）も79歳の平成25年（二〇一三）に、皇后（上皇后）と長野県と福島県を私的に旅行し、その後も、栃木県、群馬県、青森県、宮城県、山形県、埼玉県、静岡県などを訪ね、満蒙開拓平和記念館、渡良瀬《わたらせ》遊水地、ねむの木学園などに足を運んだ。　［髙橋・小田部］

[50] 皇室外交（外国交際）

皇室外交とは、天皇および皇族が外国を訪問して、その国の元首や国民と交歓し、親善を深め、相互理解に資する公的行為の通称。また外国の元首などが来日した際、**宮中晩餐**《きゅうちゅうばんさん》などで接遇したり、駐日外交団には**園遊会**や**午餐**などに招くなどして交流・親睦を深め、ほかに**親書**、**親電**の交換、外国の慶弔《けいちょう》に際しては、皇太子などを**天皇の名代**として送ることもある。

外国訪問は「**公的行為**」とされている。『日本国憲法』第四条で天皇は「国政に関する権能を有しない」から、皇室外交は「政治的な意味あるいは政治的な影響があってはならない」（昭和50年〈一九七五〉、衆院内閣委の政府答弁）としているが、これまで何度も自国あるいは相手国政府からの要請で行われてきた。宮内庁は「皇室外交」をマスコミの造語とし、政治的な色彩を帯びる「外交」という言葉を避けて「**外国交際**」と言っている。

近年では外国からの賓客が年間十数人から二十数人にのぼる。皇室からは皇族の留学などを含めて年間一〇回前後の外国訪問がある。平成の天皇皇后は、昭和天皇の名代などとして、皇太子時代にはアジアや欧米各国のほか中近東、アフリカ、かつての共産圏諸国まで二三回、四七か国、世界各地を訪問している。

戦後初の皇族による外国訪問は、独立直後の昭和28年（一九五三）。当時、学習院大学二年生の明仁親王（平成の天皇）は、英国女王エリザベスの戴冠式《たいかんしき》出席を契機に欧米一五か国を訪問した。半年間にわたる外遊で各国の元首、首相らと会見したが、昭和天皇に代わって日本が国際社会に復帰した〝あいさつ回り〟ともいえた。戦後の**国賓第一号**は、昭和31年（一九五六）来日したエチオピア国皇帝ハイレ・セラシエ一世、戦前国賓として遇したのは、明治14年（一八八一）のハワイ皇帝カラカウア一世、昭和10年（一九三五）の**満州国皇帝溥儀《ふぎ》**（プーイー）があげられる。王族の来日の嚆矢《こうし》は明治2年（一八六九）、英国第二皇太子エジンバラ公アルフレッドである。

六〇年安保と皇太子訪米（昭和35年〈一九六〇〉9月22日～10月7日）

目的は「日米修好百年に際し御訪問」とされたが、岸信介《きしのぶすけ》内閣が政治生命を賭けた**日米安全保障条約の改定**が成立した年であった。交渉内容が明らかになると、全国的に反安保・反米デモが広がった。日米交渉の中で皇太子・同妃と米国大統領アイゼンハワーの相互訪問が決まった。条約成立の最終段階で、女子学生が警官隊とデモ隊の衝突に巻き込まれて死亡するという衝撃的な事件が起き、大統領来日は中止された。

しかし、皇太子・同妃の訪米は米国民の反日感情を緩和させるため、一層重要性が増したと両国政府は判断、条約成立後に実行された。皇太子・同妃の結婚は米国のメディアが詳しく報道し、とくに〝ミラーズ・ドーター（Miller's Daughter）〟「正田《しょうだ》美智子《みちこ》」がプリンセスになったと、シンデレラ物語のように喧伝《けんでん》されていた。政府や外務官僚らは、「ＰＲの見地から見ても有効」と判断していたり、皇太子・同妃の人気を関係改善に役立てようとしたこと、皇太子のエチオピア、イランなどへの答礼訪問が内定していたにもかかわらず、訪米を優先させたことなどが外交文書の記録にあり、政治が先行していた。

昭和天皇の訪欧（昭和46年〈一九七一〉9月27日〜10月14日）

天皇皇后はベルギー、英国、ドイツなど七か国を訪問したが、このとき米国は天皇の特別機がアンカレッジで給油の際、日本側が予定していなかった歓迎式典を強硬に申し入れてきた。理由は同年7月15日、米国が同盟国・日本の頭越しに中国と国交回復を声明、8月15日には国際収支の悪化を理由に金とドルの交換停止を発表し、東京株式市場は史上最大の下げ幅になったこと（ドルショック）などで、米国への不信感が高まっていたからである。米国は天皇訪欧に割り込み、アラスカの空軍基地格納庫で式典を開き、大統領ニクソンは「陛下は外国の土を踏まれる最初の天皇」と、日本の天皇の最初の外遊先が米国であることなどを、国内外に強調した。

昭和天皇訪米（昭和50年〈一九七五〉9月30日～10月14日）

昭和天皇の訪米には米国からの強い招請が繰り返された。内閣総理大臣佐藤栄作《さとうえいさく》は辞職後も外務省、宮内庁に圧力を掛け、昭和天皇の不興を買ってまで訪米実現を図った（『入江相政《いりえすけまさ》日記』、『佐藤栄作日記』）。日米繊維交渉など両国間には懸案事項があり、政治的圧力を嫌う昭和天皇と側近は「時機に非《あら》ず」と判断、国会でも政治利用が問題になった。昭和天皇は伊勢の神宮の遷宮を理由に時期を延期してはどうか、と側近に指示している（『入江相政日記』）。

実現まで三代の首相、二代の大統領が関わるほど難航したが、昭和天皇はホワイトハウスの歓迎宴で太平洋戦争に触れ、「**私の深く悲しみとする、あの不幸な戦争**（most unfortunate war, which I deeply deplore）」と遺憾の意を表し、さらに「（貴国は）我が国の再建のために暖かい好意と援助の手をさしのべられた」と感謝した。米国は高齢の天皇皇后に好意を寄せ、各地では大歓迎を受け、その動向は連日全米のマスコミに大きく取り上げられた。これをみて外務省幹部は「天皇は**大使百人分の働きをする**」と評した。昭和天皇と宮内庁長官宇佐美毅《うさみたけし》、侍従長入江相政ら側近の判断で、両国間に懸案事項のない時期を選んだ成果であった。

昭和天皇の手術直後の皇太子訪米（昭和62年〈一九八七〉10月3日～10日）

昭和天皇の開腹手術が行われたのは9月22日。その二週間後、皇太子（平成の天皇）・同妃が訪米した。高齢の天皇の初めての手術であり、万一の場合は践祚《せんそ》もあり得るという緊迫した状況の中で、一八日間の日程を短縮して訪米したのは、経済摩擦の解消が関わってのことである。対日赤字は一五七億ドル、次期支援戦闘機、コメ問題などで米国は対日批判を強めていた。「こうした状況下で皇太子夫妻の訪米を政府としては大変重要と考えている」と、外務省幹部は記者会見で語った。宮内庁長官富《とみ》田《た》朝彦《ともひこ》のメモには、「こうした時期ではあるが日米両国の親善の為予定通り御出発願う」と外務省ペースで、宇佐美のような皇室への配慮はみられない。

中国の要請（平成4年〈一九九二〉10月23日～28日）

平成元年（一九八九）6月4日未明、人民解放軍は天安門前で民主化要求の学生、労働者らに銃口を向け、二〇〇〇人ともいわれる死者が出た。西側諸国は非難し経済制裁などをしたため、中国は孤立した。関係改善を狙う中国は、日本の側面援助を要請、これが**天皇訪中**につながった。自民党内からも「天皇の政治利用」の声があがり、反対デモもあった。当時の中国外相銭其琛《せんきしん》（チェン・チーチェン）は、訪中が厳しい西側の姿勢に変化をもたらしたと回顧録で述べ、中国からの要請があったことを認めている。

皇太子中東七か国訪問（平成6年〈一九九四〉11月5日～15日、平成7年〈一九九五〉年1月20日～28日）

皇太子・同妃の中東訪問は二回に分けられ、最初はサウジアラビア、オマーン、カタール、バーレーンを回り、翌年はクウェート、アラブ首長国連邦、ヨルダンを訪れた。目的は**石油外交**である。後半の三か国訪問直前の1月17日、阪神淡路大震災が起きた。宮内庁は中止を提案したが、外務省は湾岸戦争のとき延期しており、災害は国内問題だからキャンセルするのは礼を失すると主張し、決行された。被害は拡大する一方で、宮内庁は観光見物をしている映像や写真が出ることを気遣った。結局、皇太子・同妃は日程を二日間短縮して帰国した。

天皇と韓国

平成14年（二〇〇二）、ソウルでのサッカー・ワールドカップ（W杯）開会式は、これまで何回かあった天皇訪韓の好機のひとつであった。歴代大統領が来日しており、天皇が行かないのは国際儀礼に反するともいえるが、教科書、靖国神社問題、日本文化の開放など懸案事項が多く、実現に至らない。

日韓基本条約が調印され、国交が回復したのは昭和40年（一九六五）。昭和58年（一九八三）一月、首相中曾根康弘《なかそねやすひろ》が訪韓し、その翌年大統領全斗煥《ぜんとかん》（チョン・ドファン）が国賓として来日した。そのとき昭和天皇の韓国訪問が招請された。昭和61年（一九八六）3月、両国外相は皇太子夫妻の韓国訪問の時期について「アジア大会終了後の10月」と同時発表した。しかし、すぐ韓国内で「時期尚早」と反対の声が上がり、「お言葉問題」が起きた。

教科書、慰安婦問題などがいつも両国のトゲになっており、訪韓招請は繰り返されたが、実現しないまま現在に至っている。W杯では日本サッカー協会名誉総裁の高円宮《たかまどのみや》が、皇族として戦後初めて韓国を公式訪問したが、天皇夫妻の訪韓にはつながらなかった。

天皇は、「この間、長崎に行く機会がありました。対馬にも寄りましたが、あそこからは夜になるとお国の釜山《プサン》の灯が見えるんです。本当に近いんですね」（平成2年〈一九九〇〉、来日した大統領盧泰愚《ろたいぐ》〈ノ・テウ〉に）と語ったり、平成13年（二〇〇一）の誕生日会見では、「桓武天皇の生母が百済《くだら》の武寧《ぶねい》王の孫であると、続日本紀に記されていることに、韓国とのゆかりを感じています」と述べ、韓国に親近感を寄せている。

お言葉問題

皇室外交では元首主催の公式な歓迎宴が開かれ、そこでスピーチがある。第二次大戦の交戦国や侵略し植民地化した近隣諸国に対して、「象徴」がどこまで踏み込んで過去に触れるかの判断は難しい。微妙な関係にある国の場合、「お言葉」の案は宮内庁、外務省、官邸など何回も往復し、さらに相手国と外交交渉のようなやり取りがあり、法制局も加わって完成する。天皇の意向も尊重される。

昭和59年（一九八四）韓国の大統領全斗煥が韓国大統領として初めて来日、昭和天皇は「今世紀の一時期において、両国の間に不幸な過去が存したことは誠に遺憾」と述べた。平成2年（一九九〇）大統領盧泰愚来日の時、不幸な過去はどちら側に原因があったのか、誰が遺憾なのかが明確でないとクレームが出され、平成の天皇は「我が国によってもたらされたこの不幸な時期に、貴国の人々が味わわれた苦しみを思い、私は痛惜の念を禁じえません」と改めて述べた。

元首の発言の中には自国を意識したものもある。平成3年（一九九一）**オランダ女王ベアトリックス**は、第二次大戦中、インドネシア（旧オランダ領）で多くのオランダ人が旧日本軍によって強制労働などに従事させられたことに言及し、「一〇万人以上の民間人もまた何年もの間、抑留されました。これはお国ではあまり知られていない歴史の一章です……今なお痛みや苦しみに悩まされているのです」と述べた。平成10年（一九九八）、中国国家主席**江沢民**《こうたくみん》（チャン・ツェーミン）は「不幸なことに、近代史上、日本軍国主義は対外侵略拡張の誤った道を進み、中国人民とアジアの他の国々の人民に大きな災難をもたらし、日本人民も深くその害を受けました」と述べている。

首席随員

外遊の総責任者。昭和天皇の初めての外遊となった訪欧の旅は、外相福田《ふくだ》赳夫《たけお》が務め、訪米も副総理の福田が任命された。「天皇の外遊は極めて重要なことであり、これについて内閣が責任を負う立場にある。首席随員はこの御訪問の実質的統括責任者であり、その重要性に鑑み内閣が慎重に検討し、閣議決定を経て任命される」（宮内庁）、外務省も「内閣を代表するにふさわしい人物から選ぶ」としている。平成になって中国は副総理兼外相渡辺《わたなべ》美智雄《みちお》、米国は元首相宮沢《みやざわ》喜一《きいち》、北欧は同橋本龍太郎《はしもとりゅうたろう》などが務めている。しかし、平成19年（二〇〇七）植物学者リンネの生誕三〇〇年記念で、英国、スウェーデン、バルト三国訪問ではノーベル化学賞受賞者の野《の》依良治《よりりょうじ》が起用された。**随員**、**随行員**の数は六十数人で、たとえば平成五年（一九九三）のイタリアなど三か国訪問では、首席随員は元首相海部《かいふ》俊樹《としき》。随員は宮内庁長官、侍従長、式部官長などのほか、外務省などから一九人、随行員として皇宮警察本部護衛一課長、外務省報道課首席事務官などから荷物係まで入れて一四人、ほかに宮内庁、外務省、警察庁など全体で六〇人を超える。

平成の天皇の訪問

平成の天皇（上皇）の外国訪問は、皇太子時代の昭和28年（一九五三）にイギリスのエリザベス二世戴冠式参列のため欧米一四か国を歴訪したことにはじまる。その後、昭和35年に結婚したばかりの美智子妃とともにアメリカを訪問し、以後、天皇名代としての皇太子夫妻での外国訪問が続き、皇太子時代だけで四五か国以上を数えた。平成の天皇（上皇）が即位して最初の海外訪問は東南アジアで、平成3年（一九九一）にタイ、マレーシア、インドネシアの三か国を訪問した。タイでの晩餐会では「先の誠に不幸な戦争の惨禍を再び繰り返すことのないよう平和国家として生きることを決意し」との

「おことば」を述べた。その後も毎年外国を訪問し、即位後の公式訪問は二八か国となり、平成29年のベトナム（タイ立ち寄り）まで合計五一か国（途中立ち寄った国を含めると五八か国）となった。

国賓の接遇

①迎賓館前での歓迎式（雨天は迎賓館内）、②宮殿・竹の間での会見、③宮中晩餐、④相手国によるお返しの晩餐会、⑤天皇皇后の歓送——が基本である。かつては晩餐の後に出席者を増やした夜会もあった。

接遇基準

昭和36年（一九六一）、政府に**公式制度連絡調査会議**が設置され基準ができた。**国賓第一**は元首。**国賓第二**は首相としたが、昭和59年（一九八四）の改定で**国賓**は元首だけ、**公賓**は首相および皇族となった。平成元年（一九八九）の閣議で元首が実務を主な目的として訪日することを希望する場合には**公式実務訪問賓客**とすることにし、宮中晩餐の代わりに午餐にするなど、接遇を簡略化している（宮中晩餐→別巻［24］）。

王族への配慮

勲章制度のある国とは相互の勲章を交換し宮中晩餐で着用する。王族には最高位の**大勲位菊花章頸飾**が贈られるが、大統領には**大勲位菊花大綬章**である。

また、平成の天皇は王族が来日の際は小旅行に案内している。平成8年（一九九六）10月

24日にはベルギー国王夫妻・皇太子を天皇の特別列車で栃木県内を日帰り旅行、同13年3月28日、ノルウェー国王夫妻を鎌倉、江ノ島などに案内、同16年(二〇〇四)11月18日、デンマーク国王夫妻を群馬県前橋、高崎両市に案内し、郷土芸能などを鑑賞した。同19年(二〇〇七)3月28日、スウェーデン国王夫妻を埼玉県川越市に、同20年(二〇〇八)11月12日、スペインのファン・カルロス国王夫妻を筑波宇宙センターに案内している。以後も小旅行案内は続き、同29年(二〇一七)4月7日にはスペインのフェリペ6世国王夫妻を静岡県静岡市に、11月28日にはルクセンブルクのアンリ大公とアレクサンドラ王女を茨城県土浦、つくば両市に案内した。

［髙橋・小田部］

［51］占領と皇室

日本を実質的には単独占領した米国が直面したことは、昭和天皇と天皇制の扱いだった。最終的には連合国軍最高司令官マッカーサーの主導で、天皇制を温存して占領政策が進められた。極東国際軍事裁判（東京裁判）の終わる昭和23年（一九四八）暮れには、こうしたマッカーサーの工作は成功のうちに一段落するのだが、そこに至る過程で天皇の民主化が図られた。

開戦翌年の昭和17年（一九四二）11月、米国務省極東課内で天皇をどう扱うか議論が始まった。日本の敗戦を見越して昭和19年（一九四四）12月、国務省だけでなく、実質的に占領に当たる陸海両軍も加えた「国務・陸軍・海軍三省調整委員会（ＳＷＮＣＣ）」が設置された。天皇制をめぐっては、当初から組織内で齟齬《そご》があった。中国で日本軍の侵略を目の当たりにした〝中国派〟は、否定的だったし、日本に滞在していた外交官ら〝知日派〟は、天皇制を理解しており、天皇制を利用して占領を進めたほうが効果的だと判断していた。しかし、天皇を民主的な形にすべきで、現人神《あらひとがみ》というような概念を払拭させるべきだと主張していた。

憲法に「**象徴天皇**」を書き込んだのは、連合国軍総司令部（GHQ）の民政局（GS）だが、明治以降の日本人の天皇観を根底から覆し、人間天皇を創出したのは民間情報教育局（CIE）である。昭和20年（一九四五）12月15日**神道指令**を出し、二週間後の昭和21年（一九四六）元旦には**人間宣言**、その二か月後には**地方巡幸**が始まり天皇を現人神から人間に変容させていった。背広姿で国民の前に現れた天皇は、行く先々で歓迎を受け、日本国民の中心であることを同行した各国記者、カメラマンが世界中に報道した。天皇は国民に支持されており、廃止してはならないとするマッカーサーのキャンペーンは、大成功だった。

1月25日、マッカーサーは陸軍参謀総長アイゼンハワーへの書簡で「天皇は一〇〇万人の軍隊に匹敵する」と述べた。もし天皇を排除するなら、連合国側は日本の秩序維持のために一〇〇万人の兵隊を送る必要がある、というのだ。天皇を残した方が、占領コストは安いことを強調し、この書簡は天皇制存続に決定的な意味を持つことになった。

昭和23年（一九四八）11月12日、東京裁判は終結し、昭和天皇は無傷のままだった。このころ、国際情勢は厳しさを増し、同年1月、米陸軍長官ケネス・ロイヤルは、日本を反共の防波堤にすると声明、4月にはベルリン封鎖があり、8月から9月にかけて朝鮮半島が分裂、北と南に国家ができた。翌年10月1日、毛沢東が天安門上で中華人民共和国の成立を宣言した。東西のせめぎ合いの中で、日本の国家的安定は、至上命令だった。

天皇・マッカーサー会見

昭和天皇と連合国軍最高司令官マッカーサーとの会見は、昭和20年(一九四五)9月27日の第一回から、昭和26年(一九五一)4月15日まで計一一回、いずれも港区虎ノ門の米国大使公邸で行われた。日本側は当初からマッカーサーの答礼訪問を希望していたが、「好ましくない」(一九四五年10月13日、アチソン・メモ)と拒否され、マッカーサーが解任された後の〝お別れ会見〟も、皇居を希望したが応じなかった。『マッカーサー回想記』によると、初会見で昭和天皇は戦争責任を認めたという表現がある。昭和天皇自身が「お互いに秘密を守ることを約束した」(昭和51年〈一九七六〉11月6日、記者会見)などと発言していることもあり、会見の記録は公開されず、崩御後の平成14年(二〇〇二)10月(会見録は10月17日付各紙)、外務省、続いて宮内庁が情報公開請求に基づき公開した。

記録に戦争責任発言はなく「此の戦争については、自分としては極力之を避け度い考えでありましたが戦争となるの結果を見ましたことは自分の最も遺憾とする所であります」と述べているのみである。マッカーサーは「聖断一度下って日本の軍隊も日本の国民も総て整然と之に従った見事な有様は是即ち御稜威《みいつ》(天皇の権威)の然らしむる所でありまして、世界何れの国の元首と雖及ばざる所であります」と、最高の賛辞を送っている。天皇を戦犯から排除し占領を進めるほうが有利であるとマッカーサーが確信したのは、「御稜威」に軍隊も国民も完全に服したことを目の当たりにしたからだ。さらに彼は、お互いに協力しながら「平和の基礎の上に新日本を建設する為」やっていこうと呼び掛けた。最初の会見でマッカーサーは「国体の護持」を約束したといえる。

内大臣木戸《きど》幸一《こういち》は「マッカーサーは陛下が終始平和の為め努力せられたるは充分わかり居る旨、先方より話し居り云々」(『木戸幸一日記』)と書き、『入江相政日記《いりえすけまさにっき》』には、「(天皇は)マッカーサー始め一同に非常によい印象をお与え遊ばされた由である。まあこれで一段落で何となく安心した」とある。

八回目以降の通訳を務めた松井明の手記(平成14年〈二〇〇二〉8月5日「朝日新聞」)によると、「天皇が一切の戦争責任を一身に負われる旨の発言は、奥村によれば、余りの重大さを顧慮し記録から削除した」とある。侍従長藤田尚徳《ひさのり》は「敗戦に至った戦争の、いろいろ責任が追及されているが、責任はすべて私にある。文武百官は私が任命するところだから、彼らに責任はない。私の一身がどうなろうと構はない。あなたにお任せする」と述べたと証言している(『侍従長の回想』)。駐日政治顧問代理のジョージ・アチソンは「自分は日本国民の指導者で国民の行動に責任がある」と語ったと、会見一か月後のメモに残している。

御会見録

昭和天皇とマッカーサーの会見の記録。Ａ５判で九枚、タイプ印刷で通訳に当たった外務省参事官奥村勝蔵がまとめている。公表されたのは一回目だけで、外務省は二回目以降は「存在しない」との立場。第二回（昭和21年〈一九四六〉5月31日）の会見記録は通訳の寺崎英成が日記に「記録をつくる」と記している。内容は不明だが東京裁判の開廷直後である。第三回（昭和21年10月16日）は全記録が国会図書館の「幣原《しではら》平和文庫」に寄託されている。憲法改正、食糧確保、ストライキ批判などがテーマだった。第四回（昭和22年〈一九四七〉5月6日）、天皇は憲法で軍隊を禁止し、戦争を放棄していることに不安を感じていると述べ、マッカーサーは米軍が守ると保証した。

奥村は外国人記者にリークしたとして懲戒免職（後に外務次官として復帰）になった。彼は「死の床につき乍《なが》ら」これを気にしており、外務省を通じて侍従長入江相政に天皇の考えを聞いてくれるよう依頼する。「うかがったら奥村には全然罪はない。白洲《しらす》（吉田茂の側近、白洲次郎のこと）がすべて悪い。だから吉田が白洲をアメリカ大使にすゝめたが、アメリカはアグレマンをくれなかったとの仰せ」（昭和50年〈一九七五〉9月10日、『入江相政日記』）とある。奥村はその直後死去した。

五回目は寺崎とＧＨＱの通訳。寺崎日記には「記録を清書す」とある。六、七回目はＧＨＱの通訳で、第八回（昭和24年〈一九四九〉7月8日）は下山事件のあとのせいか、国内治安問題が話し合われたようだ（以下、さきの松井明手記による）。第九回（昭和24年〈一九四九〉11月26日）天皇は講和条約の実現を要請、第一〇回（昭和25年〈一九五〇〉4月18日）は、共産党が不安を掻き立てているように見えると天皇は述べている。帰国前日の最終会見（昭和26年〈一九五一〉4月15日）で天皇は、戦争裁判に対してこの機会に謝意を表したいと述べた。

御稜威《みいつ》

天皇の威光のこと。8月15日ばかりではなく、天皇はその後何回も、軍隊や国民にポツダム宣言を遵守するよう呼びかけ、それが大きな混乱もなく実行されたので、マッカーサーは「御稜威」を実感した。終戦の詔書で天皇は、「（ポツダム宣言を受諾したうえは）信義を世界に失ふ」ことを戒めた。17日、25日には陸海軍人に対し「斉整迅速なる復員を実施」せよ、9月2日「敵対行為を直ちに止め武器を措き降伏文書の一切の条項」を忠実に履行せよと、矢継ぎ早に勅語を出した。国民、軍隊が内外で粛々と「大元帥」の命に従うのを見て、マッカーサーは10月16日、七〇〇万人の兵士の投降で一人の連合国兵士の血も流れなかったことを評価し、「一〇〇万人の軍隊」の表現につながった。

神道指令

昭和20年(一九四五)12月15日に出され、正式には「国家神道、神社神道に対する政府の保証、支援、保全、監督並に弘布の廃止に関する件」とあるように、国家が神道に関わることを禁止した指令。ＣＩＥが作成し、『日本国憲法』第二〇条、八九条の政教分離規定につながった。米国務省極東部長ジョン・ビンセントは10月8日、「神道の特権廃止」を語った。これを受けてＣＩＥ宗教課長ウィリアム・バンスは、東京帝国大学教授姉崎正治《まさはる》、東京帝国大学助教授岸本英夫らの協力を得て指令の成案を書いた。第二項で「本指令の目的は宗教を国家より分離することにある」と述べ、公的資格での神道支援、財政的援助の停止、教育からの神道教義の削除などのほか、記紀神話に基づく「日本の天皇はその家系、血統或は特殊なる起源の故に他国の元首に優るとする主義」という考え方が排除され、それが人間宣言で具体的な形をとった。

バンスは後年、東京経済大学教授竹前栄治とのインタビューで「この問題を早く片づけなくてはいけないという気持ちが、みんなに、おそらくマッカーサーにもあった。まずそれを片づけてから、他の問題をやろうということで……」と述べている（竹前栄治『ＧＨＱの人びと』）。

人間宣言

昭和21年(一九四六)元旦に出された「新日本建設に関する詔書」、一般に「人間宣言」といわれる。昭和天皇は自分と国民とは「終始相互の信頼と敬愛」の絆で結ばれ、

「単なる神話と伝説」に依るものではないと、自身の神格を否定した。宣言は天皇自身の発想という形をとったが、草案はCIEにより用意された。CIE局長ハロルド・ヘンダーソンの『回顧録』（一九六一年、コロンビア大学）や宮廷記者藤樫《とがし》準二、学習院院長山梨勝之進、秘書浅野長光らによると、昭和20年〈一九四五〉12月中旬、宮中とCIEの〝連絡役〟学習院教授レジナルド・ブライスがヘンダーソンに呼ばれ、三〇〇字ほどの詔書の原案となる英文メモを渡された。メモは宗秩寮《そうちつりょう》総裁松平慶民《よしたみ》を通じて昭和天皇の元に上げられた。23日には侍従次長木下道雄が拝謁して「大詔渙発のこと」を話している（木下道雄『側近日誌』）。

一方、山梨は外相吉田茂に英文メモを渡し、こちらは内閣に届けられた。欄外に「ダイク、ヘンダーソン、ブライス、ヤマナシ 1920 Dec 15-20」とある。「一九二〇」は昭和20年の誤りで、12月15日から20日までの間、メモが日本側に手交され検討されたこと、末尾には昭和天皇がこの件で非公式にマッカーサーを訪問する話があったこと、詔書の「文章は分かりやすく明快に」、「漢文体は不可」などの書き込みがある。一件資料は現在、学習院大学に収められている。

24日、内閣総理大臣幣原喜重郎《しではらきじゅうろう》は昭和天皇に呼ばれ、そうした詔書が出るなら明治天皇が「民主主義」（万機公論）の方針を示した「五箇条の御誓文」も入れたいと述べた（昭和47年〈一九七二〉の記者会見で、昭和天皇は「神格とかそういうことは二の問題」と語っている）。25日、幣原は英文で宣言を起草し、それを文相前田多門や総理秘書官の福島慎太郎らが邦訳した。28日、前田が天皇に成案を見せて裁可され、GHQに提出した。29、30、31日の午後まで、木下は詔書の文言をめぐって昭和天皇の意向を聞いたり、前田や藤田らと渡り合うなど修正に努めている（『側近日誌』）。

元旦の各新聞には、一面に宣言、ほかに天皇と宮内記者の会見記や天皇が背広姿で家族と散歩している私的な写真が掲載されている。軍服姿の天皇しか見ていない国民にとって、天皇家の団欒《だんらん》風景を見たのは初めてだった。新聞も大いに協力して天皇の人間路線の幕が開いた。

地方巡幸

昭和21年（一九四六）2月の神奈川県から始まり、昭和29年（一九五四）8月の北海道まで足掛け九年に及ぶ全国各地への行幸。総行程は三万一二二五キロ、一六五日間に上り、天皇は一一四一か所を視察した。巡幸もCIE主導であったが、天皇も戦争で疲弊し焦土と化した国内を回り、国民を励ましたいという気持ちが強かった。それがマッカーサーの意向と合致したといえる。

昭和21年（一九四六）1月13日、ブライスは木下にCIEのメモを届けた。「（天皇は）御《おん》親《みずか》ら内地を広く巡幸あらせられ」炭鉱や農村を訪ね、国民と親しく談話をしてはどうかとあった（『側近日誌』）。2月19日午前9時、溜色《ためいろ》（チョコレート色）のベンツが宮城を出て、神奈川県に向かった。車列はわずか三台で、京浜工業地帯から県庁に入って被災状況を聞き、罹災者の共同住宅を視察した。「どこで戦災に遭ったのか」「寒くはないか」などと尋ね、復員軍人には「ご苦労であった」と労った。20日は久里浜や浦賀に向かった。2月28日～3月1日は東京。当初は日帰りだったが6月6日、7日の千葉県から泊まりがけになり、適当な宿舎がないので、特別列車内で泊まった。マッ足跡は次第に静岡、愛知など遠隔地に延び、この年は九府県一八日間視察した。マッカーサーの側近ボナ・フェラーズは2月27日、高松宮に「陛下が唯一の現在の指導適格者と認めるから、もっと積極的になさるがよい」（『高松宮日記』）と述べている。

巡幸は内外の情勢に阻まれ、順調には進まなかった。昭和22年（一九四七）前半は「二・一スト」などで国内が政情不安となり、ワシントンの「極東委員会」でソ連などは、巡幸を「君主制を維持するための戦略的行動」と非難した。この年は6月から関西、東北など半年間で二二府県六八日視察した。

各地で熱狂的な歓迎を受けた巡幸は、昭和23年（一九四八）、再び中断された。秋には**東京裁判**の判決が予想され、春先から「天皇退位」が取りざたされていた。6月にはGHQ内部の抗争のあおりで宮内府長官松平慶民、侍従長大金益次郎が更迭された。昭和24年（一九四九）、各地で巡幸再開の決議が相次ぎ、この年は九州、昭和25年（一九五〇）は四国、昭和26年（一九五一）には近畿地方に向かった。北海道は最後で日本が独立したあとの昭和29年（一九五四）であった。北方情勢が不穏で津軽海峡に機雷が残っていて危険だ、などが理由だった。

皇籍離脱

戦後、一一宮家五一人が皇族の身分を離れたこと。米国は初期の対日方針で、日本管理に当たっては皇室あるいは皇室財産について、なんらの特例を認めないとし、皇室財産の凍結（昭和20年〈一九四五〉11月18日）、各宮家における財産上の特権の廃止（昭和21年〈一九四六〉5月21日）などの指令を出した。こうした財政上の圧迫もあり、終戦時の一四宮家は、昭和22年（一九四七）10月14日、昭和天皇の弟宮（三直宮《じきみや》）を除く一一宮家の五一人が、皇族の身分を離れた。

離脱した**一一宮家**と男女別内訳は以下の通りである（カッコ内の数字は前は男子、あとが女子）。総計で男子二六人、女子二五人であった。

山階宮《やましなのみや》（一、〇）　賀陽宮《かやのみや》（七、一）
久邇宮《くにのみや》（四、六）　梨本宮《なしもとのみや》（一、一）
朝香宮《あさかのみや》（三、三）　東久邇宮《ひがしくにのみや》（四、三）
竹田宮《たけだのみや》（三、三）　北白川宮《きたしらかわのみや》（一、三）
伏見宮《ふしみのみや》（一、三）　閑院宮《かんいんのみや》（一、一）
東伏見宮《ひがしふしみのみや》（〇、一）

最年長は東伏見宮家の周子《かねこ》で七六歳、最年少は東久邇宮家の文子一〇か月。各宮家は皇統譜から離れ、宮家名を苗字とし戸籍をつくった。

離脱したのはGHQの外圧もあったが、日本側も血筋が遠い皇族を民間に降下させることで「小さな皇室」を目指していた。昭和天皇と近い血筋の宮家もあった。東久《ひがしく》邇宮《にのみや》家には昭和天皇の長女成子《しげこ》内親王が嫁いでおり、また同宮家、北白川、竹田、朝香の四宮家は、明治天皇の内親王が嫁いでいた。しかし、一一宮家はすべて伏見宮家二〇代邦家《くにいえ》親王の血を引いており、同宮家の初代と天皇家は約五五〇年前に分かれていた。また東久邇宮稔彦《なるひこ》王のように、みずから皇族としての待遇を拝辞したいという人もあった。GHQ指令のようなものはなかった。昭和21年（一九四六）11月29日、昭和天皇は皇族を参集させて離脱の方針を示し、12月24日、天皇が議長となって皇族会議が開かれ離脱が決まった（→［28］）。翌年10月まで延びたのは、皇族が身分を離れる際の一時金の算定基準が、昭和22年（一九四七）10月2日の「皇室経済法施行法」まで決まらなかったからである。10月13日の皇族会議で皇族自身からの情願（願い）というかたちで正式決定し、14日、宮内府は告示で発表した。

また、明治43年（一九一〇）の韓国併合以来、皇族待遇だった朝鮮**王公族**については、昭和22年（一九四七）5月3日の『日本国憲法』施行と同時に旧『皇室典範』が改正され、大正15年（一九二六）の「**王公家軌範**」は失効した。李垠《りぎん》（イ・ウン）、同妃方子《まさこ》（イ・バンジャ）ら王公族は、この時点で皇族としての処遇をされなくなった。

菊栄親睦会

天皇家の親族一統の親睦会。名誉会員は天皇、皇后、皇太子、同妃。会員は皇族、旧皇族、旧王族とその配偶者。たとえば黒田清子《さやこ》（紀宮《のりのみや》、旧皇族扱い）、慶樹夫妻は会員である。ほかに、「会員の家族」。故寛仁《ともひと》親王と信子《のぶこ》夫妻の二人の女王は会員の家族である。「会員の親族」は、秋篠宮妃紀子《あきしののみやひきこ》の両親、兄弟など。昭和22年（一九四七）、皇室と一一宮家との親睦を図って結成された。皇室の慶事などのとき、親睦会を催している。

ギャラップ調査

昭和20年（一九四五）6月、米国の調査会社・ギャラップ社が行った調査。この調査では、

天皇を処刑せよ＝三三％　投獄・国外追放＝二〇％

裁判にかける＝一七％　利用する＝三％

不問＝四％　その他＝二三％

となっている。

ポツダム宣言

一九四五（昭和20）年7月17日からドイツ・ベルリン郊外のポツダムで第二次世界大戦の終結について英米ソ首脳が会談、会議中の7月26日、英米中三か国が日本に降

伏を勧告した一三項目の宣言。首相鈴木貫太郎は「黙殺」したが、原爆投下、ソ連参戦の後の8月10日未明から御前会議が開かれ、「国体護持」を条件に受諾が決まった。第一二項には、日本国民の自由意思に沿った政府ができれば連合国による占領は終了するとあり、国体は護持できるという判断の根拠となったとされる。

GHQ

連合国軍最高司令官総司令部（GHQ／SCAP＝General Headquarters of the Supreme Commander for the Allied Powers）のこと。

日本の占領、管理をする連合国の中央組織で、米国主導だった。昭和20年（一九四五）10月2日設立され、占領が終わる昭和27年（一九五二）4月28日廃止された。最高司令官（SCAP）はマッカーサーで、昭和23年（一九四八）頃の最盛時には、約六〇〇〇人のスタッフがおり、日比谷の第一生命ビルに本拠が置かれた。G1からG4までの**参謀部**と、民政局・経済科学局・民間情報教育局などからなる**幕僚部**などで構成されていた。憲法改正は民主的傾向のある民政局が担当した。G2は反共的でGS（民政局）とよく対立し、占領期の日本にさまざまな影響を及ぼした。第一生命ビルのファサードは当時のままで、マッカーサーの執務室も残されている。

マッカーサー（MacArthur, Douglas 一八八〇～一九六四）は、日本占領の総指揮官として二〇〇〇日間君臨した。陸軍士官学校を卒業、歴代で最年少の陸軍参謀総長になった。

一九三五（昭和10）年、フィリピン政府軍事顧問。軍人の父アーサーが駐日大使館付武官となり、その副官として一九〇五（明治38）年来日している。日本占領後、最高司令官として日本を統治したが、朝鮮戦争で国連軍最高司令官として作戦を指揮、一九五一（昭和26）年、中国本土攻撃などを主張して大統領トルーマンから解任された。

民間情報教育局（Civil Information and Education Section）略称ＣＩＥ。日本人の精神、風土、教育、宗教などを民主的に改めようと助言、指導したＧＨＱの組織。教育、宗教、映画・演劇、新聞・出版などの各課があった。映画やラジオで農村問題、婦人解放、学校放送などを扱い、民主化を推進したり、豊かなアメリカを宣伝したりした。「Ｎ・Ｈ・Ｋ」の「協会サイン」を始めたのもＣＩＥの示唆だった。憲法の象徴天皇の骨格は民政局がつくったが、「魂」はＣＩＥが入れたのである。

国家神道　祭政一致を基礎に置いた、明治政府が政策的に創出した国家主義的な宗教で、政府は宗教を超越しているとの見解に立った。明治期から太平洋戦争の敗戦まで続き日本人の精神的な基盤となった。宮中祭祀を整備して伊勢の神宮を本宗《ほんそう》とし、全国の神社を格付けして国家制度に組み入れ、国庫からの公金が支出された。国家神道という言葉は、戦後米国の State Shinto の訳語として使われるようになった。

神社本庁

ＧＨＱの神道指令により、神社神道も禁止されたので、改めて昭和21年（一九四六）、神社関係者により民間組織として神社本庁が設立された。［高橋］

［52］昭和天皇の退位問題

極東国際軍事裁判（東京裁判）で問われたA級戦犯の戦争責任は、昭和6年（一九三一）の柳条湖事件に始まる満州事変から昭和20年（一九四五）8月15日の第二次世界大戦終結までである。昭和天皇の戦争責任も、この期間を対象とするものと考えてよいが、国内的には政治、法律上の責任はないとするのが多数説である。国際法上は東京裁判でマッカーサーの"免責"があり、訴追されなかった。戦争責任の所在は必ずしも司法的処理に基づくものばかりではなく、もっと広範囲の道義的問題にまで及ぶものとしてよい。昭和天皇自身も道義的責任については意識しており、占領期間中三回、退位あるいは国民に謝罪することを思案していたが、内外の情勢が許さなかった。

憲法上の無答責

昭和天皇の崩御直後の平成元年（一九八九）2月14日、参議院内閣委員会でこの問題が取り上げられた。法制局長官味村治《みむらおさむ》の答弁の趣旨を簡潔にまとめると、旧憲法下で天皇は統治権の総攬者《そうらんしゃ》であり宣戦の権能はあったが、国務大臣が天皇を輔弼《ほひつ》していっさいの責任を負うことになっていた（『大日本帝国憲法』第五五条）。また同第三条に「神聖不可侵」の規定があり、その意味は「無答責」、つまり責任を負わないということで、昭和天皇に戦争責任はない、この見解は争いのないところだと思うと述べた。

道義的責任論

政治的には責任はなくとも、道義上の責任はあるとする主張。この論議は終戦前後からあった。東京帝国大学総長で政治学者の南原繁《なんばらしげる》は「天皇は一切の政治、法律上の責任をお持ちにならぬと云うことは」明らかだが、「無答責」の意味は「政治、法律上のみならず、さらに天皇の道徳的義務と責任、之を排除するという意味では決してない」と、昭和21年(一九四六)12月16日の第九一帝国議会で指摘している。「道義的責任論」は、「聖断」時の首相鈴木《すずき》貫太《かんた》郎《ろう》らも同じように感じていた。詩人三好達治は「陛下はすみやかに御退位になるのがよろしい」との文章を昭和21年『新潮』に寄せた。翌年1月には高松宮、近衛文麿らが退位について話し合っている。

終戦直後の退位発言

「戦争責任者を連合国に引き渡すは真に苦痛にして忍び難きところなるが、自分が一人引受けて退位でもして納める訳には行かないだろうか」(『木戸幸一《きどこういち》日記』)。マッカーサーが神奈川県・厚木に到着する前日の昭和20年(一九四五)8月29日、昭和天皇は内大臣木戸幸一にこう語った。木戸は「(退位は)皇室の基礎に動揺を来《きた》」し、共和制に移行でもしたら「国体の護持」も危ういと反対した。昭和天皇に退位の意向があっても、木戸の論理に正当性があった。最初の退位構想はこうして潰《つい》えた。

終戦直前の昭和19年（一九四四）から20年初頭にかけて、皇族や重臣の間で昭和天皇の退位問題が構想されていた。東久邇宮は近衛と木戸の考えでは「陛下は御退位になり、皇太子に天皇の地位をおゆずりになって高松宮を摂政とする」（昭和19年〈一九四四〉7月8日『東久邇日記』）と書いている。宮中勢力は昭和天皇個人より天皇制の存続のほうが大事だった。

東京裁判判決期の退位問題

二回目は昭和23年（一九四八）、東京裁判（極東国際軍事裁判）終結前後に起こった。実質審議が4月16日に終了、首席検察官ジョゼフ・**キーナン**は最終弁論で全被告に対し、「人類の知の最重刑」を求めていた。退位問題が再燃したのはこの後で、学者や文化人までもが道義的責任を語った。外国のメディアも国内の発言を受けて「A級戦犯が有罪になれば天皇は退位する」と書きたてた。

政府も天皇退位で英国の例を調べている。衆院法制部長入江《いりえ》俊郎《としお》は、在京英国連絡事務所に女性問題で退位したエドワード八世（ウィンザー公）の時の英国政府の対応を問い合わせている。内閣総理大臣芦田均《あしだひとし》は「（宮内府長官田島道治《たじまみちじ》と）真剣に話しあったことは abdication（退位）の問題であった」（昭和23年〈一九四八〉7月8日『芦田均日記』）と書いている。その後田島は「周囲の情勢は退位を許さないと思う」（8月

29日、同）と芦田に語り、「SCAPが之を許すかどうか」と記している。マッカーサーも噂を聞いていた。GHQ政治部長ウィリアム・シーボルトの10月29日付の書簡を見ると、マッカーサーは、判決の後、天皇は自分の所に来るはずで「（退位を）考えるのは馬鹿げたことだ」、それは「共産主義の術策に直接陥ることになり、日本に混乱をもたらすことになる」と話すつもりだと語ったという。

　そのころ、東西の冷戦構造の輪郭が明確になってきた。日本は韓国、中華民国（台湾）とともに地勢学的にも大陸に対する反共の防火壁として位置しており、政治上の安定が肝要だった。マッカーサーにすれば、退位など認めることはできなかった。11月12日、東条英機《とうじょうひでき》ら七人のA級戦犯に死刑判決が出た。この日、田島は天皇の命を受けてマッカーサーに書簡を出している。「今や私は、一層の決意を持って万難を排し、日本の国家再建を速やかならしめるために、国民と力を合わせ最善を尽くす所存であります」。

　昭和天皇はこの機会に謝罪の意味のお言葉を出したかった。田島らが文案を練ったがまとまらず、「結局出さずに終わってしまった」（昭和24年〈一九四九〉5月8日、同）。昭和天皇は「出さないで困るのは私だ」と言ったが、芦田の推測では天皇はこの時、自分の気持ちを国民に話したいと考えていたようだ、としている。

　そのころ宮廷記者だった藤樫準二《とがしじゅんじ》は田島に呼ばれて、天皇の心境を新聞で書いてほしいと依頼された。それが「平和国家建設の責務　留位して達成せん」の記事である。文中に「道義的責任は当然負うべきであるという意見がある。陛下が公言されたことはないが、責任は大いに認識されているものと思われる」とある（11月20日『毎日新聞』）。『読売新聞』『朝日新聞』にも、その後同じような記事が出ている。

独立前後の退位問題

三回目は昭和26年（一九五一）の講和条約調印のころである。10月17日午後、A級戦犯として収容されている木戸のもとに家族が訪れた。木戸は内大臣時代の秘書松平《まつだいら》康昌《やすまさ》に「講和条約の成立したる時、皇祖皇宗に対し、又国民に対し責任をおとり被遊《あそばされ》、御退位被遊が至当なりと思う……皇室だけが遂に責任をおとりにならぬことになり、何か（遺族らに）割り切れぬ空気を残し、永久の禍根となるにあらざるやを虞《おそ》れる」（『木戸幸一尋問調書』）と伝言した。11月28日の日記には、「ご退位御希望は陛下御自身にもあり」とあり、田島なども同意見だったという。問題は内閣総理大臣吉田《よしだ》茂《しげる》で、国会で退位問題について質問した中曾《なかそ》根《ね》康弘《やすひろ》に対し、「非国民」呼ばわりするほどだった。戦後も天皇の「臣下」を公称し、マッカーサーともやりあってきた吉田は、退位に反対だった。

昭和27年（一九五二）5月3日、昭和天皇は講和条約発効の記念式典で「身寡《か》薄《はく》なれども、過去を顧み、世論を察し、沈思熟慮、あえて自らを励まして、負荷の重きに耐えんことを期し、日夜ただおよばざることを恐れるのみであります」と「退位せず」を公にし、この問題にピリオドを打った。

昭和天皇は昭和26年（一九五一）の木戸構想が報道されたあと、記者会見で問われ「その当時木戸から退位に関する考え方を聞いた記憶はありません。また吉田総理や田島長官に正式に退位の話をしたことはありません」。「公的ではなく私的に話されたのですか」との質問には「そういう私的関係のことは言いたくありません」と述べている（昭和62年〈一九八七〉記者会見）。〔髙橋〕

［53］皇室報道

天皇の記者会見

昭和天皇の初会見は昭和20年（一九四五）12月22日。「拝謁記」は翌年元日の人間宣言に合わせ各新聞紙上に報道された。香淳《こうじゅん》皇后と揃っての最初の会見は昭和22年（一九四七）6月3日。昭和時代の会見は御用邸の庭を散策中の二人がたまたま、記者団と会ったという設定で行われ、一問一答の記事化やメモ、録音は禁止だった。外国人記者とは昭和8年（一九三三）を最初に、英国のデーリーメール紙などと戦前四回、終戦直後の昭和20年（一九四五）9月25日に米国人記者二人が会見した。昭和天皇の訪米前には、米国メディアと連続六回会見している。昭和36年（一九六一）4月の〝還暦会見〟から、天皇・皇后の年に一回の会見が定例化した。昭和天皇の最後の会見は、昭和63年（一九八八）9月2日の那須御用邸であった。

「**公式会見**」の最初は訪米後の昭和50年（一九七五）10月31日、日本記者クラブと宮殿・石《しゃっ》橋《きょう》の間《ま》で行われた。**宮内記者会**を含む五〇人が出席、原爆投下や戦争責任についての質問が出された。放映された録画は、ほぼ無修整だった。視聴率は六四・五％に上った。

平成の天皇の公式会見は、〝ご会釈〟ではなく「記者会見」と位置づけられ、椅子の用意があり、メモも自由になった。平成元年（一九八九）8月4日同じ石橋の間であり、天皇は「国民とともに憲法を守る」と語った。天皇は毎年、誕生日前に会見し、皇后は文書で記者会の質問に答えてきた。外国訪問前は夫妻で会見、同21年以降は文書で感想を寄せた。平成の皇太子は誕生日と外国訪問前、秋篠宮は誕生日に夫妻で、他の皇族は成人式や婚約・古希などの節目に記者会見する。現在は、全文が宮内庁のHPに掲載されている。

宮内記者会

会員社は朝日、毎日、読売、東京、産経、日経、北海道の各新聞社と共同、時事の二通信社、テレビ局はNHK、日本テレビ、東京放送、フジテレビ、テレビ朝日、テレビ東京の計一五社で、各社一、二人が宮内庁二階の記者室に常駐している。長官は月二回、次長、東宮大夫は毎週一回定例会見がある。

大正9年（一九二〇）『萬朝報《よろずちょうほう》』記者となり宮内省を担当、その後『東京日日新聞』（現毎日新聞）に移り、定年後も嘱託などで六五年間〝宮廷記者〟を務めた**藤樫準二《とがしじゅんじ》**によると、記者会は明治天皇崩御のとき宮内省庁舎の玄関脇に四五平方メートルほどの建物があり、そこを基地に取材が始まる。初め「菊華倶楽部」、その後「坂下倶楽部」、

「宮内記者会」。戦後「千代田倶楽部」、再び「宮内記者会」と名称を改めた。

皇太子妃報道

平成の皇太子妃が決まるまでには、宮内庁と報道機関で「申し合わせ」があった。平成3年(一九九一)7月、宮内庁長官藤森昭一《ふじもりしょういち》は日本新聞協会の編集委員会(定例の編集局長会議)に出席、「皇太子妃が決まるまでの一定期間、静かな環境を保てるよう協力をお願いしたい」と要請。8月20日から六回、在京社会部長会が開かれ、「報道は一定期間差し控える。期間は双方の申し合わせ成立の日から三か月間とする」と決めた。この間、月一回、宮内庁側は選考状況を説明する。三か月で決定に至らない場合、期間の延長(ロールオーバー)を社会部長会に諮《はか》る、とした。平成4年(一九九二)2月13日「申し合わせ」が発効し、5月、8月、11月と三回延長されたが、このとき、一年以上の自粛は報道の原則からいってありえず、平成5年(一九九三)1月31日を限度とすることを決めた。同年1月6日付「ワシントンポスト」が皇太子妃内定を報道、同日午後6時すぎAP、ロイター通信が相次いで内定報道をした。これに伴い午後8時45分、申し合わせが解除された。

平成の皇后が皇太子妃に選ばれたときも協定があり、東宮職参与の小泉信三が「個人の立場」で昭和33年(一九五八)4月から各新聞社を回って要請、7月24日成立した。11月になって『週刊実話』、『週刊明星』が報道、新聞各紙は11月26日夕刊で「皇太子妃明日決まる」、27日朝刊「正午ごろ発表」、同日午前10時から皇室会議が開かれ、夕刊で「正田《しょうだ》美智子《みちこ》さん」が実名入りで報道された。

昭和天皇の病状会見

昭和天皇は昭和62年(一九八七)9月22日宮内庁病院で手術、10月7日退院した。12月15日、公務の一部に復帰。昭和63年(一九八八)夏は那須で静養したが、9月19日大量の吐血があり、翌年(一九八九)1月7日午前6時33分、八七歳で崩御した。「一一一日間」の闘病中、宮内庁総務課長は基本的に一日三回、体温、脈拍、血圧、呼吸数のバイタルサインと侍医のコメントを発表した。1月7日午前4時に昭和天皇は危篤、6時55分から記者室で状況説明があり、崩御会見は宮内庁講堂で7時55分から宮内庁長官と侍医長が行った。同時に官邸でも官房長官会見があった。この日は崩御、即位、新元号と三回、号外が出された。

〔髙橋〕

［54］皇室に関する世論調査

　終戦直後の調査によると、天皇制の支持率は九五％もあった。支持しないは五％である（『日本週報』昭和20年〈一九四五〉12月23日）。終戦から三年たった『読売新聞』では、「天皇制はあったほうがよい」が九〇・三％、「なくなったほうがよい」が四％である。この高い支持率は明治以降、営々と続けられた〝天皇制教育〟の遺産と考えてよいだろう。

　昭和の終わりから平成の中頃までの三〇年ほどの調査結果をみると、象徴天皇については、一貫して七、八割の国民が「今のままでよい」、「天皇は今と同じ象徴でよい」と回答しており、戦後、憲法で規定された「国民統合の象徴」が根づいたといえる。ここでは①象徴天皇の支持率、②昭和天皇の戦争責任、③皇位継承問題――について拾ってみた。

　支持率を日本世論調査会（共同通信社と加盟新聞社で構成）の調査で見ると、昭和50年（一九七五）（在位五〇年）には、七三・五％が「今のままでよい」と答えたが、昭和天皇が崩御した年の平成元年（一九八九）12月には、八一・四％に上昇した。その後平成4

年（一九九二）から平成15年（二〇〇三）までの四回の調査では八〇％前後、平成17年（二〇〇五）には七七・八％とやや下落した。『朝日新聞』の調査では昭和53年（一九七八）から平成9年（一九九七）まで「天皇は今と同じ象徴でよい」と答えた人が、八二％から八四％あった。

昭和天皇の戦争責任については、日本世論調査会の昭和50年（一九七五）の調査では、「ある」が三五・六％、「ない」は三六・一％と横並びで「どちらともいえない」は二一％だった。平成元年（一九八九）には、それぞれ二四・四％、二七・五％、四三・一％になっている。「どちらとも派」が倍増しているのが特徴だ。

皇位継承問題では、日本世論調査会の昭和50年（一九七五）から平成17年（二〇〇五）までの八回の結果を見ると、当初は「天皇は男子に限るべきだ」と答えた人が半分以上、「女子でもよい」は三分の一だった。平成17年（二〇〇五）に「皇室典範に関する有識者会議」が「女系天皇」を認める方向を示した後、「女系」と「男系」の意味を説明して調査した結果は、「女系を認める」という人が全体の六割から七割を占めている。将来は歴史の流れを変えてもいいという人が、過半数を大きく超えている。

〔髙橋〕

［55］昭和天皇新資料解題

昭和64年（一九八九）、昭和天皇の崩御の直後、侍従長入江相政、侍従次長木下道雄のそれぞれの日記が相次いで新聞紙上に掲載された。宮中内部の動きや終戦時の天皇の発言など、これまであまり知られていなかった内容が盛られてあり、大きな反響を呼んだ。その後、タブーが取れたかのように、長年関係者が秘蔵してきた側近の日記類などが刊行され始め、これらの資料を基に研究者の間で現代史の見直しが進んでいる。以下、平成に入って公刊されたおもな日記などを挙げておく。

『入江相政日記』

戦前戦後の昭和天皇の侍従・侍従長入江相政（一九〇五〜八五）の日記。太平洋戦争前後から戦後の象徴天皇制確立にいたる天皇や宮中の動向、戦後の皇后良子をはじめとする皇族や政治家、宮内官僚たちの言動、晩年の昭和天皇の心身の衰えとその対応などが記されている。平成2年（一九九〇）朝日新聞社（全6巻）、のち朝日文庫。

『側近日誌』

終戦直後の昭和20年（一九四五）10月から翌年5月まで皇后宮大夫兼侍従次長をつとめた

木下道雄(一八八七～一九七四)の日誌。天皇退位、人間宣言など占領改革期の昭和天皇の動向のほか東条英機など臣下の人物評価など、天皇の心情が出ており興味深い。平成2年(一九九〇)文藝春秋社。

『牧野伸顕日記』

大正中期から昭和初期にかけて宮内大臣、内大臣を歴任した牧野伸顕《まきののぶあき》(一八六一～一九四九)の日記。大正10年(一九二一)の摂政宮問題以後、昭和11年(一九三六)の二・二六事件にいたる時期の宮中内部の情報が記されている。平成2年(一九九〇)中央公論社。

『梨本宮伊都子妃の日記』

皇族の梨本宮守正王の妃となった伊都子(一八八二～一九七六)が明治32年(一八九九)から戦後の昭和51年(一九七六)までの七七年間の日々の日記と回想録などを抄録。皇族女性の立場から宮中周辺の動きを書き残した貴重な記録。平成3年(一九九一)小学館。のち小学館文庫。

『昭和天皇独白録』

昭和21年(一九四六)3月から4月にかけて、昭和天皇が張作霖爆殺事件から終戦にいたるまでの経緯を側近に自ら語った証言記録。『寺崎英成・御用掛日記』も収めてある。平成3年(一九九一)文藝春秋社。のち文春文庫。

『昭和天皇と私』

昭和天皇の学友に始まり、侍従次長、掌典長などとして八〇年間仕えた永積寅彦《ながづみとらひこ》(一九〇二～九四)が天皇との交友を語る。平成4年(一九九二)学習研究社。

『**昭和初期の天皇と宮中　侍従次長河井弥八日記**』

昭和初期に皇后宮大夫兼侍従次長をつとめた河井弥八《かわいやはち》(一八七七～一九六〇)が当時の宮中の日常生活や陸軍の政治的台頭によって攻撃されていく側近の姿などを記録した。平成5年(一九九三)以後、大正15年(一九二六)から昭和7年(一九三二)までが岩波書店から刊行された(全6巻)。

『**吉田茂書翰**』

戦後首相を勤めた吉田茂(一八七八～一九六七)の書簡集。中には牧野伸顕、小泉信三など宮中関係者に宛てたものも多い。平成6年(一九九四)中央公論社。

『**高松宮日記**』

大正天皇の第三皇子高松宮宣仁《のぶひと》親王(一九〇五～八七)の日記。大正10年(一九二一)から昭和22年(一九四七)にかけて、直宮の海軍軍人としての言動や、兄の昭和天皇との確執などが描かれている。平成8年(一九九六)から順次。中央公論社(全8巻)。

『**侍従長の遺言**』

侍従長徳川義寛《とくがわよしひろ》(一九〇六～九六)は、昭和11年(一九三六)から昭和天皇に半世紀仕えた。昭和史の節目と天皇についての記者の聞き書き。平成9年(一九九七)朝日新聞社。

『侍従武官長奈良武次日記・回顧録』

東宮武官長および侍従武官長として皇太子時代からの昭和天皇につかえた奈良《なら》武次《たけじ》（一八六八～一九六二）の大正9年（一九二〇）から昭和8年（一九三三）までの日記及び回想録の草案。平成12年（二〇〇〇）柏書房（全4巻）。

『徳川義寛終戦日記』

昭和天皇の侍従や式部官をつとめ、戦後に侍従長となった徳川義寛（一九〇六～九六）の日記。平成11年（一九九九）朝日新聞社。

『重光葵　最高戦争指導会議記録・手記』

終戦前後の外相を務めた重光《しげみつ》葵《まもる》（一八八七～一九五七）の昭和19年（一九四四）7月から翌年（一九四五）3月までの記録。平成16年（二〇〇四）中央公論新社。

『徳富蘇峰　終戦後日記』

戦前からの言論人徳富《とくとみ》蘇峰《そほう》（一八六三～一九五七）が、終戦直後からの皇室、占領、戦争などについて論じている。平成18年（二〇〇六）講談社。

『小倉庫次侍従日記』

昭和14年（一九三九）から終戦まで侍従として仕えた小倉《おぐら》庫次《くらじ》の日記。戦時下の宮中のオク向きのことが記されている。『文藝春秋』平成19年（二〇〇七）4月号掲載。

『卜部亮吾侍従日記』
昭和天皇の侍従卜部《うらべ》亮吾《りょうご》の日記。昭和45年（一九七〇）から平成14年（二〇〇二）の時期の天皇の地方巡幸での動向や靖国神社に対する見解などが記されている。平成19年（二〇〇七）から順次。朝日新聞社（全5巻）。

『昭和天皇発言記録集成』
公文書はじめ、既刊・未刊の日記や手記など、皇太子時代からの昭和天皇の発言の集大成。平成15年（二〇〇三）1月芙蓉書房出版（全2巻）。

『昭和天皇実録』
明治34年（一九〇一）の昭和天皇の誕生から昭和64年（一九八九）の崩御とその後の陵籍登録までを、侍従日誌や非公開の内部文書など三〇〇〇点以上の史料をもとにまとめた編年体の記録。平成2年（一九九〇）より編纂を開始し平成26年（二〇一四）完成。平成27年（二〇一五）より東京書籍が刊行（索引1冊をふくむ全19冊）。

『昭和天皇の大御歌』
既刊の『おほうなばら』（八六五首）では不明確な年月日と場所などを『昭和天皇実録』の記事で示し、また新たに発見された昭和六〇年代の「天皇直筆歌稿」二七〇余首を集大成。平成31年（二〇一九）角川文化振興財団。

［髙橋・小田部］

［56］参観要領など

参観（申し込み不要のもの）

皇居東御苑　月、金、および年末年始など一部指定の日を除く。

三の丸尚蔵館　同右。

正倉院「正倉」外構　月曜から金曜までの毎日。

見学会など（申し込み制）

吹上御苑自然観察会　春に二日、各三回。それぞれの日に七〇歳以上、中学生以上の年齢制限がある。

雅楽演奏会　宮内庁楽部で秋一回公開、三日間。

一般参観

皇居　一日二回。日、月および祝日や年末年始などは実施しない。所要時間は七五分。事前申請もしくは当日受付。

京都御所　月および一部指定の日は実施しない。事前申し込み不要。

仙洞御所、修学院離宮、桂離宮　いずれも月および一部指定の日は実施しない。

事前申し込みもしくは当日受付。

以上の五か所は郵便、窓口、宮内庁ホームページでも受け付けている。なお、年齢や人数などに制限がある。

皇居勤労奉仕

一五人以上六〇人以内の団体の代表者からの申請を、希望する六か月前の月に受け付けている。人数に余裕がある場合は一か月前でも可。奉仕期間は連続四日。期間内に土、日および祝日が入らないようにする。奉仕できるのは一五歳以上七五歳まで、健康に自信のある人。

歌会始の詠進要領

天皇により決められる「お題」を詠み込んだ自作の未発表の歌で、一人一首。半紙に毛筆で自筆で書く。海外からの詠進、また、病気などのため毛筆による自書が難しい場合、毛筆以外も可。詳細は宮内庁ホームページを参照。

問合せ先、いずれも宮内庁（郵便番号一〇〇―八一一一　東京都千代田区千代田一―一

電話＝〇三―三二一三―一一一一（代表）　ホームページ＝http://www.kunaicho.go.jp/）

※本要領は平成31年（二〇一九）三月末のものです。

5 皇位継承

［57］皇位継承の践祚式

【代替わりの儀礼】

天皇の代替わりには、特別の儀式が行われる。明治に入ると、西洋の王国のセレモニーをも参考にして、近代的な儀礼が形作られている。

その大要は、①前帝の崩御か譲位の直後に剣璽《けんじ》などを承け継ぐ**践祚《せんそ》式**、②準備を整えてから新帝が高御座《たかみくら》に登り内外に即位したことを披露する**即位式**（→［58］～［61］）、③代始《だいし》の11月、新帝が新穀を神々に供え、ともに食する**大嘗祭《だいじょうさい》**（→［62］～［64］）などからなる。ほかに④新帝の代始にあたり年号（元号）を改める**改元**の儀もあり、近代以降は①～④を総括して**大礼**と称する。

明治以降は終身在位となったが、前帝の崩御か譲位の時に代替わりがある。崩御の大多数は病気か老衰による。ただ、32崇峻《すしゅん》天皇のごとく暗殺などもなかったわけではない。また生前の譲位は、飛鳥時代の乙巳《いっし》の変（六四五）直後、35皇極《こうぎょく》天皇が同母弟の36孝徳《こうとく》天皇に位を譲ったのが初見である。代替わりは、早目に皇太子が決まっている場合でも、即日とは限らない。後継者未定のまま前帝が崩御した場合、多少日月を要する。ただ、「皇位は一日も空《むな》しくすべからず」(『日本書紀』仁徳天皇詔など)との考えから、代替わりは前帝の崩御か譲位の直後とみなされる。

譲位に際しては、**譲国の儀**《じょうこく》があった。すなわち、人心の動揺に備えて三日ほど前から三つの関(平安時代には近江の逢坂《おうさか》、美濃の不破《ふわ》、伊勢の鈴鹿《すずか》)を警固する**固関使**《こげんし》が遣わされた。当日は内裏の御所を出て上皇の隠居所(後院《ごいん》・仙洞《せんとう》御所)へ遷《うつ》る儀が行われている。

【前近代の践祚式】

「**践祚**」とは、**宝祚**《ほうそ》(皇位)を践《ふ》むこと。祚はもと阼に同じで阼階《そかい》(祭祀のため天子が登る階段)をさすから、皇位に登ること、つまり「即位」「登極《とうきょく》」と同じ意味である。『**令義解**《りょうぎのげ》』(「養老令」の公式注釈書)にも、「天皇の即位、これを践祚と謂ふ。祚は位なり」と説明している。

飛鳥時代に入ると、六九七年、42文武《もんむ》天皇は8月1日に祖母の41持統《じとう》天皇から位を譲られ、同月17日に即位の詔を宣している(『続日本紀』)ので、これが即位・践祚の両儀を区別した初例といわれる。ただ、それが明確に分けられ恒例となるのは、奈良時代末期の天応元年(七八一)、50桓武《かんむ》天皇以降である。

践祚式も、時代により変化がみられる。大宝・養老（8世紀初頭）の「神祇令」には「およそ践祚《せんそ》の日、中臣《なかとみ》が天神《あまつかみ》の寿詞《よごと》を奏し、忌部《いんべ》が神璽《しんじ》の鏡剣を上《たてまつ》る」と規定される。**寿詞**とは、天皇の長久を祝い祈る言葉である。つまり、飛鳥・奈良時代の践祚式は、神祇官の掌る儀式（神事）として、新帝の前で中臣氏が**天神の寿詞**（中臣の寿詞ともいう）を読みあげ、忌部氏が**神璽の鏡剣**（神器の鏡と剣）を奉ずること、の二つが主な要素である。その際、庭前に列立する群臣が拝賀し拍手した。

しかし平安時代初頭から、「天神の寿詞」を奏することは、大嘗祭の翌日の辰日節会《たつのひのせちえ》（悠紀節会《ゆきのせちえ》）に移された。神器のうち、鏡は特別に賢所《かしこどころ》へ奉安して移動されなくなり、践祚式には剣と玉（璽）などが新帝に奉じられる。これを「**剣璽渡御《とぎょ》の儀**」（剣と玉を神格の主語にして、両者が渡御＝お渡りになる儀式）という。その式次第は『貞観儀式《じょうがんぎしき》』や『北山抄《ほくざんしょう》』などに詳しく記されている。

それを承《う》けて、室町時代の一条兼良《かねら》『代始和抄《だいはじめわしょう》』にも、「掃部《かもん》寮、路の間に筵道《えんどう》をしきて（新帝の通り道に筵《むしろ》を敷き後ろから巻いていく）、近衛の次将両人、御剣と御璽を持ち筵道のうへを歩む。関白已下、皆扈従《こじゅう》す。行幸のごとし。近衛の次将、階を昇りて内侍に之を授く。内侍二人、各々剣と璽をとりて、夜の御殿（清涼殿の御寝所）に安置す」と書かれている。

このように、時代により変化はみられるが、即位礼・大嘗祭が遅延し中絶した室町後期から江戸初期までの二百余年間にも、践祚式は基本的に続行されてきた。

【「登極令」の践祚式】

明治22年(一八八九)制定の『皇室典範』第二章「践祚・即位」の第一〇条に、「天皇崩ずるときは、皇嗣即ち践祚し、祖宗の神器を承《う》く」と定められた。この典範により、終身在位となった天皇が崩御すると、皇嗣の皇太子がただちに(即日)「践祚」し、皇祖(天照大神)皇宗(神武天皇)以来と伝えられている三種の「神器」を承け継ぐ、という近代的な践祚の原則が示された。二〇年後の明治42年(一九〇九)公布された「登極《とうきょく》令《れい》」第一条に、

> 天皇践祚の時は、即ち掌典長をして賢所に祭典を行はしめ、且《か》つ践祚の旨を皇霊殿・神殿に奉告せしむ。

と定め、その「付式」第一編「**践祚の式**」で詳細な式次第を明らかにしている。それによれば、践祚式は①**賢所の儀**、②**皇霊殿・神殿に奉告の儀**、③**剣璽渡御《とぎょ》の儀**、④**践祚後朝見《ちょうけん》の儀**から成る。

まず①②は、宮中三殿の賢所と皇霊殿・神殿において、掌典長が「祝詞《のりと》」を奏し、天皇に代わって「御告文《おつげぶみ》」(祭文)を奏する。これを三日間くり返す(御告文は初日だけ)。ついで③は、①と同じ時刻、儀場に男性の皇親(皇族)と高官が列立すると、新天皇が出御(もし内廷の皇族男子がいれば供奉《ぐぶ》)して、内大臣が案(机)の上に置

く剣・璽および御印《いん》（御璽《ぎょじ》・国璽《こくじ》）を見る。さらに④は、③に続いて男女の皇族と高官らが参集すると、天皇と皇后が出御（もし内廷皇族がいれば供奉）して、天皇から「勅語」があり、内閣総理大臣が国民を代表し「奉対《ほうたい》」の意思を言上する。

【昭和天皇の践祚式】

この「登極令」が初めて適用されたのは、公布から三年後（一九一二）、大正天皇の践祚式である。それから一五年目（一九二六）、昭和天皇の践祚式が行われた。後者の大筋を『昭和大礼要録』などにより紹介する。

大正天皇は葉山の御用邸で療養中、12月25日未明に崩御した。午前3時すぎ、宮中三殿において掌典長九条道実が祝詞を奏し、新天皇に代わり「……大前に践祚の式を行ひて、万世一系の皇位を承け継ぎ、帝国統治の大権を総《とりふさ》ね攬《みそなわ》す……天津日嗣《あまつひつぎ》を愈々《いよいよ》聖らかに築き固め……同胞と弥《いや》睦びに睦び、弥親しみに親しめ給へ……」との御告文を奏している。他方、ほぼ同時刻に葉山御用邸では、儀場の玉座に通常礼装の天皇が着座し、その東方に一二人の男性皇族・王公族（宣仁《のぶひと》親王～李王）と式部長官・宮内大臣・侍従長・侍従武官長、その西方に大勲位の元老二人と枢密院議長・内閣総理大臣および各省大臣が侍立した。そして、内大臣牧野伸顕《のぶあき》の先導により前帝の寝所近くから侍従の手で捧持された宝剣と神璽が、玉座左右の白木机に奉安された。続いて内大臣秘書官により捧持された御璽と国璽が、玉座前の白木机に置かれた。それを承け継ぎ見ることで、神器に象徴される皇位を継承したことになる。

三日後（12月28日）の午前3時から、皇居の正殿で、皇族男女二六人と大勲位・親任官・勅任官および貴族院・衆議院の議長など四〇〇余名が列立した。天皇が前掲の御告文と同趣の勅語を読みあげ「有志それ克《よ》く朕が意を体し……億兆臣民と供に天壌無窮の宝祚を扶翼《ふよく》せよ」と呼びかけた。それに対して首相若槻礼次郎《わかつきれいじろう》が全国民を代表し「……一意明訓を奉戴し報効の誠を致し、以て聖旨に答へ奉らんことを誓ふ」との奉答文を奏上している。

平成の践祚式は、「皇位とともに伝わるべき由緒ある物」を承け継ぐ「**剣璽等承継の儀**」と名づけ、新天皇の国事行為（国の儀式）として行われた（↓［65］）。

平成31年（二〇一九）の代替わりは「退位」（譲位）による皇位継承であるから、まず4月30日夕方「退位礼正殿の儀」が行われてから、翌5月1日午前、新天皇「剣璽等承継の儀」が行われる（ともに国の儀式）。

［所］

［58］前近代の即位式

即位式は、皇位継承直後の簡略な践祚《せんそ》式とは別に、準備を整えてから盛大に行う儀礼である。

【平安時代の即位式】

平安時代に入る直前の50桓武《かんむ》天皇のとき（天応元年〈七八一〉）から、践祚式とは別に即位式が行われるようになった。

践祚式は代替わり直後であるが、即位式には相当な準備を必要とする。そのため、早くても数日以上、ほとんどが数か月、中世になると一年以上遅れた例も少なくない。

践祚式の場所は、内裏の紫《し》宸殿《しんでん》が用いられた。それに対して即位式は、正月の「朝賀」を基にしたものであるから、同様に大内裏の大極殿《だいごくでん》・朝堂院《ちょうどういん》で行うことになっていた。しかし、平安時代末期に大極殿が焼失して以後再建されなかったので、82後《ご》鳥《と》羽《ば》天皇のとき（元暦元年〈一一八四〉）から、代わりに太政官庁、さらに104後柏原《ごかしわばら》天皇のとき（大永元年〈一五二一〉）からは、紫宸殿が使われている。

ちなみに、元日の**朝賀の儀**は、すでに42文武《もんむ》天皇の大宝元年（七〇一）から盛大に行われているが、その儀容は後の即位式とほぼ同様である。天皇が五色の玉糸を垂らす冕《べん》冠《かん》や大袖に龍などを描く礼服《らいふく》を召すことも、『続日本紀』天平4年（七三二）正月1日条に「大極殿に御し朝を受く。天皇始めて冕服を服す」とみえる。

ついで、準備の期間中に二つのことが行われた。ひとつは、神祇官の中臣氏を伊勢の神宮に遣わして「即位の由《よし》」を奉告する。これを**由奉幣**《よしのほうべい》と称する。もうひとつは、和気氏を勅使として九州の宇佐八幡（および香椎廟《かしいびょう》）へ遣わし幣物を奉る。これを**和《わ》気使**《けづかい》と称する。奈良時代末期に和気清麻呂が宇佐八幡の神託をえて「法王」道鏡を退け、「皇儲」（皇嗣）による皇位継承の原則を守った故事にちなみ、その子孫が代始《だいはじめ》ごとに遣わされたのである。

即位式の前か後には主要な陵墓へ勅使を遣わし、「即位の由」を奉告することになっていた。

即位式の行われる大極殿は、前日までに設営する。まず殿前の庭上に、**銅烏幢**《どううのとう》と**日《にち》像《ぞう》・月像《げつぞう》の幢**や**四神《しじん》の旗**（四神＝青龍《せいりゅう》・朱雀《すざく》・白虎《びゃっこ》・玄武《げんぶ》）などを樹《た》て並べる。いずれも中国皇帝の即位儀礼を参取したものにほかならない。

また、殿上の中央に据えられる**高御座**《たかみくら》は、基壇の四面に青龍などの神獣を描き、屋根の中央に鳳凰《ほうおう》を飾るなど、一見いかにも唐風である。しかし、八角形の屋根は、ヤスミシスメラミコト（八隅＝全国を治める天皇）を象徴するとみられている。

当日は、①朝早く親王や文武百官などが、大極殿前の朝堂院に整列する。②ついで冕冠《べんかん》・礼服《らいふく》を召した天皇が、殿後房の**小安殿**《こあどの》から大極殿内の高御座《たかみくら》に登壇し、その脇に内侍が宝剣と神璽を奉安する。③さらに即位式のクライマックスとして、内命婦《うちのみょうぶ》二人が壇上前面の御帳を八字の形に開くと、天皇の姿が初めて現れ、群臣が一斉に最敬礼する。④ついで前庭にいる図書《ずしょ》の官人が香を焚《た》く（儒教的な天人相関思想により、その煙で天帝に即位を奉告する）。⑤また**宣命使**《せんみょうし》が「**即位の宣命**」を読みあげると、武官が「**萬歳旛**《ばんざいばん》」を振り万歳を唱える。⑥そこで命婦が御帳を閉じると、天皇が後房に退出する。

このように、平安時代の即位儀礼は一見唐風だが、「即位の宣命」は必ずしもそうではない。桓武天皇の例（『続日本紀』所載）をみても、「……天《あま》つ日《ひ》嗣《つぎ》の高座《たかみくら》の業《わざ》を、掛《か》けまくも畏き近江大津の宮に御下宇《あめのしたしろしめし》し（天智）天皇の初め賜ひ定め賜へる法《のり》の随《まにま》に賜はりて、仕へ奉れと仰せ賜ひ授け賜へば、頂《いただき》に受け賜はり……天皇朝廷《みかど》の立て賜へる食国天下《おすくにあめのした》の政《まつりごと》は衆々《もろもろ》助け仕へ奉れと、天皇の勅《みことのり》を宣《の》り、衆々聞《きこ》し食《め》せと宣る」とある。ここにいう38天智《てんじ》天皇の初めて定めた「法」とは、おそらく皇統がその子孫（皇族）により継承されてゆくべきことを示したものとみられる。同様の文言が明治天皇にいたるまで、歴代の**即位宣命**に引き継がれている。

【中世以降の即位灌頂《かんじょう》】

飛鳥・奈良時代の践祚式は、神祇官人の掌る神事であった。しかし、平安時代に入るころから独立した即位式は、太政官以下の文武百官が参列する唐風の儒教的な色彩の濃い盛儀である。しかも、平安時代後期ころから、それに仏教的な**灌頂儀礼**が加わっている。

灌頂というのは、元来インドにおいて国王が即位する時などに、大海の聖水を国王の頭頂に灌《そそ》いで祝意を表すことである。日本に伝えられた密教では、おもに**大日如来**の五智を象徴する聖水を師僧が弟子の頭頂に灌ぎ、法脈を伝える伝法儀礼として重んじられた。その伝法灌頂が天皇の即位に際して行われたのは、71後三条《ごさんじょう》天皇が即位した治暦4年(一〇六八)あたりからだと伝えられている。

すなわち、『後三条院御即位記』や一条兼良の説を記す『即位灌頂印明由来事』では、同年7月21日、天皇が即位の際、成尋《じょうじん》法師から伝授を受けて、高御座に着御の時「手(智拳印)を結び、大日如来のごとく拳印を持し」たという。

しかし、たしかな例は鎌倉時代後期の『伏見院御記』にみえ、践祚から五か月後の弘安11年(一二八八)3月15日に即位する92伏見《ふしみ》天皇は、その二日前、関白二条師忠から「即位の時の秘印等の事」を伝授され、当日儀場の太政官正庁に入り「印を結び真言を誦し」たという。

これが必ず行われるようになったのは、南北朝末期の100後小松《ごこまつ》天皇のころ（一三八二）からである。それを天皇に伝授したのは、摂政・関白となった二条家の当主が多い。室町時代の『天子即位灌頂』によると、印を結ぶのは、日本全国・大日如来・十善戒・四要品（法華経）などを表す。これによって新天皇は聖俗両界の統治力を身につけることができると考えられたのであろう。そのためか、この即位灌頂は、大嘗祭が中断した時期にも行われており、江戸時代末の121孝明《こうめい》天皇（弘化4年〈一八四七〉）まで続いている。

なお、天皇自身の儀礼ではないが、平安時代前期から、在位中の災厄を攘《はら》うため、大極殿に釈迦像などを飾り『仁王般若経』を講説した一代一度の「大仁王会《にんのうえ》」がある。また、江戸時代には、陰陽師が玉体の安穏と長寿を祈る一代一度の「**天曹地府祭**《てんそうちふ》」も行われている。　［所］

[59] 明治の「新即位式」

前近代の唐風を中心に仏教色も加えた**即位式**は、明治維新の初めに一変する。新方式作成の中心人物は、津和野《つわの》藩出身の国学者、新政府の神祇官判事、**福羽美静**《ふくばびせい》である。

明治天皇の即位式は、践祚《せんそ》から一年半以上経った慶応4年（一八六八）の8月27日に京都御所の紫宸殿《ししんでん》で行われた。その前に、輔相《ほしょう》の岩倉具視《ともみ》から、津和野藩主で神祇大輔《じんぎたいふ》の亀井茲監《これみ》に対して、8月の即位式には、「旧来の弊風」を払拭した「皇国の神裔《しんえい》」にふさわしい「御礼式」を作成するよう依頼があった。それをうけて、福羽らが「神国の古典」などに基づき「新式」を考案したのである。

まず天皇の服装は、長らく用いられてきた唐風の「袞冕《こんべん》十二章の御服」をやめ、和風の束帯《そくたい》姿（御袍《ごほう》）に改めた。また天皇の玉座や庭上の幡旗《ばんき》（いずれも唐風）は、安政の大火で焼失していたこともあって、高御座《たかみくら》の代わりに清涼殿の簡素な御帳台《みちょうだい》を用い、日像幢・月像幢や萬歳旛などの代わりに「榊《さかき》の枝に鏡・剣・璽などを（紙垂《しで》も）付け」た形の**大幣旗**・**日幣旗**・**月幣旗**などに改めた。さらに、これまで庭上の宣命使《せんみょうし》が小声で読みあげた即位の「宣命」を、中納言冷泉為理《ためただ》に大声で奉読させると共に、即位に祝意を表す「寿詞《よごと》」を大納言三条西季知《すえとも》に奏上させている。

さらに大胆な改革が行われた。そのひとつは、庭上に香炉《こうろ》を設け焼香の煙で天帝に即位を奉告するような唐風を廃し、代わりに水戸の徳川斉昭《なりあき》から献上された大きな**地球儀**を殿前に置き、壮大な気宇を天下に示そうとしたことである。ただ、当日の旧暦8月22日（新暦10月7日）は、小雨模様のため簡略な雨儀に改められ、地球儀は雨を避けて紫宸殿南の承明門内に置かれたという。

もう一つは、従来の即位式は原則として皇族と公家たちのみが奉仕し参列したのに対して、この時は公家だけでなく武家出身の新政府官人（九等官）や在日外交官なども参列する、かなり開かれた儀式に改められたことである。

これは、福羽が、「王政復古」「御一新」に尽力した武家出身の「功臣」らも公平に参画できるようにしなければならないと強く主張し、岩倉の決断により実現したのである。

その翌日、紫宸殿の**儀場拝観**が、諸大名から一般庶民にまで認められている。［所］

[60]「登極令」の即位式

新しい形の即位式をあげた明治天皇は、明治2年(一八六九)の3月、伊勢の神宮に初めて親拝(天皇みずから参拝すること)してから東京へ遷幸し、これが事実上の遷都となった。急速に衰退し始めた京都のことを心配した明治天皇は、同10年(一八七七)12月、関西を巡幸中、京都御所を保持するため、以後一二年間にわたり毎年多額の資金を京都府に下賜するよう指示し、翌年(一八七八)10月にも、東海・北陸巡幸中に京都御所を視察の上、次のような提案をしたという。ロシアでは、皇帝の即位式を新都ペテルブルグではなく、旧都モスクワのクレムリン宮殿で挙行している。わが国でも即位の大礼は京都の御所で執り行いたい、というのである。

翌12年(一八七九)6月、参議の井上馨《かおる》らが岩倉具視《ともみ》に対し、将来の**大礼**や**大婚**(天皇の結婚式)などの礼典を**京都御所**で挙行するよう進言した。岩倉は、同16年(一八八三)1月**京都皇宮保存に関する建議**を提出し、その第一に「三大礼執行の事」を提言した。その結果、同年4月、「京都を即位式・大嘗会《だいじょうえ》執行の地と定め、宮内省に京都宮闕《きゅうけつ》保存を所管せしむ」との勅が出された。この方針が同22年(一八八九)2月に制定の『皇室典範』第一一条に「即位の礼及び大嘗祭は、京都に於て之を行ふ」と明文化されるに至ったのである。さらに二〇年後の同42年（一九〇九）2月に公布の「**登極令**」には、次のような条文と詳細な「**附式**」が定められている（一部省略）。

第四条　即位の礼及び大嘗祭は、秋冬の間に於て之を行ふ。

第五条　即位の礼及び大嘗祭を行ふときは、其の事務を掌理せしむる為、宮中に大礼使を置く。

第六条　即位の礼及び大嘗祭を行ふ期日は、宮内大臣・国務各大臣の連署を以て之を公告す。

第七条　即位の礼及び大嘗祭を行ふ期日定まりたるときは之を賢所・皇霊殿・神殿に奉告し、勅使をして神宮・神武天皇山陵並《ならび》に前帝四代の山陵に奉幣せしむ。

第八条　大嘗祭の斎田は、京都以東以南（北か）を悠紀《ゆき》の地方とし、京都以西以北（南か）を主基《すき》の地方とし、その地方は之を勅定す。

第九条　悠紀・主基の地方を勅定したるときは、宮内大臣は地方長官をして斎田を定め、その所有者に対し新穀を供納するの手続を為さしむ。

第十条　稲実《いなみ》成熟の期に至りたるときは、勅使を発遣し、斎田に就《つ》き抜穂《ぬいぼ》の式を行はしむ。

第十一条　即位の礼を行ふ期日に先立ち、天皇神器を奉じ、皇后と共に京都の皇宮に移御す。

第十二条　即位の礼を行ふ当日、勅使をして之を皇霊殿・神殿に奉告せしむ。

第十五条　即位の礼及び大嘗祭訖《おわ》りたるときは大饗を賜ふ。

第十六条　即位の礼及び大嘗祭訖りたるときは、天皇、皇后と共に神宮・神武天皇山陵並に前帝四代の山陵に謁《えつ》す。

第十七条　即位の礼及び大嘗祭訖りて東京の宮城に還幸したるときは、天皇、皇后と共に皇霊殿・神殿に謁す。

第十八条　諒闇《りょうあん》中は、即位の礼及び大嘗祭を行はず。

すなわち、即位礼と大嘗祭は、「秋冬の間」に天皇以下の関係者が東京から京都へ移動して行うことになった。当時の交通（鉄道）事情から二度も往復することが困難なため、一緒にされたのであろう。付式（実施細則）第二編「**即位礼及び大嘗祭の式**」も、次のように両者を一体にした形になっている。

①賢所に期日奉告の儀／②皇霊殿・神殿に期日奉告の儀
③神宮・神武天皇山陵並に前帝四代の山陵に勅使発遣の儀
④神宮に奉幣の儀／⑤神武天皇山陵並に前帝四代山陵に奉幣の儀
⑥斎田点定の儀／⑦斎田抜穂の儀
⑧京都に行幸の儀／⑨賢所《かしこどころ》、春興殿に渡御《とぎょ》の儀

⑩即位礼当日、皇霊殿・神殿に奉告の儀
⑪即位礼当日、賢所大前の儀／⑫同、紫宸殿の儀
⑬即位礼後一日、賢所御神楽の儀／⑭同、鎮魂の儀
⑮神宮・皇霊殿・神殿並に官国幣社に勅使発遣の儀
⑯大嘗祭当日、神宮に奉幣の儀／⑰同、皇霊殿・神殿に奉幣の儀／⑱同、賢所大御饌《みけ》供進の儀
⑲大嘗宮の儀（悠紀殿供饌の儀／主基殿供饌の儀）
⑳即位礼及び大嘗祭後、大饗第一日の儀
㉑同、大饗第二日の儀／㉒同、大饗夜宴の儀
㉓同、神宮に親謁の儀／㉔同、神武天皇山陵並に前帝四代山陵に親謁の儀
㉕東京に還幸の儀／㉖賢所、温明殿に還御の儀
㉗東京還幸後、賢所御神楽の儀／㉘還幸後、皇霊殿・神殿に親謁の儀

［所］

［61］大正・昭和の即位礼

【大正天皇の即位礼】

「登極令」公布（明治42年〈一九〇九〉）から三年後の7月30日、明治天皇の崩御により大正天皇が践祚《せんそ》した。それから一年間の諒闇《りょうあん》明けの大正2年（一九一三）11月「**大礼使**」の官制が勅令で公布された。そして翌年（一九一四）1月、即位礼・大嘗祭（以下、一括して大礼という）の期日が同年11月と決定された。

ところが、同年4月9日、昭憲皇太后（六五歳）の崩御により再び諒闇となったので、大礼は延期された。それから服喪明けの翌4年4月、あらためて「大礼使」官制が勅令で公布され、その期日も同年11月と告示された。もちろん、その間に、着々と準備が進められていた。それゆえ、11月10日の即位礼と14日の大嘗祭および前後の諸儀は、すべて滞りなく執り行われている。

大正大礼は、古代以来の即位式とも明治の新式とも異なる、大規模な近代的即位礼が初めて実施された具体例として画期的な意味をもつ。

そこで、貴族院書記官長として大礼使を拝命し参列した柳田国男の提言により、内閣で詳細な『大礼記録』が編纂された（マイクロフィルム公刊）。ちなみに、柳田は本来別儀であった即位礼と大嘗祭が、この時から一続きに行われたことを不適切と批判している。

【昭和天皇の即位礼】

これにつぐ昭和天皇の大礼は、明治の「登極令」と大正の実施例に基づき、順調に執り行われた。

諒闇の明けた昭和2年（一九二七）12月、「大礼使」の官制が設置され、総裁に閑院宮載《かんいんのみやこと》仁《ひと》親王、長官に公爵近衛《このえ》文麿《ふみまろ》が就任。ついで翌年（一九二八）1月、大礼の期日が勅定・告示され、それが宮中三殿と神宮以下に奉告・奉幣された。そして同年11月、およそ次のように実施されたのである。

まず東京から京都へ移動するため、11月6日の早朝、賢所（神鏡）を掌典長九条道《みち》実《ざね》の指揮で御羽車《おはぐるま》に遷し（駕輿丁《がよちょう》は京都の八瀬童子《やせどうじ》）、昭和天皇が剣璽《けんじ》を帯同して鳳《ほう》輦《れん》（特別儀装の馬車）に乗り、香淳皇后はじめ大礼使らを従えて鹵簿《ろぼ》（行列）をなし、宮城から東京駅まで進んだ。

ついで御召列車に乗り換えた一行は、午前8時発車、名古屋の離宮（城）で一泊。

翌7日午後2時、京都駅に着き、駅前より京都御所まで再び鹵簿をなして進んだ。そして賢所を御所の春興殿《しゅんこうでん》（旧内侍所趾に再建）に奉安し、天皇皇后は大宮御所に入った。

さらに翌8日と9日、儀場の紫宸殿と前庭などで設営を終え、習礼《しゅらい》（リハーサル）も行われている。

即位礼当日の10日は、まず午前10時、白い帛《はく》の御袍《ごほう》（束帯）の天皇が、白い帛の女房装束（十二単《ひとえ》）の皇后を伴い、賢所（春興殿内）の大前で拝礼して御告文《おつげぶみ》（祭文）を奏上した。

ついで午後2時半、黄櫨染《こうろぜん》御袍（束帯）の天皇が、紫宸殿中央の高御座《たかみくら》に登り、十二単の皇后も東隣の御帳台《みちょうだい》に着いた（それ以前に男性皇族は西側、女性皇族は東側に侍立）。そこで天皇が、みずから次のような「**即位の勅語**」を朗々と読みあげた。

朕……祖宗の威霊に頼り、敬《つつし》みて大統を承け、恭しく神器を奉じ、ここに即位の礼を行ひ、昭《あきら》かに爾《なんじ》有衆に誥《つ》ぐ……（日本の国柄と祖先の遺徳を略述）……朕、内は則ち教化を醇厚にし、愈々民心の和会を致し、益々国運の隆昌を進めんことを念ひ、外は則ち国交を親善にし、永く世界の平和を保ち、普《あまね》く人類の福祉を益さんことを冀《こいねが》ふ。

爾有衆、それ心を協《かな》へ力を戮《あわ》せ、私を忘れて公《おおやけ》に奉じ、以て朕が志を弼成《ひつせい》し、朕をして……祖宗神霊の降鑒《かん》に対《こた》ふることを得しめよ。

これに応えて、束帯姿で前庭にいた首相田中義一《たなかぎいち》が、南階を昇って「即位の寿詞《よごと》」を奏し、再び南階を降りて、庭上から声高らかに万歳を三唱している。

なお、当日の午前、東京で皇霊殿と神殿に奉告の儀が行われた。また午後3時、殿庭で首相の発した万歳にあわせて、全国都府県（官庁・学校など）の拝賀式で万歳を三唱し、そのあと旗行列や提灯《ちょうちん》行列などもくりひろげられている。さらに翌11日の夕方6時から真夜中の零時すぎまで、賢所（春興殿内）において人長《にんじょう》と楽人による「御神楽《みかぐら》の儀」が行われている。

この即位礼には、外国の特派大使と随員九二名も含めて二二三六名が参列した（大正度の一九二二名より多い）。しかも、皇族をはじめ庭上などで参役した高等官・奏任官たちは、男性が束帯、女性が唐衣、参列の諸員も大礼服（男性は洋装、女性は和装）を着用した。その着付けだけでも介助の人手が足りないほど大変だったという。

［所］

［62］大嘗祭の意義

天皇の代替わりには、まず皇嗣が皇位の象徴である神器などを継承し（践祚式《せんそ》）、ついで内外の人々に即位の事実と決意を示す（即位礼）のみならず、さらに皇祖神などに対する大嘗祭《だいじょうさい》を斎行する必要があった。

日本の稲作は、弥生時代から列島の大部分に普及している。その収穫後毎年、旧暦11月の冬至に近いころ、新穀を神々に献げるような祭りは、早くから、大和朝廷でも全国各地でも行われていた。それを「**ニイナメ**」（**新嘗**）というのは、新穀を贄《にえ》（供え物）として神々を饗《あえ》（もてなし）する「ニヘアヘ」の意味だろうと考えられる。それが40天武《てんむ》天皇ないし41持統《じとう》天皇のころ（7世紀末）から、代始の11月に営まれる特別な大嘗祭＝**践祚大嘗祭**と、毎年の11月に行われる恒例の大嘗祭＝**新嘗祭**とに分けられた。

大嘗祭は、古代の神話に由来する。『日本書紀』の「神代紀」をみると、天照大神の「神勅」として、その子孫に神鏡を授け、「吾が高天原《たかまがはら》にきこしめす斎庭《ゆにわ》の穂《いなほ》を以て、また吾が児《みこ》にまかせまつるべし」とある。従って、天皇の代替わりには、神器を継承するだけでなく、そのような穀霊の威力を継承するための「大祭祀」も、併せて行うようになったのであろう。

大嘗祭の祭儀が行われる**大嘗宮**の殿内には「**寝座**《しんざ》」が設けられている。そこで、かつて折口信夫《おりくちしのぶ》は、これを天孫降臨の神話に出てくるニニギノミコトがくるまれていたという覆衾《おぶすま》の「**真床**《まどこ》」にあたる寝座とみなして、大嘗祭の意義は、天皇がこの寝座の御衾にくるまり、「**天皇霊**」を身に付けることだ、との説を提示した。それを基にして、これを神霊と天皇の聖婚する秘儀とみなす説なども出ている。

しかし、大嘗祭の儀式内容を伝える儀式書や古記録類に、そのような行為はまったく見あたらないことが論証されている。むしろ『延喜式』に収める大嘗祭の「祝詞《のりと》」に、

天つ御食《みけ》の長御食の遠御食と、皇御孫命《すめみまのみこと》の大嘗《おおにえ》きこし食《め》さん為の故に……

と明記されている。つまり、その意義は皇祖神より授けられ長らく作られてきたとされる「**御食**《みけ》」を「**大嘗**」として天皇がみずから食べることにより、「**皇御孫命**」としての霊威を継承することだとみられる。

［所］

[63] 前近代の大嘗祭

【平安時代の大嘗祭】

大嘗祭《だいじようさい》は**新嘗祭**《にいなめさい》と同じく、古くから旧暦11月の中旬か下旬の卯の日を中心に行われてきた。ただ、新嘗祭が毎年常設の祭場（**神嘉殿**）で行われたのに対して、大嘗祭は臨時に特別の儀場（**大嘗宮**）を造り大規模に営まれた。しかも、新嘗祭の神饌《しんせん》が、宮内省直営の官田から収穫する稲（米・粟）だったのに対して、大嘗祭の神饌には、全国を代表する二国＝**悠紀**《ゆき》**国**・**主基**《すき》**国**の**斎田**から収穫した稲が用いられた。従って、その準備には長い時間と多数の人手を要している。

　大嘗祭の時期は、斎田を設定するため、新天皇の践祚《せんそ》が7月以前ならばその年の11月、8月以降ならば翌年の11月を原則としていた。しかし、前帝の崩御による践祚の場合は、一年の諒闇《りようあん》明けを待つことになっていた。

　その準備は、まず4月（多くは下旬）、神饌用の稲を供する斎国としての「悠紀国」と「主基国」を亀卜《きぼく》により神意を占って定めることから始まる。斎田は畿内とその近辺が原則であった。平安時代以降ほとんど、悠紀国は近江国《おうみのくに》、主基国は丹波国《たんばのくに》か備中国《びっちゅうのくに》が選ばれている。

平安宮には、実務を掌る**悠紀行事所**と**主基行事所**（各十数人）、また斎場所などに作業所が置かれた。

悠紀は「斎忌」とも書く。ユは清浄、キは区域を意味し、主基のスキは次を意味するという。悠紀国（悠紀田）は清浄な区域の国（田）であり、主基国（主基田）はそれに次ぐ国（田）である。それが二つ選ばれるのは、『日本書紀』の「神代紀」に「天照大神、天の狭田《さた》・長田を以て御田《みた》となしたまふ」とあるのに由来するとも説かれるが、一代一度の大祭祀であるから、万一に備えて、主な所と次の所とを用意したものとみられる。

その際、**亀卜**（亀の甲を駒の形に切り町の形を引いて火であぶり、裂目により合否を判定する占法）で国（実際には郡も）が定められる。従って、旧暦の4月（初夏）、悠紀・主基に選ばれた国では、その郡内における稲の育ち具合を見てから、斎田（『延喜式』によれば国別に六段）にふさわしいところを決めたものと考えられる。

つぎに8月上旬、朝廷より斎国に**抜穂使**《ぬいぼ》（宮主《みやじ》一人と卜部《うらべ》三人）が派遣される。地元では斎田の近くに斎場を設け、「御饌《みけ》の八神」を祀る八神殿などを構える。斎田の稲から穂を抜き、稲実《いなみ》殿で乾かす。約一か月後の6月上旬、斎国郡の国司・郡司や所役の人々が抜穂使に率いられて上京し、内裏の北の斎場で**造酒児**《さかつこ》らが**神酒**を醸《かも》し**神衣**《かんみそ》を織るなどの準備にかかる。

また、その前後、神饌・神酒用の稲（米・粟）以外に必要な**由加物**《ゆかもの》（供物・祭具）や**神服**《しんふく》を調達するため、畿内の河内・和泉・紀伊・淡路・阿波・備前や尾張・三河などの諸国へ**由加物使**や**神服使**が派遣され、関係の職人らを率いて上京する。

ついで8月下旬、伊勢の神宮に奉幣使が遣わされ、全国（五畿七道）の官社（神祇官所管の三〇〇〇近い神社）にも幣を頒つ。しかも、伊勢の神宮には、11月上旬、あらためて大嘗祭斎行の由を奉告する**由**《よしの》**奉幣**も行われる。また、すでに8月上旬、五畿七道に**大祓**《おおはらえ》**使**が遣わされ、京内（左京・右京）と五畿内および近江・伊勢両国には、8月下旬にも大祓使が出される。9月下旬、大嘗祭に奉仕する**検校**《けんぎょう》（公卿三人）と**行**《ぎょう》**事**《じ》（十数人）などが、京中の**紙屋**《かんや》**川**《がわ》で**荒見**《あらみ》**川の祓**《はらい》を行う。

10月下旬になると、天皇みずから賀茂川へ行幸して**河原の御禊**《ごけい》をする。**御禊行幸**には、皇太子以下の皇族をはじめ公卿以下の文武男女官人（貞観の『儀式』では一五〇〇余名）が供奉《ぐぶ》する盛大な行列をなした。それゆえ、賀茂社の葵祭と同様、市中の道端で貴族や庶民が大勢それを見物している。天皇はそれから11月下旬までの一か月間、清浄を保つため斎戒を続け（**散斎**《さんさい》）、とくに祭儀前後の三日間は一段と念入りに身を浄め厳しく物忌をする（**致斎**《ちさい》）。

このような準備が着々と進められる間に、儀場の大嘗宮を造るため、8月上旬に卜定した山林から、10月上旬に用材を皮付き**黒木**《くろき》のまま伐り出す。そして11月中旬か下旬の祭日より七日前に鄭重な地鎮祭を行う。そして直前の五日間で仕上げることになっていた。

大嘗宮（**悠紀殿**・**主基殿**と両**膳屋**《かしわや》など）は、奈良時代の平城宮内に設けられた大嘗宮の例にならって、平安時代から中世まで、ほとんど平安宮大内裏の大極殿（ないし殿址）南庭に建てられた。しかし、近世の再興後には、もっぱら内裏（現在の京都御所）の紫宸殿南庭に造られている。

大嘗の祭儀は、古来11月の中旬か下旬の**卯の日**に斎行されてきた。その前日＝**寅の日**に儀場で**習礼**《しゅらい》（予行演習）があり、同夜、宮内省の正庁で**鎮魂祭**《ちんこんさい》が行われる。この前夜祭は、遊離しがちな魂を天皇の体内へ鎮《しず》めて安らかにするため、**御巫**《みこ》が**宇気槽**《うけふね》を撞《つ》くたびに、**女蔵人**《にょくろうど》が天皇の**御衣**《おんぞ》を振動させるという。

当日＝卯の日には、内裏北の悠紀・主基両斎場で神饌や料物・調度などを輿《こし》に乗せ、祇園祭の山車《だし》のような飾物の**標**《ひょう》**山**を曳《ひ》きながら、両斎国の国司・郡司（その親族も）や**稲実公**《いなみのきみ》・造《さ》酒児《かつこ》など所役の人々および引夫・担夫など（『延喜式』によれば三五〇〇余人）の大行列が、京内の東西の大宮大路を南下してから、朱雀大路を北上して、宮城内の大嘗宮へと運び入れる。

大嘗祭卯日の儀式次第をみると、まず戌刻（午後8時）廻立《かいりゅう》殿において湯で身を浄め白い祭服に改めた天皇が、葉薦《はごも》の通路を経て悠紀殿へ進む。ついで**隼人《はやと》の犬吠《いぬぼえ》**や**吉野の国栖《くず》奏**、**諸国の語部《かたりべ》の古詞《ふること》奏上**、両斎国の**国風《くにぶり》（芸能）奏上**などがある。やがて亥刻（午後10時）、内膳司の官人と采女《うねめ》により悠紀殿に**神饌**（米・粟の御飯と**白酒《しろき》・黒酒《くろき》など**）が捧持される（**神饌行立《ぎょうりゅう》**）。すると、内院の**御座**に着いた天皇は、**神座**（短帖）の祭神（天照大神）に対して神饌を一々丁重に供え、**おさがり**をみずからも食べる**神饌親供《しんく》共食の儀**を子刻（午前0時）近くまで執り行う（**夕《よい》の儀**）。

天皇は廻立殿に戻って少し休憩し、再び湯で身を浄める。その後主基殿へ入って、丑刻（午前2時）から寅刻（午前4時）近くまで、「夕の儀」と同様に執り行う（**暁《あかつき》の儀**）。これによって、天皇は皇祖神の霊威を身に受けることになるとみられる。

こうして夜中の数時間にも及ぶ祭儀が終わると、あらためて辰・巳・午の三日間にわたり**節会《せちえ》（宴会）**が催された。その会場は、平城宮でも平安宮においても、大内裏の豊楽院《ぶらくいん》（朝堂院の西隣）があてられている。しかし、平安時代末期に同院が焼失してからは朝堂院、それも焼失した中世と近世（再興後）には、内裏の紫宸殿が用いられた。そのため、辰日の未明に紫宸殿で「暁の儀」が終わると、急いで南庭の大嘗宮（悠紀殿・主基殿・両膳屋《かしわや》など）を解体して搬出しなければならなかったのである。

第一日＝辰日の**悠紀節会**には、まず辰二刻（午前7時半）、天皇が北隣の清暑堂《せいしょどう》から豊楽院内の東側の悠紀帳に入り、その南庭に皇族と文武官人が整列する。そこで、かつて践祚《せんそ》式の行事であった**中臣《なかとみ》の寿詞《よごと》奏上**と**忌部《いんべ》の鏡剣献上**が行われる。つぎに弁大夫が悠紀・主基両国の**多米都物《ためつもの》**（献上品）の目録を奏聞する。

ついで巳一刻（午前9時）、天皇に御膳を供し、前庭左右の堂内で着座した文武官人に酒饌を授け、悠紀・主基両国の献上品が諸司に頒《わ》けられる。つぎに両国の国司から**挿頭花《かざしのはな》**（造花。天皇には桜、その他には梅）などを献ずる。また斎国の地名と景物を詠み合わせた和歌により**風俗歌舞《ふうぞくのかぶ》**が奏される。

このような君臣和楽の宴は、未二刻（午後1時半）から再び天皇が豊楽殿《ぶらくでん》内の西側の主基帳に入ると、同様に行われる。やがて夕方酉刻（午後6時）、悠紀の国司に禄を下賜する。

第二日＝巳日の**主基節会**も、おおよそ前日と同様の節会が行われる。ただ、中臣による寿詞の奏上がなく、舞楽も**大和舞**と**田楽《でんがく》**が奏される。やがて夕方、主基の国司らに禄を下賜する。その後、豊楽殿北隣の清暑堂で、ほとんど夜通し御神楽があり、君臣ともに歓を尽くす。

第三日＝午日の**豊明《とよのあかり》節会**は、辰日と巳日の節会が祭儀の延長に近い性格を有するのに対して、それを終えた後の華やかな宴会（直会《なおらい》）として行われる。

まず辰刻（午前8時）、天皇が豊楽院の中央に据えられた高御座《たかみくら》に登ると、悠紀・

主基両国の国司への叙位がある。ついで天皇に御膳を供し、群臣にも酒饌を下賜する。その間、**吉野の国栖**《くず》が門外で歌笛を奏し、殿内の舞台では、伴・佐伯両氏による**久米**《くめ》**舞**、安倍氏による**吉志**《きし》**舞**、悠紀・主基両国の人々による**風俗舞**、宮廷の舞姫による**五節舞**、雅楽寮の五人による**五楽**、神服女による**解斎**《げさい》**の大和舞**などが、次々と行われる。それから、参列者全員に禄を下賜し、悠紀・主基両国の郡司などに叙位がある。

【大嘗祭の中断と再興】

大規模な祭儀と宴会には、非常な人手と費用を要する。そのため、中世以降、朝廷の政治力・経済力が衰退し、また動乱が続発すると、次第に実施が難しくなり、やがて中断を余儀なくされた。けれども、それが二〇〇年以上経ってから、ようやく近世に再興する。

すなわち、前述の即位式（→[58]）にしても、南北朝期の南朝方では形ばかりの儀式しか行うことができず、足利氏に奉じられた北朝方でさえ、遅延しがちであった。まして応仁・文明の乱（一四六七～七七）により戦国乱世となってからは、弱体化した幕府の援助が滞《とどこお》る。そのため、104後柏原《ごかしわばら》天皇の場合、践祚から二一年後の大永元年（一五二一）、ようやく管領細川高国らの助けをえて即位式を挙げた。しかし、それに相伴うべき大嘗祭は、ついに斎行することができず、前代の文正元年（一四六六）から以後二二〇年余り中断するに至ったのである。

次の105後奈良《ごなら》天皇は、践祚してから一〇年後の天文5年（一五三六）、大内義隆ら戦国大名の献金をえてなんとか即位式を挙げた。しかし、それから一〇年近く経っても大嘗祭ができない。それを遺憾として、同14年（一五四五）8月28日、伊勢の神宮に陳謝の宣命《せんみょう》を奉っている。

従って、後継の歴代天皇も、大嘗祭の復興に向け、武家側と再三交渉を試みている。それは江戸時代に入ってからも容易に進展しなかったが、霊元《れいげん》上皇の熱意と決断により、貞享4年（一六八七）、113東山《ひがしやま》天皇の即位時に再興された。

その経緯をみると霊元上皇は在位中から京都所司代を介して江戸幕府に働きかけたが、次の113東山天皇の代始にも、幕府は即位礼の費用しか出せないと返答してきた。そこで、その費用七二〇〇石余から三分の一近い二七〇〇石余を割き、それによって簡略な大嘗祭（節会は辰日のみ）を行ったのである。しかし、そのような略儀では神々にかえって非礼だ、との批判が一部の公卿などからあり、次の114中御門《なかみかど》天皇は大嘗祭を行っていない。

けれども、次の115桜町《さくらまち》天皇が践祚する段階では、関白一条兼香《かねか》ら公卿も結束して、代始の大嘗祭をはじめ、毎年の新嘗祭も月次祭の神今食《じんこんじき》も復興すべきことを幕府に要望している。それに対して、時の将軍徳川吉宗も幕府の立場から朝儀の復興に賛意を示した。そのため、践祚から三年後の元文3年（一七三八）、本格的な大嘗祭（節会も辰・巳・午の三日間）が再興されるに至ったのである。

ちなみに、その盛儀を拝観した国学者の荷田在満《かだのありまろ》と絵師の住吉広行が、『大嘗会儀式具釈』という概説書を著している（ただ、これを一般向けに書き直した『大嘗会便蒙《びんもう》』は江戸幕府から発禁処分を受けている）。

［所］

［64］近代の大嘗祭

【明治の大嘗祭と登極令《とうきょくれい》】

　元文3年（一七三八）徳川吉宗の協力により再興された大嘗祭《だいじょうさい》（→［63］）は、ほぼ平安時代以来の祭儀と宴会の定式に則りながらも、全体に少し簡素化されている。とくに事前の御禊《ごけい》は、賀茂川への行幸を幕府が認めないため、内裏においてすませた。そのような略儀は117後桜町《ごさくらまち》天皇の時（明和元年〈一七六四〉）も含めて六代にわたり続いたが、明治維新によって大きく変わった。

　明治天皇の即位式は、慶応4年＝明治元年（一八六八）8月、京都御所の紫《し》宸殿《しんでん》において従来と著しく異なる「新式」で執り行われた（→［59］）。しかし、当時まだ戊辰《ぼしん》戦争が続いており、その中を天皇は翌年（一八六九）3月に再び東京へ行幸し旧江戸城の皇居に留まった。

　そこで、平田派国学者の矢野玄道《はるみち》らは、京都に還幸《かんこう》して大嘗祭を斎行されるよう建白している。即位礼の新式を考案した福羽《ふくば》美静《びせい》らの主張が採用され、大嘗祭は明治4

年（一八七一）の11月中旬（旧暦）、東京で斎行された。

まず同年5月、神祇伯中山忠能《ただやす》（明治天皇外祖父）以下五名を**大嘗会御用掛**に任じ、ただちに悠紀《ゆき》は甲斐《かい》国巨摩《こま》郡、主基《すき》は安房《あわ》国長狭《ながさ》郡と卜定《ぼくじょう》された。

ついで9月に悠紀・主基両国の斎田で抜穂の儀、10月には伊勢の神宮に由奉幣《よしのほうへい》、全国の主な神社に班幣の儀が行われている。

さらに11月15日、皇居の吹上御苑に大嘗宮《だいじょうきゅう》（悠紀殿・主基殿など）が造営され、16日に鎮魂祭が営まれた。その上で、17日（卯日）夜半から翌未明にかけて、「神饌親供《しんく》共食」の大嘗祭が古式どおり行われた。

ただ、従来三日間にわたった節会（宴会）は、翌18日の豊明《とよのあかり》節会と翌19日の外国使節招宴のみとされた。むしろ注目されるのは、翌20日から29日まで一〇日間、一般庶民にも**大嘗宮の参観**を認めたことである。

それから十数年後の明治22年（一八八九）に制定された『皇室典範』では、即位礼も大嘗祭も一連の大礼・大祀として京都で行うことになった。その二〇年後公布の『登極令』と同付式に詳細な祭儀が規定されている（↓［60］）。

従来と大きく異なっているのは、即位礼と大嘗祭の後に「**大饗**《たいきょう》」を三回行い、また後儀として伊勢の神宮や主な山陵への「**親謁**《しんえつ》」（参拝）などを設けたことである。

【昭和の大嘗祭と大饗】

『登極令』に基づく初めての大礼は、大正4年(一九一五)11月で、即位礼が10日、大嘗祭が14日に行われた。

それにつぐ昭和天皇の即位礼と大嘗祭も、昭和3年(一九二八)11月、大正と同じ日付である。全体的にみても、昭和の大礼は、大正の先例を尊重し、ほぼ同様に行われた。

まず諒闇《りょうあん》明けの昭和3年1月、即位礼と大嘗祭の期日が勅定《ちょくじょう》され、翌2月、**斎田《さいでん》点定《てんてい》の儀**が行われた。皇居の神殿前庭において、古式どおり亀卜《きぼく》で神意を占い、悠紀《ゆき》地方は滋賀県、主基《すき》地方は福岡県と勅定されたのである。

ついで、翌3月に両県の斎田が決定され、4月に斎田祓式、6月に御田植式、8月に斎田斎場の地鎮祭、さらに9月の16日と21日、悠紀斎田と主基斎田で古式に則り**抜《ぬい》穂《ぼ》の儀**が行われた。それを乾燥させ精選した上、10月中旬、精米三石と玄米五升が京都へ送られた。

京都においては、御所の東南にある仙洞御所址の敷地に**大嘗宮**が造営された。東西四〇間（約七二メートル）、南北三〇間（約五四メートル）を柴垣で囲い、その中に悠紀殿・主基殿および皇后宮帳殿・庭積《にわづみ》帳殿・小忌《おみ》幄舎《あくしや》など、その北に廻立《かいりゅう》殿と釜《かなえ》殿《どの》・斎庫《さいこ》など、その東西に膳屋《かしわや》などが造営された。また、両斎田からの御米による御酒は、上賀茂神社の境内で醸造したものが膳屋に納められた。

大嘗祭当日の11月14日、本儀に先立って伊勢の神宮と皇居の皇霊殿・神殿に奉幣《ほうべい》の儀、また御所の春興殿《しゅんこうでん》で**賢所《かしこどころ》　大御饌《おおみけ》供進《きょうしん》の儀**が行われた。午後5時、皇族および首相以下の文武官人らが夫人同伴で参集して幄舎に入り、大礼使たちが本院に着くと、掌典長九条道実が悠紀・主基両殿の内陣に神座を奉安した。

そこで、昭和天皇は頓宮《とんぐう》の大宮御所《おおみやごしょ》から廻立殿に入り、小忌《おみ》の湯をすませて生絹《すずし》(白)の祭服に着替え、やがて侍従の捧持する剣璽とともに悠紀殿へ進み着座。まもなく国栖《くず》の古風と悠紀地方の風俗歌が奏されると、香淳《こうじゅん》皇后が帳殿の御座から悠紀殿を拝礼、他の皇族らも小忌幄舎から拝礼した。

つぎに悠紀の膳屋から悠紀殿まで、陪膳《ばいぜん》の女官や掌典らが**神饌**を運ぶ(**神饌行立**《しんせんぎょうりゅう》)。おもな神饌は、米と粟を蒸《む》した御飯(強飯《こわいい》)と炊いた御粥《かゆ》(今でいう御飯)および白《しろ》酒《き》・黒酒《くろき》、鯛・鮑《あわび》などを調理した鮮物《なまもの》と乾燥させた干物《からもの》、干《ほし》柿・生《なま》栗などの果物、鮑と和布《わかめ》の煮物などである。いずれも大神の召し上がり物だから、運ぶ際、丁重に警蹕《けいひつ》(先払いの声)がかけられる。

ついで、天皇は殿内の外陣《げじん》から内陣に進み、**多志良加**《たしらか》(土製の瓶)で御《お》手水《ちょうず》をすませ、南々東向き(伊勢の神宮方向)の御座に着くと、その前の御食《す》薦《ごも》の上に女房らが神饌を据える。そこで天皇は、陪膳女官の介添えにより、神饌の御飯(米・粟)や御菜(鮮物・干物)・果物などを一々供進した(**神饌親供**《しんせんしんく》)。その際、拝礼して奏する「御告文《おつげぶみ》」は公表されていないが、かつて神饌供進の前に奏上された御祈請文の一例が『後鳥羽天皇宸記《ごとばてんのうしんき》』にみえる。

それによれば、大嘗祭の祭神には、皇祖神の天照大神だけでなく天神地祇も含まれること、その祈請は国内の平安と年穀の豊穣とを目的としていたことなどが分かる。それは歴代に共通する宿願とみられる。

この神饌供進に続いて、天皇みずから米・粟の御飯と白酒・黒酒などを食する(**神人共食**)。これは直会《なおらい》と解されている。それから休憩のために廻立殿へ戻り、再び小忌の湯をすまし、再び生絹《すずし》の祭服で主基殿に進み、悠紀殿と同様に神饌を親供し共食する。この悠紀・主基の両殿における親祭は、古式どおりに行われた。

この祭儀が終了すると、引き続き**大饗**が三回行われた。その饗宴場は、大宮御所の北(京都御所の東)に四〇間四方の大きな建物(外観は和風、内部はほとんど洋風)が造営された。

そこに悠紀地方と主基地方の風景を大和絵と和歌で表す**風俗歌屏風**などが立てられた。ちなみに、悠紀方は、絵が川合玉堂、歌が入江為守であり、主基方は、画が山元春挙、歌が阪正臣である。

大饗第一日の儀は、16日午前11時半から二時間余り、九四四人が参列した。天皇は陸軍式の正装（皇后は中礼服のローブ・デコルテ）で勅語を読みあげ、それに応じて首相田中義一と在日外国大使代表（ドイツのウィルヘルム・ゾルフ）が奉対文《ほうたいぶん》を奏した。その後、中央の舞台で**久米舞**《くめまい》、悠紀地方・主基地方の**風俗舞**《ふうぞくまい》、**舞姫**（旧堂上公家の令嬢）による**五節舞**《ごせちのまい》などが披露された。

なお、当日、全国の各地方でも、官庁・学校などで**饗饌**が行われ、合計二二万五〇〇〇人近くが参列した。

大饗第二日の儀は、17日夕方7時から二時間、二〇三名が参列して、洋風の晩餐が開かれ、舞台で式部職の楽人により**管絃楽**が演奏された。

大饗夜宴の儀は、同日夜9時半から12時まで、二七七九人も参列（夫人同伴）して、舞台で万歳楽や太平楽が奏された後、洋楽が流れる中、洋食の饗宴が行われている。

なお、大礼の行われた紫宸殿と大嘗宮・饗宴場は、12月1日から翌年(一九二九)4月末日まで五か月間、一般に公開されている。合計五三四万近い人々が参観したという。

昭和の大礼後儀

昭和天皇と香淳皇后は、大礼後儀として**親謁**《しんえつ》を行った。親謁とは、天皇が祖先の神霊を祀る所へ出向き親《みずか》ら拝謁（参拝）することである。

その行程は、20・21日が伊勢の外宮と内宮、23日が橿原市の神武《じんむ》天皇陵、24・25日が京都市の仁孝《にんこう》天皇陵・孝明《こうめい》天皇陵と明治天皇陵である。

ついで翌26日、賢所（鏡）と剣璽も伴って京都を列車で出発し、名古屋の離宮（城）において一泊の後、翌27日に東京へ帰着、翌28日、夕方から夜半まで、還御した賢所に御神楽《みかぐら》が奏された。ついで翌29日午前、原宿から八王子の東浅川駅へ列車で向かい、大正天皇（父帝）の多摩陵に拝礼した後、皇居へ帰着した。

さらに、天皇は、その後の**祝賀行事**に臨席した。まず12月2日、代々木《よよぎ》の練兵場における大礼観兵式で馬に乗り閲兵。翌3日、皇居前広場で在郷軍人の親閲（二万一九〇〇余人参加）。翌4日、横浜港沖における大礼特別観艦式で巡洋艦（榛名《はるな》）に搭乗。ついで6日、海軍大学校で少年団日本連盟の親閲（三六七二人参列）。

また7日から11日まで宮中の饗宴。翌12日、首相官邸で奉祝夜会（四九七六人招待）。翌13日、上野公園で東京都の奉祝会（五万四五〇〇余人参加）。さらに15日、再び皇居前広場で首都圏の男女中学生以上・青年団などへ親閲（七万五〇〇〇余人参加）などが続いた（平成の即位礼→［65］）。　［所］

［65］平成の即位礼

【継承の儀】

天皇が崩御すると、皇太子がただちに皇位を継承する。外国でも「（前の）国王は亡くなった。（新しい）国王万歳（Le Roi est Mort, Vive le Roi）」というのと同様である。かつては「践祚《せんそ》」といったが、昭和から平成への代替わりでは、「皇位継承」とされ、四つの儀式が行われた。

剣璽《けんじ》等承継の儀

昭和天皇が崩御した三時間半後の昭和64年（一九八九）1月7日午前10時から、正殿・松の間で行われ、**国の儀式**とされた。天皇以下皇族男子が正面に並び、三権の長（内閣総理大臣、衆参両院正副議長、最高裁長官）および国務大臣ら二六人が参列した。天皇の身位を表す三種神器のうち、昭和天皇の側に置かれていた剣と璽（勾玉）は、侍従が捧持して松の間に入り、天皇の前に置かれた三脚の白木の案（机）上に移された。剣は天皇から見て左、璽は右、御璽《ぎょじ》国璽《こくじ》は一段低い中央の案上である。天皇が確認するかのように一礼し、剣―天皇―璽の列を組んで退出した。御璽国璽は列の最後に続いた。10時9分すぎ終了。

同時刻、宮中三殿では**賢所の儀**、**皇霊殿神殿に奉告の儀**があった。賢所の儀は8、9両日も行われた。9日午前11時、松の間で即位後初めて三権の長や国民の代表と会う**即位後朝見《ちょうけん》の儀**が国の儀式として行われ、三権の長、認証官、地方自治体の代表など計二四三人が、配偶者同伴で式に臨んだ。

【即位礼】

一年間の喪（諒暗《りょうあん》）が明け、平成2年（一九九〇）1月23日午前、宮中三殿で、午後は宮殿・竹の間で神宮および①神武、先帝四代（昭和、大正、明治、121孝明各天皇）各陵に、即位礼、大嘗祭の期日を奉告するために勅使を遣わされる**勅使発遣《はっけん》の儀**が行われ、歴史上初めて東京で行われる即位礼の諸儀式がスタートした。おもな儀式は次の通りである（諸儀の進行→四五五ページ表1）。

即位礼当日賢所大前の儀及び皇霊殿神殿に奉告の儀

11月12日午前9時、束帯帛袍《そくたいはくほう》の天皇が賢所、続いて皇霊殿、神殿に拝礼、お告げ文を奏し、次に白色帛の五衣《いつつぎぬ》・唐衣《からぎぬ》・裳《も》の皇后が拝礼した。皇太子以下皇族、三権の長、国務大臣ら四八人が参列。

即位礼正殿の儀

即位したことを内外に宣明する儀式。12日午後1時、束帯、帯剣の皇太子以下皇族男子、続いて皇族女子が正殿・松の間の式場に入り、それぞれ高御座《たかみくら》、御帳台《みちょうだい》の下に並んだ。同午後1時4分、天皇は黄櫨染袍《こうろぜんのほう》、皇后は五衣・唐衣・裳を着け正殿・松の間に入った。天皇は中央の高御座に入り、壇上には剣、璽、御璽、国璽が安置された。皇后は正面右側の御帳台に昇った。午後1時10分、両座の帳《とばり》が左右に開かれ、天皇が「お言葉」を読み上げた。それに対して、首相海部俊樹《かいふとしき》が寿詞《よごと》を読み万歳を三唱した。これに合わせて陸上自衛隊の礼砲二一発が北の丸公園で撃たれた。午後1時半、天皇・皇后が退出し、皇太子以下皇族も随従した。

正殿中央には京都御所・紫宸殿《ししんでん》のように中庭から松の間ベランダまで高さ三・五メートル、幅一〇・五メートル、一八段の木階が取り付けられた。白の小石が敷き詰められた中庭には、古代の制にならって萬歳旛《ばんざいばん》、菊華章大錦旛《きんばん》などの旛《はた》が左右に分かれて二六旒《りゅう》並び、桙《ほこ》、太刀、弓などの武具を手にした威儀物《いぎもの》捧持者らが整列した。

式にはベルギーの国王ボードワン夫妻、英国のチャールズ皇太子夫妻、ドイツの大統領ワイツゼッカー夫妻ら二四九三人（うち外国からは一五八か国および国連、ＥＣ代表など四七四人）が出席した。

祝賀御列の儀

午後3時半、燕尾服の天皇、ローブデコルテの皇后は、オープンカーで宮殿・南車寄せを出発。皇太子だけが後続車に乗り、首相海部《かいふ》俊樹《としき》らの車四四台（単車、側車を含む）の車列が組まれ、赤坂御所まで四・七キロをパレードした。出発の時、宮内庁楽部が行進曲「平成」を演奏した。一一万七〇〇〇人が沿道で祝意を表した。

饗宴の儀

12日午後7時半から皇太子以下皇族一三人、外国元首、祝賀使節二五三人を中心に三権の長など計三四一人が豊明殿に招かれた。食後、**高御座**などを見学、春秋の間で舞楽を楽しんだ。15日までの四日間に七回開かれ、皇太子以下の各皇族を入れ三四四四人が夫人同伴で招待された。

園遊会

13日午後、天皇・皇后主催の園遊会が赤坂御苑で開かれ、外国元首、祝賀使節夫妻一三七か国二一八人、駐日大使夫妻など四四八人、海外日系人代表一一か国二八人など七七六人が招かれた。これに先立って天皇・皇后は赤坂御所にベルギー国王王妃ら王族の元首を招き茶会を、また皇太子も同時刻、赤坂仮御所に英国の皇太子チャールズ、同妃ダイアナ夫妻など各国皇太子を招いて茶会を開いた。

神宮親謁の儀

即位礼、大嘗祭が終了したことを神宮に奉告するため、天皇・皇后は11月26日、伊勢の神宮に向かった。27日豊受大神宮に、28日は皇大神宮にそれぞれ参拝した。宿舎の斎館から正門までは、結婚式のパレードで使った儀装馬車を使用した。一六年ぶりに剣璽動座が行われた。

政府の対応

宮内庁は平成元年(一九八九)7月3日、宮内庁長官を委員長とする「大礼検討委員会」、9月26日「大礼準備委員会」、平成2年(一九九〇)1月8日「大礼委員会」、同年8月から「大礼実施本部会議」が設置され、実務的なことについて七回検討された。内閣は平成元年6月29日、内閣官房副長官（事務）を委員長とする「即位の礼検討委員会」を設置、9月26日内閣官房長官を委員長とする「即位の礼準備委員会」、平成2年1月8日、内閣総理大臣を委員長とする「即位の礼委員会」、同1月19日内閣官房長官を本部長とする「即位の礼実施連絡本部」を設置した。

高御座《たかみくら》

大正、昭和の即位礼のときのものを使用。総檜《ひのき》づくりで、黒塗り三層の継壇の上に八角形の屋根が付く。天皇が立つ壇は二畳敷きで、屋根は鳳凰、鏡、玉で飾られ、天井には大鏡が付いている。高さ六・四八メートル、縦五・四五メートル、横六・〇六メートル、重さは八トン。過激派の襲撃を警戒し、京都御所から解体して自衛隊のへリコプターで運ばれた。天孫降臨神話に基づく「神座」をかたどっていると言われる。

御帳台《みちようだい》

高さ五・三メートル、縦四・八メートル、横五・三メートル、重さは七トン。皇后の方には鏡がない。両座とも高さ一・二メートルの基壇上に置かれた。高御座と一緒に空輸。

黄櫨染袍《こうろぜんのほう》

ハゼ（櫨）とスオウ（蘇芳）の木からとった煮汁で練絹を染め上げた黄茶色の束帯。桐、竹、鳳凰、麒麟が織り出されている。立纓《りゆうえい》の冠（纓がピンと立っている）を着ける。

大嘗祭《だいじようさい》

天皇が五穀豊饒、国家国民の安寧を祈る祭儀。毎年秋の新嘗祭と趣旨は同じだが、天皇が即位して初めて大規模に行うものを特に大嘗祭という。即位礼から一〇日後の11月22日夜から23日未明にかけて行われた。

斎田点定の儀《さいでんてんていのぎ》

平成2年（一九九〇）2月8日午前10時、神殿で亀卜《きぼく》により東京から東の悠紀《ゆき》地方に秋田県、西の主基《すき》地方に大分県が決まった。大嘗祭で使われる新穀を生産する**大田主**《おおたぬし》（斎田耕作者）は、過激派のゲリラを警戒して稲の刈り入れ直前まで発表されなかった。

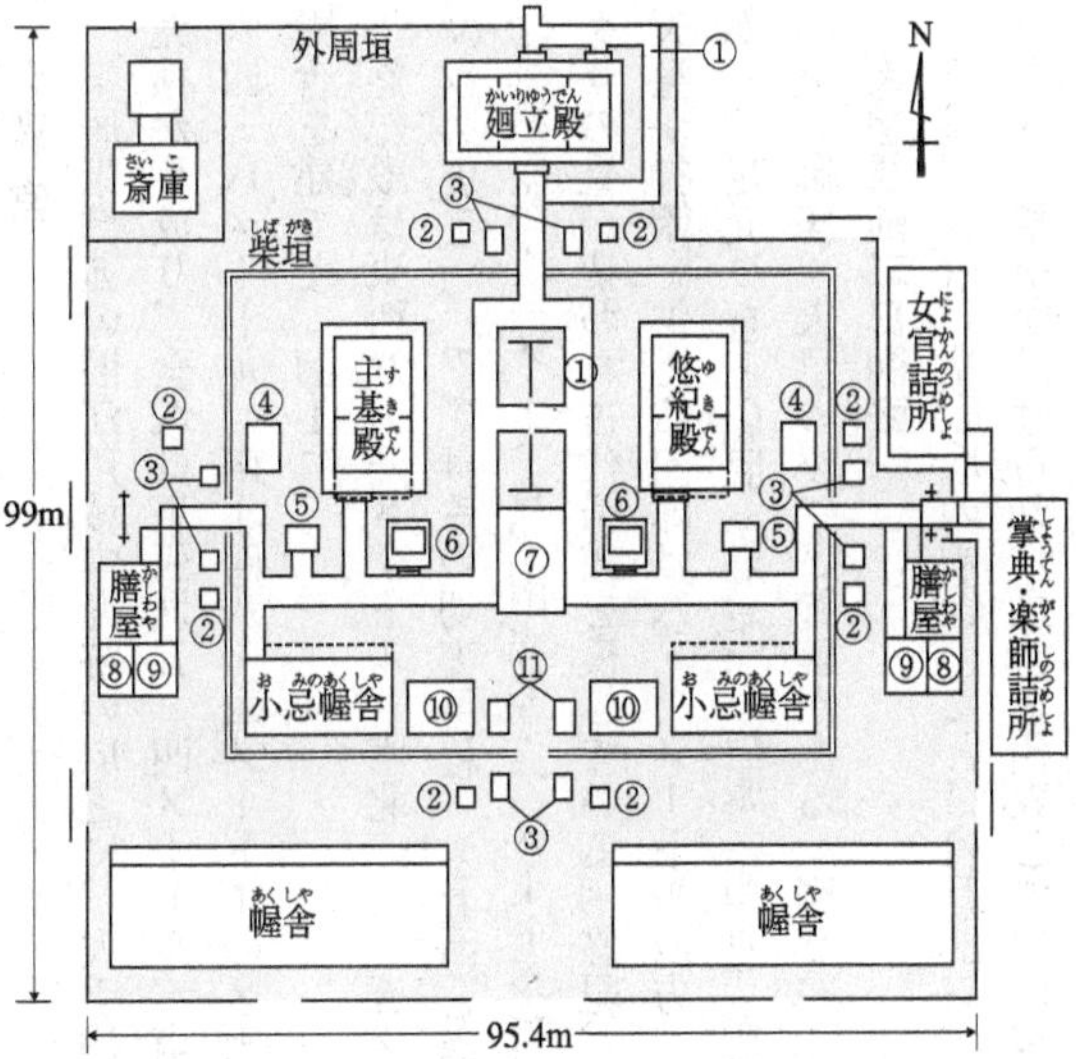

① 雨儀廊下《うぎのろうか》
② 庭燎舎《にわびしゃ》
③ 衛門幄舎《えもんのあくしゃ》
④ 楽舎《がくしゃ》
⑤ 庭積帳殿《にわづみのちようでん》
⑥ 帳殿《ちょうでん》
⑦ 殿外小忌幄舎《でんがいおみのあくしゃ》
⑧ 采女控所《うねめのひかえしょ》
⑨ 稲春舎《いなつきしゃ》
⑩ 風俗歌《ふぞくうた》・国栖古風幄舎《くずのこふうのあくしゃ》
⑪ 威儀幄舎《いぎのあくしゃ》

図１　大嘗宮の平面図

大嘗宮《だいじょうきゅう》
皇居東御苑の旧江戸城本丸跡の広芝に、大手建設会社五社が共同で請け負った。三九棟から成り、全域は東西九五・四メートル、南北九九メートルで、その内側に東西六四・八メートル、南北四八・六メートルの区画を設け、柴垣を巡らせ、中に主要な殿舎を建てた（図1）。

悠紀殿《ゆきでん》は東西八・一メートル、南北一三・五メートルで、黒木造り（皮付きのカラマツの丸太）、カヤ葺きの切妻屋根。主基殿《すきでん》も同規模で、両殿中心線の北に廻立殿《かいりゅうでん》（東西二六・二メートル、南北七・二メートル）がある。各殿舎は壁、天井、床はイグサの畳が使われ古代様式を模している。悠紀、主基両殿は**内陣**と**外陣**に分けられ、天皇が**神饌**を供える内陣は八・一メートル四方、中央に長さ三・六メートルの**寝座**があり、足元に沓《くつ》と麁服《あらたえ》（麻布）、繒服《にぎたえ》（絹布）が置かれる。その左に九〇センチ四方の畳の**御座**（天皇の座）と**神座**がある（図2）。

大嘗祭前二日御禊《おんみそぎ》
天皇、皇后、皇太后の禊ぎのこと。11月20日、正殿・竹の間で行われた。同日皇居正門内に**祓所**が設けられ、皇族を代表して秋篠宮、宮内庁長官はじめ祭儀の関係者が大嘗祭前二日大祓を受けた。

21日午後5時から宮中三殿・綾綺殿《りょうきでん》で行われた**大嘗祭前一日鎮魂の儀**は、旧「皇室祭祀令」に「御衣振動」「糸結の式」を行うとある。祭儀が平穏に行われるようにとの祈りを込める。

悠紀《ゆき》殿供饌《でんきょうせん》の儀《ぎ》

天皇は廻立殿で潔斎し、純白生絹《すずし》の祭服で22日午後6時28分、皇太子以下皇族を従えて悠紀殿に向かった。同38分天皇が同殿外陣の座に着き悠紀殿の儀が始まった。皇

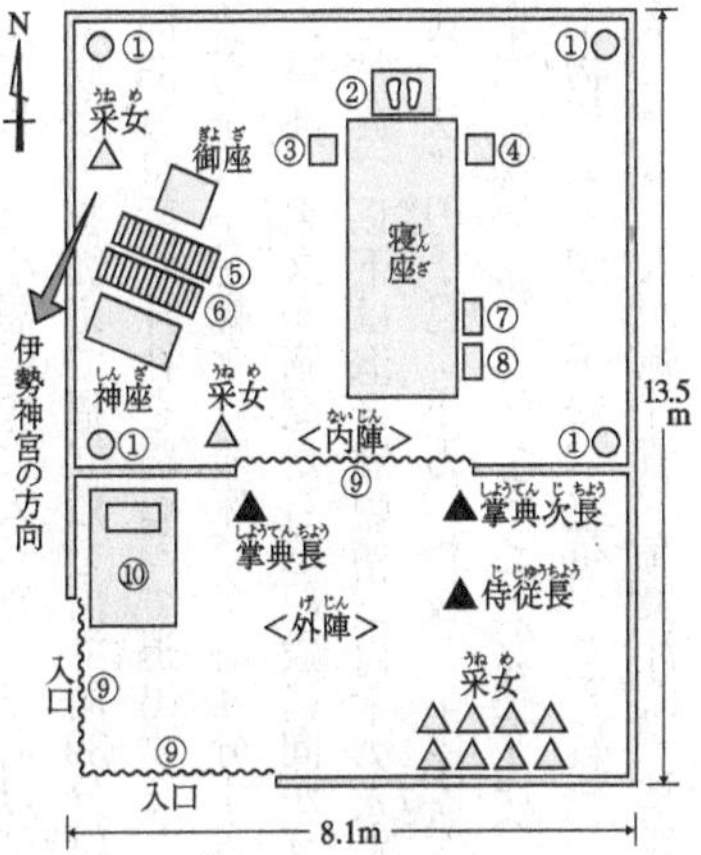

① 燈籠《とうろう》　⑤ 御食薦《みすごも》　⑨ 帳《とばり》
② 沓《くつ》　⑥ 神食薦《かみすごも》　⑩ 剣璽《けんじ》
③ 繒服《にぎたえ》　⑦ 櫛《くし》、扇《おうぎ》
④ 麁服《あらたえ》　⑧ 打払布《うちはらいぬの》

※神座・御座は、南西の伊勢神宮の方向に向く

図２　悠紀殿・主基殿の内部

太子以下は小忌幄舎《おみのあくしや》に入った。皇后は純白生絹の五衣《いつつぎぬ》、唐衣《からぎぬ》、裳《も》を着用、6時34分、皇族女子を従えて廻立殿を出て同39分帳殿《ちようでん》に着いた。皇族女子は殿外小忌幄舎に入り、同55分皇后が拝礼を終わって退出すると、一同も後に続いた。天皇は外陣に着き、皇族男子は小忌幄舎に着床。7時4分すぎ神饌行立《しんせんぎようりゆう》が始まった。脂燭《しそく》で足元を照らされた掌典、采女《うねめ》が膳屋《かしわや》から悠紀殿に向かう。行列の先頭は六〇センチほどの削木《けずりき》を持った掌典。以下は海老鰭盥槽《えびのはたふね》（白木の水を受ける器）、多志良加《たしらか》（土器の水差し）＝掌典。次に刀子《かたな》筥《ばこ》（小刀、楊枝）、巾子筥《たなごいばこ》（手ふき）、神食薦《かみのすごも》・御食薦《みすごも》（大神と天皇の食卓）、箸筥《はしばこ》、枚手《ひらて》筥《ばこ》（カシワの葉で作った皿）、御飯《おもの》筥、鮮物《なまもの》筥（鯛《たい》、鮑《あわび》、鮭《さけ》、イカ）、干物《からもの》筥（干鯛、干鰺、堅魚、蒸し鮑）、菓子《くだもの》筥（干柿、搗き栗、生栗、棗《なつめ》）＝采女。次に掌典二人が蚫汁漬、海藻汁《めのしる》漬、掌典補二人が空盞《こうさん》（盃、二人で持つ）を運び、最後に八人の掌典補が二人ずつ八足机《はつそくのつくえ》を運ぶ。上には羹《あつもの》、酒、御飯、直会《なおらい》の酒がのっている。

こうした長い列が悠紀殿の内陣に向かう。「オーシー」と先払いの削木の掌典が発声して周辺を戒めた（警蹕《けいひつ》）。7時6分、天皇が内陣に着き、小刀を持つ陪膳《ばいぜん》の采女と手ふきを手にした後取《しんどり》（取次ぎ役）の采女が、天皇を助けて神饌を供える。天皇は手水を使い、天照大神と自分の食卓となる薦《こも》を敷く。長いピンセットのような箸で料理を枚手《ひらて》に盛り付けていく。神饌親供である。内陣に入ってこのときすでに一時間半、四隅にぼんやりとした燈籠《とうろう》だけなので手元は暗い。8時40分ごろ拝礼があり、お告文が読まれて直会《なおらい》に移り、天皇は神饌と同様の米と粟の御飯を食べ、新穀から造られた**白酒《しろき》**と**黒酒《くろき》**の濁り酒を「三口嘗める」。黒酒には臭木という雑草の灰が入っている。9時6分、采女や掌典が神饌を下げ膳屋に退出し、9時半ごろ天皇が悠紀殿を出て皇族男子が後に続いた。

主基殿供饌の儀

悠紀殿の儀とすべて同じ進行である。天皇が廻立殿を出たのは24日午前零時25分、直会がすんで主基殿を出たのが、午前3時半ごろだった。

悠紀《ゆき》斎田

秋田県五城目町、大田主は伊藤容一郎。斎田は一五アール。

主基斎田

大分県玖珠町、大田主は穴井進。斎田は一一アール。各斎田から二一七・五キロずつ宮内庁が購入した。

亀卜《きぼく》

宮中三殿・神殿前庭の斎舎で掌典が亀の甲羅をサクラ材で焼き亀裂で地方を決めた。

庭積《にわづみ》机代物《のつくえしろもの》

大嘗宮の庭に机を置き、各県特産の農水産物を供進する。各県精米、精粟のほか特産品五品目以内。明治時代から始まった。

大嘗宮の参観者

11月29日から12月16日まで。四三万九七八〇人であった。

高御座の参観者

京都御所で12月15日から24日まで行われ、一六万二七四〇人が参観した。

［高橋］

表1　即位関連の諸儀式・進行表

○＝国の儀式　［　］内は実施場所

平成2年（一九九〇）		
1月23日	10時30分	賢所に期日奉告の儀［賢所］
		皇霊殿神殿に期日奉告の儀［皇霊殿］［神殿］
		＝即位礼、大嘗祭の期日を天照大神以下に奉告する即位礼関連の最初の儀式
	14時	神宮神武天皇山陵及び前四代の天皇山陵に勅使発遣の儀［正殿・竹の間］
		＝期日奉告のため勅使を遣わす。参向の勅使に天皇のお言葉がある
1月25日	7時30分	神宮に奉幣の儀［神宮］
		神武天皇山陵及び前四代の天皇山陵に奉幣の儀
	10時	［神武、昭和、孝明各天皇山陵］
	14時	［明治、大正各天皇山陵］
2月8日	10時	斎田点定の儀［神殿］
		＝大嘗祭の悠紀、主基両斎田を亀卜で占う
8月2日	10時	大嘗宮地鎮祭［大嘗宮予定地（東御苑）］
9月27日	15時	斎田抜穂前一日大祓［秋田県悠紀斎田］
9月28日	10時	斎田抜穂の儀［秋田県悠紀斎田］
10月9日	15時	斎田抜穂前一日大祓［大分県主基斎田］
10月10日	10時	斎田抜穂の儀［大分県主基斎田］
10月25日	9時30分	悠紀主基両地方新穀供納［大嘗宮斎庫］
11月12日	9時	即位礼当日賢所大前の儀［賢所］
		即位礼当日皇霊殿神殿に奉告の儀［皇霊殿］［神殿］
		＝本日即位礼が行われる旨を奉告

	13時	○即位礼正殿の儀［宮殿］
	15時30分	○祝賀御列の儀［宮殿］～［赤坂御所］
		○饗宴の儀［宮殿］＝4日間、計7回の祝宴（15日まで）
11月13日	午前	外国賓客と会見など［赤坂御所］
		＝国王夫妻などを招いた茶会
	14時30分	園遊会［赤坂御苑］
11月16日	10時	神宮に勅使発遣の儀［正殿・竹の間］
		＝大嘗祭を行う旨の奉告
11月20日	14時	大嘗祭前二日御禊［正殿・竹の間］
		大嘗祭前二日大祓［正門鉄橋脇］
11月21日	15時	大嘗祭前一日大嘗宮鎮祭［大嘗宮］
	17時	大嘗祭前一日鎮魂の儀［賢所綾綺殿］
11月22日	7時30分	大嘗祭当日神宮に奉幣の儀［神宮］
	10時	大嘗祭当日賢所大御饌供進の儀［賢所］
		大嘗祭当日皇霊殿神殿に奉告の儀［皇霊殿］［神殿］
		＝賢所に御饌を供え、大嘗祭を行うとの奉告をする
	18時28分	大嘗宮の儀（悠紀殿供饌の儀）［大嘗宮］
11月23日	0時25分	大嘗宮の儀（主基殿供饌の儀）［大嘗宮］
11月24日		大饗の儀［宮殿］＝計3回行われた（25日まで）
11月24日	9時	大嘗祭後一日大嘗宮鎮祭［大嘗宮］
		＝大嘗宮の安寧を感謝する
11月27日	10時30分	即位礼及び大嘗祭後神宮に親謁の儀［豊受大神宮］

11月28日	10時	即位礼及び大嘗祭後神宮に親謁の儀［皇大神宮］
12月2日		即位礼及び大嘗祭後神武天皇山陵及び前四代の天皇山陵に親謁の儀［神武天皇陵、孝明天皇陵］
12月3日		同右［明治天皇陵］
	14時	茶会＝近畿各県の関係者を招待［京都御所］
12月5日		即位礼及び大嘗祭後神武天皇山陵及び前四代の天皇山陵に親謁の儀［大正天皇陵、昭和天皇陵］
12月6日	10時	即位礼及び大嘗祭後賢所に親謁の儀［賢所］
		即位礼及び大嘗祭後皇霊殿神殿に親謁の儀［皇霊殿］［神殿］
	16時30分	即位礼及び大嘗祭後賢所御神楽の儀［賢所］
平成3年（一九九一）		
2月14日	10時	大嘗祭後大嘗宮地鎮祭［大嘗宮跡地］＝斎庫をのぞく大嘗宮の建物が取り払われ、更地になった大嘗宮跡地で行われた

※皇位継承の諸儀式については別巻［33］表1（平成元〈一九八九〉年1月7日）参照

［66］諸儀式と政教分離

天皇の**代替わりに伴う諸儀式**は、かつて皇室令の「登極令《とうきょくれい》」、「皇室陵墓令」、「皇室喪儀令《そうぎ》」などに整備されていた。皇室令は昭和22年（一九四七）の憲法施行とともに廃されたが、新規定のできるまで旧令を参考に準用する、との応急処置がとられた。昭和26年（一九五一）の貞明皇后大喪儀などでは、旧令を参考にして諸儀を執り行った。政府は憲法、特に**政教分離**との整合性を測りながら、旧令に範をとって諸儀式を執行した。一方で、保守系議員や神社界などから旧儀通りの実施の要望があり、他方で革新系政党、キリスト教団体などからそれとは反対の要求が出され、左右両派の意見や主張が分かれる中でバランスをとった。

皇位継承の諸儀式の見直し

昭和49年（一九七四）2月の衆議院内閣委員会で、受田新吉議員（民社）が大喪の礼などについて質問をした。その前後から内閣法制局は内々に検討を始め、昭和52年（一九七七）9月ごろ、福田赳夫内閣に諸儀式の内容などについて説明している。背景には昭和天皇の在位五〇年があり、万が一に備えて儀式の整理をしておこうというものだった。

その後、首相官邸、宮内庁、法制局の三者で打ち合わせを始めた。問題は大嘗祭《だいじょうさい》だったが、実施されるのは崩御の一年後なので、大喪儀《たいそうのぎ》の反応を見て判断するとした。「元号法」の成立した昭和54年(一九七九)ごろ中間報告が作られ、用語や儀式の公的、私的の区分、緊急連絡体制などがまとまった。「践祚」という言葉はやめて「皇位継承」とする、「崩御」と「大行天皇」は残す、剣璽《けんじ》の「渡御」ではなく「承継」とするなどの方向が出された。また天皇が重い病気になった場合、皇太子による国事行為の代行にするのか、摂政を置くかなどについても検討された。殯宮移御《ひんきゅういぎょ》、陵所の儀は公的に扱うとの考えだった。儀式は宮内庁の意見を尊重するとした。

こうして『日本国憲法』第七条一〇項の「儀式を行うこと」に基づく**「国の儀式」**には、即位関係では①剣璽等承継の儀、②即位後朝見《ちょうけん》の儀、③即位礼正殿の儀、④祝賀御列の儀、⑤饗宴の儀の五儀式、また大喪では①葬列、②大喪の礼となった。

復権した剣璽動座

三種神器は皇位の象徴として歴代の天皇が受け継ぐ。剣と璽《じ》(勾玉《まがたま》)は御所の「剣璽の間」に置かれている。戦前は一泊以上の行幸では、必ず**剣璽動座**があったが、昭和21年(一九四六)6月の千葉巡幸以降中止されていた。

昭和46年(一九七一)ごろから神道関係者を中心に再興が図られ、六〇回式年遷宮の翌年、昭和49年(一九七四)の天皇の伊勢神宮参拝の時、一八年ぶりに「今回は特例」(宮内庁長官宇佐美毅）として復活した。反対運動もあり、剣璽は侍従が抱えて人ごみに隠れるようにして、東京駅から新幹線に乗った。

こうした経緯は忘れられ、剣璽等承継の儀は「国の儀式」となってテレビで中継され、剣璽は完全に復権した。政府は「皇位とともに伝わるべき由緒あるもの」（「皇室経済法」第七条）で公的側面があるとし、儀式も宗教的色彩はないとした。

平成元年（一九八九）、昭和天皇の大喪の礼は国の儀式と皇室の行事が入り混じって進行した。霊柩が皇居を出発する際の轜車発引《じしゃはついん》の儀は皇室の行事で、白バイの先導で動き出した葬列は国の儀式だった。葬儀に当たる葬場殿の儀は、再び皇室の行事となり、葬場には高さ三メートルの鳥居や大真榊《おおまさかき》が立てられ、祭官長が司式した。大喪の礼の参列者は、葱華輦《そうかれん》の通過、祭詞の読み上げ、天皇の拝礼などでは案内のアナウンスがあり、起立を求められた。両儀の分離出席は認められず、一体化が図られた。

政教分離の観点から、儀式は、不自然な面も見られた。鳥居は本来くぐるものだが、葬儀が終わるとすぐ撤去するため小さく作られ、遺骸を乗せた葱華輦は下を通れなかった。参列者席と葬場殿の間には「幔門《まんもん》」という幕があったが、皇室の儀式が終わると幕が閉められ、再び開いたときには手品のように鳥居、三種神器の飾りのついた大《おお》真榊《まさかき》、祭官長以下は姿を消していた。そして大喪の礼の開会が、内閣官房長官小渕恵三によって告げられた。夜に入り、東京都八王子市の武蔵陵墓地で皇室の行事として陵所の儀が行われた。昭和天皇の葬儀は、一日のうちで公と私が交錯して終わった。

大嘗祭の秘儀を否定

大嘗祭は宮中の秘儀とされてきた。民俗学者の折口信夫は、戦前、新天皇が神と一体となるため、真床襲衾《まどこおぶすま》という寝具に包《くる》まるなどとした。しかし、國學院大學の岡田荘司は、[75]崇徳天皇の大嘗祭儀式次第書などを検討し、天皇が神になるという所作はなく、天皇がみずからその年の新穀や料理を神に供え、自身も食べることに本義があるとした。また神社本庁総長の桜井勝之進は、祭祀の目的は祭りが終わってからの「大饗」にあるとし、そこでの「君臣一体の共同飲食と、国民意識の更新にこそ御大礼の本義がある」と解釈した。宮内庁は「陛下が神座に指一本触れることはない」と、一体化説を否定した。

有識者の意見などを聞いたうえで「政府見解」が出された。そこでは「宗教上の儀式としての性格を有する」ことは認めるが、「一世に一度の極めて重要な伝統的皇位継承儀式であるから、皇位の世襲制をとるわが国の憲法下において」、祭儀には「公的性格」があり、天皇の公的行為に使う宮廷費の支出は「相当」とした。政府は平成の大嘗祭を「皇室の行事」とし、**宮廷費**を支出することを決めた。

宮内庁は、政教分離に配慮して祭儀に奉仕する采女は民間人に依頼し、各県特産の供え物や県職員が打ち合わせで上京する際の出張旅費などは、県の公金を使わず宮内庁で負担した。「産経新聞」などによると（平成元年〈一九八九〉11月23日朝刊）、大嘗祭に出席した知事は二七都府県、欠席は一六道県、四府県が「出欠を公表せず」だった。

憲法原則への配慮

「即位礼正殿の儀」でも主権在民や「神話と伝説」の登場に配慮した。正殿前庭に置かれる「萬歳旛《ばんざいばん》」という大きな旛《はた》には、昭和天皇の即位礼のときまで、萬歳の字の上に厳瓮《いつべ》と呼ばれる酒瓶と五匹の鮎《あゆ》が描かれていた。しかし「頭八咫烏《とうやたのからす》形大錦旛《だいきんばん》」の八咫烏、「霊鵄《れいし》形大錦旛」にある金の鵄《とび》などは、神武天皇東征伝説の故事からきており、人間宣言で言う「神話と伝説」による「架空なる概念」にほかならないとして、酒瓶が消され、烏と鳶の代わりに菊華紋が縫い付けられた。旛の頭飾りの鉾も、戦争の象徴だとして取り去られた。

正殿で天皇のお言葉が終わると、総理大臣が「天皇陛下万歳」と発声した。昭和天皇のときは「庭上」からだったが、今回は庭ではなく「正殿上」と手直しされ、天皇との距離が縮まった。政教分離への「配慮」は理解できる面もあるが、それを除けば昭和、大正の大礼とほぼ同じだった。よく「皇室の長い伝統」ということが強調されるが、即位礼、大嘗祭は明治国家の創出した部分が少なくない。

明治の「登極令」では、即位礼と大嘗祭を連続させ、京都で行うとした。大嘗祭はもともと旧暦の霜月に行われたから、殿舎の屋根を葺くカヤや柴垣の椎の葉などは、その年のものを使うことができた。しかし新暦になったため前年のものを使うことになり、清浄な新しい材料が使えなくなった。ほかにもあるが、中世から続いてきたやり方は明治以降、かなり変えられている。

［髙橋］

［67］前近代の年号（元号）

【世界の紀年法】

年を表示する**紀年法**は、古来世界に数多くあるが、大別すれば、西暦やヒジュラ暦（イスラム暦）などの宗教的紀年法と政治的紀年法に分かれる。政治的紀年法には、建国を記念する年から数える**建国紀元**と、国王の即位した年から数える**王制紀元**がある。そのうち、前者には、古代の建国伝承によるものと、近代の独立や革命を記念するものがある。また後者にも、国王の在位年数を何王の何年と示すものと、王名の代わりに漢字の称号＝**年号**で表すものとがある。

皇紀は、中国伝来の讖緯《しんい》説（干支《かんし》一巡六〇年＝一元《げん》の一定倍数ごとに来る辛酉《しんゆう》・甲《かっ》子《し》の年に変革が起きるという数理予言説）に基づき、推古天皇9年（六〇一）辛酉から一二六〇年（二一元）前の西暦前六六〇年を[1]神武天皇の即位元年として機械的に逆算設定したと推定される紀年法である。それが『日本書紀』の年立てに採用され、やがて年代記などに神武天皇何年という形で使われている。

【漢字文化の年号】

年号（元号）は、律令などの制度や儒教・仏教などの思想と同じく、中国から漢字（表意文字）の文献により日本へ伝えられた漢字文化のひとつである。

中国大陸は秦《しん》の始皇帝により初めて統一された、当時の年代表示は、皇帝が即位して何年という形であった。それが漢代に入ると、武帝（在位B.C.一四一〜八七）は即位の翌年を「初元元年」とし、六年ごとに改元した。しかし、それでは混乱を生じたのか、五元4年（B.C.一一三）に立派な鼎《かなえ》（祭器）が発見されたことを理由に「元鼎《げんてい》」という年号を作り、その機会に従来の「初元」も「建元」という年号に改めた。

それ以降、歴代王朝は、皇帝の即位翌年に**代始年号**を建て、在位中にも**祥瑞**《しょうずい》（吉兆）の出現などを理由として**改元**する年号（元号）制度を励行してきた。

この年号は、皇帝が領土・領民を時間的に統治・支配するシンボルとして重要な意味をもつ。そのため、中国王朝は周辺諸国に中国の**暦**を頒ち**中国の年号**を使わせた。周辺の諸国は、中国の年号を使うことで服従の意を表し、独自の年号を建てることが難しかった。たとえば、朝鮮半島の新羅《しらぎ》でも、一時的に独自の年号を建てたが、中国王朝から公認されていない。それどころか、新羅の真徳女王《しんとくじょおう》（在位六四七〜六五四）が「太和」という年号を建てると、唐の太宗から「新羅は大朝（唐）に臣として事《つか》へながら、何ぞ以て別に年号を称するや」と詰問された。そこでただちに「私の紀年（年号）」を止め「中国の永徽《えいき》年号」を行っている（『三国史記』）。以後、朝鮮の歴代王朝は独自の年号を建てず、中国の年号をそのまま公用するほかなかった。ただベトナムの王朝では、一〇世紀から二〇世紀まで、独自の年号を建て使っている。

【年号制度の成立】

中国の年号は、早くより知られていたが、5世紀の段階でも、「倭の五王」などは、中国皇帝への上表文に中国の年号を記していたとみられる。

ところが、聖徳太子の内政・外交政策を発展させ、隋から帰った有識者らの協力をえて大改革に取り組もうとした中大兄皇子（のち38天智《てんじ》天皇）は、乙巳《いっし》の変（六四五年）を断行した。その直後に、践祚《せんそ》した36孝徳《こうとく》天皇は、皇太子中大兄皇子はじめ群臣を集めて「今より以後、君に二つの政《まつりごと》なく、臣は朝《みかど》に弐《ふたごころ》なからん」ことを天神地祇に誓い、続いて新たに「**大化**」という年号を定めた（『日本書紀』孝徳天皇乙巳6月19日条）。これが日本における最初の**公年号**である。

この「大化」年号と、次の「白雉」（六五〇年改元）および天武《てんむ》天皇末年（六八六）の「朱鳥」も、使用例が極めて少なく、当時の年次はほとんど**干支**で記されている。とはいえ、半世紀近い間に、改新の理念が徐々に具体化され、日本にふさわしい宮都

（藤原京）や律令法なども整備された。

やがて文武《もんむ》天皇5年（七〇一）の3月21日、対馬より金が貢進されたことを祥瑞（吉兆）とみなし、「元を建て大宝元年と為す」とともに「始めて新令に依り、改めて官名・位号を制す」（『続《しょく》日本紀』）などの画期的な布告が行われている。この「新令」つまり『**大宝令**』の「儀制令《ぎせいりょう》」に、「およそ公文《くもん》に年を記すべくんば、皆、年号を用ひよ」と規定された。これによって、公文書に年代を記入する場合は、必ず「年号」（明治以降は「元号」）による表示が日本の**公式紀年**となったのである。これ以降、公文書だけでなく、個人用の文書などにも年号を記す慣習が普及し定着している。

なお、聖徳太子を賛仰する人々が作り使ったとみられる「法興」や、室町時代（南北朝～戦国期）には地方で公年号に反抗して文字を変えたり別の弥勒《みろく》信仰などに基づく別の文字を作った例がある。これらを一括して**私年号**という。

【年号の改元方法】

年号は、天皇の代替わり（直後か翌年）に新しく建てられる**代始《だいはじめ》改元**が原則である。しかし、中国でも日本でも、それ以外に祥瑞（珍しい自然現象、吉兆）の出現や災異（天変地異や兵乱など、凶兆）の発生、あるいは讖緯《しんい》説で変革の年とされる辛酉《しんゆう》（革命）・甲子《かっし》（革令）の年などに、人心一新のため改元した。

年号を改める手続きは、時の政府が改元の必要を認めると、①天皇から大臣を介して、式部省の大少輔（次官クラス）や大学寮の文章博士《もんじようはかせ》（紀伝道の教授）などの文人官吏に、年号文字の考案が命じられる。②その文人官吏（数名）が古典（歴史・哲学・文学関係の漢籍）から文字案（各人それぞれ数種類）を選び出して**年号勘文**《かんもん》にしたため、大臣を介して天皇に奏上する。そこで、③内裏の一角（紫宸殿の脇の陣《じん》の座）において公卿（閣僚）の会議が開かれ、文字原案の一つ一つに関する賛否両論（論難と陳弁、略して**難陳**《なんちん》という）を繰り返し、比較的良い案を二つか三つ選び、蔵人を介して天皇に奏上する。④ついで天皇から公卿に対して、その中に良い案があれば一つに絞り、もしなければ旧勘文なども加えて再協議するよう命じられる。⑤それを承けて、公卿の会議を再開し、最善案を選んで、蔵人から再び奏上に及ぶ。すると、⑥天皇はその最善案を承諾することによって新年号を決定する（これを「**勅定**《ちよくじよう》」という）。⑦そこで天皇がただちに**改元詔書**の作成を命じ、それに日付（勅裁のサイン）を記入する。⑧その改元詔書の写しが中央官庁にも全国各地の国司・郡司にも順次伝達され、一般庶民も新年号を使用することになる。

ただ、朝廷の権威が衰えて武家の権力が強くなると、改元にも武家の関与・介入がみられた。とりわけ江戸幕府の、三代将軍徳川家光は、110後光明《ごこうみよう》天皇の代始に寛永を改元する際、公卿会議の前に「年号勘文」を江戸へ送らせた。そして、幕府側の儒学者（林羅山・春斎父子）に勘文の可否を評議させた上で、「年号は天下共に用ふることなれば、武家より定むべきこと勿論なり。公家・武家の政は……正しくして保たば大吉なり」と称して「正保」案を選び、それを京都へ返したところ、朝廷でもその通りに決まり「正保」と勅定されている（『改元物語』）。そのため、以後、このような幕府側の事前内定が慣例となった。

改元詔書が公布されると、京都の公家や門跡などではただちに新年号を用いた。しかし、それ以外では、京都所司代から江戸へ送られた文書が、老中より諸大名に伝達され、ついで各領内に示達されると、初めて使用できた。　[所]

［68］近現代の一世一元

【一世一元制の成立】

古来の年号は、代始以外にもさまざまな理由で改元された。武家時代には幕府側の意向により改元された例もあり、平均すると、天皇一代で二～三回、一年号が五～六年で変わっている。それに対して、中国では明《みん》代から清朝でも、皇帝の代始に決めた年号を在位中に改めないことが慣例となっていた。

そこで、わが国においてもそれを採用すべきだ、という主張が江戸後期からみられる。たとえば、大坂の懐徳堂学主の中井竹山が老中松平定信の求めに応じて寛政三年(一七九一)提出した改革意見書『草茅危言《そうぼうきげん》』の「年号の事」とか、水戸の彰考館員（のち総裁）の藤田幽谷《ゆうこく》が同じ年に師を介して老中松平定信に提出したとみられる『建元論』などである。

このような意見は、やがて数十年後の「明治」改元(一八六八)に際し実現をみる。それを積極的に進めたのが、維新政府の岩倉具視《ともみ》である。慶応3年(一八六七)12月に践祚《せんそ》した明治天皇のもとで行うべき**代始改元**に先立ち、岩倉は従来改元が多く、しかも文字原案について繁雑な論議（難陳）を繰り返してきたが、この機会に**一世一元**とし、また難陳を廃止するよう提案し、議定・参与の賛成により、上奏して明治天皇の裁可をえた。そこで、儒職の菅原氏（高辻・五条など）から文字案が提出されると、その年号勘文が議定の松平慶永《よしなが》に渡され、十数種から選ばれた三案が岩倉を介して天皇に奏上された。天皇は賢所（神鏡の奉斎所）で、その原案を神前に供え「神意御伺ひの処、**明治**年号を抽籤に相成り候に付、明治と御決定に相成」ったという（『岩倉公実記』）。

こうして、慶応4年（一八六八）の9月8日「明治」と改元された。出典は『周易』（易経）に「聖人南面して天下を聴かば、明に嚮《むか》ひて治まる」とみえる。その詔書に「今より以後、旧制を革易し、一世一元以て永式と為せ」との方針が示され、「**行政官布告**」には「今より御一代一号に定められ候」とある。さらに、それが二二年後に制定の『**皇室典範**』第一二条で「践祚の後**元号**を建て、一世の間に再び改めざること、明治元年の定制に従ふ」と明文化された。さらに二〇年後の「**登極令**《とうきょくれい》」で、改元の時期と方法が次のように規定されている。

第二条　天皇践祚の後、直に元号を改む。
　元号は、枢密顧問に諮詢《しじゅん》したる後、之を勅定す。
第三条　元号は、詔書を以て之を公布す。

【大正・昭和の改元】

この「登極令」に基づく最初の改元は、明治45年(一九一二)の7月30日である。その少し前、首相西園寺公望は五人の学者に新年号案の勘申を求め、提出された数案の中から「大正」「天興」「興化」の三案を選んでいる。そして30日未明、明治天皇崩御により大正天皇が践祚すると、ただちに枢密顧問の会議(議長山県有朋)に「元号選定の件」を諮問した。そこで山県は、午前中に議案審査委員会を開き、「大正」を最善案として選び、午後の枢密院会議で「大正」を可決した。その上奏をえた天皇は、議決どおりに勅定し、改元の詔書を発している。

「**大正**」年号は、同日付の内閣告示で「タイシヤウ《しょう》」という読み方(タイは漢音、シヤウは呉音)が公表された。出典は『周易』(易経)に「大亨以正天道」(「大いに亨《とお》り以て正しきは天の道なり」)とある。

つぎの代始改元は、大正15年12月25日である。この場合も、すでに年初から大正天皇の病状回復困難とみられたので、万一に備えて宮内大臣一木喜徳郎が宮内省図書寮《ずしょ》編修官の吉田増蔵に元号(案)勘申を命じた。それに応じて吉田は、漢籍から三〇余の文字案を選び、精査のうえ一〇種に絞り、首相に提出している。また内閣でも官房総務課の国府《こくぶ》種徳《たねのり》が、五種の案を用意していた。やがて当日未明の崩御により昭和天皇が践祚すると、ただちに枢密院（議長倉富勇三郎）に元号建定が諮問された。そこで、午前7時、葉山の御用邸内で枢密顧問会議を開き、内定案を全員一致で可決した。そして、倉富より上奏に及ぶと、天皇は議決どおりに勅定し、ただちに「大正」と同趣の改元詔書を発している。この「**昭和**」年号は、同日付の内閣告示で「セウワ《しょうわ》」と読み、その出典も『尚書（書経）』に「百姓《ひやくせい》昭明、協和万邦」（「百姓（全国民）昭明にして万邦（全世界）に協和す」）とあることも公表された。

なお、その直前、ある全国紙が新元号は「光文《こうぶん》」と報じたので、急に差し替えられた、という説もある（**光文事件**）。しかし、公的記録に、そのような事実はみられない。

【「元号法」の制定】

戦後、『日本国憲法』に伴う法律として昭和の『皇室典範』が公布・施行された。しかし、それは「皇親の身位に関する規定に限り……国務的な事項は他の法制に俟《ま》つ」ことが原則とされたので、明治の典範にあった「元号」の規定が除外された。そこで、当時の政府は、別に「元号法」を制定しようとして、草案を作ったが、GHQの民生局から「元号法案は、天皇の権威を認めることになるので、占領軍としては好ましくない。もし必要なら独立後に法制化すればよい」と通告をうけ、この法案は闇に消えた。

その結果、元号制度は明文上の法的根拠を失い、昭和の年号は「事実たる慣習」として続くことになった。しかし、この状態では次の改元が困難なため、明治百年の昭和42年(一九六七)ころから、民間の有志・団体らにより「元号法制化」要望運動が進められた。そして同54年(一九七九)7月、次のような**「元号法」**の成立をみたのである。

①元号は、政令で定める。

②元号は、皇位の継承があった場合に限り改める。

これにより、現行憲法下の元号は、①まず内閣の責任で政令によって定める方法を明示したうえで、②それを皇位の継承時にのみ改める一世一元とする原則も明確にされた。

「元号法」成立に伴い、政府は、万一「皇位の継承があった場合」ただちに新しい元号を「政令で定める」ために法律公布後まもなく、具体的な**「元号選定手続き」**を閣議報告の形で公表した(図1に骨子を図解)。また、当時すでに万一に備えて内閣から高名な碩学《せきがく》などに新元号文字の考案を内々委嘱し、官房長官のもとで厳密に保管されてきたといわれている。

【「平成」の改元】

昭和64年(一九八九)1月7日早朝6時33分、昭和天皇の崩御により、10時から皇太子が天皇となる践祚《せんそ》式＝剣璽等承継の儀が行われた直後、改元の手続きがとられた。すなわち、①首相竹下登から「高い識見を有する者」数名(東洋史の山本達郎、漢学者の宇野精一と目加田誠、国文学者の市古貞次など)に新元号文字の考案が委嘱されると、

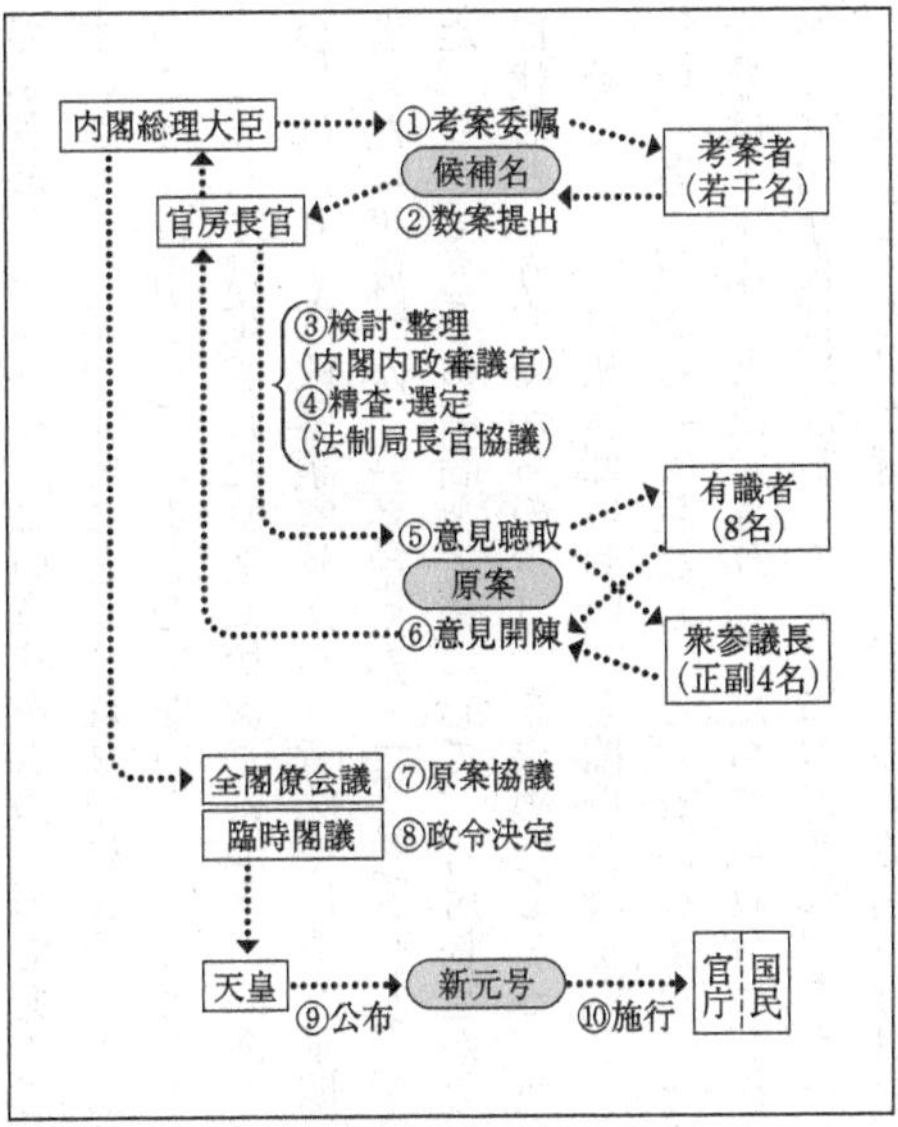

図1　平成の成立過程

②各考案者から数種(二ないし五)が「意味・典拠を付」して官房長官小渕恵三に提出された。つぎに内閣官房長官のもとで、数種の候補名について、③内政審議官が形式的な要件を整理し、また④法制局長官と協議しながら内容的な要件を丹念に精査した。

その際の留意事項は、前記の「元号選定手続き」によれば、「国民の理想とし

てふさわしいような、よい意味をもつものであること。漢字二字であること。書きやすいこと。読みやすいこと。これまでに元号又はおくり名として用いられたものでないこと。俗用されているものでないこと」などが求められている。

こうして選定された原案（複数）につき、⑤あらかじめ委嘱した有識者八名の懇談会にはかり、内政審議室長から「意味や出典を説明」したところ、政府内で最善案と考えた「平成」が「一番穏やか」「平易で親しみやすい」等と賛成することに一致した。ついで⑥その結論を封書にして、官房長官から衆議院・参議院の正副議長に「国民代表という立場からの意見」を求めたところ、政府に一任された。

そこで、⑦首相官邸において全閣僚会議を開き、官房長官が⑤⑥にはかった報告を行い、各大臣から「異議なし」との賛同をえた。そこで、⑧引き続き閣議に移り、新元号は「平成」と決定され、ただちに「政令」が作成された。そして、⑨結果は政府から宮内庁長官に電話して天皇に報告され、まもなくその政令が官邸から皇居へもたらされると、天皇が御名・御璽を加える国事行為を行った。⑩それが官報に登載され、その翌日より施行されることになった。

ちなみに、大正・昭和は、当日午前零時にさかのぼって施行されたが、それでは先帝の崩御前となる。よって、この平成では、翌日8日午前零時から施行とされたのである。

もっとも、一般国民に対しては、すでに閣議の終了した午後2時半ころ、官房長官小渕恵三が官邸で記者発表を行い、首相竹下登の談話として、「平成」の出典は『史記』に「内平外成」、『書経』に「地平天成」とあり、新元号は「平和の達成」を意味するとの説明をしている。

この「平成」は、「大化」から数えて二四七番目の元号である。こうした**公年号の文字**は、良い意味の漢字に限られ、長らく七二字に留められてきた。永・天・元・治・応などは二〇回以上繰り返し使用されている。

平成の「平」も一一回先例を数えるが、「成」は今回初めて採用された新字である。平成のほかに「修文」「正化」という案もあったといわれている。

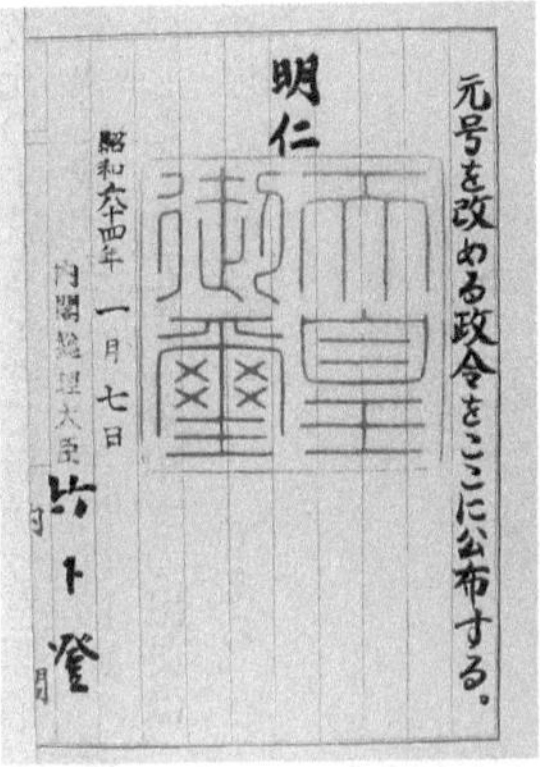

写真1　平成改元の詔書
昭和64年1月7日、平成の天皇の践祚《せんそ》とともに年号を改める旨を詔書《しょうしょ》をもって内外に示した文書。(内閣官房提供)

新元号の公表

政府は平成の天皇の退位に伴い5月1日に新天皇が即位するより前に新元号を発表することで、書式の修正、コンピューターの切り替えが可能になるなど「国民の便宜」にかなうとした。そのため、政府は平成31年(二〇一九)4月1日に改元の手続きを経て新元号を閣議で決定し、政令には平成の天皇による署名を求めて官報に載せる（皇太子には口頭で説明する）一方、首相官邸で新元号を公表することにした。新元号「令和」の出典は、『万葉集』巻五の「梅花の歌三十二首 幷せて序」の序（天平2年〈七三〇〉）である。　［所］

資料編

〔1〕天皇系図

・この系図は太田亮『姓氏家系大辞典』（角川書店）、所載「皇室御系図」などを参考に作成した。
・天皇の代数は大正15年に確定された『皇統譜』によった。
・歴代天皇とともに主な后妃（皇后、天皇の生母など）、皇子、皇女などを簡略に示した。
・天皇の名前は□で囲んだ。
・配偶関係については＝で、血縁関係については――で示した。
・追尊天皇など特に重要な称号については（　）で示し、即位前の名前など別名については（　）で示した。
・A～Xは前ページからの続きを示す。
・特に重要な皇子、皇女については強調して示した。

〔所〕

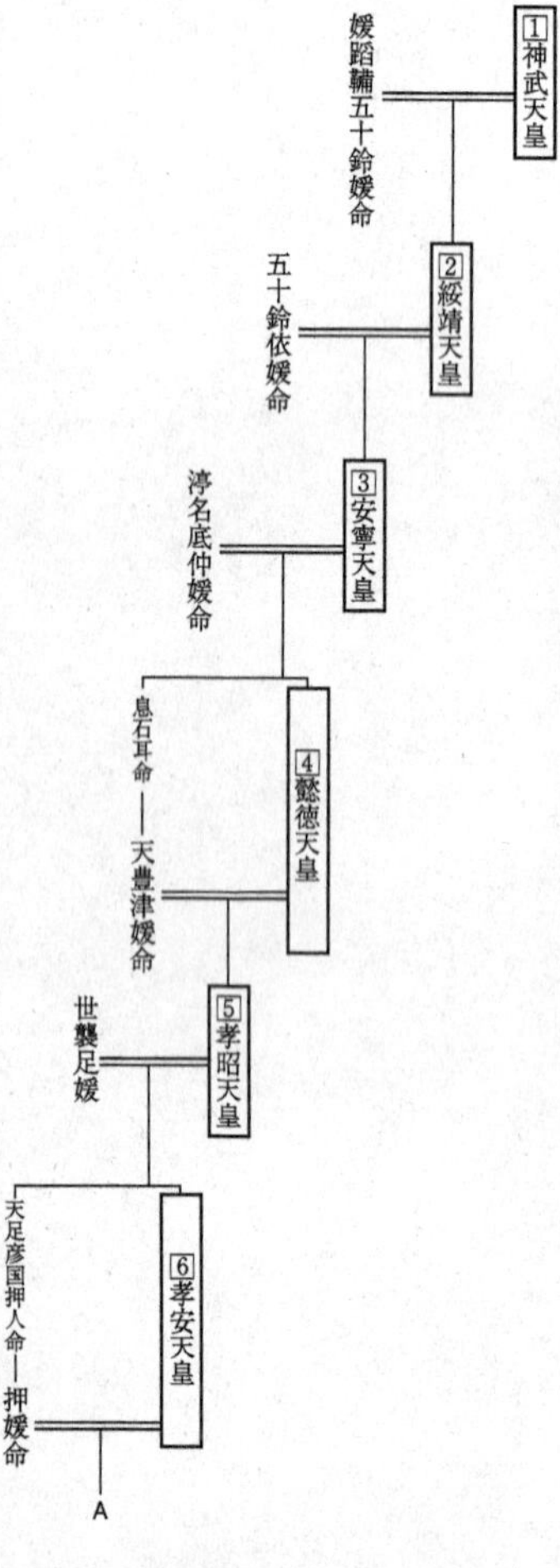

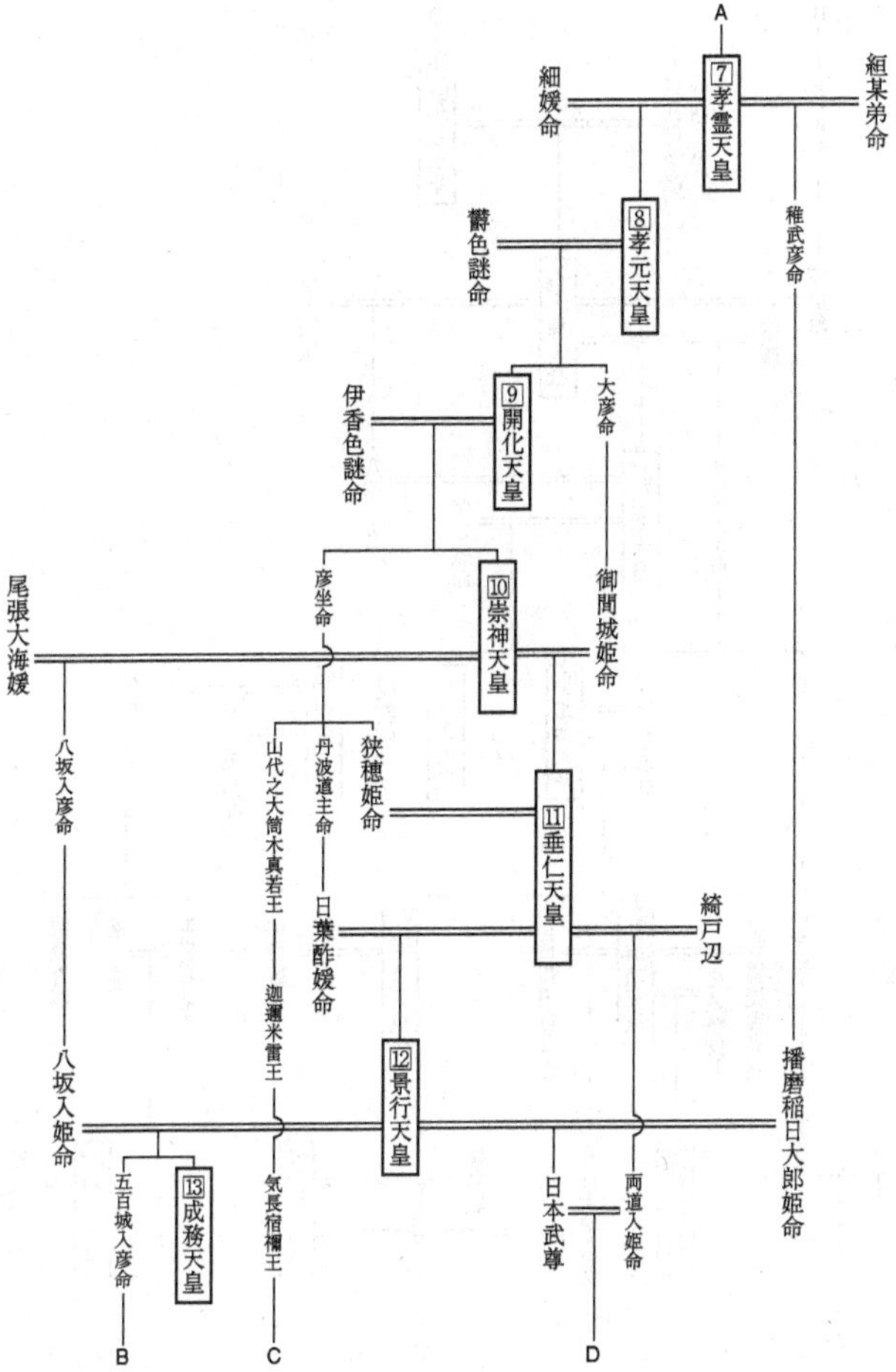
A
7 孝霊天皇
絙某弟命
細媛命
稚武彦命
8 孝元天皇
欝色謎命
大彦命
9 開化天皇
伊香色謎命
御間城姫命
10 崇神天皇
彦坐命
尾張大海媛
狭穂姫命
丹波道主命
山代之大筒木真若王
八坂入彦命
11 垂仁天皇
綺戸辺
日葉酢媛命
迦邇米雷王
播磨稲日大郎姫命
12 景行天皇
八坂入姫命
両道入姫命
日本武尊
気長宿禰王
13 成務天皇
五百城入彦命
B
C
D

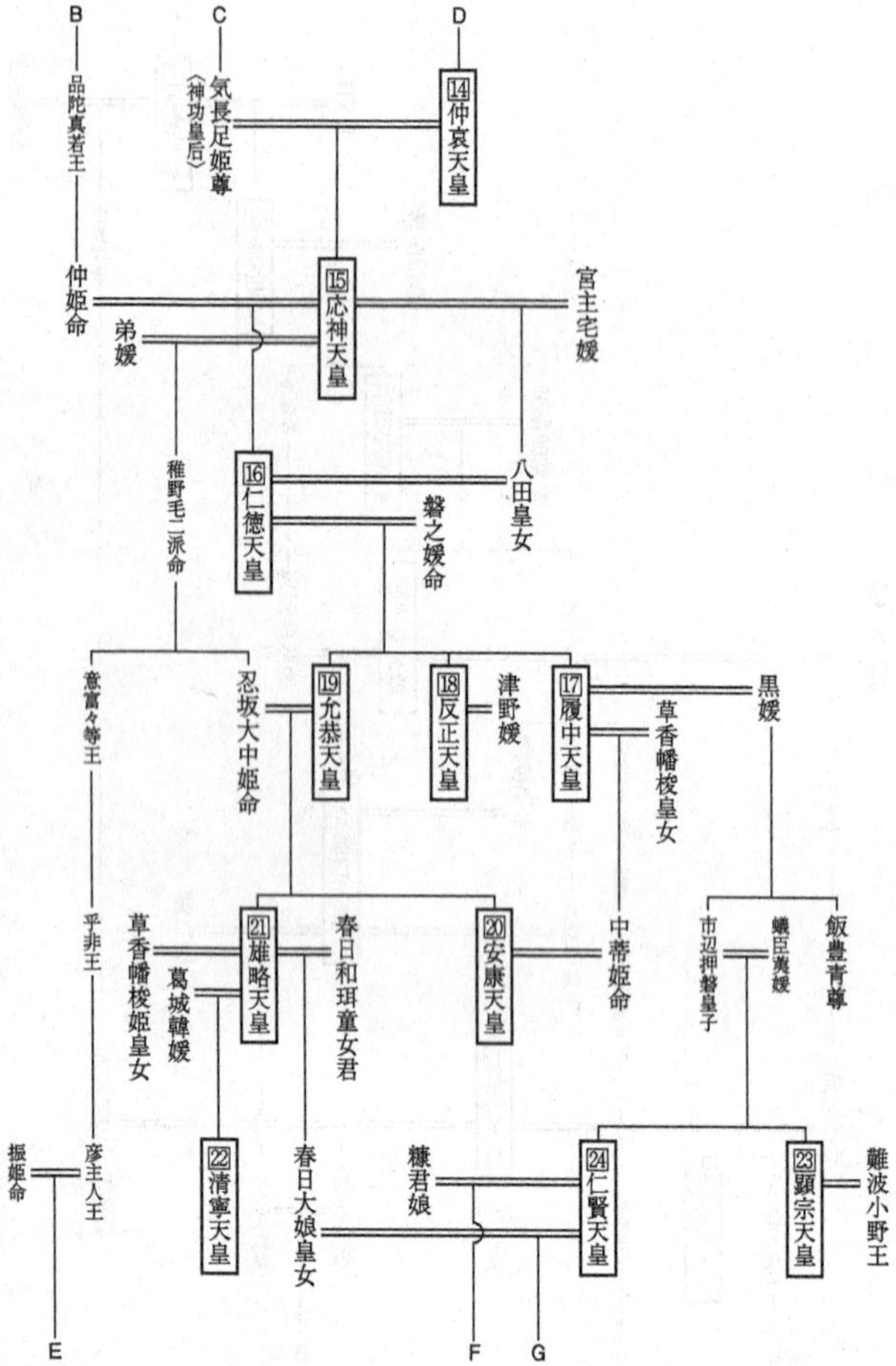
B
C
D
品陀真若王
気長足姫尊
〈神功皇后〉
14 仲哀天皇
仲姫命
15 応神天皇
宮主宅媛
弟媛
稚野毛二派命
16 仁徳天皇
八田皇女
磐之媛命
意富々等王
忍坂大中姫命
19 允恭天皇
18 反正天皇
津野媛
17 履中天皇
黒媛
草香幡梭皇女
乎非王
草香幡梭姫皇女
葛城韓媛
21 雄略天皇
春日和珥童女君
20 安康天皇
中蒂姫命
市辺押磐皇子
蟻臣荑媛
飯豊青尊
振姫命
彦主人王
22 清寧天皇
春日大娘皇女
糠君娘
24 仁賢天皇
23 顕宗天皇
難波小野王
E
F
G

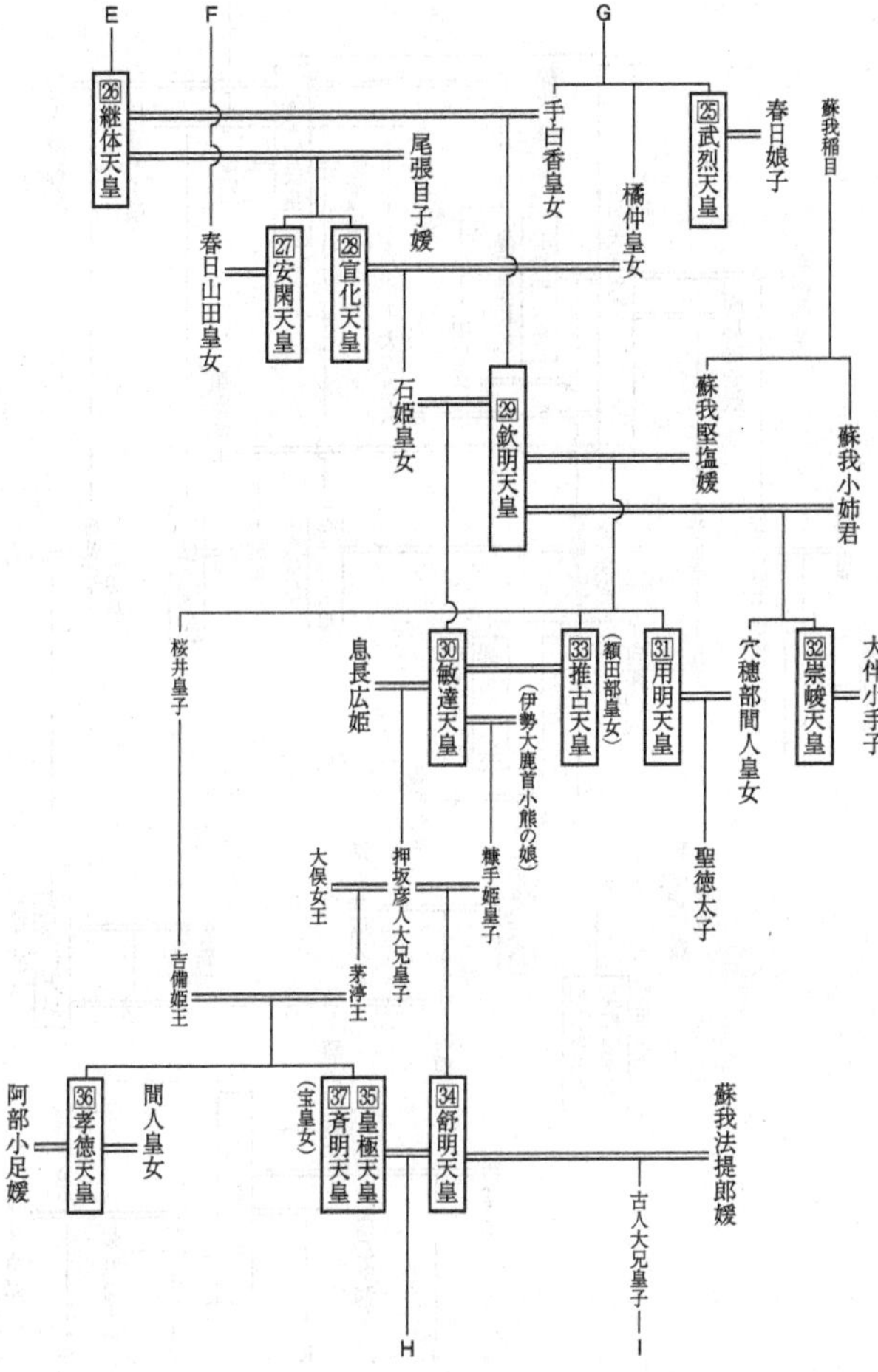
E
F
G
26 継体天皇
手白香皇女
尾張目子媛
橘仲皇女
25 武烈天皇
春日娘子
蘇我稲目
春日山田皇女
27 安閑天皇
28 宣化天皇
石姫皇女
29 欽明天皇
蘇我堅塩媛
蘇我小姉君
桜井皇子
息長広姫
30 敏達天皇
33 推古天皇
（額田部皇女）
（伊勢大鹿首小熊の娘）
31 用明天皇
穴穂部間人皇女
32 崇峻天皇
大伴小手子
大俣女王
押坂彦人大兄皇子
糠手姫皇子
聖徳太子
吉備姫王
茅渟王
阿部小足媛
36 孝徳天皇
間人皇女
（宝皇女）
37 斉明天皇
35 皇極天皇
34 舒明天皇
蘇我法提郎媛
古人大兄皇子
H
I

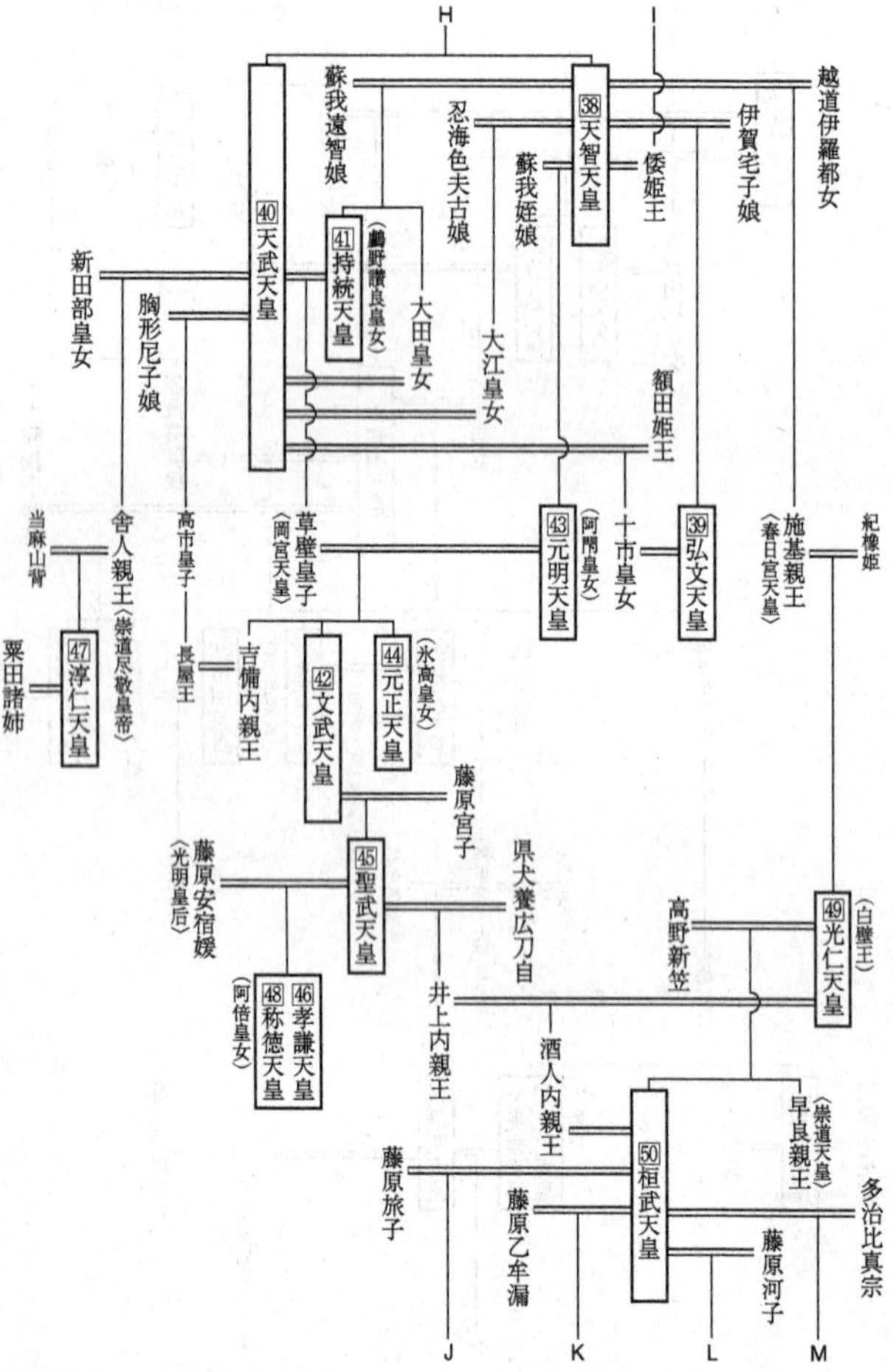

H
I
越道伊羅都女
伊賀宅子娘
38 天智天皇
倭姫王
蘇我姪娘
忍海色夫古娘
蘇我遠智娘
40 天武天皇
41 持統天皇（鸕野讃良皇女）
大田皇女
大江皇女
額田姫王
新田部皇女
胸形尼子娘
施基親王（春日宮天皇）
紀橡姫
39 弘文天皇
十市皇女
43 元明天皇（阿閇皇女）
草壁皇子（岡宮天皇）
高市皇子
舎人親王（崇道尽敬皇帝）
当麻山背
47 淳仁天皇
粟田諸姉
長屋王
吉備内親王
42 文武天皇
44 元正天皇（氷高皇女）
藤原宮子
45 聖武天皇
藤原安宿媛（光明皇后）
県犬養広刀自
46 孝謙天皇
48 称徳天皇（阿倍皇女）
井上内親王
49 光仁天皇（白壁王）
高野新笠
酒人内親王
早良親王（崇道天皇）
50 桓武天皇
藤原旅子
藤原乙牟漏
藤原河子
多治比真宗
J
K
L
M

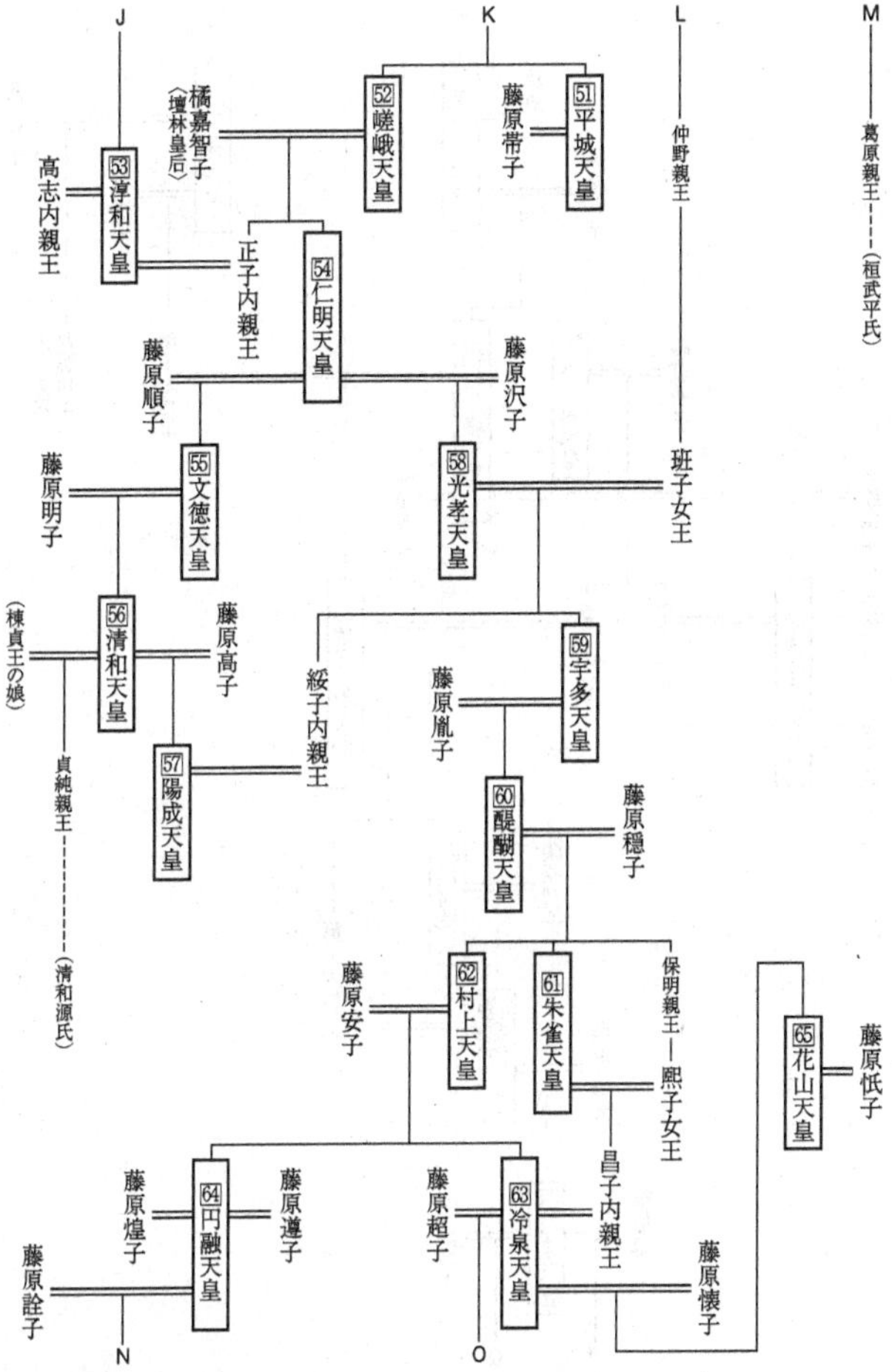
J
K
L
M
51平城天皇
藤原帯子
52嵯峨天皇
橘嘉智子〈壇林皇后〉
53淳和天皇
高志内親王
正子内親王
54仁明天皇
藤原順子
藤原沢子
仲野親王
葛原親王
（桓武平氏）
55文徳天皇
藤原明子
58光孝天皇
班子女王
56清和天皇
（棟貞王の娘）
藤原高子
貞純親王
（清和源氏）
57陽成天皇
綏子内親王
59宇多天皇
藤原胤子
60醍醐天皇
藤原穏子
62村上天皇
藤原安子
61朱雀天皇
保明親王
熙子女王
昌子内親王
65花山天皇
藤原忯子
64円融天皇
藤原煌子
藤原遵子
藤原詮子
63冷泉天皇
藤原超子
藤原懐子
N
O

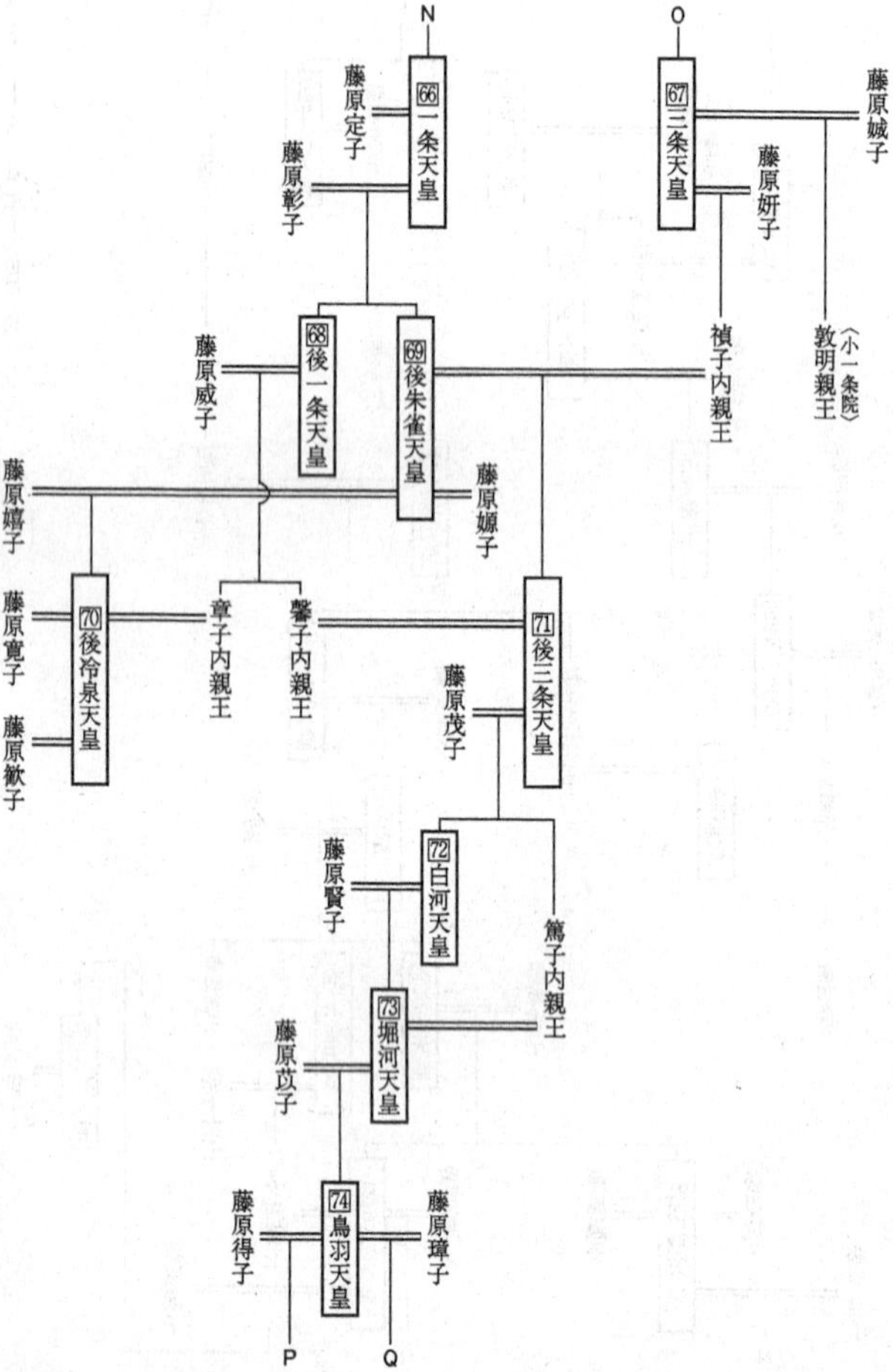
N
O
66 一条天皇
藤原定子
藤原彰子
67 三条天皇
藤原娍子
藤原妍子
〈小一条院〉敦明親王
禎子内親王
68 後一条天皇
69 後朱雀天皇
藤原威子
藤原嬉子
藤原嫄子
70 後冷泉天皇
藤原寛子
藤原歓子
章子内親王
馨子内親王
71 後三条天皇
藤原茂子
72 白河天皇
藤原賢子
篤子内親王
73 堀河天皇
藤原苡子
74 鳥羽天皇
藤原得子
藤原璋子
P
Q

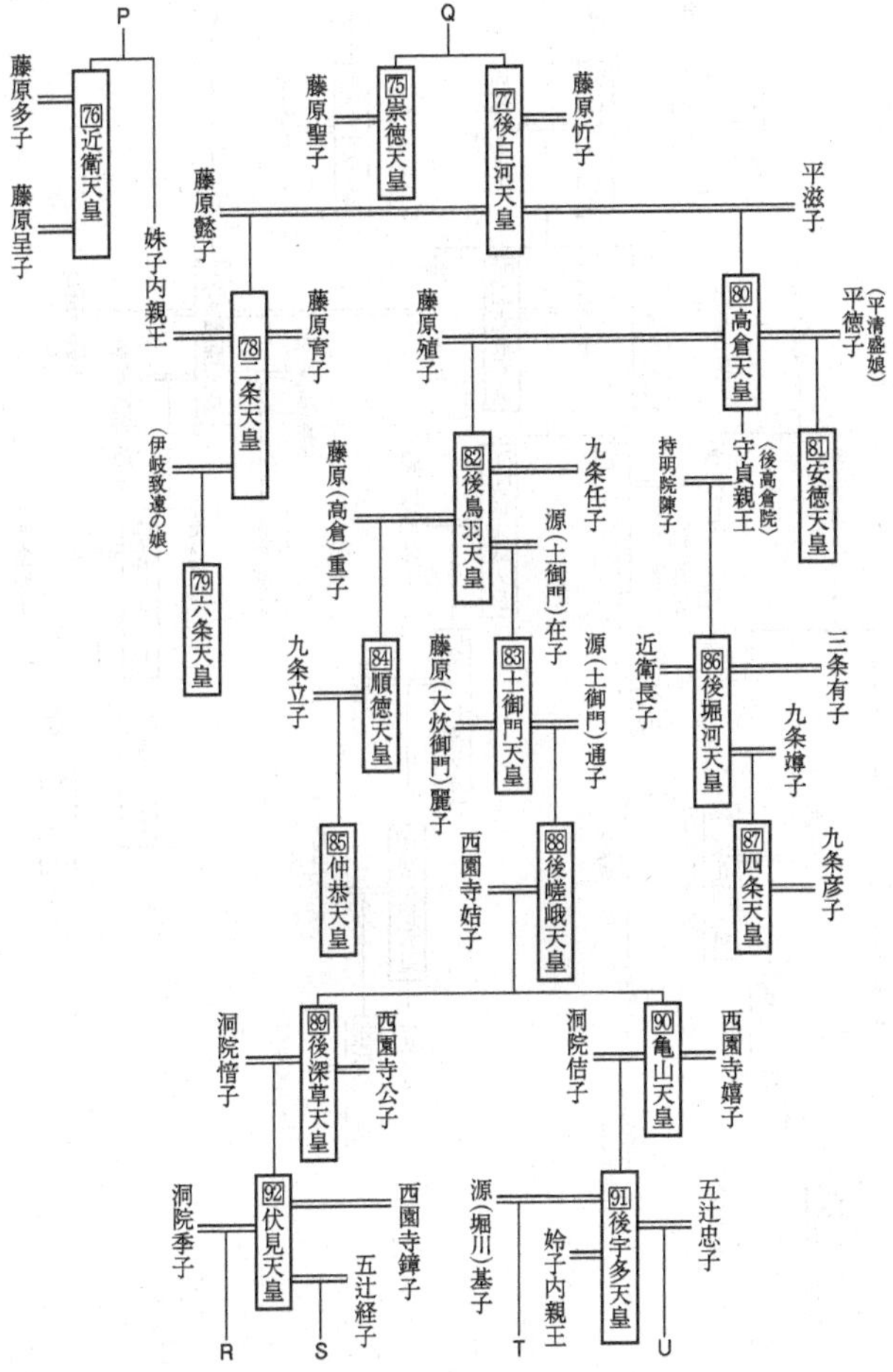
P
Q
藤原多子
藤原呈子
76近衛天皇
姝子内親王
藤原聖子
75崇徳天皇
77後白河天皇
藤原忻子
藤原懿子
平滋子
藤原育子
78二条天皇
(伊岐致遠の娘)
79六条天皇
藤原殖子
80高倉天皇
平徳子(平清盛娘)
81安徳天皇
守貞親王(後高倉院)
持明院陳子
82後鳥羽天皇
九条任子
藤原(高倉)重子
源(土御門)在子
84順徳天皇
九条立子
83土御門天皇
藤原(大炊御門)麗子
源(土御門)通子
86後堀河天皇
近衛長子
三条有子
九条竴子
87四条天皇
九条彦子
85仲恭天皇
88後嵯峨天皇
西園寺姞子
89後深草天皇
洞院愔子
西園寺公子
90亀山天皇
洞院佶子
西園寺嬉子
92伏見天皇
洞院季子
西園寺鏱子
五辻経子
91後宇多天皇
源(堀川)基子
姈子内親王
五辻忠子
R
S
T
U

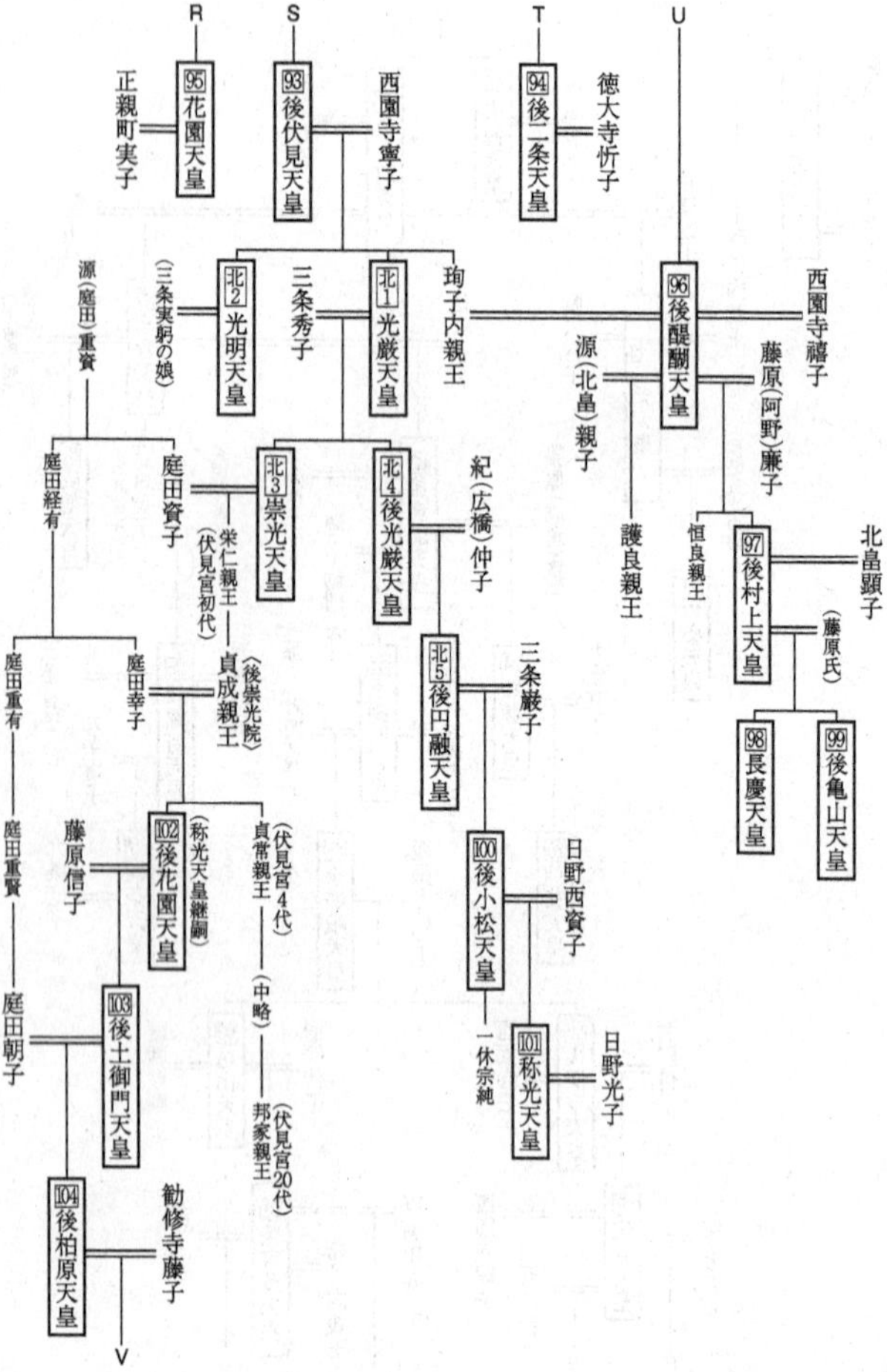
U
T
S
R
96 後醍醐天皇
西園寺禧子
藤原(阿野)廉子
源(北畠)親子
護良親王
恒良親王
97 後村上天皇
北畠顕子
(藤原氏)
99 後亀山天皇
98 長慶天皇
94 後二条天皇
徳大寺忻子
93 後伏見天皇
西園寺寧子
95 花園天皇
正親町実子
珣子内親王
北1 光厳天皇
三条秀子
北2 光明天皇
(三条実躬の娘)
北4 後光厳天皇
紀(広橋)仲子
北3 崇光天皇
栄仁親王
(伏見宮初代)
貞成親王
(後崇光院)
北5 後円融天皇
三条厳子
100 後小松天皇
日野西資子
一休宗純
101 称光天皇
日野光子
源(庭田)重資
庭田資子
庭田経有
庭田幸子
庭田重有
庭田重賢
庭田朝子
102 後花園天皇
(称光天皇継嗣)
貞常親王
(伏見宮4代)
(中略)
邦家親王
(伏見宮20代)
藤原信子
103 後土御門天皇
104 後柏原天皇
勧修寺藤子
V

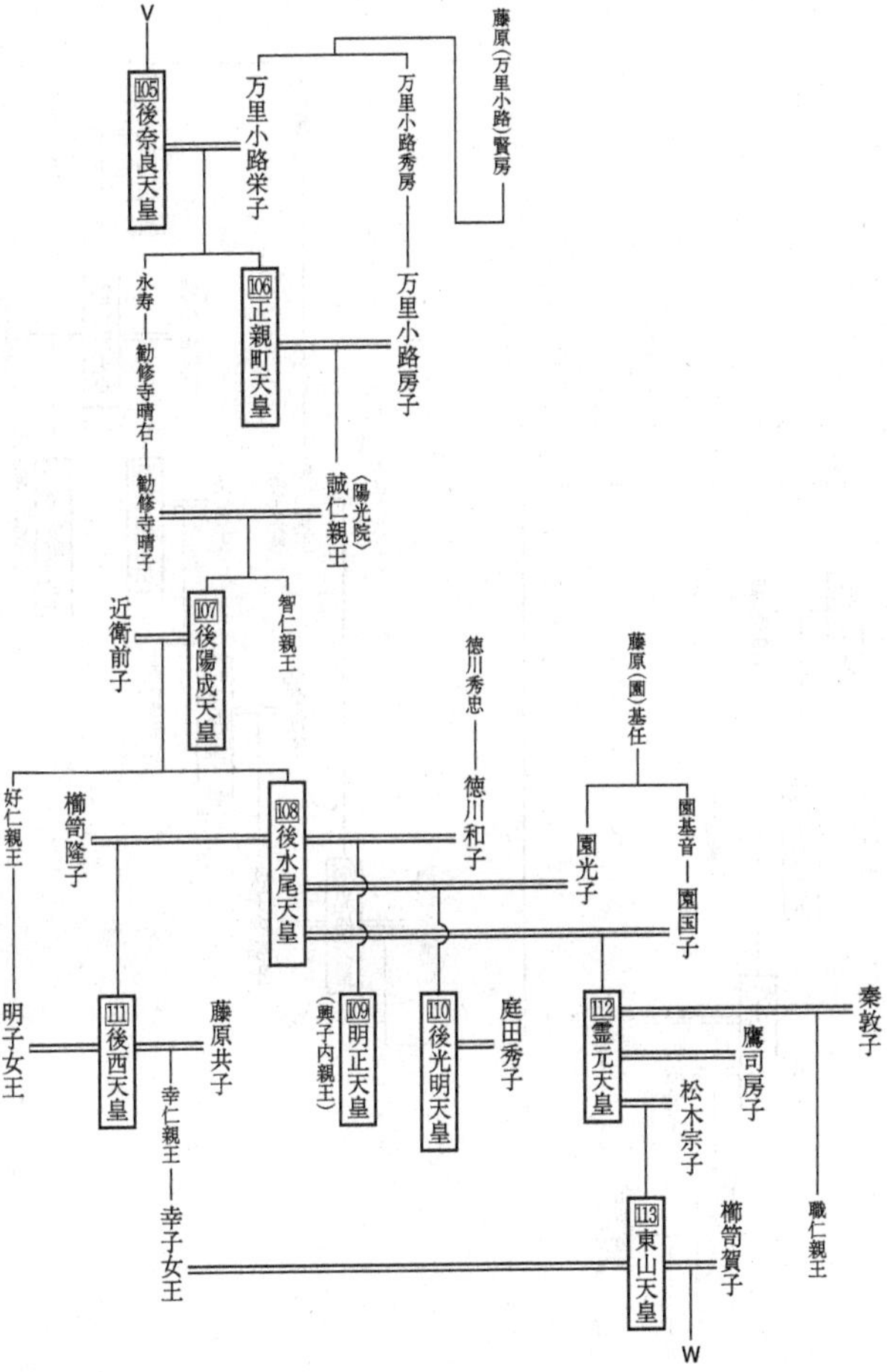
V
105 後奈良天皇
万里小路栄子
万里小路秀房
藤原（万里小路）賢房
永寿
勧修寺晴右
勧修寺晴子
106 正親町天皇
万里小路房子
誠仁親王〈陽光院〉
智仁親王
近衛前子
107 後陽成天皇
徳川秀忠
藤原（園）基任
好仁親王
櫛笥隆子
108 後水尾天皇
徳川和子
園光子
園基音
園国子
明子女王
111 後西天皇
藤原共子
幸仁親王
幸子女王
109 明正天皇（興子内親王）
110 後光明天皇
庭田秀子
112 霊元天皇
秦敦子
鷹司房子
松木宗子
職仁親王
113 東山天皇
櫛笥賀子
W

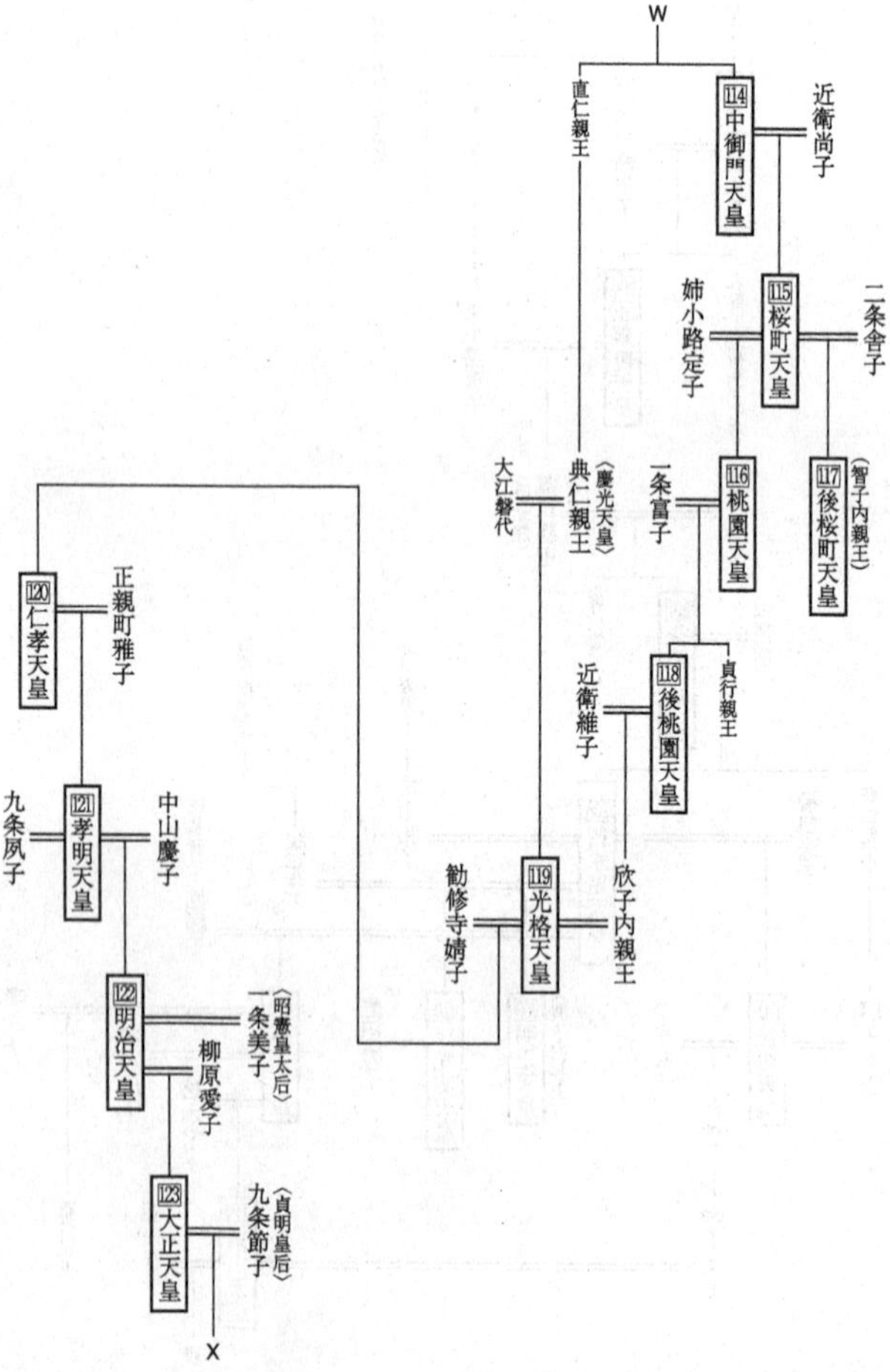
W
直仁親王
114 中御門天皇
近衛尚子
115 桜町天皇
姉小路定子
二条舎子
116 桃園天皇
一条富子
117 後桜町天皇
（智子内親王）
典仁親王
（慶光天皇）
大江磐代
118 後桃園天皇
貞行親王
近衛維子
119 光格天皇
勧修寺婧子
欣子内親王
120 仁孝天皇
正親町雅子
121 孝明天皇
九条夙子
中山慶子
122 明治天皇
一条美子
（昭憲皇太后）
柳原愛子
123 大正天皇
九条節子
（貞明皇后）
X

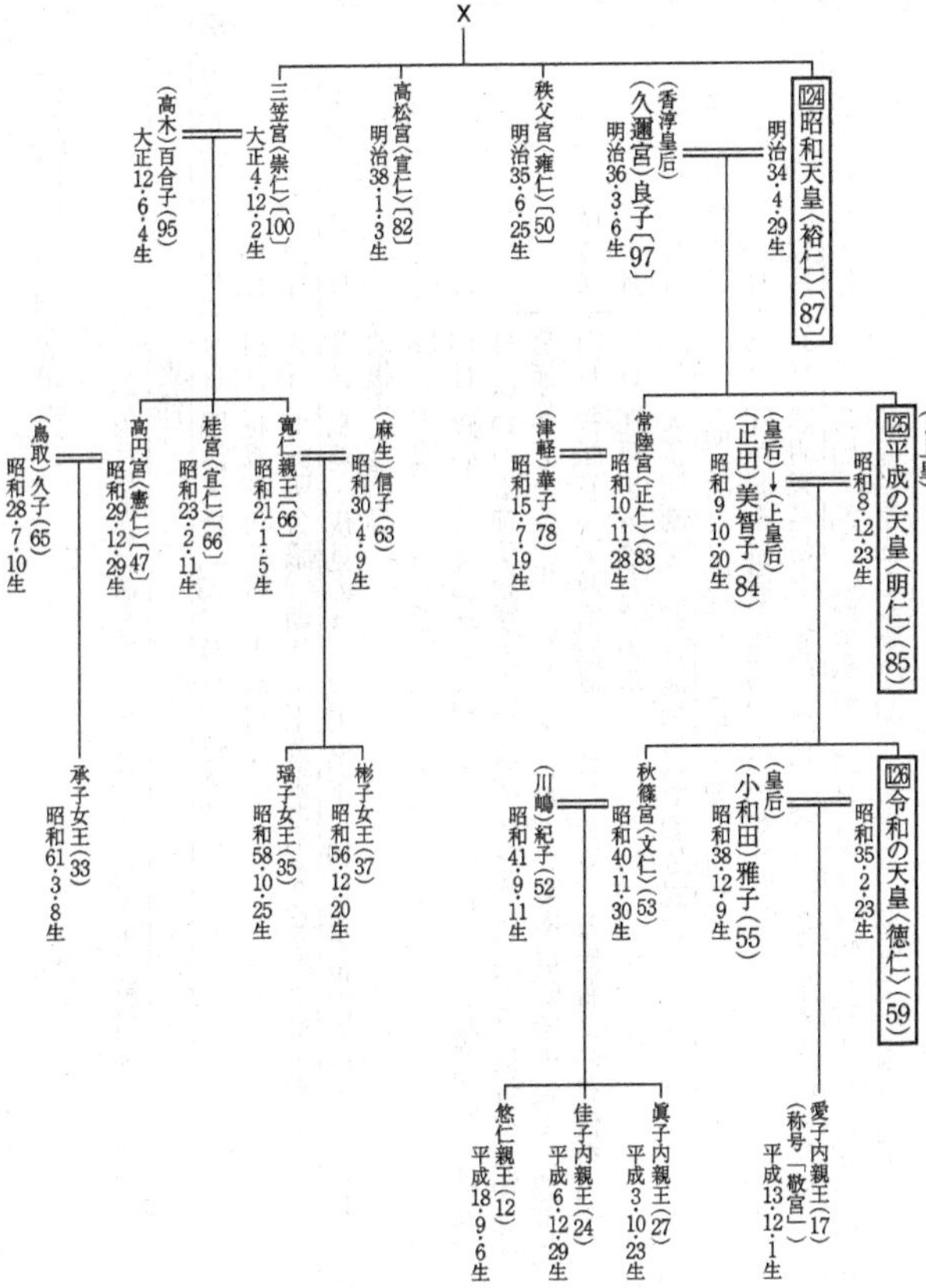

注1 新元号令和元年（2019）5月1日の皇室を構成する天皇と皇族は、男性5名、女性13名。
2 結婚により皇室を離れた現存者は、7名（昭和天皇の皇女2名、平成の天皇の皇女1名、三笠宮の王女2名、高円宮の王女2名）。
3 故人は〔没年齢〕、現存者は（4月30日現在の満年齢）。一部親王・内親王・女王の敬称を追記した（他省略）。［所］

［2］近現代皇室関連年表

※［　］内は原則的に満年齢。▽は天皇・皇族の誕生、結婚、逝去（崩御・薨去など）を示す。

年月	事件
慶応3年（一八六七）1月	9日 **明治天皇**［16、満14］**践祚**。
10月	14日 将軍徳川慶喜、大政奉還。
12月	9日 小御所会議、朝廷「王政復古の大号令」（幕府廃止）。
4年（一八六八）1月	3日 鳥羽・伏見の戦、官軍誕生。10日 華頂宮家創立。15日 各国公使へ王政復古を通告。
2月	28日 天皇、大政一新の詔をだす。
3月	13日 政府、祭政一致の国是を布告。14日「五箇条の御誓文」を発す。17日 いわゆる神仏分離令の布達がはじまる。28日 提灯や器物などに菊花紋章を描くことを禁止（のち官幣社などの幕や提灯での使用は認可）。
閏4月	21日 神祇官・太政官設置。22日 天皇、万機親裁の布告を出す。
7月	17日 江戸を東京と改める。
8月	26日 天長節制定。27日 紫宸殿で**即位式**。
明治元年9月	8日「明治」と改元し、**一世一元**を布告。
10月	13日 江戸城を皇居と定め、東京城と改称。
12月	25日 孝明天皇祭を神式で斎行。28日 一条美子を皇后に立つ。
2年（一八六九）1月	4日 政始。23日 御講釈始。24日 御歌会始（いずれも以後恒例化）。
3月	7日 天皇、京都を出発。28日 東京着（事実上の東京遷都）。

	6月	17日 公卿諸侯を華族に改称。
	7月	8日 宮内省設置。新官位相当表制定。
3年(一八七〇)	3月	11日 神武天皇祭を神祇官で挙行。
	11月	30日 梶井宮を梨本宮、照高院宮を北白川宮と改称。
	12月	10日 世襲四親王家を除く新設宮家は2代目より賜姓華族と定む。
4年(一八七一)	6月	17日 皇族以外の菊花紋章使用を禁じ、皇族の紋を十四葉一重裏菊と定む。
	7月	14日 廃藩置県の詔書。24日 宮内省の官制を改定。
	8月	10日 官等を導入(官位相当表は廃止)。
	10月	29日 四時祭典・毎朝御代拝を定む。
	11月	17日 皇居御苑で**大嘗祭**。前年設置の雅楽局を式部寮雅楽課と改む。
5年(一八七二)	1月	3日 宮中で元始祭。5日 新年宴会が行なわれ、以後恒例となる。
	3月	9日 近衛条例を定め、親兵を廃止して近衛兵を新設。23日 赤坂に離宮を置く。29日 東京城を皇居と定める。
	4月	2日 宮中三殿(賢所・皇霊殿・神殿)の原型成立(～11月29日)。
	11月	9日 改暦の詔書。15日 神武天皇の橿原宮即位を紀元元年とする。
	12月	3日 旧暦の当日を新暦の明治6年(一八七三)元日に切り替え。
6年(一八七三)	3月	7日 神武天皇即位日を紀元節と定む。20日 宮内省、天皇の断髪発表。
	5月	5日 皇居炎上、赤坂離宮を仮皇居とす。
	10月	14日 年中の祝祭日(以下の八日)を休日と定む。元始祭(1月3日)・新年宴会(1月5日)・孝明天皇祭(1月30日)・紀元節(2月11日)・神武天皇祭(4月3日)・神嘗祭(9月17日)・天長節(11月3日)・新嘗祭(11月23日)

	11月	20日　天皇の写真を各府県に下付する。
	12月	9日　皇族男子は陸海軍に従事を布達。
7年(一八七四)	1月	4日　天皇、正院で政始を行ない、以後恒例となる。23日　近衛兵（5年3月9日設置）を2連隊に編成、軍旗を親授。
8年(一八七五)	1月	9日　天皇が臨幸し、海軍兵学校で海軍始。19日　皇子女誕生諸式を定む。
	4月	10日　叙勲・賞牌（勲章）の制を定む。
	5月	20日　**久邇宮家創立**（のち33年5月8日賀陽宮家分立）。
9年(一八七六)	6月	2日　天皇、奥羽巡幸に出発。
	11月	6日　帝室費と皇族費と宮内省費を区別（18年5月　帝室費に統合）。
10年(一八七七)	2月	28日・9月14日　諸陵寮・式部寮を宮内省に移管。
	8月	29日　侍補設置（〜12年10月13日）。
	10月	17日　華族学校＝学習院の開業式（17年4月15日より宮内省所管）。
11年(一八七八)	4月	5日　掌典の職制を定む。
	6月	5日　春秋の皇霊祭・神殿祭を定む。
	8月	3日　行幸・巡幸の制を定む。元老院『旧典類纂　皇位継承篇』編刊。
12年(一八七九)	4月	28日　**宮内省の章程**に所管を明示。
	6月	4日　東京招魂社（明治2年創建）を靖国神社と改称。
	8月	31日　▽第一皇子明宮嘉仁親王誕生。
13年(一八八〇)	7月	17日　刑法改正（**不敬罪**）。
	11月	3日　天長節で「君が代」御前演奏。
	12月	元老院、憲法第三次確定案を提出、上奏するが採択されず。
14年(一八八一)	10月	3日　▽桂宮淑子内親王［53］薨去（桂宮家廃絶）。

	10月	12日 明治23年国会開設の詔勅。
	12月	7日 褒章条例を制定。
15年（一八八二）	1月	4日 天皇、軍人に「軍人勅諭」を下す。
	11月	15日 宮内省に華族局を設置。
	12月	18日 宮内省に内規取調局設置。28日 東伏見宮を小松宮と改称。
16年（一八八三）	4月	28日 即位式・大嘗祭を京都（御所・御苑）で行なうことを勅定。
	9月	22日 京都に宮内省支庁を設置。
17年（一八八四）	3月	17日 宮中に制度取調局を置く（長官伊藤博文）。21日 侍従職を置く。
	4月	21日 宮内省に内蔵寮を置く。
	5月	1日 皇室財政を国家財政から独立させる（臨時経費を除く）。
	8月	27日 宮内省に図書寮を置く。
	7月	7日 「華族令」制定（↓40年5月7日 改正令公布）。
	12月	20日 「華族就学規則」を定め、華族の子弟は18年より学習院に入学（宮内達）。
18年（一八八五）	11月	13日 華族女学校開設。
	12月	22日 宮内大臣・内大臣・宮中顧問官を置く。太政官制を廃し内閣制度発足、宮内省に御料局・内匠寮を設置。
19年（一八八六）	2月	4日 **宮内省官制**を公布。26日 公文式制定。
	4月	29日 「華族世襲財産法」公布。
	5月	1日 主殿寮に皇宮警察署を置く。
	10月	29日 「皇族叙勲内規」制定。
20年（一八八七）	3月	5日 帝室費の常額設定。18日 皇后、華族女学校に歌「金剛石」を下賜。

年	月	事項
	5月	4日　叙位条例を制定。
21年（一八八八）	3月	9日「**帝室会計法**」制定。
	4月	6日　帝室会計審査局を設置。
	5月	31日　臨時帝室制度取調局を置く（委員長柳原前光）。
	6月	6日　御歌所を置く。15日　宮中席次を定む（24年12月改定）。
	10月	27日　皇居が落成、皇城を宮城に改称。
22年（一八八九）	2月	11日「**皇室典範**」制定。「**大日本帝国憲法**」発布。
	7月	23日　宮内省の官制を改む。
	9月	30日　天皇旗・皇后旗・親王旗を制定。
	11月	3日　**明宮嘉仁親王**［10］**立太子礼**、東宮職官制を制定。
23年（一八九〇）	1月	4日　伊勢の神宮祭主は皇族と定む。
	2月	11日「金鵄勲章」創設。
	4月	2日　橿原神宮を創建。
	10月	9日　天皇、第1回帝国議会を招集。30日「教育勅語」発布。
	11月	8日　世伝御料を勅定。29日　天皇、第一回帝国議会開院式に臨席。
24年（一八九一）	2月	18日「皇統譜」の凡例・書式を制定。
	3月	24日「皇室会計法」制定。
	6月	29日「皇室経済会議規程」「皇室会計審査条規」制定。
25年（一八九二）	1月	4日　東宮職の官制改定。
	11月	15日　帝室礼式取調委員を置く。
26年（一八九三）	2月	10日　内廷費を建艦費に下賜。

	8月	12日 文部省、学校での祝日・大祭日儀式の唱歌を定める。「君が代」「勅語奉答」「元始祭」「天長節」など。
27年（一八九四）	3月	9日 天皇［41］・皇后［43］の大婚25年祝典。
	8月	1日 清国に宣戦布告（日清戦争 ～28年4月）。
28年（一八九五）	3月	15日 平安神宮創建。
	10月	22日 平安建都一一〇〇年記念式。
29年（一八九六）	4月	3日 侍従武官官制を定む。
30年（一八九七）	1月	11日 ▽英照皇太后［62］崩御。
	2月	7日 英照皇太后の大喪。
	8月	31日 ▽皇太子［18］成年式。
31年（一八九八）	2月	伊藤博文首相・渡辺千秋、皇室制度・宮内改革の意見書を奉呈（4月にも）。
32年（一八九九）	5月	8日 東宮輔導・輔導顧問を置く。
	8月	24日 帝室制度調査局（総裁伊藤博文）を置く。
33年（一九〇〇）	4月	25日「皇室婚嫁令」制定。
	5月	8日 賀陽宮創立。10日 ▽皇太子［20］、九条節子［15］と結婚。
34年（一九〇一）	4月	29日 ▽皇孫（皇太子第一皇子）迪宮裕仁親王誕生。
35年（一九〇二）	5月	29日「皇室誕生令」公布。
	6月	25日 ▽皇孫（皇太子第二皇子）淳宮雍仁親王（のちの秩父宮）誕生。
36年（一九〇三）	1月	31日 東伏見宮家再興。
	7月	18日 帝室制度調査局本格化。
37年（一九〇四）	2月	10日 ロシアに宣戦布告（日露戦争 ～38年9月）。
38年（一九〇五）	1月	3日 ▽皇孫（皇太子第三皇子）光宮宣仁親王誕生。

39年(一九〇六)	3月	31日 朝香宮・竹田宮の両家創立。
	11月	3日 東久邇宮家創立。
40年(一九〇七)	2月	1日「**公式令**」公布。11日「**皇室典範増補**」(諸王の臣籍、華族養子を容認)公布。28日「皇族会議令」公布。
	10月	31日 宮内省官制を改定(帝室林野管理局設置)。
41年(一九〇八)	9月	18日「皇室祭祀令」公布。
42年(一九〇九)	2月	11日「登極令」「摂政令」「立儲令」「皇室成年式令」公布。
	6月	11日「皇室服喪令」公布。
43年(一九一〇)	3月	3日「皇族身位令」「皇室親族令」公布。
	8月	29日 韓国併合により「韓国李王家殊遇詔書」「朝鮮貴族令」公布。宗秩寮を置く。
	12月	24日「皇室財産令」公布。
44年(一九一一)	2月	28日 **南北朝正閏問題**、南朝を正統と勅裁。
	5月	27日「皇族服装令」「宮内官制服令」公布。
	6月	15日「皇室喪服規程」告示(「皇室喪儀令」案は枢密院諮詢奏請中)。
	12月	27日「華族戒飭令」公布。
45年(一九一二) 大正元年	7月	10日「皇室会計令」公布。30日 ▽明治天皇[59]崩御。**皇太子**[32]**践祚**。「大正」と改元。大喪使の官制(勅令)公布。
	8月	27日 先帝に「明治」追号。
	9月	13・14日 大喪(青山葬場・桃山御陵)。乃木希典殉死。26日「恩赦令」「大赦令」公布。

2年（一九一三）	7月	6日　第三皇子宣仁親王［8］**高松宮家創立**。
	10月	31日　天長節祝日制定。
	11月	4日「天皇の御服に関する件」公布。
3年（一九一四）	3月	20日　東宮御学問所の官制公布。
	4月	9日　▽昭憲皇太后［65］崩御。
	5月	24・25日　**大喪**（桃山東陵）。
	7月	20日　宮内省の官制刷新（↓10年10月7日　改正）。
	8月	23日　日本がドイツと開戦（第一次世界大戦　～7年11月）。
	12月	1日「明治天皇紀」臨時編修局を設置。
4年（一九一五）	2月	15日「**宮中席次令**」公布。
	4月	12日　大礼使の官制（勅令）再公布。
	11月	10日　京都御所で**即位礼**。14・15日　大宮御苑で**大嘗祭**。
	12月	2日　▽第四皇子澄宮崇仁親王（のちの三笠宮）誕生。
5年（一九一六）	11月	3日　裕仁親王［15］**立太子礼**。4日　帝室制度審議会設置。
6年（一九一七）	4月	5日「請願令」公布。
	9月	大正『大礼記録』（全一三一冊）完成。
7年（一九一八）	11月	28日「皇室典範増補」（皇族女子の王公族入嫁）公布。
8年（一九一九）	5月	7日　▽皇太子［18］成年式。
9年（一九二〇）	5月	19日「**皇族の降下に関する施行準則**」制定。
	11月	1日　明治神宮鎮座。
10年（一九二一）	3月	3日　皇太子ヨーロッパ歴訪（～9月3日）。
	10月	7日　宮内省の官制改正。宮内大臣官房に皇宮警部を置く。

	11月	25日 皇太子［20］摂政に就任。
11年(一九二二)	6月	25日 ▽第二皇子淳宮雍仁親王［20］成年式、**秩父宮家創立**。
13年(一九二四)	1月	26日 ▽皇太子、久邇宮良子女王と結婚。
	3月	8日 臨時御歴代史実考査委員会官制公布。
14年(一九二五)	12月	6日 ▽皇太子第一皇女照宮成子内親王誕生。
		この年から天皇の院号を省く。
15年(一九二六)	7月	15日 那須御用邸完成。
	10月	21日「皇統譜令」「皇室儀制令」「皇族就学令」「皇族後見令」「皇族遺言令」「皇室喪儀令」「皇室陵墓令」「皇統譜令施行規則」と「位階令」「国葬令」（ともに勅令）公布。
	12月	1日「皇室裁判令」公布。
昭和元年	12月	25日 ▽大正天皇［47］崩御、**皇太子裕仁親王**［25］践祚、「昭和」と改元、大喪使の官制公布。
2年(一九二七)	1月	19日 先帝に「大正」追号。
	2月	7・8日 **大喪**（新宿御苑・多摩御陵）。
	3月	3日「明治節」制定。
	6月	16日「王公族墓籍規程」公布。
	9月	10日 ▽第二皇女久宮祐子内親王誕生（3年3月8日薨去）。
3年(一九二八)	9月	14日 昭和天皇・皇后、赤坂離宮から宮城へ移居。
	9月	28日 ▽秩父宮、松平勢津子と結婚。
	11月	10日 京都御所で**即位礼**。14・15日 大宮御苑で**大嘗祭**。
4年(一九二九)	6月	1日 大礼記録編纂委員会を設置（〜6年）。

	9月	30日　▽第三皇女孝宮和子内親王誕生。
5年（一九三〇）	2月	4日　▽高松宮、徳川喜久子と結婚。
6年（一九三一）	3月	7日　▽第四皇女順宮厚子内親王誕生。
	7月	1日　『昭和大礼要録』刊行。
	9月	18日　満州事変勃発（柳条湖事件）。
7年（一九三二）	5月	15日　五・一五事件が起こる。
8年（一九三三）	9月	30日　『明治天皇紀』完成。
	12月	23日　▽**第一皇子継宮明仁親王（皇太子）誕生**。
10年（一九三五）	10月	10日　宮内省の庁舎落成。
	11月	28日　▽第二皇子義宮正仁親王（のちの常陸宮）誕生。
	12月	2日　▽澄宮崇仁親王［20］成年式、**三笠宮家創立**。
11年（一九三六）	2月	26日　二・二六事件が起こる。
	4月	18日　国号は「大日本帝国」、元首は「天皇」（Emperor）に統一。
	12月	21日　『（歴代）天皇・皇族実録』完成。
12年（一九三七）	2月	11日　文化勲章（橘花）制定。
	7月	7日　盧溝橋事件（日華事変）。
	11月	20日　宮中に大本営設置。22日「皇室喪儀令」改正。
14年（一九三九）	3月	2日　▽第五皇女清宮貴子内親王誕生。
15年（一九四〇）	1月	1日　式部職掌典部を掌典職と改める官制公布。
	6月	26日　満州国皇帝溥儀［34］来日。
	11月	10日　紀元二六〇〇年記念式典（皇居前広場）。
16年（一九四一）	3月	31日　宮内省に総務局を置く。

	7月	11日「皇室親族令・成年令」改正。
	10月	22日 ▽三笠宮、高木百合子と結婚。
	12月	8日 太平洋戦争（大東亜戦争）開戦。
18年（一九四三）	10月	13日 ▽照宮成子内親王、東久邇盛厚王と結婚。
19年（一九四四）	4月	26日 ▽三笠宮第一女子甯子内親王誕生。
20年（一九四五）	3月	18日 昭和天皇、東京の戦災地を視察。
	5月	26日 空襲で宮殿焼失。
	8月	9日 東宮職官制制定。10日 御前会議でポツダム宣言受諾を決定。15日 ポツダム宣言受諾の玉音放送。17日 東久邇稔彦王内閣成立。30日 マッカーサー、神奈川県厚木に到着（9月8日 東京へ進駐）。
	9月	2日 降伏文書調印。13日 宮中の大本営廃止。25日「ニューヨークタイムズ」らが天皇と記者会見。27日 昭和天皇、マッカーサー元帥を訪問。
	10月	4日 ＧＨＱ（連合国軍司令部）、人権指令で天皇批判の自由も保障。
	11月	7日 天皇服制定。18日 ＧＨＱ、皇室財産凍結を指令。24日 内大臣府を廃止。
	12月	12日 梨本宮守正王、戦犯として逮捕される。15日 ＧＨＱ「神道指令」発令。22日 昭和天皇、宮内記者と初会見。
21年（一九四六）	1月	1日「新日本建設詔書」（神格否定の人間宣言）発布。5日 ▽三笠宮第一男子寛仁親王誕生。
	2月	19日 昭和天皇、神奈川県から地方巡幸を開始（～29年8月29日）。
	4月	1日 宮内省の機構縮小。

	5月	3日 極東国際軍事裁判開廷。生存者に対する叙位叙勲停止を閣議決定。12日「米よこせ区民大会」（世田谷）のデモ隊宮城へ。19日 宮城前広場で食糧メーデー。23日 GHQ、皇室の財産特権廃止を指令。24日 昭和天皇、食糧事情に関して全国民にラジオ放送。
	6月	18日 キーナン極東国際裁判首席判事「天皇は裁かず」と表明。
	11月	3日 **「日本国憲法」公布**。日本国憲法公布記念の祝賀都民大会（皇居前広場）。
	12月	14日「皇室典範増補」改正（皇族女子の降下容認）。24日 皇族会議で直宮（秩父宮・高松宮・三笠宮）を除く一一宮家の皇籍離脱を可決。
22年（一九四七）	1月	1日 皇宮警察署を警視庁（29年7月から警察庁）の皇宮警察（本部）に改む。16日 新「皇室典範」「皇室経済法」公布（5月3日施行）。31日 帝室林野局廃止（農林省へ移管）。学習院・女子学習院、宮内省から独立させる。
	2月	20日 宮内省、皇室財産を三七億四〇〇〇万円と公表。
	5月	2日 枢密院廃止。明治以来の皇室令・付属法令を廃止。3日「日本国憲法」「皇室典範」「皇室経済法」「皇統譜令」施行。「位階令」改正（有爵者に関する事項削除）施行。新憲法施行記念式典。宮内省を宮内府に改組。新規定ができていないものに関しては従前の例に準じて事務を処理する旨、宮内府長官官房文書課長名で依命通牒が出される。
	6月	23日 天皇、第1回特別国会に出席、勅語で「朕」を「わたくし」に。
	8月	23日「皇室会議議員及び予備議員互選規則」（政令）。
	10月	2日「皇室経済法施行法」公布。13日 初の皇室会議で一一宮家の皇族（五一人）皇籍離脱を決定。

	11月	15日「改正刑法」施行（不敬罪廃止）。
23年（一九四八）	1月	1日 皇居一般参賀始まる（記帳のみ二日間）。
	2月	11日 ▽三笠宮第二男子宜仁親王（のちの桂宮）誕生。
	7月	1日 宮城を「皇居」と改称。20日「国民の祝日法」公布（紀元節を廃止。41年6月より「建国記念の日」に改称）。
24年（一九四九）	1月	1日 皇宮警察本部設置。26日 ▽天皇・皇后、銀婚式典。
	4月	29日「天長節」を「天皇誕生日」と改称、一般参賀で天皇が応える。三五万人が参集。
	6月	1日 宮内府を廃し宮内庁を置く（総理府外局、三職二部）。
25年（一九五〇）	5月	20日 ▽孝宮和子内親王、鷹司平通と結婚。
26年（一九五一）	4月	15日 天皇、解任されたマッカーサーを最後の訪問。
	5月	17日 ▽貞明皇后［66］崩御。
	6月	22日 大喪（准国葬、多摩東陵）。
	10月	23日 ▽三笠宮第二女子容子内親王誕生。
27年（一九五二）	4月	28日 サンフランシスコ平和条約発効。
	5月	2日 天皇・皇后、初の政府主催の全国戦没者追悼式出席（新宿御苑）。3日 天皇・皇后、皇居前広場での独立式典に出席。
	10月	7日 宮内庁庁舎三階を改装し、仮宮殿に。10日 ▽順宮厚子内親王、池田隆政と結婚。
	11月	10日 **▽皇太子［18］成年式・立太子礼。**
28年（一九五三）	1月	1日 国事行為としての「新年祝賀の儀」を挙行（戦後初）。4日 ▽秩父宮雍仁親王［50］薨去。

	3月	30日　皇太子、英国女王エリザベス2世の戴冠式（6月2日）に天皇の名代として出発。欧米歴訪（～10月12日）。
	11月	5日　大宮御所内苑で戦後初の天皇主催の園遊会開催。
29年（一九五四）	1月	2日　一般参賀に三八万人集まり混乱、一六人死亡（二重橋事件）。
	8月	16日　京都小御所焼失。
	12月	29日　▽三笠宮第三男子憲仁親王誕生。
30年（一九五五）	5月	24日　天皇、蔵前国技館で初の大相撲観戦。
	11月	28日　▽義宮正仁親王成年式。
31年（一九五六）	11月	19日　戦後初の国賓、エチオピア皇帝セラシエ1世来日。
32年（一九五七）	1月	15日　皇太子、NHK、ニッポン放送で対談番組に出演。
33年（一九五八）	11月	27日　皇室会議で皇太子妃に正田美智子と決定。
34年（一九五九）	4月	10日　**皇太子［25］、正田美智子［24］と結婚パレード。**
35年（一九六〇）	2月	23日　▽皇孫（皇太子第一皇子）浩宮徳仁親王誕生。
	3月	10日　▽清宮貴子内親王、島津久永と結婚。
	6月	14日　新東宮御所落成。
36年（一九六一）	4月	29日　▽天皇還暦。
	7月	23日　▽東久邇成子［35］逝去。
	9月	22日　皇太子・同妃、日米修好百年で渡米。
	11月	27日　吹上御所落成。
	12月	8日　天皇・皇后、御文庫から新築の吹上御所へ移居。
38年（一九六三）	3月	6日　▽皇后還暦。
	7月	12日　旧来の制度に基づいて生存者叙勲の完全復活を閣議決定。

	8月	15日　天皇、政府主催の第一回全国戦没者追悼式（日比谷公会堂）に出席。
39年（一九六四）	5月	20日「国事行為の臨時代行法」公布。28日　皇居に新二重橋完成。
	9月	30日　▽義宮正仁親王［29］、津軽華子と結婚、常陸宮家創立。
	10月	10日　天皇、第一八回オリンピック東京大会で開会宣言（名誉総裁）。
40年（一九六五）	11月	30日　▽皇孫（皇太子第二皇子）礼宮文仁親王誕生。
41年（一九六六）	1月	27日　▽天皇三女鷹司和子の夫平通事故死［42］。
	2月	23日　皇后還暦記念ホール桃華楽堂落成。
	12月	18日　▽甯子内親王、近衛護煇と結婚（のちに忠煇に改名）。
43年（一九六八）	10月	1日　皇居東御苑一般公開開始。23日　明治百年記念式典。
	11月	14日　皇居新宮殿落成。
44年（一九六九）	1月	2日　新宮殿（長和殿ベランダ）を一般参賀に初使用。
	4月	18日　▽皇孫（皇太子第一皇女）紀宮清子内親王誕生。
	9月	10日　下総御料牧場、栃木県へ移転。
	11月	20日　沼津御用邸廃止。
45年（一九七〇）	3月	14日　天皇・皇后、大阪万博開会式出席。
46年（一九七一）	1月	27日　葉山御用邸（本邸）放火で焼失。
	4月	29日　▽天皇古希。
	9月	27日　天皇・皇后、ヨーロッパ諸国歴訪に出発（～10月14日）。
	10月	23日　伊豆下田に「須崎御用邸」完成。
47年（一九七二）	4月	13日　宇佐美毅長官、皇室儀制等の規則大綱整備に答弁（参院内閣委）。
	5月	15日　天皇・皇后、沖縄復帰記念式典出席。
48年（一九七三）	3月	6日　▽皇后古希。

49年（一九七四）	1月	26日　▽天皇・皇后、金婚式。
	4月	23日　赤坂迎賓館完成。
	10月	18日（前年10月の第六〇回式年遷宮に際し）伊勢神宮の参拝に「剣璽動座」復活。
50年（一九七五）	5月	7日　英国女王エリザベス2世来日。
	7月	17日　皇太子・同妃、沖縄海洋博出席。ひめゆりの塔前で火炎ビン投げられる。
	9月	14日　宮内庁、依命通牒（22年5月3日）削除。30日　天皇・皇后、アメリカ合衆国訪問（～10月14日）。
	10月	31日　天皇、日本記者クラブと公式会見。
51年（一九七六）	11月	10日　天皇在位五〇年記念式典（日本武道館）。
	12月	25日　大正天皇五十年式年祭（多摩陵）。
53年（一九七八）	4月	29日　▽天皇喜寿。
54年（一九七九）	6月	12日「元号法」公布。
	10月	23日「元号選定手続き」閣議決定。
55年（一九八〇）	2月	23日　▽浩宮徳仁親王［20］成年式・加冠の儀。
	3月	6日　▽皇后喜寿。
	11月	7日　▽寛仁親王、麻生信子と結婚。
56年（一九八一）	4月	29日　一般参賀で初めて「お言葉」を述べる。
	11月	6日　葉山御用邸落成（再建）。
	12月	20日　▽寛仁親王第一女子彬子女王誕生。
57年（一九八二）	3月	27日　桂離宮修復完成。

	4月	2日	寛仁親王、皇籍離脱の意向を表明。
58年（一九八三）	6月	20日	徳仁親王、英国留学（〜60年10月30日）。
	10月	14日	▽容子内親王、千政之と結婚。
		25日	▽寛仁親王第二女子瑶子女王誕生。
		26日	昭和記念公園開園（東京・立川市、天皇在位五〇年記念事業）。
59年（一九八四）	1月	26日	▽天皇・皇后、ダイヤモンド婚（大婚六十年）。
	4月	10日	▽皇太子・同妃、銀婚式。
	9月	5日	天皇、韓国大統領として初来日の全斗煥大統領と会見。
	12月	6日	▽憲仁親王［30］、鳥取久子と結婚、**高円宮家創立**。
60年（一九八五）	7月	13日	天皇、歴代天皇で最長寿（この日まで最長寿は後水尾天皇）。
	11月	30日	▽礼宮文仁親王成年式。
61年（一九八六）	3月	8日	▽高円宮第一女子承子女王誕生。
	4月	29日	天皇在位六〇年記念式典（東京・両国国技館）。
62年（一九八七）	2月	3日	▽高松宮宣仁親王［82］薨去。
	4月	29日	天皇、誕生日を祝う「宴会の儀」でもどして退席。
	6月	22日	天皇、三原山大噴火の被災地伊豆大島をヘリコプターで視察。
	9月	22日	天皇、慢性膵炎で入院手術（皇太子、国事行為の臨時代行）。
	10月	3日〜10日	皇太子・同妃訪米（皇孫浩宮、国事行為の臨時代行）。10日 皇太子帰国後再び国事行為の臨時代行（〜12月15日、以後も部分代行）。24日 皇太子・同妃、天皇名代として沖縄の海邦国体に臨席。
63年（一九八八）	1月	1日	宜仁親王［40］**桂宮家創立**。
	7月	22日	▽高円宮第二女子典子女王誕生。

	9月	19日 天皇危篤。22日 皇太子に国事行為委任。
64年（一九八九）	1月	7日 ▽昭和天皇［87］崩御。**皇太子［55］即位**「剣璽等承継の儀」。赤坂御所設置、東宮御所廃止。
平成元年	1月	8日「平成」元号施行。9日 皇位継承後の「朝見の儀」。22日 昭和天皇に一般国民が別れを告げる「殯宮一般拝礼」（～24日）。31日 皇居宮殿の殯宮で、霊前に「昭和天皇」追号報告の儀。
	2月	24日 昭和天皇大喪の礼、葬場殿の儀（新宿御苑）、陵所の儀（武蔵陵墓地）。
	4月	18日 紀宮清子内親王、二〇歳を迎え、勲一等宝冠章を授与される。
	5月	26日 ▽鷹司和子［59］逝去。
	8月	21日 昭和天皇の遺産一八億六九一一万円と公示。
	9月	12日 礼宮文仁親王と川嶋紀子の婚約、皇室会議で正式決定。
2年（一九九〇）	1月	7日 昭和天皇一周年祭。
	6月	29日 ▽文仁親王［24］、川嶋紀子［23］と結婚、**秋篠宮家創立**。
	9月	15日 ▽高円宮第三女子絢子女王誕生。
	11月	12日 皇居宮殿で即位礼。22・23日 皇居御苑で**大嘗祭**。
3年（一九九一）	1月	2日 新年一般参賀（三年ぶり）。
	2月	23日 **浩宮徳仁親王［31］立太子礼**。
	7月	10日 天皇・皇后、雲仙普賢岳噴火の被災地見舞い。
	10月	23日 ▽秋篠宮第一女子眞子内親王誕生。
4年（一九九二）	1月	7日 昭和天皇三年式年祭。
	10月	23日 天皇・皇后、中国へ公式訪問（～28日）。
5年（一九九三）	5月	18日 新御所落成（皇居・吹上御苑）。

	6月	9日 ▽皇太子［33］、小和田雅子［29］と結婚。
	7月	27日 天皇・皇后、北海道南西沖地震の被災地奥尻島他見舞い。
	12月	23日 ▽天皇、還暦「祝賀の儀」。
6年（一九九四）	2月	12日 天皇・皇后、硫黄島慰霊（～14日）。
	7月	6日 皇太子・同妃、東宮仮御所から東宮御所へ移住（旧赤坂御所）。12日 天皇・皇后結婚三五周年奉祝演奏会。
	10月	20日 ▽皇后、還暦。
	12月	29日 ▽秋篠宮第二女子佳子内親王誕生。
7年（一九九五）	1月	31日 天皇・皇后、阪神・淡路大震災の被災地（兵庫県）見舞い。
	6月	16日 ▽皇后、還暦の内祝い。
	6月	27日 天皇、大腸ポリープ摘出手術。
	7月	26日 長崎・広島・沖縄と東京都墨田区へ慰霊の旅（～8月3日）。
	8月	25日 ▽秩父宮勢津子［85］薨去（秩父宮廃絶）。
11年（一九九九）	8月	13日「国旗及び国歌に関する法律」公布。
12年（二〇〇〇）	6月	16日 ▽香淳皇后［96］崩御。
	7月	25日 大喪（武蔵野東陵）。
13年（二〇〇一）	12月	1日 ▽皇孫（皇太子第一皇女）敬宮愛子内親王誕生。
14年（二〇〇二）	8月	7日「栄典制度の改革について」（警察官・自衛官など著しく危険性の高い業務に精励した者を対象とする新たな叙勲を設けるなど）が閣議決定される。
	11月	21日 ▽高円宮憲仁親王［47］薨去。
15年（二〇〇三）	1月	18日 天皇、前立腺癌の手術。

	5月	20日 前年の「栄典制度の改革について」の閣議決定を受けて、「勲章の授与基準」が閣議決定される（同年秋の叙勲から新制度に移行）。
16年（二〇〇四）	12月	18日 ▽高松宮喜久子［92］薨去（高松宮廃絶）。
17年（二〇〇五）	5月	20日 4月29日「みどりの日」を「昭和の日」と改称（19年から実施）。
	6月	28日 天皇・皇后、サイパン島の戦没者慰霊。
	11月	15日 ▽清子内親王［36］、黒田慶樹と結婚。24日 皇室典範に関する有識者会議は、女子や女系の皇族に皇位継承資格を拡大することを提起した「報告書」を提出。
18年（二〇〇六）	9月	6日 ▽秋篠宮第一男子悠仁親王誕生。
19年（二〇〇七）	5月	21日 天皇・皇后、スウェーデン・バルト三国と英国訪問（～5月30日）。リンネ協会で天皇講演。
20年（二〇〇八）	12月	上旬、天皇、体調不良のため公務見直し。
21年（二〇〇九）	4月	10日 天皇・皇后、成婚五十周年。
	9月	25日 天皇、即位二十年記念記録集『道』（宮内庁編）出版。
23年（二〇一一）	3月	16日 天皇、東日本大震災を受け、初めて国民にビデオで言葉。30日 天皇・皇后七週連続で東日本大震災の避難地・被災地（東京、埼玉、千葉、茨城、宮城、岩手、福島など）見舞い（～5月11日）。
	11月	6日 天皇、気管支炎悪化で東大附属病院に入院（～24日）。
24年（二〇一二）	2月	18日 天皇、東大付属病院にて冠動脈バイパス手術（～3月4日）。
	6月	6日 ▽寛仁親王［66］薨去。
25年（二〇一三）	4月	15日 天皇・皇后、初の私的旅行で「あんずの里」（長野県）など訪問（～16日）。

26年（二〇一四）	6月	8日 ▽桂宮宜仁親王［66］薨去。
	10月	5日 ▽高円宮典子女王、千家国麿と結婚。
27年（二〇一五）	1月	17日 天皇・皇后、阪神・淡路大震災20年追悼式典に臨席。
	4月	8日 天皇・皇后、戦後七〇年にあたり、パラオ・ペリリュー島の戦没者慰霊（〜9日）。
28年（二〇一六）	1月	26日 天皇・皇后、フィリピンの戦没者慰霊（〜30日）。
	5月	19日 天皇・皇后、熊本地震の被災地見舞い。
	8月	8日 天皇、ビデオメッセージで譲位（退位）の内意を示唆（「象徴としてのお務めについての天皇陛下のおことば」）。
	10月	27日 ▽三笠宮崇仁親王［100］薨去。
29年（二〇一七）	2月	28日 天皇・皇后、ベトナム訪問（〜3月5日）。
	3月	5日 天皇・皇后、タイ前国王プミポン弔問。
	6月	16日 「天皇の退位等に関する皇室典範特例法」公布。
	10月	27日 天皇・皇后、7月の九州北部豪雨の被災地（福岡県・大分県）見舞い。
30年（二〇一八）	8月	4日 天皇・皇后、北海道利尻島訪問（島々への五五島目の訪問）。
	9月	天皇・皇后、7月豪雨の被災地（14日岡山県・21日愛媛県・広島県）見舞い。
	10月	29日 ▽高円宮絢子女王、守谷慧と結婚。
31年（二〇一九）	2月	24日 天皇在位三十年記念式典（政府主催、民間祝典は結婚六〇年の4月10日）。
	4月	30日 平成の天皇、「特例法」により退位、上皇となる。
	5月	1日 皇太子徳仁親王即位。新元号「令和」施行。

［3］年号一覧

・代数は大正15年に確定された『皇統譜』によった。
・『日本書紀』に初めて見える「大化」以後の公年号を記し、同時に二年号があった期間は両方とも表記した。
・年号の読み方は「明治」まで公的根拠がなく、複数の慣用が流布している例も少なくない（山田孝雄『年号読方考証稿』）。ここには一般的な読み方を挙げた。
・改元の年月日の和暦、西暦、干支、月日を示し、改元理由を挙げた。西暦は、明治5年以前は簡易換算法によった。
・改元の理由は、おおまかに代始（天皇の代替わり）、祥瑞（吉兆の自然現象）、災異（凶兆の天災・地異・兵乱など）、革年（辛酉革命と甲子革命の年）、その他に分けて示した。分類については森本角蔵『日本年号大観』（昭和8年）、所功『年号の歴史』（増補版、平成元年）を参考とした。

【例】

56 **清和天皇**……………天皇
貞観《じょうがん》　天安3（859）己卯　4・15……年号／改元年月日
　代始（前年8・27践祚）……………改元の理由

36 孝徳天皇
大化《たいか》 〔皇極4〕（645）乙巳 6・19
代始（6・12乙巳の変。6・14践祚）
白雉《はくち》 大化6（650）庚戌 2・15
祥瑞（2・9穴戸より白雉献上）

37 斉明天皇 一代改元なし

38 天智天皇 一代改元なし

39 弘文天皇 一代改元なし

40 天武天皇
朱鳥《しゅちょう》 〔天武15〕（686）丙戌 7・20
（5年前朱雀奏瑞。5月天皇不予）

41 持統天皇 一代改元なし

42 文武天皇
大宝《たいほう》 〔文武5〕（701）辛丑 3・21
祥瑞（対馬より金献上。8・3律令完成）
慶雲《けいうん》 大宝4（704）甲辰 5・10
祥瑞（宮中慶雲）

43 元明天皇
和銅《わどう》 慶雲5（708）戊申 1・11
代始・祥瑞（前年6・5践祚。武蔵より和銅献上）

44 元正天皇
霊亀《れいき》 和銅8（715）乙卯 9・2
代始・祥瑞（践祚同日改元、左京より瑞亀献上）
養老《ようろう》 霊亀3（717）丁巳 11・17
祥瑞（9・20美濃の美泉に行幸）

45 聖武天皇
神亀《じんき》 養老8（724）甲子 2・4
代始・祥瑞（践祚同日改元、左京より白亀献上）
天平《てんぴょう》 神亀6（729）己巳 8・5
祥瑞（6・20左京より瑞亀献上）
天平感宝《てんぴょうかんぽう》 天平21（749）己丑 4・14
祥瑞（2・22陸奥より黄金献上）

46 孝謙天皇
天平勝宝《てんぴょうしょうほう》 天平感宝元（749）己丑 7・2
代始（践祚同日改元）
天平宝字《てんぴょうほうじ》 天平勝宝9（757）丁酉 8・18
祥瑞（宮中と駿河で神虫（蚕）が霊字を

示す）

47 淳仁天皇　廃帝（淡路廃帝）

48 称徳天皇

天平神護《てんぴょうじんご》　天平宝字9（765）乙巳　1・7
　代始（前年10・9孝謙重祚）

神護景雲《じんごけいうん》　天平神護3（767）丁未　8・16
　祥瑞（6・7宮中と伊勢で景雲）

49 光仁天皇

宝亀《ほうき》　神護景雲4（770）庚戌　10・1
　代始・祥瑞（践祚同日改元、肥後より白亀献上）

天応《てんのう》　宝亀12（781）辛酉　1・1
　祥瑞（伊勢斎宮に美雲）

50 桓武天皇

延暦《えんりゃく》　天応2（782）壬戌　8・19
　代始（前年4・3践祚）

51 平城天皇

大同《だいどう》　延暦25（806）丙戌　5・18
　代始（前年3・17桓武天皇崩御。5・18即位式）

52 嵯峨天皇

弘仁《こうにん》　大同5（810）庚寅　9・19
　代始（前年4・1践祚。9・10薬子の変）

53 淳和天皇

天長《てんちょう》　弘仁15（824）甲辰　1・5
　代始（前年4・16践祚）

54 仁明天皇

承和《じょうわ》　天長11（834）甲寅　1・3
　代始（前年2・28践祚）

嘉祥《かしょう》　承和15（848）戊辰　6・13
　祥瑞（大宰府より白亀献上）

55 文徳天皇

仁寿《にんじゅ》　嘉祥4（851）辛未　4・28
　代始・祥瑞（前年3・21践祚。白亀、甘露奏瑞）

斉衡《さいこう》　仁寿4（854）甲戌　11・30
　祥瑞（石見より酸泉奏瑞）

天安《てんあん》　斉衡4（857）丁丑　2・21
　祥瑞（美作と常陸より白鹿、連理奏瑞）

56清和天皇
貞観《じょうがん》　天安3（859）己卯　4・15
代始（前年8・27践祚）

57陽成天皇
元慶《がんぎょう》　貞観19（877）丁酉　4・16
代始・祥瑞（前年11・29践祚。白雉、白鹿等献上）

58光孝天皇
仁和《にんな》　元慶9（885）乙巳　2・21
代始（前年2・4践祚）

59宇多天皇
寛平《かんぴょう》　仁和5（889）己酉　4・27
代始（前々年8・26践祚）

60醍醐天皇
昌泰《しょうたい》　寛平10（898）戊午　4・26
代始（前年7・3践祚）
延喜《えんぎ》　昌泰4（901）辛酉　7・15
革年（2・22三善清行辛酉革命改元奏請）
延長《えんちょう》　延喜23（923）癸未　閏4・11
災異（水潦疾疫。3・21皇太子薨）

61朱雀天皇
承平《じょうへい》　延長9（931）辛卯　4・26
代始（前年9・22践祚）
天慶《てんぎょう》　承平8（938）戊戌　5・22
災異（3年前より平将門反乱。当年4月地震）

62村上天皇
天暦《てんりゃく》　天慶10（947）丁未　4・22
代始（前年4・20践祚）
天徳《てんとく》　天暦11（957）丁巳　10・27
災異（前年大旱魃）
応和《おうわ》　天徳5（961）辛酉　2・16
災異・革年（前年9・23内裏火災、当年辛酉革命）
康保《こうほ》　応和4（964）甲子　7・10
災異・革年（前々年大風雨。当年甲子革令）

63冷泉天皇
安和《あんな》　康保5（968）戊辰　8・13

代始（前年5・25践祚）

64円融天皇

天禄《てんろく》　安和3（970）庚午　3・25

代始（前年8・13践祚）

天延《てんえん》　天禄4（973）癸酉　12・20

災異（5・17大風雨宮中破損）

貞元《じょうげん》　天延4（976）丙子　7・13

災異（5・11内裏火災。6・18大地震）

天元《てんげん》　貞元3（978）戊寅　11・29

災異（災変。翌年太一陽五厄）

永観《えいかん》　天元6（983）癸未　4・15

災異（前年11・17内裏焼亡、炎旱）

65花山天皇

寛和《かんな》　永観3（985）乙酉　4・27

代始（前年8・27践祚）

66一条天皇

永延《えいえん》　寛和3（987）丁亥　4・5

代始（前年6・23践祚）

永祚《えいそ》　永延3（989）己丑　8・8

災異（彗星・地震）

正暦《しょうりゃく》　永祚2（990）庚寅　11・7

災異（前年8・13大風雨）

長徳《ちょうとく》　正暦6（995）乙未　2・22

災異（前年初より疾疫全国流行）

長保《ちょうほ》　長徳5（999）己亥　1・13

災異（前年夏疾疫流行・炎旱）

寛弘《かんこう》　長保6（1004）甲辰　7・20

災異（天変地変）

67三条天皇

長和《ちょうわ》　寛弘9（1012）壬子　12・25

代始（前年6・13践祚）

68後一条天皇

寛仁《かんにん》　長和6（1017）丁巳　4・23

代始（前年1・29践祚）

治安《ちあん》　寛仁5（1021）辛酉　2・2

革年（辛酉革命）

万寿《まんじゅ》　治安4（1024）甲子　7・13

革年（甲子革令）

長元《ちょうげん》　万寿5（1028）戊辰　7・25

災異（疫癘炎旱）

69 後朱雀天皇

長暦《ちょうりゃく》　長元10（1037）丁丑　4・21
代始（前年4・17践祚）

長久《ちょうきゅう》　長暦4（1040）庚辰　11・10
災異（9・8と11・1大地震。9・9内裏焼亡）

寛徳《かんとく》　長久5（1044）甲申　11・24
災異（前年夏疾疫炎旱）

70 後冷泉天皇

永承《えいしょう》　寛徳3（1046）丙戌　4・14
代始（前年1・16践祚）

天喜《てんき》　永承8（1053）癸巳　1・11
災異（天変怪異（前年（一〇五二）末法初年））

康平《こうへい》　天喜6（1058）戊戌　8・29
災異（2・26大極殿火災）

治暦《ちりゃく》　康平8（1065）乙巳　8・2
災異（旱魃・三合厄）

71 後三条天皇

延久《えんきゅう》　治暦5（1069）己酉　4・13
代始（前年4・19践祚）

72 白河天皇

承保《じょうほ》　延久6（1074）甲寅　8・23
代始（前々年12・8践祚）

承暦《じょうりゃく》　承保4（1077）丁巳　11・17
災異（旱魃・赤斑瘡流行）

永保《えいほ》　承暦5（1081）辛酉　2・10
革年（辛酉革命）

応徳《おうとく》　永保4（1084）甲子　2・7
革年（甲子革令）

73 堀河天皇

寛治《かんじ》　応徳4（1087）丁卯　4・7
代始（前年11・26践祚）

嘉保《かほう》　寛治8（1094）甲戌　12・15
災異（前年冬より痘疱瘡流行）

永長《えいちょう》　嘉保3（1096）丙子　12・17
災異（11・24大地震）

承徳《じょうとく》　永長2（1097）丁丑　11・21
災異（天変地震洪水大風等災）

康和《こうわ》　承徳3（1099）己卯　8・28

災異（前年2・22京都大火。当年1・24大地震・疾疫）

長治《ちょうじ》　康和6（1104）甲申　2・10
災異（前年11・16京都火災）

嘉承《かじょう》　長治3（1106）丙戌　4・9
災異（前年春、彗星出現）

74鳥羽天皇

天仁《てんにん》　嘉承3（1108）戊子　8・3
代始（前年7・19践祚）

天永《てんえい》　天仁3（1110）庚寅　7・13
災異（彗星。前年より疱瘡流行）

永久《えいきゅう》　天永4（1113）癸巳　7・13
災異（兵革・疾疫）

元永《げんえい》　永久6（1118）戊戌　4・3
災異（天変疾疫）

保安《ほあん》　元永3（1120）庚子　4・10
災異（御厄運御慎）

75崇徳天皇

天治《てんじ》　保安5（1124）甲辰　4・3
代始（前年1・28践祚）

大治《だいじ》　天治3（1126）丙午　1・22
災異（前年より疱瘡流行）

天承《てんしょう》　大治6（1131）辛亥　1・29
災異（前年炎旱天変）

長承《ちょうしょう》　天承2（1132）壬子　8・11
災異（春より疾疫流行。7・23上皇御所焼亡）

保延《ほえん》　長承4（1135）乙卯　4・27
災異（前年より疾疫、洪水・飢饉）

永治《えいじ》　保延7（1141）辛酉　7・10
革年（辛酉革命・御厄運御慎）

76近衛天皇

康治《こうじ》　永治2（1142）壬戌　4・28
代始（前年12・7践祚）

天養《てんよう》　康治3（1144）甲子　2・23
革年（甲子革令）

久安《きゅうあん》　天養2（1145）乙丑　7・22
災異（彗星変）

仁平《にんぺい》　久安7（1151）辛未　1・26
災異（前年8・4暴風洪水）

久寿《きゅうじゅ》　仁平4（1154）甲戌　10・28
　災異（前年9・20大風）
77 後白河天皇
保元《ほげん》　久寿3（1156）丙子　4・27
　代始（前年7・24践祚）
78 二条天皇
平治《へいじ》　保元4（1159）己卯　4・20
　代始（前年8・11践祚）
永暦《えいりやく》　平治2（1160）庚辰　1・10
　災異（前年12・25兵乱。当年上皇厄運）
応保《おうほ》　永暦2（1161）辛巳　9・4
　災異（天下疱瘡・飢饉）
長寛《ちょうかん》　応保3（1163）癸未　3・29
　災異（天下疱瘡）
永万《えいまん》　長寛3（1165）乙酉　6・5
　災異（天皇不予。天変怪異病）
79 六条天皇
仁安《にんあん》　永万2（1166）丙戌　8・27
　代始（前年6・25践祚）
80 高倉天皇
嘉応《かおう》　仁安4（1169）己丑　4・8
　代始（前年2・19践祚）
承安《じょうあん》　嘉応3（1171）辛卯　4・21
　災異（災変厄会、天一御命期）
安元《あんげん》　承安5（1175）乙未　7・28
　災異（今夏長雨疱瘡流行。世上不閑）
治承《ちしょう》　安元3（1177）丁酉　8・4
　災異（4・24大火、大極殿火災）
81 安徳天皇
養和《ようわ》　治承5（1181）辛丑　7・14
　代始（前年2・21践祚）
寿永《じゅえい》　養和2（1182）壬寅　5・27
　災異（前年より兵革・疱瘡。当年三合厄）
82 後鳥羽天皇
元暦《げんりゃく》　寿永3（1184）甲辰　4・16
　代始（前年7・25平氏西走、8・20践祚）
文治《ぶんじ》　元暦2（1185）乙巳　8・14
　災異（火災地震。3・24平氏滅亡）
建久《けんきゅう》　文治6（1190）庚戌　4・11
　災異（地震・翌年三合厄）

83 土御門天皇

正治《しょうじ》　建久10（1199）己未　4・27
代始（前年1・11践祚）

建仁《けんにん》　正治3（1201）辛酉　2・13
革年（辛酉革命）

元久《げんきゅう》　建仁4（1204）甲子　2・20
革年（甲子革令）

建永《けんえい》　元久3（1206）丙寅　4・27
災異（赤斑瘡・摂政頓死）

承元《じょうげん》　建永2（1207）丁卯　10・25
災異（疱瘡・洪水・三合）

84 順徳天皇

建暦《けんりゃく》　承元5（1211）辛未　3・9
代始（前年11・25践祚）

建保《けんぽう》　建暦3（1213）癸酉　12・6
災異（天変地震。10・15京都大火）

承久《じょうきゅう》　建保7（1219）己卯　4・12
災異（三合後年・天変旱魃）（1・27将軍暗殺）

85 仲恭天皇　廃帝（九条廃帝）

86 後堀河天皇

貞応《じょうおう》　承久4（1222）壬午　4・13
代始（前年7・9践祚）

元仁《げんにん》　貞応3（1224）甲申　11・20
災異（天変炎旱）

嘉禄《かろく》　元仁2（1225）乙酉　4・20
災異（疱瘡・天下不静）

安貞《あんてい》　嘉禄3（1227）丁亥　12・10
災異（前年8・26太政官文殿焼亡。当年赤疱瘡流行）

寛喜《かんぎ》　安貞3（1229）己丑　3・5
災異（前年秋大風）

貞永《じょうえい》　寛喜4（1232）壬辰　4・2
災異（前年春飢饉）

87 四条天皇

天福《てんぷく》　貞永2（1233）癸巳　4・15
代始（前年10・4践祚）

文暦《ぶんりゃく》　天福2（1234）甲午　11・5
災異（天変地震）

嘉禎《かてい》　文暦2（1235）乙未　9・19

災異（天変地震。京中疱瘡流行）
暦仁《りゃくにん》　嘉禎4（1238）戊戌　11・23
災異（熒惑変）
延応《えんのう》　暦仁2（1239）己亥　2・7
災異（変災）
仁治《にんじ》　延応2（1240）庚子　7・16
災異（旱魃・彗星）

88 後嵯峨天皇

寛元《かんげん》　仁治4（1243）癸卯　2・26
代始（前年1・20践祚）

89 後深草天皇

宝治《ほうじ》　寛元5（1247）丁未　2・28
代始（前年1・29践祚）
建長《けんちょう》　宝治3（1249）己酉　3・18
災異（2・1閑院内裏火災）
康元《こうげん》　建長8（1256）丙辰　10・5
災異（8月赤疱瘡流行）
正嘉《しょうか》　康元2（1257）丁巳　3・14
災異（2・10太政官庁焼失）
正元《しょうげん》　正嘉3（1259）己未　3・26
災異（飢饉、疾疫流行）

90 亀山天皇

文応《ぶんおう》　正元2（1260）庚申　4・13
代始（前年11・26践祚）
弘長《こうちょう》　文応2（1261）辛酉　2・20
革年（辛酉革命）
文永《ぶんえい》　弘長4（1264）甲子　2・28
革年（甲子革令）

91 後宇多天皇

建治《けんじ》　文永12（1275）乙亥　4・25
代始（前年1・26践祚）
弘安《こうあん》　建治4（1278）戊寅　2・29
災異（前年より疾疫流行）

92 伏見天皇

正応《しょうおう》　弘安11（1288）戊子　4・28
代始（前年10・21践祚）
永仁《えいにん》　正応6（1293）癸巳　8・5
災異（4・13関東地震・炎旱）

93 後伏見天皇

正安《しょうあん》　永仁7（1299）己亥　4・25

代始（前年7・22践祚）

94後二条天皇

乾元《けんげん》　正安4（1302）壬寅　11・21
代始（前年1・21践祚）

嘉元《かげん》　乾元2（1303）癸卯　8・5
災異（前年12・11鎌倉大火。当年夏炎旱・彗星）

徳治《とくじ》　嘉元4（1306）丙午　12・14
災異（天変）

95花園天皇

延慶《えんきょう》　徳治3（1308）戊申　10・9
代始（8・26践祚）（践祚1月半後で踰年改元に非ず）

応長《おうちょう》　延慶4（1311）辛亥　4・28
災異（天下疾病）

正和《しょうわ》　応長2（1312）壬子　3・20
災異（天変地震）

文保《ぶんぽ》　正和6（1317）丁巳　2・3
災異（前年夏疾疫流行。当年1・3京都大地震）

96後醍醐天皇

元応《げんおう》　文保3（1319）己未　4・28
代始（前年2・26践祚）

元亨《げんこう》　元応3（1321）辛酉　2・23
革年（辛酉革命・更始）

正中《しょうちゅう》　元亨4（1324）甲子　12・9
災異（甲子の故に非ず。風水。天下不静）

嘉暦《かりゃく》　正中3（1326）丙寅　4・26
災異（前年6・26京都大雷雨・洪水・疾疫）

元徳《げんとく》　嘉暦4（1329）己巳　8・29
災異（咳病多死）

元弘《げんこう》　元徳3（1331）辛未　8・9
災異（疾疫流行）

建武《けんむ》　元弘4（1334）甲戌　1・29
撥乱帰正（前年5・22幕府滅亡。6・5還幸、朝権再興）

延元《えんげん》　建武3（1336）丙子　2・29
災異（前年8月より兵革）〔12・21吉野潜幸〕

97 後村上天皇

興国《こうこく》　延元5（１３４０）庚辰　4・28
代始（前年8・15践祚）
正平《しょうへい》　興国7（１３４６）丙戌　12・8
災異（兵革か）

98 長慶天皇

建徳《けんとく》　正平25（１３７０）庚戌　7・24か
代始（前々年3・11践祚）
文中《ぶんちゅう》　建徳3（１３７２）壬子　4月か
災異（兵革か）
天授《てんじゅ》　文中4（１３７５）乙卯　5・27
災異（山崩地妖）
弘和《こうわ》　天授7（１３８１）辛酉　2・10か
革年（辛酉革命）

99 後亀山天皇

元中《げんちゅう》　弘和4（１３８４）甲子　4・28か
革年（甲子革令）代始（前年践祚）

北1 光厳天皇

〔正慶《しょうきょう》〕　元徳4（１３３２）壬申　4・28
代始（前年9・20践祚）

北2 光明天皇

〔暦応《りゃくおう》〕　建武5（１３３８）戊寅　8・28
代始（前々年8・15践祚）
〔康永《こうえい》〕　暦応5（１３４２）壬午　4・27
災異（天変地妖疱瘡等）
〔貞和《じょうわ》〕　康永4（１３４５）乙酉　10・21
災異（天変水害疾疫等）

北3 崇光天皇

〔観応《かんのう》〕　貞和6（１３５０）庚寅　2・27
代始（前々年10・27践祚）

北4 後光厳天皇

〔文和《ぶんな》〕　正平7（１３５２）壬辰　9・27
代始（8・17践祚）（前年11月、正平一統）
〔延文《えんぶん》〕　文和5（１３５６）丙申　3・28
災異（兵革）
〔康安《こうあん》〕　延文6（１３６１）辛丑　3・29
災異（兵革・地妖・疾疫等）
〔貞治《じょうじ》〕　康安2（１３６２）壬寅　9・23
災異（兵革・流病・地震等）

〔応安《おうあん》〕 貞治7（1368）戊申 2・18
災異（兵革・天変等）

北5 後円融天皇

〔永和《えいわ》〕 応安8（1375）乙卯 2・27
代始（四年前3・23践祚）

〔康暦《こうりゃく》〕 永和5（1379）己未 3・22
災異（疾疫・兵革等）

〔永徳《えいとく》〕 康暦3（1381）辛酉 2・24
革年（辛酉革命）

北6 後小松天皇

〔至徳《しとく》〕 永徳4（1384）甲子 2・27
代始・革年（前々年4・11践祚。当年甲子革令）

〔嘉慶《かきょう》〕 至徳4（1387）丁卯 8・23
災異（疾疫）

〔康応《こうおう》〕 嘉慶3（1389）己巳 2・9
災異（頓病流行）

〔明徳《めいとく》〕 康応2（1390）庚午 3・26
災異（天変・兵革）〔元中9年＝明徳3年閏10・5南北朝合一〕

100 後小松天皇

応永《おうえい》 明徳5（1394）甲戌 7・5
災異（疱瘡・旱魃）

101 称光天皇

正長《しょうちょう》 応永35（1428）戊申 4・27
代始（ただし16年前＝応永19年8・29践祚）

102 後花園天皇

永享《えいきょう》 正長2（1429）己酉 9・5
代始（前年7・28践祚）

嘉吉《かきつ》 永享13（1441）辛酉 2・17
革年（辛酉革命）

文安《ぶんあん》 嘉吉4（1444）甲子 2・5
革年（甲子革令）

宝徳《ほうとく》 文安6（1449）己巳 7・28
災異（4・12山城大地震・疾疫等）

享徳《きょうとく》 宝徳4（1452）壬申 7・25
災異（三合・赤斑瘡流行）

康正《こうしょう》 享徳4（1455）乙亥 7・25
災異（前年以来兵革連続、武家より執

奏）
長禄《ちょうろく》　康正３（１４５７）丁丑　9・28
　災異（病患炎旱・彗星）
寛正《かんしょう》　長禄４（１４６０）庚辰　12・21
　災異（天下飢饉大旱・兵革等）
103後土御門天皇
文正《ぶんしょう》　寛正７（１４６６）丙戌　２・28
　代始（前々年７・19践祚）
応仁《おうにん》　文正２（１４６７）丁亥　３・５
　災異（前年より兵革）
文明《ぶんめい》　応仁３（１４６９）己丑　４・28
　災異（前年５・26より争乱。当年２月星
　変）
長享《ちょうきょう》　文明19（１４８７）丁未　７・20
　災異（前年８・24東寺、12・22伊勢外宮
　炎上）
延徳《えんとく》　長享３（１４８９）己酉　８・21
　災異（二星合。５・８京都大火。６・22
　伊勢内宮炎上）
明応《めいおう》　延徳４（１４９２）壬子　７・19
　災異（疾疫）
104後柏原天皇
文亀《ぶんき》　明応10（１５０１）辛酉　２・29
　代始・革年（前年10・25践祚。辛酉革
　命）
永正《えいしょう》　文亀４（１５０４）甲子　２・30
　革年（甲子革令）
大永《たいえい》　永正18（１５２１）辛巳　８・23
　災異（兵革・天変等）（３・22践祚後22
　年目即位礼）
105後奈良天皇
享禄《きょうろく》　大永８（１５２８）戊子　８・20
　代始（前々年４・29践祚）
天文《てんぶん》　享禄５（１５３２）壬辰　７・29
　災異（連年兵革、将軍改元申請）
弘治《こうじ》　天文24（１５５５）乙卯　10・23
　災異（兵革）
106正親町天皇
永禄《えいろく》　弘治４（１５５８）戊午　２・28
　代始（前年10・27践祚）

元亀《げんき》 永禄13（1570）庚午 4・23
災異（兵革）〔永禄4年に辛酉・同7年
甲子改元なし〕

天正《てんしょう》 元亀4（1573）癸酉 7・28
災異（兵革。7・19将軍追放）

107後陽成天皇

文禄《ぶんろく》 天正20（1592）壬辰 12・8
代始（六年前11・7践祚）

慶長《けいちょう》 文禄5（1596）丙申 10・27
災異（天変地妖）

108後水尾天皇

元和《げんな》 慶長20（1615）乙卯 7・13
代始・災異（四年前3・27践祚。当年
5・8大坂落城）

寛永《かんえい》 元和10（1624）甲子 2・30
革年（甲子革令）〔元和七年に辛酉改元
なし〕

109明正天皇 一代改元なし

110後光明天皇

正保《しょうほ》 寛永21（1644）甲申 12・16

慶安《けいあん》 代始（前年10・3践祚）
正保5（1648）戊子 2・15
（正保を焼亡と京中で批判、京都所司代
より言上）

承応《じょうおう》 慶安5（1652）壬辰 9・18
（前年将軍家光薨）

111後西天皇

明暦《めいれき》 承応4（1655）乙未 4・13
代始（前年11・28践祚）

万治《まんじ》 明暦4（1658）戊戌 7・23
災異（前年1・18江戸大火）

寛文《かんぶん》 万治4（1661）辛丑 4・25
災異（1・15内裏炎上）

112霊元天皇

延宝《えんぽう》 寛文13（1673）癸丑 9・21
災異（5・8京都大火・内裏炎上）〔十
年前1・26践祚〕

天和《てんな》 延宝9（1681）辛酉 9・29
革年（辛酉革命）

貞享《じょうきょう》 天和4（1684）甲子 2・21

革年（甲子革令）

113 東山天皇

元禄《げんろく》　貞享5（1688）戊辰　9・30
代始（前年3・21践祚）
宝永《ほうえい》　元禄17（1704）甲申　3・13
災異（去年11・22関東地震）

114 中御門天皇

正徳《しょうとく》　宝永8（1711）辛卯　4・25
代始（前々年6・21践祚）
享保《きょうほう》　正徳6（1716）丙申　6・22
関東凶事（4・30将軍家継薨）

115 桜町天皇

元文《げんぶん》　享保21（1736）丙辰　4・28
代始（前年3・21践祚）
寛保《かんぽう》　元文6（1741）辛酉　2・27
革年（辛酉革命）
延享《えんきょう》　寛保4（1744）甲子　2・21
革年（甲子革令）

116 桃園天皇

寛延《かんえん》　延享5（1748）戊辰　7・12
代始（前年5・2践祚）
宝暦《ほうれき》　寛延4（1751）辛未　10・27
（前年4・23桜町上皇崩。当年6・20前将軍吉宗薨）

117 後桜町天皇

明和《めいわ》　宝暦14（1764）甲申　6・2
代始（前々年7・27践祚）

118 後桃園天皇

安永《あんえい》　明和9（1772）壬辰　11・16
代始・災異（前々年11・24践祚。当年江戸大火大風）

119 光格天皇

天明《てんめい》　安永10（1781）辛丑　4・2
代始（前々年11・25践祚）
寛政《かんせい》　天明9（1789）己酉　1・25
災異（前年1・30内裏炎上。京内延焼）
享和《きょうわ》　寛政13（1801）辛酉　2・5
革年（辛酉革命）
文化《ぶんか》　享和4（1804）甲子　2・11
革年（甲子革令）

120 仁孝天皇

文政《ぶんせい》　文化15（1818）戊寅　4・22
代始（前年3・22践祚）

天保《てんぽう》　文政13（1830）庚寅　12・10
災異（前年3・21江戸大火。当年7・2京都大地震）

弘化《こうか》　天保15（1844）甲辰　12・2
災異（5・10江戸城中火災）

121 孝明天皇

嘉永《かえい》　弘化5（1848）戊申　2・28
代始（前々年2・13践祚）

安政《あんせい》　嘉永7（1854）甲寅　11・27
災異（4・6内裏炎上、6月地震。近年異国船屢来航）

万延《まんえん》　安政7（1860）庚申　3・18
災異（前年10・17江戸城火災。当年3・3井伊大老暗殺）

文久《ぶんきゅう》　万延2（1861）辛酉　2・19
革年（辛酉革命）

元治《げんじ》　文久4（1864）甲子　2・20
革年（甲子革令）

慶応《けいおう》　元治2（1865）乙丑　4・7
災異（前年7・19禁門の変。世間不穏、慶喜内々申願）

122 明治天皇

明治《めいじ》　慶応4（1868）戊辰　9・8
代始（前年1・9践祚）

123 大正天皇

大正《たいしょう》　明治45（1912）壬子　7・30
代始（践祚同日改元）

124 昭和天皇

昭和《しょうわ》　大正15（1926）丙寅　12・25
代始（践祚同日改元）

125 平成の天皇

平成《へいせい》　昭和64（1989）己巳　1・7
代始（即位同日改元・翌日施行）

126 令和の天皇

令和《れいわ》　平成31（2019）己亥　5・1
代始（即位同日改元・同日施行。政令による発表は4月1日）

[4] 皇室関連法令抄

日本国憲法（抄）

昭和21年11月3日

第一章　天皇

第一条〔天皇の地位・国民主権〕
天皇は、日本国の象徴であり日本国民統合の象徴であつて、この地位は、主権の存する日本国民の総意に基く。
第二条〔皇位の世襲と継承〕
皇位は、世襲のものであつて、国会の議決した皇室典範の定めるところにより、これを継承する。
第三条〔国事行為に対する内閣の助言・承認と責任〕
天皇の国事に関するすべての行為には、内閣の助言と承認を必要とし、内閣が、その責任を負ふ。
第四条〔天皇の権能の限界、国事行為の委任〕
天皇は、この憲法の定める国事に関する行為のみを行ひ、国政に関する権能を有しない。
②天皇は、法律の定めるところにより、その国事に関する行為を委任することができる。
第五条〔摂政〕
皇室典範の定めるところにより摂政を置くときは、摂政は、天皇の名でその国事に関する行為を行ふ。この場合には、前条第一項の規定を準用する。
第六条〔天皇の任命権〕
天皇は、国会の指名に基いて、内閣総理大臣を任命する。

②天皇は、内閣の指名に基いて、最高裁判所の長たる裁判官を任命する。

第七条〔国事行為〕

天皇は、内閣の助言と承認により、国民のために、左の国事に関する行為を行ふ。

一　憲法改正、法律、政令及び条約を公布すること。

二　国会を召集すること。

三　衆議院を解散すること。

四　国会議員の総選挙の施行を公示すること。

五　国務大臣及び法律の定めるその他の官吏の任免並びに全権委任状及び大使及び公使の信任状を認証すること。

六　大赦、特赦、減刑、刑の執行の免除及び復権を認証すること。

七　栄典を授与すること。

八　批准書及び法律の定めるその他の外交文書を認証すること。

九　外国の大使及び公使を接受すること。

十　儀式を行ふこと。

第八条〔皇室の財産授受〕

皇室に財産を譲り渡し、又は皇室が、財産を譲り受け、若しくは賜与することは、国会の議決に基かなければならない。

第七章　財政

第八十八条〔皇室財産・皇室費用〕

すべて皇室財産は、国に属する。すべて皇室の費用は、予算に計上して国会の議決を経なければならない。

第八十九条〔公の財産の支出・利用提供の制限〕

公金その他の公の財産は、宗教上の組織若しくは団体の使用、便益若しくは維持のため、又は公の支配に属しない慈善、教育若しくは博愛の事業に対し、これを支出し、又はその利用に供してはならない。

第九章　改正

第九十六条〔憲法改正の手続、その公布〕

この憲法の改正は、各議院の総議員の三分の二以上の賛成で、国会が、これを発議し、国民に提案してその承認を経なければならない。この承認には、特別の国民投票又は国会の定める選挙の際行はれる投票において、その過半数の賛成を必要とする。

②憲法改正について前項の承認を経たときは、天皇は、国民の名で、この憲法と一体を成すものとして、直ちにこれを公布する。

皇室典範（全文）

昭和22年1月16日法律第三号
最終改正年月日：平成29年6月16日法律第六三号

第一章　皇位継承

第一条　皇位は、皇統に属する男系の男子が、これを継承する。

第二条　皇位は、左の順序により、皇族に、これを伝える。

一　皇長子
二　皇長孫
三　その他の皇長子の子孫
四　皇次子及びその子孫

五　その他の皇子孫
六　皇兄弟及びその子孫
七　皇伯叔父及びその子孫
②前項各号の皇族がないときは、皇位は、それ以上で、最近親の系統の皇族に、これを伝える。
③前二項の場合においては、長系を先にし、同等内では、長を先にする。
第三条　皇嗣に、精神若しくは身体の不治の重患があり、又は重大な事故があるときは、皇室会議の議により、前条に定める順序に従つて、皇位継承の順序を変えることができる。
第四条　天皇が崩じたときは、皇嗣が、直ちに即位する。

第二章　皇族

第五条　皇后、太皇太后、皇太后、親王、親王妃、内親王、王、王妃及び女王を皇族とする。
第六条　嫡出の皇子及び嫡男系嫡出の皇孫は、男を親王、女を内親王とし、三世以下の嫡男系嫡出の子孫は、男を王、女を女王とする。
第七条　王が皇位を継承したときは、その兄弟姉妹たる王及び女王は、特にこれを親王及び内親王とする。
第八条　皇嗣たる皇子を皇太子という。皇太子のないときは、皇嗣たる皇孫を皇太孫という。
第九条　天皇及び皇族は、養子をすることができない。
第十条　立后及び皇族男子の婚姻は、皇室会議の議を経ることを要する。
第十一条　年齢十五年以上の内親王、王及び女王は、その意思に基き、皇室会議の議により、皇族の身分を離れる。
②親王（皇太子及び皇太孫を除く。）、内親王、王及び女王は、前項の場合の外、やむを得ない特別の事由があるときは、皇室会議の議により、皇族の身分を離れる。
第十二条　皇族女子は、天皇及び皇族以外の者と婚姻したときは、皇族の身分を離れる。
第十三条　皇族の身分を離れる親王又は王の妃並びに直系卑属及びその妃は、他の皇族と婚姻した女子及びその直系卑属を除き、同時に皇族の身分を離れる。但し、直系卑属及びその妃については、皇室会議の議により、皇族の身分を離れないものとすることができる。

第十四条　皇族以外の女子で親王妃又は王妃となつた者が、その夫を失つたときは、その意思により、皇族の身分を離れることができる。

②前項の者が、その夫を失つたときは、同項による場合の外、やむを得ない特別の事由があるときは、皇室会議の議により、皇族の身分を離れる。

③第一項の者は、離婚したときは、皇族の身分を離れる。

④第一項及び前項の規定は、前条の他の皇族と婚姻した女子に、これを準用する。

第十五条　皇族以外の者及びその子孫は、女子が皇后となる場合及び皇族男子と婚姻する場合を除いては、皇族となることがない。

第三章　摂政

第十六条　天皇が成年に達しないときは、摂政を置く。

②天皇が、精神若しくは身体の重患又は重大な事故により、国事に関する行為をみずからすることができないときは、皇室会議の議により、摂政を置く。

第十七条　摂政は、左の順序により、成年に達した皇族が、これに就任する。

一　皇太子又は皇太孫
二　親王及び王
三　皇后
四　皇太后
五　太皇太后
六　内親王及び女王

②前項第二号の場合においては、皇位継承の順序に従い、同項第六号の場合においては、皇位継承の順序に準ずる。

第十八条　摂政又は摂政となる順位にあたる者に、精神若しくは身体の重患があり、又は重大な事故があるときは、皇室会議の議により、前条に定める順序に従つて、摂政又は摂政となる順序を変えることができる。
第十九条　摂政となる順位にあたる者が、成年に達しないため、又は前条の故障があるために、他の皇族が、摂政となつたときは、先順位にあたつていた皇族が、成年に達し、又は故障がなくなつたときでも、皇太子又は皇太孫に対する場合を除いては、摂政の任を譲ることがない。
第二十条　第十六条第二項の故障がなくなつたときは、皇室会議の議により、摂政を廃する。
第二十一条　摂政は、その在任中、訴追されない。但し、これがため、訴追の権利は、害されない。

第四章　成年、敬称、即位の礼、大喪の礼、皇統譜及び陵墓

第二十二条　天皇、皇太子及び皇太孫の成年は、十八年とする。
第二十三条　天皇、皇后、太皇太后及び皇太后の敬称は、陛下とする。
②前項の皇族以外の皇族の敬称は、殿下とする。
第二十四条　皇位の継承があつたときは、即位の礼を行う。
第二十五条　天皇が崩じたときは、大喪の礼を行う。
第二十六条　天皇及び皇族の身分に関する事項は、これを皇統譜に登録する。
第二十七条　天皇、皇后、太皇太后及び皇太后を葬る所を陵、その他の皇族を葬る所を墓とし、陵及び墓に関する事項は、これを陵籍及び墓籍に登録する。

第五章　皇室会議

第二十八条　皇室会議は、議員十人でこれを組織する。
②議員は、皇族二人、衆議院及び参議院の議長及び副議長、内閣総理大臣、宮内庁の長並びに最高裁判所の長たる裁判官及びその他の裁判官一人を以て、これに充てる。
③議員となる皇族及び最高裁判所の長たる裁判官以外の裁判官は、各々成年に達した皇族又は最

高裁判所の長たる裁判官以外の裁判官の互選による。
第二十九条　内閣総理大臣たる議員は、皇室会議の議長となる。
第三十条　皇室会議に、予備議員十人を置く。
②皇族及び最高裁判所の裁判官たる議員の予備議員については、第二十八条第三項の規定を準用する。
③衆議院及び参議院の議長及び副議長たる議員の予備議員は、各々衆議院及び参議院の議員の互選による。
④前二項の予備議員の員数は、各々その議員の員数と同数とし、その職務を行う順序は、互選の際、これを定める。
⑤内閣総理大臣たる議員の予備議員は、内閣法の規定により臨時に内閣総理大臣の職務を行う者として指定された国務大臣を以て、これに充てる。
⑥宮内庁の長たる議員の予備議員は、内閣総理大臣の指定する宮内庁の官吏を以て、これに充てる。
⑦議員に事故のあるとき、又は議員が欠けたときは、その予備議員が、その職務を行う。
第三十一条　第二十八条及び前条において、衆議院の議長、副議長又は議員とあるのは、衆議院が解散されたときは、後任者の定まるまでは、各々解散の際衆議院の議長、副議長又は議員であつた者とする。
第三十二条　皇族及び最高裁判所の長たる裁判官以外の裁判官たる議員及び予備議員の任期は、四年とする。
第三十三条　皇室会議は、議長が、これを招集する。
②皇室会議は、第三条、第十六条第二項、第十八条及び第二十条の場合には、四人以上の議員の要求があるときは、これを招集することを要する。
第三十四条　皇室会議は、六人以上の議員の出席がなければ、議事を開き議決することができない。
第三十五条　皇室会議の議事は、第三条、第十六条第二項、第十八条及び第二十条の場合には、出席した議員の三分の二以上の多数でこれを決し、その他の場合には、過半数でこれを決する。
②前項後段の場合において、可否同数のときは、議長の決するところによる。
第三十六条　議員は、自分の利害に特別の関係のある議事には、参与することができない。
第三十七条　皇室会議は、この法律及び他の法律に基く権限のみを行う。

附則

①この法律は、日本国憲法施行の日から、これを施行する。
②現在の皇族は、この法律による皇族とし、第六条の規定の適用については、これを嫡男系嫡出の者とする。
③現在の陵及び墓は、これを第二十七条の陵及び墓とする。
④この法律の特例として天皇の退位について定める天皇の退位等に関する皇室典範特例法（平成二十九年法律第六十三号）は、この法律と一体を成すものである。

附則（抄）　　昭和24年5月31日法律第一三四号

①この法律は、昭和二十四年六月一日から施行する。

附則（抄）　　平成29年6月16日法律第六三号

（施行期日）
第一条　この法律は、公布の日から起算して三年を超えない範囲内において政令で定める日から施行する。ただし、第一条並びに次項、次条、附則第八条及び附則第九条の規定は公布の日から、附則第十条及び第十一条の規定はこの法律の施行の日の翌日から施行する。

②前項の政令を定めるに当たっては、内閣総理大臣は、あらかじめ、皇室会議の意見を聴かなければならない。

（この法律の失効）

第二条　この法律は、この法律の施行の日以前に皇室典範第四条の規定による皇位の継承があったときは、その効力を失う。

（政令への委任）

第九条　この法律に定めるもののほか、この法律の施行に関し必要な事項は、政令で定める。

皇室経済法（抄）

昭和22年1月16日法律第四号
最終改正：平成11年12月22日法律第一六〇号

第三条　予算に計上する皇室の費用は、これを内廷費、宮廷費及び皇族費とする。

第四条　内廷費は、天皇並びに皇后、太皇太后、皇太后、皇太子、皇太子妃、皇太孫、皇太孫妃及び内廷にあるその他の皇族の日常の費用その他内廷諸費に充てるものとし、別に法律で定める定額を、毎年支出するものとする。

②内廷費として支出されたものは、御手元金となるものとし、宮内庁の経理に属する公金としない。

③皇室経済会議は、第一項の定額について、変更の必要があると認めるときは、これに関する意見を内閣に提出しなければならない。

④前項の意見の提出があつたときは、内閣は、その内容をなるべく速かに国会に報告しなければ

ならない。
第五条　宮廷費は、内廷諸費以外の宮廷諸費に充てるものとし、宮内庁で、これを経理する。
第六条　皇族費は、皇族としての品位保持の資に充てるために、年額により毎年支出するもの及び皇族が初めて独立の生計を営む際に一時金額により支出するもの並びに皇族であつた者としての品位保持の資に充てるために、皇族が皇室典範の定めるところによりその身分を離れる際に一時金額により支出するものとする。その年額又は一時金額は、別に法律で定める定額に基いて、これを算出する。
②前項の場合において、皇族が初めて独立の生計を営むことの認定は、皇室経済会議の議を経ることを要する。
③年額による皇族費は、左の各号並びに第四項及び第五項の規定により算出する額とし、第四条第一項に規定する皇族以外の各皇族に対し、毎年これを支出するものとする。
一　独立の生計を営む親王に対しては、定額相当額の金額とする。
二　前号の親王の妃に対しては、定額の二分の一に相当する額の金額とする。但し、その夫を失つて独立の生計を営む親王妃に対しては、定額相当額の金額とする。この場合において、独立の生計を営むことの認定は、皇室経済会議の議を経ることを要する。
三　独立の生計を営む内親王に対しては、定額の二分の一に相当する額の金額とする。
四　独立の生計を営まない親王、その妃及び内親王に対しては、定額の十分の一に相当する額の金額とする。ただし、成年に達した者に対しては、定額の十分の三に相当する額の金額とする。
五　王、王妃及び女王に対しては、それぞれ前各号の親王、親王妃及び内親王に準じて算出した額の十分の七に相当する額の金額とする。
④摂政たる皇族に対しては、その在任中は、定額の三倍に相当する額の金額とする。
⑤同一人が二以上の身分を有するときは、その年額中の多額のものによる。
⑥皇族が初めて独立の生計を営む際に支出する一時金額による皇族費は、独立の生計を営む皇族

について算出する年額の二倍に相当する額の金額とする。
⑦皇族がその身分を離れる際に支出する一時金額による皇族費は、左の各号に掲げる額を超えない範囲内において、皇室経済会議の議を経て定める金額とする。
一　皇室典範第十一条、第十二条及び第十四条の規定により皇族の身分を離れる者については、独立の生計を営む皇族について算出する年額の十倍に相当する額
二　皇室典範第十三条の規定により皇族の身分を離れる者については、第三項及び第五項の規定により算出する年額の十倍に相当する額。この場合において、成年に達した皇族は、独立の生計を営む皇族とみなす。
⑧第四条第二項の規定は、皇族費として支出されたものに、これを準用する。
⑨第四条第三項及び第四項の規定は、第一項の定額に、これを準用する。
第七条　皇位とともに伝わるべき由緒ある物は、皇位とともに、皇嗣が、これを受ける。
第八条　皇室経済会議は、議員八人でこれを組織する。
②議員は、衆議院及び参議院の議長及び副議長、内閣総理大臣、財務大臣、宮内庁の長並びに会計検査院の長をもつて、これに充てる。
第九条　皇室経済会議に、予備議員八人を置く。
第十条　皇室経済会議は、五人以上の議員の出席がなければ、議事を開き議決することができない。
②皇室経済会議の議事は、過半数でこれを決する。可否同数のときは、議長の決するところによる。
第十一条　皇室典範第二十九条、第三十条第三項から第七項まで、第三十一条、第三十三条第一項、第三十六条及び第三十七条の規定は、皇室経済会議に、これを準用する。

皇統譜令（抄）

昭和22年5月3日政令第一号

最終改正：昭和27年7月31日政令第三〇五号

第一条　この政令に定めるものの外、皇統譜に関しては、当分の間、なお従前の例による。
第二条　皇統譜の副本は、法務省でこれを保管する。
第三条　左の各号に掲げる事項については、宮内庁長官が、法務大臣と協議して、これを行う。
一　公布又は公告がない事項の登録
二　皇統譜の登録又は附記に錯誤を発見した場合の訂正
第四条　皇室典範第三条の規定によつて、皇位継承の順序を変えたときは、その年月日を皇嗣であつた親王又は王の欄に登録し、事由を附記しなければならない。
第五条　皇室典範第十一条から第十四条までの規定によつて、親王、内親王、王又は女王が、皇族の身分を離れたときは、その年月日を当該親王、内親王、王又は女王の欄に登録し、事由及び氏名を附記しなければならない。

国事行為の臨時代行に関する法律（抄）

昭和39年5月20日法律第八三号

第一条（趣旨）
日本国憲法第四条第二項の規定に基づく天皇の国事に関する行為の委任による臨時代行については、この法律の定めるところによる。
第二条（委任による臨時代行）
天皇は、精神若しくは身体の疾患又は事故があるときは、摂政を置くべき場合を除き、内閣の助言と承認により、国事に関する行為を皇室典範（昭和二十二年法律第三号）第十七条の規定により摂政となる順位にあたる皇族に委任して臨時に代行させることができる。

②前項の場合において、同項の皇族が成年に達しないとき、又はその皇族に精神若しくは身体の疾患若しくは事故があるときは、天皇は、内閣の助言と承認により、皇室典範第十七条に定める順序に従つて、成年に達し、かつ、故障がない他の皇族に同項の委任をするものとする。

第三条（委任の解除）

天皇は、その故障がなくなつたとき、前条の規定による委任を受けた皇族に故障が生じたとき、又は同条の規定による委任をした場合において、先順位にあたる皇族が成年に達し、若しくはその皇族に故障がなくなつたときは、内閣の助言と承認により、同条の規定による委任を解除する。

天皇の退位等に関する皇室典範特例法（抄）

平成29年6月16日法律第六三号

第一条（趣旨）

この法律は、天皇陛下が、昭和六十四年一月七日の御即位以来二十八年を超える長期にわたり、国事行為のほか、全国各地への御訪問、被災地のお見舞いをはじめとする象徴としての公的な御活動に精励してこられた中、八十三歳と御高齢になられ、今後これらの御活動を天皇として自ら続けられることが困難となることを深く案じておられること、これに対し、国民は、御高齢に至るまでこれらの御活動に精励されている天皇陛下を深く敬愛し、この天皇陛下のお気持ちを理解し、これに共感していること、さらに、皇嗣である皇太子殿下は、五十七歳となられ、これまで国事行為の臨時代行等の御公務に長期にわたり精勤されておられることという現下の状況に鑑み、皇室典範（昭和二十二年法律第三号）第四条の規定の特例として、天皇陛下の退位及び皇嗣の即位を実現するとともに、天皇陛下の退位後の地位その他の退位に伴い必要となる事項を定めるものとする。

第二条（天皇の退位及び皇嗣の即位）

天皇は、この法律の施行の日限り、退位し、皇嗣が、直ちに即位する。

第三条（上皇）
前条の規定により退位した天皇は、上皇とする。
②上皇の敬称は、陛下とする。
③上皇の身分に関する事項の登録、喪儀及び陵墓については、天皇の例による。
④上皇に関しては、前二項に規定する事項を除き、皇室典範（第二条、第二十八条第二項及び第三項並びに第三十条第二項を除く。）に定める事項については、皇族の例による。
第四条（上皇后）
上皇の后は、上皇后とする。
②上皇后に関しては、皇室典範に定める事項については、皇太后の例による。
第五条（皇位継承後の皇嗣）
第二条の規定による皇位の継承に伴い皇嗣となった皇族に関しては、皇室典範に定める事項については、皇太子の例による。

瑶子（ようこ）女王	
続柄	寛仁親王第2女子
誕生日	昭和58年（1983）10月25日
お印	星（ほし）
【高円宮家】	
憲仁親王妃　久子（ひさこ）	
続柄	鳥取滋治郎（とっとりしげじろう）第1女子
誕生日	昭和28年（1953）7月10日
お印	扇（おうぎ）
結婚	皇室会議:昭和59年（1984）8月1日 納采の儀:同年9月17日 結婚:同年12月6日
承子（つぐこ）女王	
続柄	憲仁親王第1女子
誕生日	昭和61年（1986）3月8日誕生
お印	萩（はぎ）
結婚により皇籍を離れた皇族	
池田隆政夫人 厚子（あつこ）	昭和天皇第4皇女　称号:順宮（よりのみや）　誕生:昭和6年（1931）3月7日　結婚:昭和27年（1952）10月10日
島津久永夫人 貴子（たかこ）	昭和天皇第5皇女　称号:清宮（すがのみや）　誕生:昭和14年（1939）3月2日　結婚:昭和35年（1960）3月10日
黒田慶樹夫人 清子（さやこ）	上皇（平成の天皇）第1皇女　称号:紀宮（のりのみや）　誕生:昭和44年（1969）4月18日　結婚:平成17年（2005）11月15日
近衛忠煇夫人 甯子（やすこ）	崇仁親王第1女子　誕生:昭和19年（1944）4月26日　結婚:昭和41年（1966）12月18日
千政之夫人 容子（まさこ）	崇仁親王第2女子　誕生:昭和26年（1951）10月23日　結婚:昭和58年（1983）10月14日
千家国麿夫人 典子（のりこ）	憲仁親王第2女子　誕生:昭和63年（1988）7月22日　結婚:平成26年（2014）10月5日
守谷慧夫人 絢子（あやこ）	憲仁親王第3女子　誕生:平成2年（1990）9月15日　結婚:平成30年（2018）10月29日

※皇室は、天皇と男女皇族から成り、いわば本家の「内廷」と分家の「宮家」に分かれる。「皇室経済法」により、内廷には内廷費、宮家には皇族費が充てられる。

戦後亡くなった天皇、皇族	
昭和天皇	大正天皇第1皇子（裕仁親王） 称号:迪宮（みちのみや） 誕生:明治34年（1901）4月29日 崩御:昭和64年（1989）1月7日
香淳皇后	久邇宮邦彦王第1女子（久邇宮良子、昭和天皇の皇后） 誕生:明治36年（1903）3月6日 崩御:平成12年（2000）6月16日
雍仁（やすひと）親王 （秩父宮）	大正天皇第2皇子　称号:淳宮（あつのみや）誕生:明治35年（1902）6月25日　薨去:昭和28年（1953）1月4日
雍仁親王妃 勢津子（せつこ）	松平恒雄第1女子　誕生:明治42年（1909）9月9日　薨去:平成7年（1995）8月25日
宣仁（のぶひと）親王 （高松宮）	大正天皇第3皇子　称号:光宮（てるのみや）　誕生:明治38年（1905）1月3日　薨去:昭和62年（1987）2月3日
宣仁親王妃 喜久子（きくこ）	徳川慶久第2女子　誕生:明治44年（1911）12月26日　薨去:平成16年（2004）12月18日
崇仁（たかひと）親王 （三笠宮）	大正天皇第4皇子　誕生:大正4年（1915）12月2日　称号:澄宮（すみのみや）　薨去:平成28年（2016）10月27日
寛仁（ともひと）親王	崇仁親王第1男子　誕生:昭和21年（1946）1月5日　薨去:平成24年（2012）6月6日
宜仁（よしひと）親王 （桂宮）	崇仁親王第2男子　誕生:昭和23年（1948）2月11日　薨去:平成26年（2014）6月8日
憲仁（のりひと）親王 （高円宮）	崇仁親王第3男子　誕生:昭和29年（1954）12月29日　薨去:平成14年（2002）11月21日
東久邇盛厚夫人 成子（しげこ）	昭和天皇第1皇女　称号:照宮（てるのみや）　誕生:大正14年（1925）12月6日　逝去:昭和36年（1961）7月23日
鷹司平通夫人 和子（かずこ）	昭和天皇第3皇女　称号:孝宮（たかのみや）　誕生:昭和4年（1929）9月30日　逝去:平成元年（1989）5月26日

[5] 令和の皇室の構成

【内廷】	
天皇　徳仁(なるひと)	
続柄	上皇(平成の天皇)第1皇子
誕生日	昭和35年(1960)2月23日
称号/お印	浩宮(ひろのみや)/梓(あずさ)
立太子礼	平成3年(1991)2月23日
皇后　雅子(まさこ)	
続柄	小和田恆(おわだひさし)第1女子
誕生日	昭和38年(1963)12月9日
お印	ハマナス
結婚	皇室会議:平成5年(1993)1月19日 納采の儀:同年4月12日 結婚:同年6月9日
愛子(あいこ)**内親王**	
続柄	天皇第1皇女
誕生日	平成13年(2001)12月1日
称号/お印	敬宮(としのみや)/ゴヨウツツジ
上皇　明仁(あきひと)	
続柄	昭和天皇第1皇子
誕生日	昭和8年(1933)12月23日
称号/お印	継宮(つぐのみや)/榮(えい)
上皇后　美智子(みちこ)	
続柄	正田英三郎(しょうだひでさぶろう) 第1女子
誕生日	昭和9年(1934)10月20日
お印	白樺
結婚	皇室会議:昭和33年(1958)11月27日 納采の儀:昭和34年(1959)1月14日 結婚:同年4月10日
【秋篠宮家】	
秋篠宮(あきしののみや)**文仁**(ふみひと)**親王**	
続柄	上皇(平成の天皇)第2皇子
誕生日	昭和40年(1965)11月30日
称号/お印	礼宮(あやのみや)/栂(つが)
文仁親王妃　紀子(きこ)	
続柄	川嶋辰彦(かわしまたつひこ) 第1女子
誕生日	昭和41年(1966)9月11日
お印	檜扇菖蒲(ひおうぎあやめ)
結婚	皇室会議:平成元年(1989)9月12日 納采の儀:平成2年(1990)1月12日 結婚:同年6月29日
眞子(まこ)**内親王**	
続柄	文仁親王第1女子
誕生日	平成3年(1991)10月23日
お印	木香茨(もっこうばら)
佳子(かこ)**内親王**	
続柄	文仁親王第2女子
誕生日	平成6年(1994)12月29日
お印	ゆうな
悠仁(ひさひと)**親王**	
続柄	文仁親王第1男子
誕生日	平成18年(2006)9月6日
お印	高野槇(こうやまき)
【常陸宮家】	
常陸宮(ひたちのみや)**正仁**(まさひと)**親王**	
続柄	昭和天皇第2皇子
誕生日	昭和10年(1935)11月28日
称号/お印	義宮(よしのみや)/黄心樹(おがたま)
正仁親王妃　華子(はなこ)	
続柄	津軽義孝(つがるよしたか) 第4女子
誕生日	昭和15年(1940)7月19日
お印	石南花(しゃくなげ)
結婚	皇室会議:昭和39年(1964)2月28日 納采の儀:同年4月14日 結婚:同年9月30日
【三笠宮家】	
崇仁親王妃　百合子(ゆりこ)	
続柄	高木正得(たかぎまさなり) 第2女子
誕生日	大正12年(1923)6月4日
お印	桐(きり)
結婚	勅許:昭和16年(1941)3月29日 納采の儀:同年10月3日 結婚:同年10月22日
寬仁親王妃　信子(のぶこ)	
続柄	麻生太賀吉(あそうたかきち) 第3女子
誕生日	昭和30年(1955)4月9日
お印	花桃(はなもも)
結婚	皇室会議:昭和55年(1980)4月18日 納采の儀:同年5月21日 結婚:同年11月7日
彬子(あきこ)**女王**	
続柄	寬仁親王第1女子
誕生日	昭和56年(1981)12月20日
お印	雪(ゆき)

『令義解《りようのぎげ》』　100, 137, 405
陵墓課《りようぼ》　335
綸言《りんげん》　141
綸旨《りんじ》　141
臨時御拝　291
臨時御歴代史実考査委員会官制《りんじごれきだいしじつこうさいいんかいかんせい》　242
臨時代行法　319
輪王寺宮《りんのうじのみや》　194

れ

礼遇停止　216
⑪²霊元天皇《れいげん》　49, 80, 81, 124, 165, 196
令子《れいし》内親王　64
冷泉院《れいぜいいん》　152
⑥³冷泉天皇《れいぜい》　38, 117, 134, 152, 176
歴代外天皇　58
列見《れけん》　170
列外歯簿　285

ろ

六衛府《ろくえふ》　108
⑦⁹六条《ろくじょう》天皇　54, 79
六大巡幸　280
六波羅探題　122
鹿鳴館　213, 225

わ

倭　31
獲加多支鹵《わかたける》大王　31
若宮　43
和気使《わけづかい》　411
倭の五王　31
和風諡号《わふうしごう》　47, 48
童《わらわ》親王　167
　—拝観　167

八瀬童子《やせどうじ》　422
山階《やましな》鳥類研究所　217
山階宮《やましなのみや》　92, 193, 199
　—晃《あきら》親王　193
邪馬台国　30
大和地方　31
大和舞　432

ゆ

猶子《ゆうし》　91
[21]雄略《ゆうりやく》天皇　35, 41, 96
由加物《ゆかもの》　429
　—使　429
悠紀《ゆき》国　427
悠紀《ゆき》斎田　453
悠紀殿《ゆきでん》　430
　—供饌《きようせん》の儀　451
悠紀節会《ゆきのせちえ》　431
茂仁《ゆたひと》親王　39

よ

夕《よい》の儀　431
養子　91, 323
[57]陽成《ようぜい》天皇　37, 54, 116, 133
[31]用明《ようめい》天皇　42
『養老令』　44, 60, 62, 144
寿詞《よごと》　406
嘉彰《よしあきら》親王　88
『吉田茂書翰』　397
吉野の国栖《くず》　433
吉野の国栖奏　431
由奉幣《よしのほうべい》　411, 429
義宮正仁《よしのみやまさひと》親王　202
栄仁《よしひと》親王　89, 198
嘉仁《よしひと》親王　81, 187, 197, 239,
　260, 271, 281
好仁《よしひと》親王　90, 202
依仁《よりひと》親王　200
四護衛署　270
四世以上の皇親　86

り

里《り》　104
李王職官制　210
離婚　323
[17]履中《りちゆう》天皇　96
律《りつ》　99
立憲君主制　235
立后《りつこう》　60
立太子（の）礼　329
「立儲令」　241
律令《りつりよう》　99
　—官人　100
略式鹵簿《ろぼ》　284
令《りよう》　99
令外官《りようげのかん》　106, 108
良妻賢母　187
「令旨式《りようじしき》」　142
両段再拝　166
両統迭立《てつりつ》　57

御教書《みきょうじょ》　141
御厨《みくりや》　148
御食《みけ》　426
御巫《みこ》　430
みことのり　137
節仁《みさひと》親王（桂宮《かつらのみや》）　90, 198
「水は器」　187
屯田《みた》　144
『美智子さま』執筆中止　301
方仁《みちひと》親王　158
道康《みちやす》親王　74, 175
ミッチーブーム　190
御堂流《みどうりゅう》　135
源姓　88
源頼朝　121
御牧《みまき》　149
屯倉《みやけ》　144
宮家別皇族歳費　249
宮号《みやごう》　43
名字書《みょうじがき》　43
命婦《みょうぶ》　258
「名例律《みょうれいりつ》」　100

む

睦仁《むつひと》親王（[122]明治天皇）　81
無答責　185, 384
宗尊《むねたか》親王　123
[62]村上《むらかみ》天皇　37, 49, 88, 133, 176
室町院領　154
室町第　124

め

名家　136
明治十四年の政変　230
明治節の儀　291
[122]明治天皇　185, 191, 250, 280, 307
『明治天皇紀』　280, 307
[109]明正《めいしょう》天皇　49, 55, 130, 160
命名の儀　41
明和《めいわ》事件　179

も

申文《もうしぶみ》　168, 171
物部連《もののべのむらじ》　98
[116]桃園《ももぞの》天皇　55, 130, 179
守貞《もりさだ》親王　39, 155
守平《もりひら》親王　176
守正《もりまさ》王　194, 273
護良《もりよし》親王　178
門跡寺院　91
[55]文徳《もんとく》天皇　42, 67, 74, 175
[42]文武《もんむ》天皇　52, 66, 163, 405, 411

や

役夫工米《やくぶくまい》　156
保明《やすあきら》親王　80
慶仁《やすひと》親王　81
雍仁《やすひと》親王　201

王妃紀子） 309
プラカード事件 299
古人大兄皇子《ふるひとのおおえ》 77
25武烈《ぶれつ》天皇 42
文化勲章 293
文化の日 291

へ

部《べ》 146
平治の乱 177
平出《へいしゅつ》 143
平姓《へいせい》 88
51平城《へいぜい》天皇 45
平成の皇后 190, 332, 391
平成の即位礼 443
125平成の天皇 184, 189, 235, 310, 335, 364
部民《べみん》制 98, 146
編修課 335

ほ

法皇 38
崩御践祚《ほうぎょせんそ》 52
傍系 93
保元《ほうげん》の乱 177
宝祚《ほうそ》 405
宝暦《ほうれき》事件 130, 179
鳳輦《ほうれん》 286
『北山抄《ほくざんしょう》』 164
北朝 57
戊午《ぼご》の密勅《みつちょく》 180
母子愛育会 309
輔弼《ほひつ》 227
73堀河《ほりかわ》天皇 49, 64, 74, 79, 112, 119
母衣引《ほろひき》 337
品位《ほんい》 102
本院 39

ま

舞姫 441
『牧野伸顕日記』 396
昌子《まさこ》内親王 195
雅成《まさなり》親王 155
正仁《まさひと》親王（常陸宮） 338
正良《まさら》親王 80
増原内奏事件 322
マッカーサー 369, 374, 380
マツリゴト 162
政始《まつりごとはじめ》の儀 288
「真床《まどこ》」 426
満州国皇帝溥儀《ふぎ》 357
政所《まんどころ》 118

み

御稲田《みいねだ》 147
見える天皇 184
三笠宮《みかさのみや》 202
―崇仁《たかひと》親王 197, 201
―寛仁《ともひと》親王 303, 340

ふ

風俗歌屏風　440
風俗歌舞《ふうぞくのかぶ》　432
風俗舞《ふうぞくまい》　433, 441
風流夢譚《ふうりゆうむたん》事件　300
不堪佃田奏《ふかんでんでんそう》　171
覆奏《ふくそう》　139
福羽美静《ふくばびせい》　415
不敬罪　322
房子《ふさこ》内親王（周宮《かねのみや》）→北白川宮成久王妃房子
伏見御領《ごりよう》　90
92伏見《ふしみ》天皇　413
伏見宮《ふしみのみや》　193, 198
　―邦家《くにいえ》親王　92, 194, 199, 203, 378
　―邦芳《くにか》王　274
　―貞愛《さだなる》親王　273
　―博恭《ひろやす》王　208
　―博義《ひろよし》王　273
　―家　85, 89, 249, 339, 378
藤原氏　117
藤原愛発《あらち》　175
藤原舎子《いえこ》　74
藤原乙牟漏《おとむろ》　67
藤原温子《おんし》　63, 68
藤原穏子《おんし》　74
藤原兼家《かねいえ》　117
藤原公任《きんとう》　164
藤原光明子《こうみようし》　62
藤原実資《さねすけ》　164
藤原詮子《せんし》　154
藤原高子《たかいこ》　67
藤原忠実《ただざね》　134
藤原忠平《ただひら》　164
藤原忠通《ただみち》　177
藤原種継《たねつぐ》暗殺事件　174
藤原為房《ためふさ》　164
藤原長子《ちようし》　155
藤原時平《ときひら》　142
藤原仲麻呂の乱　174
藤原冬嗣《ふゆつぐ》　74, 108
藤原道隆《みちたか》　63
藤原道長《みちなが》　63
藤原通憲《みちのり》（信西）　177
藤原宮子《みやこ》　62, 66
藤原基経《もとつね》　176
藤原師輔《もろすけ》　164
藤原行成《ゆきなり》　164
藤原良房《よしふさ》　74, 116
藤原頼忠《よりただ》　118
藤原頼長《よりなが》　153, 177
不即位太上天皇　39
普通御料　247, 263
道祖王《ふなど》　80
夫人《ぶにん》　60
文仁《ふみひと》親王（秋篠宮《あきしののみや》文仁親王）　190
文仁《ふみひと》親王妃紀子《きこ》（秋篠宮《あきしののみや》文仁親

は

売位・売官　107
拝賀の儀　288
廃太子　79
廃藩置県　214
伯家《はくけ》　104
伯爵　215
幕僚部　380
羽柴（豊臣）秀吉　127
八条院領　155
八条宮　90
八条宮家　85
八条宮智仁《としひと》親王（桂宮）　136
パチンコ玉事件　301
八省　105
95花園《はなぞの》天皇　123
蛤御門《はまぐりごもん》　180
隼人《はやと》の犬吠《いぬぼえ》　431
葉山御用邸放火　301
祓所　450
治仁《はるひと》王　90
萬歳旛《ばんざいばん》　412
班子《はんし》女王　67
頒暦《はんれき》　172

ひ

妃《ひ》　60
東久邇《ひがしくに》稔彦《なるひこ》ニセ婚姻届　302
東久邇宮《ひがしくにのみや》　189, 194, 201
—稔彦《なるひこ》王　208, 273, 378
—稔彦王妃聡子《としこ》　197
—盛厚《もりひろ》王　273
—盛厚王妃成子《しげこ》　197
—家　378
東伏見宮《ひがしふしみのみや》　194, 200
—嘉彰《よしあきら》親王　193, 283
—依仁《よりひと》親王　273, 284
—家　249, 378
113東山《ひがしやま》天皇　49, 81, 90, 165, 199, 434
避諱　44
悠仁《ひさひと》親王（秋篠宮家）　309
被選挙権　323
氷高《ひだか》内親王　54
常陸宮《ひたちのみや》　202, 338
30敏達《びだつ》天皇　77, 87
悲田院《ひでんいん》　305
卑弥呼《ひみこ》　30
氷室《ひむろ》　150
ひめゆりの塔事件　302
百寮司　105
兵衛　107
標山《ひょう》　430
博経親王　200
裕仁《ひろひと》親王（124昭和天皇）　187, 241, 260, 267, 282, 296
嬪《ひん》　60

贄人《にえびと》　125
二官　105
二官八省　99
二宮大饗《にぐうのだいきょう》　167
二重橋爆弾事件　297
二重橋事件　300
二条城　127
　—行幸　129
二所の朝廷　108
日像《にちぞう》・月像《げつぞう》の幢　411
二宮　43
日本国際賞　352
日本学士院　352
日本藝術院各授賞式　352
『日本書紀』　41, 44, 46, 53, 56, 60, 66, 73, 76, 82, 97, 103, 110, 115, 145, 150, 179, 232, 425
日本赤十字社　306
日本鉄道会社　220
二孟旬《にもうじゅん》　169
女院号　154
女院《にょいん》（御《ご》）領《りょう》　154
女御《にょうご》　73, 250
女房　113
　—奉書《ほうしょ》　142
女王《にょおう》　83
女官《にょかん》　258, 267, 333
　—長《ちょう》　258, 333
女蔵人《にょくろうど》　113, 430
女戸主《にょこしゅ》　216
女孺《にょじゅ》　258
庭積机代物《にわづみのつくえしろもの》　453
人間宣言　373
⑳仁孝天皇《にんこう》　45, 48, 69, 90, 186, 198
認証官　293
　—任命式　293, 326
⑯仁徳天皇《にんとく》　47, 61, 96, 150
54仁明天皇《にんみょう》　42, 50, 67, 74, 80, 88, 167
任命　315

ぬ

抜穂使《ぬいぼし／ぬいぼのつかい》　428
抜穂《ぬいぼ》の儀　438

ね

年官《ねんかん》　65, 107, 156
年給《ねんきゅう》　107
年号　465
　—勘文《かんもん》　468
年爵《ねんしゃく》　65, 107, 156
『年中行事絵巻』　164

の

允子《のぶこ》内親王　195
宣仁《のぶひと》親王　199
順仁《のぶひと》親王　79
賭弓《のりゆみ》　169

台与《とよ》　30
豊明節会《とよのあかりのせちえ》　432

な

内位《ないい》　103
ナイチンゲール記章授与式　352
内宴　169
内閣制度　253
内規取調局　204
内侍司（ないしし／ないしのつかさ）　112, 333
内侍宣《ないしせん》　140
内侍所《ないしどころ》　112
尚侍《ないしのかみ》　112
典侍《ないしのすけ》　112
内陣　450
内親王　55, 64, 67, 86, 93, 102, 154, 196, 346, 378
内奏《ないそう》　321
内大臣府　256
内廷《ないてい》　97
　―会計基金　345
　―会計主管　345
　―会計審議会　345
　―皇族　345
　―職員　337
　―知事　253
　―費　345
内命婦《ないみょうぶ》　113
内覧《ないらん》　117, 142
直仁《なおひと》親王　90
中川宮《なかがわのみや》　92, 194, 295
良子《ながこ》女王（香淳皇后）　189
長崎市長襲撃　303
中務省《なかつかさしょう》　105
中臣鎌子《かまこ》（藤原鎌足《かまたり》）　173
中臣の寿詞《よごと》奏上　432
長橋局《ながはしのつぼね》　113
114中御門《なかみかど》天皇　49, 81, 434
長屋王《ながやおう》　150
　―の変　173
中山忠能《ただやす》　181, 191, 437
梨本宮《なしもとのみや》　194, 200
　―守脩《もりおさ》親王　193
『梨本宮伊都子妃の日記』　396
名代《なしろ》　98, 146
那須御用邸　389
奈良華族　221
徳仁《なるひと》親王（令和の天皇）　190, 320
南朝　57
難陳《なんちん》　468

に

新嘗／ニイナメ　425
新嘗祭（にいなめさい／にいなめのまつり）　425, 427
贄《にえ》　148, 425
贄戸《にえこ》　148

照宮《てるのみや》 →成子《しげこ》内親王（東久邇宮）
光宮《てるのみや》宣仁親王　198
田楽《でんがく》　432
典侍《てんじ》　253, 258
38天智《てんじ》天皇　42, 47, 78, 99, 412, 466
伝奏《てんそう》　143
天曹地府祭《てんそうちふ》　414
伝達　326
天誅組《てんちゆうぐみ》事件　180
天長祭　291
天長節《てんちようせつ》の儀　290
天皇　32
　—機関説（事件）　235, 298
　—主権説事件　234
　—親政　229, 236
　—側近　229
　—大権　232
　—誕生日　291, 328
　—の記者会見　389
　—訪中　360
　—・マッカーサー会見　369
　—霊　426
40天武《てんむ》天皇　42, 50, 56, 78, 116, 425

と

銅烏幢《どううのとう》　411
東京裁判（極東国際軍事裁判）　367, 376, 383
「登極令《とうきよくれい》」　240, 407, 418, 471
　—の即位式　417
春宮／東宮（とうぐう）　77
東宮侍従　334
東宮大夫《だいぶ》　334
東宮女官　334
『当時年中行事』　165
堂上公家　136, 216
統帥権《とうすいけん》　232
東征大総督　272
討幕の密勅　181
藤楓《とうふう》協会　309
東福門院　129
斉世《ときよ》親王　176
常磐井宮《ときわいのみや》　90
常磐会《ときわかい》　225
『徳川義寛《よしひろ》終戦日記』　398
『徳富蘇峰　終戦後日記』　398
聡子《としこ》内親王　195
智仁《としひと》親王　90
図書課　334
土倉《どそう》　156
舎人《とねり》親王　50
主殿寮《とのもりよう》　263
74鳥羽《とば》天皇　45, 64, 134, 142
富田朝彦《とみたともひこ》　360
伴《とも》　146
伴造《とものみやつこ》　98, 146
兼仁《ともひと》親王　81, 91
寛仁《ともひと》親王　303, 379

懲戒　216
長官官房　332
朝儀　286, 434
朝覲行幸《ちょうきんぎょうこう》　167
98長慶《ちょうけい》天皇　59
長講堂《ちょうこうどう》　154
　—領　154
朝鮮貴族　211
朝鮮勅撰議員　234
重祚《ちょうそ》　55
朝廷《ちょうてい》　97
帳殿《ちょうでん》　452
朝堂院《ちょうどういん》　412, 431
勅《ちょく》　137
勅使発遣《ちょくしはつけん》の儀　444
勅旨《ちょくし》　139
　—式　139
　—田《でん》　148
　—牧《まき》　149, 171
勅授　168
勅書《ちょくしょ》　139
勅定《ちょくじょう》　468
勅撰議員　234
勅任議員　233
勅令　239
儲君《ちょくん》　76, 81
直轄領　144
鎮魂祭　430

つ

追号《ついごう》　49
追尊太上天皇　39
追尊天皇　50
通款社《つうかんしや》　223
通貴　103, 133
司召《つかさめし》　170
継宮明仁《つぐのみやあきひと》親王　197
仕人《つこうど》　333
恒明親王　89
常子《つねこ》内親王　69
恒貞《つねさだ》親王　80, 175
恒良《つねなが》親王　80
恒久《つねひさ》王　201
恒世《つねよ》親王　80
局《つぼね》　113

て

帝国学士院議員　234
帝国議会開院式　291
帝国議会閉院式　292
帝国博物館　266
帝室経済会議　248
帝室制度審議会　210
帝室制度調査局　244
帝室費　246
帝室林野局　263
媞子《ていし》内親王　64
『貞信公記《ていしんこうき》』　164

247, 271, 276, 312, 315
代始（だいはじめ／だいし）
470
大輔《たいふ》　253
大幣旗　415
『大宝令《たいほうりょう》』　163, 467
大本営　271, 277
—御前会議　277
平清盛《きよもり》　121
『内裏式』　163
大礼《たいれい》　404, 417
—使　421
『大礼記録』　422
台湾勅撰議員　234
高岳《たかおか》親王　80
多額納税者議員　234
80高倉《たかくら》天皇　39, 121
崇仁《たかひと》親王（三笠宮）　201
高松宮《たかまつのみや》　90, 202
—宣仁《のぶひと》親王　197, 309, 397
—宣仁親王妃喜久子《きくこ》　202
—家　85
『高松宮日記』　397
高御座《たかみくら》　411, 447
打毬《だきゅう》　337
竹田宮《たけだのみや》　195, 201
—恒久《つねひさ》王　272
竹橋事件　275
威仁《たけひと》親王　199
盛仁《たけひと》親王　90
太政官《だじょうかん》　252
多志良加《たしらか》　439
橘奈良麻呂の変　174
田中正造直訴事件　296
多米都物《ためつもの》　432
為平《ためひら》親王　176
タラシヒコ　47
善仁《たるひと》親王　79
男爵　215
段銭《たんせん》　156
壇ノ浦の合戦　177

ち

知恩院宮《ちおんいんのみや》　194
親子《ちかこ》内親王　87
致斎《ちさい》　429
秩父宮《ちちぶ》　201
—雍仁《やすひと》親王　201, 298
秩禄処分　219
治天《ちてん》の君　37
地方豪族　98
地方巡幸　375
14仲哀《ちゅうあい》天皇　47, 115
中衛府《ちゅうえふ》　107
85仲恭《ちゅうきょう》天皇　49, 56, 122
中宮《ちゅうぐう》　63
中臈《ちゅうろう》　113
調《ちょう》　148
朝賀　166, 288
—の儀　411

た

せ

そ

84順徳《じゅんとく》天皇　164
53淳和《じゅんな》天皇　37, 50, 64, 80
47淳仁《じゅんにん》天皇　45, 50, 56, 67, 79, 84
准母《じゅんぼ》　64
叙位　168, 216
少輔《しょう》　253
詔（しょう／みことのり）　137
譲位践祚《じょういせんそ》　52
省営田《しょうえいでん》　145
荘園　149
荘園整理令　149
『貞観格《きゃく》・式《しき》』　100
承久《じょうきゅう》の変《へん》／承久《じょうきゅう》の乱《らん》　56, 122, 178
昭憲《しょうけん》皇太后　187, 308,
聖護院宮嘉言《よしこと》親王　194, 198
101称光《しょうこう》天皇　49, 91
譲国《じょうこく》の儀　405
掌侍《しょうじ》　112, 253, 258
奨子《しょうし》内親王　64
暲子《しょうし》内親王　155
詔書　137, 239
小上臈　113
正税《しょうぜい》　149
正中《しょうちゅう》の変　178
象徴天皇　313, 314
剰稲《じょうとう》　149
48称徳《しょうとく》天皇　48, 78, 174
少納言　105
45聖武《しょうむ》天皇　42, 53, 62, 66, 80, 139, 147, 173
青蓮院宮《しょうれんいんのみや》　194
上臈《じょうろう》　113
124昭和天皇　188, 282, 358, 408, 422
『昭和天皇実録』　335, 399
承和《じょうわ》の変　175
女王《じょおう》　196
諸国貢進《しょこくこうしん》御贄《みにえ》　148
諸国の語部《かたりべ》の古詞《ふること》奏上　431
諸国例貢贄《れいこうのにえ》　148
女性天皇　55
34舒明《じょめい》天皇　42, 47, 77
書陵部　334
白川《しらかわ》家　104
72白河《しらかわ》天皇　64, 80, 153
四寮　105
白酒《しろき》　431, 453
新院　39
親謁《しんえつ》　437, 441
神嘉殿《しんかでん》　427
神祇官　104, 252
神祇伯　104
神鏡　112
神功《じんぐう》皇后　56, 115
神宮親謁の儀　446
新御料　159
寝座《しんざ》　426, 450
神座　431, 450

118後桃園天皇《ごももぞの》　91
御由緒物　347
御用掛　336
107後陽成天皇《ごようぜい》　39, 74, 90, 159
御用邸　301, 335
暦　465
御暦の奏《ごりやく》　172
御料《ごりょう》　247, 263
御料地　263
御料林　263, 331
70後冷泉天皇《ごれいぜい》　42
惟仁《これひと》（親王）（56清和天皇）　74
惟康王《これやす》　85
「金剛石《こんごうせき》」　187

さ

『西宮記《さいきゅうき》』　164
斎田　427
　一点定《てんてい》の儀　438, 448
済範親王《さいはん》　92
（御《ご》）祭服《さいふく》　431, 439
37斉明天皇《さいめい》　47, 116
嵯峨院《さが》　38
造酒児《さかつこ》　429
52嵯峨天皇《さが》　37, 45, 49, 64, 67, 80, 88, 108, 175
朔旦冬至の祝賀《さくたん》　172
115桜町天皇《さくらまち》　74, 165, 434
貞常親王《さだつね》（伏見宮）　196
貞愛親王《さだなる》　90
貞成親王《さだふさ》（後崇光院）（伏見宮）　39, 90, 91, 196
雑仕《ぞうし》　333
実仁親王《さねひと》　80
誠仁親王《さねひと》（陽光院太上天皇）　39
侍所《さむらいどころ》　108
清子内親王《さやこ》　190, 346
早良親王《さわら》（崇道天皇《すどう》）　51, 80, 174
参賀　400
　一の儀　288, 290
参観　400
三公《さんこう》　104
三后《さんこう》　60, 62, 64
散斎《さんさい》　429
三種（の）神器《じんぎ》　53, 57, 105, 112
三蔵　97
三代御記《さんだいぎょき》　164
三の丸尚蔵館《しょうぞうかん》　337, 347
参謀部　380
参与　336
山陵《さんりょう》　58

し

シーボルト　386
紫衣《しえ》　178
　一事件　129, 178
塩焼王《しおやき》　174

104後柏原《ごかしわばら》天皇　124, 158, 410, 433
99後亀山《ごかめやま》天皇　58
御願寺《ごがんじ》　153
御願寺領　153
国際生物学賞　352
国司　107, 147
国事行為　294, 315, 325
穀倉《こくそう》院　149
国賓　365
国民参賀　327
国民体育大会　351
御禊《ごけい》行幸　429
固関使《こげんし》　405
110後光明《ごこうみよう》天皇　468
小御所《こごしよ》会議　181
100後小松《ごこまつ》天皇　124, 414
111後西《ごさい》天皇　50
88後嵯峨《ごさが》天皇　57, 85, 123
117後桜町《ごさくらまち》天皇　55, 436
午餐《ごさん》　365
71後三条《ごさんじよう》天皇　54, 117, 150, 413
『古事記』　31, 46, 60, 231
五爵　214
御所千度参り　306
御乗馬鹵簿《ろぼ》　285
77後白河《ごしらかわ》天皇　49, 85, 153, 177
後白河法皇　121
子代《こしろ》　98, 146
御真影《ごしんえい》　187
69後朱雀《ごすざく》天皇　49, 153
五世王　83
戸籍　146
五節《ごせち》（の）舞《まい》　433, 441
五摂家《ごせつけ》　135
御前会議　271, 276
96後醍醐《ごだいご》天皇　49, 58, 64, 80, 123, 164, 178
小朝拝《こちようはい》　166
国会開会式　322
国会開設の詔《みことのり》　230
国家神道　381
極官《ごつかん》　136
82後鳥羽《ごとば》天皇　53, 410
105後奈良《ごなら》天皇　124, 158, 434
94後二条《ごにじよう》天皇　89
近衛騎兵　285
近衛師団　269
近衛兵《このえへい》　269
102後花園《ごはなぞの》天皇　39, 91
89後深草《ごふかくさ》天皇　57, 122, 155
93後伏見《ごふしみ》天皇　123
86後堀河《ごほりかわ》天皇　39
小松宮《こまつのみや》　200
—彰仁《あきひと》親王　194, 200, 272, 283
駒牽《こまひき》　171
108後水尾《ごみずのお》天皇　55, 69, 74, 129, 160, 165, 178, 280
97後村上《ごむらかみ》天皇　58

け

こ

京極宮《きょうごくのみや》　90
京職《きょうしき》　108
饗饌　441
京都御所　417, 447
京都守護　122
「玉音」盤奪取事件　298
玉音放送　277
御座《ぎょざ》　431, 450
虚舟（きょしゅう／むなしきふね）　38
御物《ぎょぶつ》　263
季禄《きろく》　106
金印　30
禁衛府《きんえいふ》　269
覲子《きんし》内親王　154
禁中《きんちゅう》並《ならびに》公家《くげ》諸法度《しょはっと》　128, 160
欽定憲法　231, 236
『禁秘《きんぴ》（御《み》）抄《しょう》』　164
㉙欽明《きんめい》天皇　47, 77
禁門《きんもん》の変　180
禁裏御倉職《おくらしき》　126
禁裏御料　159
禁裏御倉　157
金禄公債　219

く

供御《くご》　125, 148, 265
供御人《くごにん》　125, 148
公事《くじ》　162
『公事根源《くじこんげん》』　164
『公事部類《くじぶるい》』　165
『九条年中行事』　164
九条流《くじょう》　134
薬子《くすこ》の変　175
宮内記者会　390
宮内省　105, 252, 267
宮内省官制　254
宮内庁　330
宮内府　252, 330
邦家《くにいえ》親王（伏見宮《ふしみのみや》邦家親王）　92
邦良《くになが》親王　80, 89
久邇宮《くにのみや》　199
　―朝彦《あさひこ》親王　92, 199, 201, 295
　―邦彦《くによし》王　189, 208, 272
　―多嘉《たか》王　208, 274
　―良子《ながこ》女王　→香淳皇后
　―朝融《あさあきら》王　273
　―家　194, 249
国造《くにのみやつこ》　98, 132
国風《くにぶり》（芸能）奏上　431
国役　156
供奉《ぐぶ》・扈従《こじゅう》　286
口分田《くぶんでん》　144
公方御倉《くぼうみくら》　156
久米舞《くめまい》　433, 441
内蔵《くら》寮　149
蔵人式　109
蔵人所　108
黒酒《くろき》　431, 453

35, 138
オク／奥　267, 333, 336
『小倉庫次《おぐらくらじ》侍従日記』　398
お言葉　290, 323, 445
　―問題　362
おさがり　431
他戸《おさべ》親王　80
押坂彦人大兄《おしさかひこひとのおおえ》皇子　77
織田信長《おだのぶなが》　126
御手元金　345
お成／御成《おなり》　279, 350
『小野宮年中行事』　164
小野宮《おののみや》流　134
首《おびと》親王（㊺聖武天皇）　53
御賄料《おまかない》　248
小忌幄舎《おみのあくしや》　452
お召し列車／御召列車爆破未遂と
　　皇居攻撃　302
オモテ／表《オモテ》　336
蔭位《おんい》　101, 133
恩賜財団済生会病院　309
御衣《おんぞ》　430
女叙位《おんなじよい》　168

か

外衛府《がいえふ》　107
9開化《かいか》天皇　46
改元　465
改元の儀　404
戒厳令　278
外国交際　336, 356
外戚　134
外祖父《がいそふ》　116
外廷《がいてい》　97
解任状　294
家格と家禄　130
部曲／民部（かきべ）　146
学習院　213, 216, 224
　―女学部　224
　―女子部　224
　―大学　224, 374
学習所　224
楽部　334
挿頭花《かざしのはな》　432
65花山《かざん》天皇　49
　―流　104
梶井宮《かじいのみや》　194
賢所（かしこどころ／けんしょ）
　―、春興殿《しゆんこうでん》に渡御《とぎょ》の儀　419
　―大御饌供進《おおみけきようしん》の儀　420, 439
　―に期日奉告の儀　419
　―の儀　407, 444
賢所（鏡）　422, 442
勧修寺宮《かじゆうじのみや》　194
膳屋《かしわや》　430, 452
和宮《かずのみや》降嫁問題　179
和宮親子《ちかこ》内親王　69, 179
霞《かすみ》会館　224, 225
華族　213, 262
　―会館　223

院分国《いんのぶんこく》　155
忌部氏《いんべし》／斎部氏《いんべし》　97
忌部《いんべ》の鏡剣献上　432

う

宇気槽《うけふね》　430
宇佐八幡（宮）　174
宇佐八幡神託事件　174
氏《うじ》　97
歌《うた》（御《ご》）会始《かいはじめ》　328, 401
　—盗作　300
59宇多《うだ》天皇　37, 50, 65, 68, 74, 116, 176
内蔵《うちくら》　97
内舎人《うどねり》　258, 333
采女《うねめ》　110, 452, 461
廐戸《うまやど》皇子（聖徳太子）　77, 80, 116
『卜部亮吾《りょうご》侍従日記』　333, 399
羽林《うりん》家　136
『雲図抄《うんずしょう》』　164

え

英照《えいしょう》皇太后　185
永世皇族制　88, 194
干支（えと／かんし）　466
衛府《えふ》　107
衛門《えもん》府　107
宴会の儀　290
『延喜式』　73, 145, 150, 163
園遊会　328, 446
64円融《えんゆう》天皇　49, 54, 117, 176
延遼館　225

お

王　83, 104, 196
王権　125
「王公家軌範《おうこうけきはん》」　211, 378
王公族　210, 378
皇子　82
15応神《おうじん》天皇　47
王政復古の大号令　181
王族　210
応天門《おうてんもん》の変　116, 133, 175
王土思想　125
『近江令《おうみりょう》』　99
女王禄《おうろく》　168
大兄《おおえ》　76
大臣《おおおみ》　98
大后《おおきさき》　60
106正親町《おおぎまち》天皇　49, 90, 126, 158
大蔵《おおくら》　97
大田主《おおたぬし》　448, 453
大伴《おおとも》親王（53淳和天皇）　64
大伴連《おおとものむらじ》　98
大祓使《おおはらえ》　429
大間書《おおまがき》　168
大宮院領　154
大連《おおむらじ》　98
大八洲／大八州（おおやしま）

一家　85, 90, 306
一威仁《たけひと》親王　187, 194, 273
一熾仁《たるひと》親王　194, 196, 226, 272, 307
27安閑《あんかん》天皇　47
20安康《あんこう》天皇　42
行在所《あんざいしょ》　285
81安徳《あんとく》天皇　48, 53, 121, 177
安和《あんな》の変　176
安楽寿院《あんらくじゅいん》　154

い

位階　102
一親授の儀　292
位階制　102
一の変質　106
位記《いき》　239
池田章政《あきまさ》　191
池田隆政《たかまさ》夫人厚子《あつこ》　197
伊勢の神宮（伊勢神宮）　439
一条兼良《かねら》　406, 413
一条実輝《さねてる》　260
一条忠香《ただか》　186
66一条天皇　49, 63, 117, 154
一条美子《はるこ》（昭憲皇太后）　62, 74
一条道香《みちか》　179
一代皇族（制）　88, 193
一院《いちのいん》　39
一宮《いちのみや》　43
一国平均役《いっこくへいきんやく》　156
一職《いつしき》・四寮・十三司　105
乙巳《いっし》の変（大化改新）　173
一世一元（の）（制）　49, 184, 470
一帝二后　63
一般参賀　290
一般参観　400
一品《いっぽん》　103
位田《いでん》　144
伊藤博文《ひろぶみ》　209, 215, 230, 236
稲実公《いなみのきみ》　430
稲荷山古墳（出土）鉄剣銘　35
井上馨《かおる》　225, 227
井上毅《こわし》　237
猪熊《いのくま》事件　128
位封《いふ》　106
今宮　43
斎蔵《いみくら》　97
諱《いみな》　41
入江相政《いりえすけまさ》　359, 371
『入江相政日記』　395
イリヒコ　46
イリヒメ　46
位禄《いろく》　106
岩倉具視《ともみ》　179, 191, 204
院号　37
院政　115, 119, 122
院勅旨田《いんちょくしでん》　149
院《いん》（の）近臣《きんしん》　120
院庁《いんのちょう》　119

索引

〔注〕本文に太字で示した用語および人名、書名を中心に掲げた。複数の読みや表記のあるものは／で列挙した。天皇・皇后に関することなど特別な場合に御（お／おん／ご／み）などのつく用語は、「御」のない位置にも配置した。

あ

愛国婦人会　274
愛子《あいこ》内親王（敬宮《としのみや》）　190, 340
饗《あえ》　425
県主《あがたぬし》　98, 132
県召《あがためし》　168
暁《あかつき》の儀　431
秋除目《あき(の)じもく》　170
秋篠宮《あきしののみや》
　—文仁《ふみひと》親王　190, 338
　—文仁親王妃紀子《きこ》　309, 379
　—家　332
明仁《あきひと》親王（125平成の天皇）　189, 260, 300, 357
明子《あきらけいこ》（藤原明子）　67, 74
晃《あきら》親王（山階宮《やましなのみや》晃親王）　199
阿衡《あこう》の紛議《ふんぎ》　176
朝香宮《あさかのみや》　201
　—家　249
　—邸　250
　—鳩彦《やすひこ》王　208, 272, 284
　—鳩彦王妃允子《のぶこ》　197
朝餉《あさがれい》　113
夙子《あさこ》　→英照《えいしょう》皇太后
朝彦親王（久邇宮《くにのみや》朝彦親王）　194
足利尊氏《たかうじ》　57, 123, 178
足利義昭《よしあき》　126
足利義満《よしみつ》　124
芦田均《あしだひとし》　385
飛鳥《あすか》　163
『飛鳥浄御原令《あすかきよみはらりょう》』　99
敦明《あつあきら》親王　80
熱田神宮　191
敦良《あつなが》親王（69後朱雀《ごすざく》天皇）　80
淳宮《あつのみや》　→秩父宮雍仁《ちちぶのみややすひと》親王
姉小路家《あねがこうじ》　136
阿閇《あべ》内親王（43元明天皇）　72
天神《あまつかみ／てんしん》の寿詞《よごと》　406
天照大神《あまてらすおおみかみ》　431
礼宮《あやのみや》（秋篠宮《あきしののみや》文仁親王）　190
新井白石《あらいはくせき》　90
現人神《あらひとがみ》　35
荒見川《あらみ》の祓《はらい》　429
有栖川宮《ありすがわのみや》　193, 199

皇室事典編集委員会（五十音順。＊は代表編者）

小田部雄次（おたべ　ゆうじ）
昭和27年（一九五二）生。静岡福祉大学名誉教授。専門は日本近現代史で、皇室と政治・軍事・国民意識との関係を研究。著書に『梨本宮伊都子妃の日記』（小学館）、『華族』『皇族』（中公新書）、『李方子』『昭憲皇太后・貞明皇后』（ミネルヴァ書房）他。

五島邦治（ごしま　くにはる）
昭和27年（一九五二）生。京都造形芸術大学教授。専門は日本文化史、とくに時代を通じた京都都市民の歴史研究。著書に『京都　町共同体成立史の研究』（岩田書院）、『菅原道真の史跡をめぐる』（淡交社）、編著に『京都の歴史がわかる事典』（日本実業出版社）他。

＊髙橋　紘（たかはし　ひろし）
昭和16年（一九四一）生。元共同通信記者。宮内記者会に所属。社会部長、ラジオ・テレビ局長、（株）共同通信社取締役などを歴任。専門は皇室の近現代史。著書に『人間　昭和天皇』（講談社）、共著に『皇位継承』（文春新書）他。平成23年（二〇一一）没。

竹居明男（たけい　あきお）
昭和25年（一九五〇）生。同志社大学名誉教授。専門は日本文化史。とくに天神信仰を研究。著書に『日本古代仏教の文化史』（吉川弘文館）、編著に『天神信仰編年史料集成』（国書刊行会）、『北野天神縁起を読む』（吉川弘文館）他。

*所　功（ところ　いさお）
昭和16年（一九四一）生。京都産業大学名誉教授。モラロジー研究所教授。専門は日本法制文化史。法学博士（慶應義塾大学）。著書に『平安朝儀式書成立史の研究』『近代大礼関係の基本史料集成』（国書刊行会）、『歴代天皇の実像』『皇室に学ぶ徳育』（モラロジー研究所）他。

西川　誠（にしかわ　まこと）
昭和37年（一九六二）生。川村学園女子大学教授。専門は日本近代史、とくに明治初期政治史。著書に『天皇の歴史7　明治天皇の大日本帝国』（講談社）、共著に『日本政治史の新地平』（吉田書店）、『明治史講義【テーマ篇】』（ちくま新書）、『皇位継承』（山川出版社）他。

橋本富太郎（はしもと　とみたろう）
昭和49年（一九七四）生。麗澤大学准教授。神道学博士（國學院大學）。専門は神道学、日本の宮廷文化史。著書に『廣池千九郎』（ミネルヴァ書房）、共著に『皇位継承の歴史と廣池千九郎』（モラロジー研究所）、『日本年号史大事典』（雄山閣）他。

*米田雄介（よねだ　ゆうすけ）
昭和11年（一九三六）生。元正倉院事務所長。県立広島女子大学・神戸女子大学名誉教授。専門は日本古代史。著書に『歴代天皇の記録』（続群書類従完成会）、『藤原摂関家の誕生』（吉川弘文館）、『奇蹟の正倉院宝物』（角川選書）、編著に『歴代天皇・年号事典』（吉川弘文館）他。

本書は、平成21年（二〇〇九）小社刊行の『皇室事典』を「制度と歴史」「文化と生活」の2巻に分け、文庫化したものです。
文庫化にあたり、初版刊行後の出来事や変化を踏まえ、内容の見直しを行ないました。加筆・修正にあたり、平成31年（二〇一九）4月末日で退位する平成の天皇の跡を5月1日から継承する新天皇即位後の状況を前提としました。

図版　オゾングラフィックス

皇室事典《こうしつじてん》　制度《せいど》と歴史《れきし》

皇室事典編集委員会《こうしつじてんへんしゅういいんかい》＝編著

平成31年 4月25日　初版発行
令和7年 6月5日　3版発行

発行者●山下直久

発行●株式会社KADOKAWA
〒102-8177　東京都千代田区富士見2-13-3
電話　0570-002-301（ナビダイヤル）

角川文庫 21583

印刷所●株式会社KADOKAWA
製本所●株式会社KADOKAWA

表紙画●和田三造

●お問い合わせ
https://www.kadokawa.co.jp/（「お問い合わせ」へお進みください）
※内容によっては、お答えできない場合があります。
※サポートは日本国内のみとさせていただきます。
※Japanese text only

ISBN 978-4-04-400488-0　C0121

角川文庫発刊に際して

角川源義

第二次世界大戦の敗北は、軍事力の敗北であった以上に、私たちの若い文化力の敗退であった。私たちの文化が戦争に対して如何に無力であり、単なるあだ花に過ぎなかったかを、私たちは身を以て体験し痛感した。西洋近代文化の摂取にとって、明治以後八十年の歳月は決して短かすぎたとは言えない。にもかかわらず、近代文化の伝統を確立し、自由な批判と柔軟な良識に富む文化層として自らを形成することに私たちは失敗して来た。そしてこれは、各層への文化の普及滲透を任務とする出版人の責任でもあった。

一九四五年以来、私たちは再び振出しに戻り、第一歩から踏み出すことを余儀なくされた。これは大きな不幸ではあるが、反面、これまでの混沌・未熟・歪曲の中にあった我が国の文化に秩序と確たる基礎を齎らすためには絶好の機会でもある。角川書店は、このような祖国の文化的危機にあたり、微力をも顧みず再建の礎石たるべき抱負と決意とをもって出発したが、ここに創立以来の念願を果すべく角川文庫を発刊する。これまで刊行されたあらゆる全集叢書文庫類の長所と短所とを検討し、古今東西の不朽の典籍を、良心的編集のもとに、廉価に、そして書架にふさわしい美本として、多くのひとびとに提供しようとする。しかし私たちは徒らに百科全書的な知識のジレッタントを作ることを目的とせず、あくまで祖国の文化に秩序と再建への道を示し、この文庫を角川書店の栄ある事業として、今後永久に継続発展せしめ、学芸と教養との殿堂として大成せんことを期したい。多くの読書子の愛情ある忠言と支持とによって、この希望と抱負とを完遂せしめられんことを願う。

一九四九年五月三日

角川ソフィア文庫ベストセラー

今昔物語集 本朝仏法部（上、下）

校注／佐藤謙三

一二世紀ごろの成立といわれるインド・中国・日本の三国の説話を収めた日本最大の説話文学集。名僧伝、諸大寺の縁起、現世利益をもたらす観音霊験譚、啓蒙的な因果応報譚など、多彩な仏教説話二二一話を収録。

今昔物語集 本朝世俗部（上、下）

校注／佐藤謙三

芥川龍之介の「羅生門」「六の宮の姫君」をはじめ、近代の作家たちが創作の素材をここから得たことは有名。世間話や民話系の説話は、いずれも的確な描写と簡潔な表現で、登場人物の豊かな人間性を描き出す。

新古今和歌集（上、下）

訳注／久保田淳

「春の夜の夢の浮橋とだえして峰に別るる横雲の空　藤原定家」「幾夜われ波にしをれて貴船川袖に玉散る物思ふらむ　藤原良経」など、優美で繊細な古典和歌の精華がぎっしり詰まった歌集を手軽に楽しむ決定版。

新編 日本の面影

ラフカディオ・ハーン
訳／池田雅之

日本の人びとと風物を印象的に描いたハーンの代表作『知られぬ日本の面影』を新編集。「神々の国の首都」「日本人の微笑」ほか、アニミスティックな文学世界や世界観、日本への想いを伝える一一編を新訳収録。

新編 日本の面影 II

ラフカディオ・ハーン
訳／池田雅之

代表作『知られぬ日本の面影』を新編集する、詩情豊かな新訳第二弾。「鎌倉・江ノ島詣で」「八重垣神社」「美保関にて」「二つの珍しい祭日」ほか、ハーンの描く、失われゆく美しい日本の姿を感じる一〇編。

角川ソフィア文庫ベストセラー

新編 古事記物語　鈴木三重吉

大正に創刊され、児童文学運動の魁となった児童雑誌「赤い鳥」に掲載された歴史童話。愛する妻イザナミを探すイザナギの物語「女神の死」をはじめ、日本の神話世界や天皇の事績をわかりやすい文体で紹介。

藤原定家の熊野御幸　神坂次郎

熊野詣は、苦しければ苦しいほど来世の御利益が約束されるという非常に困難な旅であった。二流貴族の藤原定家が、不平不満を抱きながら後鳥羽院に同行した折の記録から、彼の人間的側面に迫った定家考。

古代史で楽しむ万葉集　中西進

天皇や貴族を取り巻く政治的な事件を追い、渦中に生きた人々を見いだし歌を味わう。また、防人の歌、東歌といった庶民の歌にも深く心を寄せていく。歌集を読むだけではわからない、万葉の世界が開ける入門書。

古典文法質問箱　大野晋

高校の教育現場から寄せられた古典文法のさまざまな八四の疑問に、例文に即して平易に答えた本。はじめて短歌や俳句を作ろうという人、もう一度古典を読んでみようという人に役立つ、古典文法の道案内！

古典基礎語の世界 源氏物語のもののあはれ　編著／大野晋

『源氏物語』に用いられた「もの」とその複合語を徹底解明し、紫式部が場面ごとに込めた真の意味を探り当てる。社会的制約に縛られた平安時代の宮廷人達の生活や、深い恐怖感などの精神の世界も見えてくる！

角川ソフィア文庫ベストセラー

ビギナーズ 日本の思想
新訳 茶の本
岡倉天心
訳／大久保喬樹

『茶の本』(全訳)と『東洋の理想』(抄訳)を、読みやすい訳文と解説で読む！ ロマンチックで波乱に富んだ生涯を、エピソードと証言で綴った読み物風伝記も付載。天心の思想と人物が理解できる入門書。

ビギナーズ 日本の思想
新版 南洲翁遺訓
西郷隆盛
訳・解説／猪飼隆明

明治新政府への批判を込め、国家や為政者のあるべき姿と社会で活躍する心構えを説いた遺訓を、原文、現代語訳、くわしい解説で丁寧に読みとく。生き生きとした西郷の言葉と人生を読む！ 略年譜・読書案内付き。

ビギナーズ 日本の思想
九鬼周造「いきの構造」
九鬼周造
編／大久保喬樹

恋愛のテクニックが江戸好みの美意識「いき」を生んだ――。日本文化論の傑作を平易な話し言葉にし、各章ごとに内容を要約。異端の哲学者・九鬼周造の波乱に富んだ人生遍歴と、思想の本質に迫る入門書。

ビギナーズ 日本の思想
宮本武蔵「五輪書」
宮本武蔵
編／魚住孝至

「地・水・火・風・空」5巻の兵法を再構成。フィクションが先行する剣客の本当の姿を、自筆の書状や関係した藩の資料とともにたどる。剣術から剣道への展開に触れ『五輪書』の意義と武蔵の実像に迫る決定版。

ビギナーズ 日本の思想
新訳 武士道
新渡戸稲造
訳／大久保喬樹

深い精神性と倫理性を備えた文化国家・日本を世界に広めた名著『武士道』。平易な訳文とともに、その意義や背景を各章の「解説ノート」で紹介。巻末に「新渡戸稲造の生涯と思想」も付載する新訳決定版！

角川ソフィア文庫ベストセラー

ビギナーズ　日本の思想
新訳　弓と禅
付・「武士道的な弓道」講演録

オイゲン・ヘリゲル
魚住孝至＝訳・解説

弓道を学び、無の心で的を射よという師の言葉に禅の奥義を感得した哲学者ヘリゲル。帰国後に著された本書には、あらゆる道に通底する無心の教えが刻み込まれている。最新研究に基づく解説を付す新訳決定版！

ビギナーズ　日本の思想
文明論之概略

福澤諭吉
先崎彰容＝訳

福沢諭吉の代表作の1つ。文明の本質を論じ、今、もっとも優先すべき課題は日本国の独立であり、西洋文明を学ぶのもそのためであると説く。確かな考察に基づいた平易で読みやすい現代語訳に解説を付した保存版。

論語と算盤

渋沢栄一

孔子の教えに従って、道徳に基づく商売をする――。日本実業界の父・渋沢栄一が、後進の企業家を育成するために経営哲学を語った談話集。金儲けと社会貢献の均衡を図る、品格ある経営人のためのバイブル。

渋沢百訓
論語・人生・経営

渋沢栄一

日本実業界の父が、論語の精神に基づくビジネスマンの処し方をまとめた談話集『青淵百話』から五七話を精選。『論語と算盤』よりわかりやすく、渋沢の才気と後進育成への熱意にあふれた、現代人必読の書。

新版　日本神話

上田正昭

古事記や日本書紀に書かれた神話以前から、日本人の心の中には素朴な神話が息づいていたのではないか。古代史研究の第一人者が、考古学や民俗学の成果を取り入れながら神話を再検討。新たな成果を加えた新版。

角川ソフィア文庫ベストセラー

仏教の思想 1
知恵と慈悲〈ブッダ〉

増谷文雄
梅原猛

インドに生まれ、中国を経て日本に渡ってきた仏教。多様な思想を蔵する仏教の核心を、源流ブッダに立ち返って解明。知恵と慈悲の思想が持つ現代的意義を、ギリシア哲学とキリスト教思想との対比を通じて探る。

仏教の思想 2
存在の分析〈アビダルマ〉

櫻部建
上山春平

ブッダ出現以来、千年の間にインドで展開された仏教思想。読解の鍵となる思想体系「アビダルマ」とは？　ヴァスバンドゥ（世親）の『アビダルマ・コーシャ』を取り上げ、仏教思想の哲学的側面を捉えなおす。

仏教の思想 3
空の論理〈中観〉

梶山雄一
上山春平

『中論』において「あらゆる存在は空である」と説き、論理全体を究極的に否定して根源に潜む神秘主義を肯定したナーガールジュナ（龍樹）。インド大乗仏教思想の源泉のひとつ、中観派の思想の核心を読み解く。

仏教の思想 4
認識と超越〈唯識〉

服部正明
上山春平

アサンガ（無着）やヴァスバンドゥ（世親）によって体系化の緒につき、日本仏教の出発点ともなった「唯識」。仏教思想のもっとも成熟した姿とされ、ヨーガとも深い関わりをもつ唯識思想の本質を浮き彫りにする。

仏教の思想 5
絶対の真理〈天台〉

田村芳朗
梅原猛

六世紀中国における仏教哲学の頂点、天台教学。法然・道元・日蓮・親鸞など鎌倉仏教の創始者たちは、最澄が開宗した日本天台に発する。豊かな宇宙観を湛える、天台教学の哲理と日本の天台本覚思想を解明する。

角川ソフィア文庫ベストセラー

仏教の思想 6
無限の世界観〈華厳〉

鎌田茂雄
上山春平

律令国家をめざす飛鳥・奈良時代の日本に影響を与えた華厳宗の思想とは？　大乗仏教最大巨篇の一つ『華厳経』に基づき、唐代の中国で開花した華厳宗の複雑な教義をやさしく解説。その現代的意義を考察する。

仏教の思想 7
無の探求〈中国禅〉

柳田聖山
梅原猛

『臨済録』などの禅語録が伝える「自由な仏性」を輝かせる偉大な個性の記録を精読。「絶対無の論理」や「禅問答」的な難解な解釈を排し、「安楽に生きる知恵」という観点で禅思想の斬新な読解を展開する。

仏教の思想 8
不安と欣求〈中国浄土〉

塚本善隆
梅原猛

日本の浄土思想の源、中国浄土教。法然、親鸞の魂を震撼し、日本に浄土教宗派を誕生させた善導の魅力、そして中国浄土教の基礎を創った曇鸞のユートピア構想とは？　浄土思想がもつ人間存在への洞察を考察。

仏教の思想 9
生命の海〈空海〉

宮坂宥勝
梅原猛

「弘法さん」「お大師さん」と愛称され、親しまれる弘法大師、空海。生命を力強く肯定した日本を代表する宗教家の生涯と思想を見直し、真言密教の「生命の思想」「森の思想」「曼荼羅の思想」の真価を現代に問う。

仏教の思想 10
絶望と歓喜〈親鸞〉

増谷文雄
梅原猛

親鸞思想の核心とは何か？『歎異抄』と「悪人正機説」にのみ依拠する親鸞像を排し、主著『教行信証』を軸に、親鸞が挫折と絶望の九〇年の生涯で創造した「生の浄土教」、そして「歓喜の信仰」を捉えなおす。

角川ソフィア文庫ベストセラー

仏教の思想 11
古仏のまねび〈道元〉
高崎直道
梅原猛

日本の仏教史上、稀にみる偉大な思想体系を残した禅僧、道元。その思想が余すところなく展開された正伝仏法の宝蔵『正法眼蔵』を、仏教思想全体の中で解明。大乗仏教思想の集大成者としての道元像を提示する。

仏教の思想 12
永遠のいのち〈日蓮〉
紀野一義
梅原猛

「古代仏教へ帰れ」と価値の復興をとなえた日蓮。永遠のいのちを説く「久遠実成」、宮沢賢治に数多の童話を書かせた「山川草木悉皆成仏」の思想など、日蓮の生命論と自然観が持つ現代的な意義を解き明かす。

無心ということ
鈴木大拙

無心こそ東洋精神文化の軸と捉える鈴木大拙が、仏教生活の体験を通して禅・浄土教・日本や中国の思想へと考察の輪を広げる。禅浄一致の思想を巧みに展開、宗教的考えの本質をあざやかに解き明かしていく。

新版 禅とは何か
鈴木大拙

宗教とは何か。仏教とは何か。そして禅とは何か。自身の経験を通して読者を禅に向き合わせながら、この究極の問いを解きほぐす名著。初心者、修行者を問わず、人々を本格的な禅の世界へと誘う最良の入門書。

日本的霊性 完全版
鈴木大拙

精神の根底には霊性（宗教意識）がある——。念仏や禅の本質を生活と結びつけ、法然、親鸞、そして鎌倉時代の禅宗に、真に日本人らしい宗教的な本質を見出す。日本人がもつべき心の支柱を熱く記した代表作。

角川ソフィア文庫ベストセラー

仏教の大意
鈴木大拙

昭和天皇・皇后両陛下に行った講義を基に、キリスト教的概念や華厳仏教など独自の視点を交え、困難な時代を生きる実践学としての仏教、霊性論の本質を説く。『日本的霊性』と対をなす名著。解説・若松英輔

東洋的な見方
鈴木大拙

英米の大学で教鞭を執り、帰国後に執筆された、大拙自ら「自分が到着した思想を代表する」という論文十四編全てを掲載。東洋的な考え方を「世界の至宝」と語る、大拙思想の集大成！　解説・中村元／安藤礼二

般若心経講義
高神覚昇

『心経』に込められた仏教根本思想『空』の認識を、その否定面「色即是空」と肯定面「空即是色」の二面から捉え、思想の本質を明らかにする。日本人の精神文化へと誘う、『般若心経』の味わい深い入門書。

新版 歎異抄
現代語訳付き
訳注／千葉乗隆

愛弟子が親鸞の教えを正しく伝えるべく、直接見聞した発言と行動を思い出しながら綴った『歎異抄』。人々を苦悩から救済することに努めた親鸞の情念を、わかりやすい注釈と口語訳で鮮やかに伝える決定版。

真釈 般若心経
宮坂宥洪

『般若心経』とは、心の内面の問題を解いたものではなく、具体的な修行方法が説かれたものだった！　経典成立当時の古代インドの言語、サンスクリット語研究が導き出した新解釈で、経典の真実を明らかにする。

角川ソフィア文庫ベストセラー

古代研究Ⅴ
国文学篇1

折口信夫

決まった時期に来臨するまれびと（神）の言葉、「呪言」に国文学の発生をみた折口は、「民俗学的国文学研究」として国文学研究史上に新たな道を切り開いた。その核とも言える論文「国文学の発生」四篇を収録。

古代研究Ⅵ
国文学篇2

折口信夫

〈発生とその展開〉に関する、和歌史を主題とした具体論。「女房文学から隠者文学へ」「万葉びとの生活」など13篇を収録。貴重な全巻総索引付き最終巻。解説・折口信夫研究／長谷川政春、新版解説／安藤礼二

日本文学の発生 序説

折口信夫

古代人が諺や枕詞、呪詞に顕した神意と神への信頼を折口は「生命の指標（らいふ・いんできす）」と名づけ、詩歌や物語の変遷を辿りながら、古来脈打つ日本文学の精神を追究する。生涯書き改め続けた貴重な論考。

死者の書

折口信夫

「した　した　した」水の音と共に闇の中で目覚めた死者・大津皇子と、藤原南家豊成の娘・郎女の神秘的な交感を描く折口の代表的小説。詳細かつ徹底的な注釈と、『山越阿弥陀図』をカラー口絵で収録する決定版！

悲劇文学の発生・まぼろしの豪族和邇氏

角川源義

処女作「悲劇文学の発生」をはじめ、語りと伝承者、悲劇文学の流通を論じる4篇を収録。伝承を語り伝え運搬する者の謎にせまる、国文学者・角川源義の原点をさぐる珠玉の論考集。解説・三浦佑之

角川ソフィア文庫ベストセラー

花祭
早川孝太郎

神人和合や五穀豊穣・無病息災のため鎌倉時代末に始まった花祭は、天竜川水系に伝わる神事芸能。滋味深い挿絵と平易な文章で花祭の全てを伝える、柳田国男・折口信夫にも衝撃を与えた民俗芸能の代表的古典。

猪・鹿・狸
早川孝太郎

九十貫超の巨猪を撃った狩人の話。仕留めた親鹿を担ぐ後をついてきた子鹿の話。妖しい出来事はいつも狸の仕業とされた話。暮らしの表情を鮮やかにすくい取る感性と直観力から生まれた、民俗学の古典的名著。

太平洋戦争　日本の敗因1　日米開戦　勝算なし
編／NHK取材班

軍事物資の大半を海外に頼る日本にとって、戦争遂行の生命線であったはずの「太平洋シーレーン」確保。根本から崩れ去っていった戦争計画と、「合理的全体計画」を持てない、日本の決定的弱点をさらす！

太平洋戦争　日本の敗因2　ガダルカナル　学ばざる軍隊
編／NHK取材班

日本兵三万一〇〇〇人余のうち、撤収できた兵わずか一万人余。この島は、なぜ《日本兵の墓場》になったのか。精神主義がもたらした数々の悲劇と、「敵を知らず己を知らなかった」日本軍の解剖を試みる。

太平洋戦争　日本の敗因3　電子兵器「カミカゼ」を制す
編／NHK取材班

本土防衛の天王山となったマリアナ沖海戦。乾坤一擲、必勝の信念で米機動部隊に殺到した日本軍機は、つぎつぎに撃墜される。電子兵器、兵器思想、そして文化――。勝敗を分けた「日米の差」を明らかにする。